漢代文人的歷史

于迎春 著

北京出版集团
文津出版社

图书在版编目（CIP）数据

汉代文人的历史 / 于迎春著 . — 北京 ：文津出版社，2024. 7

ISBN 978-7-80554-904-0

Ⅰ. ①汉… Ⅱ. ①于… Ⅲ. ①知识分子—研究—中国—汉代 Ⅳ. ①D691. 71

中国国家版本馆 CIP 数据核字（2024）第 049731 号

总 策 划：高立志
责任编辑：陈　平
特约编辑：吕克农
责任营销：猫　娘
责任印制：燕雨萌
书名题字：李百鸣

汉代文人的历史
HANDAI WENREN DE LISHI
于迎春　著

出　　版　北京出版集团
　　　　　文 津 出 版 社
地　　址　北京北三环中路 6 号
邮　　编　100120
网　　址　www.bph.com.cn
发　　行　北京伦洋图书出版有限公司
印　　刷　河北鑫玉鸿程印刷有限公司
开　　本　787 毫米 ×1092 毫米　1/16
印　　张　25.25
字　　数　386 千字
版　　次　2024 年 7 月第 1 版
印　　次　2024 年 7 月第 1 次印刷
书　　号　ISBN 978-7-80554-904-0
定　　价　128.00 元

如有印装质量问题，由本社负责调换
质量监督电话：010-58572393

目 录

引言：文人、文学与不确定的边界

有许多古老的概念，通常被用来表达一些基本的事物或观念，这些概念很容易被人们视作自来如此的存在，从而习焉不察地使用。“文人”这个名词似乎本来不是个问题，因为它不仅字面浅显易懂，而且如今的日常生活中也经常使用，意义约定俗成。所谓“文人”，一般指文字写作者，更狭义地说，是艺术性地使用文字的写作者。但是中国古代的“文人”并不等同于我们现在所说的作家、文学家，更不同于细分中的散文家、小说家、诗人这些称呼。总的说来，传统语境中的“文人”要比文学家、作家的现代含义更丰富广大，它的指称范围有时候还会广及几乎所有有文化的人。

语意如此广泛，难免意味着这个词语在使用上存在一定的随意性，并导致外延难以确定。长期以来，“文人”这一概念确实含义模糊复杂。一个直观的表现就是，文人与士、士大夫、学者、儒士、读书人等词汇在不同上下文中经常被交替使用。这种交错、混杂，固然显示了它意义的多层次性，不过从根本上来说，乃是由这个群体本身的特质，即多元的属性和复合的社会身份所决定的。文人是从士阶层当中自然分化出的一个人物集群或类型，并始终与其母体有着难以剥离的密切关联。士阶层在发展中，一方面越来越同质化，另一方面其内部也在发生着不断的裂变，比如有的擅长司法律令的解释和运用，有的擅长户籍钱粮的管理和计数，有的擅长文书起草撰作，有的擅长其他行政实务操办等。文人是其中格外擅长诗文写作的那一部分。“士”有其独特的阶层价值理想，在道德人格、政治事功、学术文化等方面有一系列主张和规定。基于这种综合性的价值格局而来的“文人”，具有非单一的属性，拥有或期望拥有多重的社会身份、角色：文人不仅要能够胜任多种文体的写作，有充分的经典学养和相对博通的知识；还被要求是一个道德自觉者；以入仕为官为人生目标，要担负起社会政治责任。因此，他们比现代社会中基于专业分工的作家、诗人，表现出更为丰富全面的古典人文素养和强烈的社会政治参与意愿，他们也以此在与政权的不断摩擦、磨合中相互合作、适应，并争取着自己的位置和权益。从这个意义上来说，“文人”不宜被单纯看作是一个写作者的形象。总之，“文人”不仅在古典语境中含义不易确定，在现代汉语中也缺乏别的现成的名词与之对应，它不是现代生活方式和社会结构中的产物。

“文人”是中国古代社会和文化中特有的一种人物类型。本书主要对“文人”进行群体性考察，即把“文人”作为汉代社会中的一个人物类型来进行研究。“文人”作为单独的个体，像宋玉、司马相如都已经很典型，但是其集群性的存在，与此并不同步。把“文人”作为一个群体来研究，是因为，文学较为普遍地发生，诗文写作作为社会中日常开展、广泛进行的活动，需要有一个相较众多的从事者的基础，一个以写作为人生主要或重要活动的群体。文学要具有稳定、自觉的发展，必须得有一定数量的人群，他们不仅掌握文字技术、艺术，并以相对较多的时间和精力投入写作；而之所以能够如此，乃是由于这种活动获得了比较充分的社会认可，使得他们有致力于其中的现实动力和热情。不只作为写作的主体，文人还是读者、传播者，汉末还逐渐成为评论者。除了一些特定的文体，如章表奏议这类行政公文，文人的写作通常是以与他们自己类似的人群为潜在读者的，因而主要是在他们的群体及其所隶属的阶层中开展活动。自然地，所谓文人文学就以表现他们的价值观念、思想情绪，以及他们特有的生活趣味和审美方式为核心，并采用他们熟悉的语言和修辞，按照他们习惯了的思维模式和教育程度。

不仅文人不是从来就有的，文学也不是自来就存在的事物。作为一个逐渐生长起来的生命有机体，“文学”不是我们依照后来的文学理论知识，以文字碎片拼凑、组合起来的景观，古代的写作者没有任何理由来迁就我们的文学观念。文学这一种文字表达形态是系统性存在，它不仅有若干不同体式、具体的规律和技巧，还有彼此关联并具有内在一致性的美学与社会方面的价值、功能、目的、标准等一系列要素，有与社会和个人生活密不可分的整体性写作生态。进入专制主义中央集权这一新的社会政治制度的汉代，是文学历史中重要的探索期，此前以及当时，发生了许多剧烈、深刻的社会文化变化。首先，战国以来以形体简化为主要标志的汉字剧变，不仅增加了文字的明晰性和表现潜力，更极大地提高了读写的方便性和速度，从而为汉代社会文化的书面化发展提供了极为重要的先决条件。其次，春秋贵族、战国游士们在日益频繁的语言文字活动中，积累了丰富的实践经验和理论总结，为汉代语言文字的艺术尝试开辟了局面。此外，秦的“书同文”政策和文字使用的统一、规范；汉代以儒学经典为主体的古典人文知识的普遍社会教育；以“文言”为标志的书面语言系统的形成和稳定；包括文人在内的士阶层，被政权接纳为各级官僚的基本组成部分，所有这一切，都使汉代文人面临前所未有的历史契机，他们与先前的语言文字表达者所面对的社会环境和条件已经相当不同。

必须承认，后来时代里文人所拥有的主要社会政治、文化条件，汉代人几乎都已经具备了。不过，有一个根本性的差异不容忽视，那就是汉代人所能有的可直接动用的文学遗产和资源是有限的，除了《诗经》、《楚辞》和其他思想文化经典，他们别无现成的文学样本可继承。汉代文人的文学理论知识甚至更为贫乏。由于还没有后来汗牛充栋的作品可参照，没有从无数的文学范例中不断归纳、总结出来的写作经验，以及从中概括出的文学特性和规律，他们不仅不具备对于文体演变和各种写作样态的后见之明，甚至也没有对文学特点和性质的一般性把握。文学应当是什么面貌的？怎样才算是文学？如何才合乎艺术审美？这一切对于他们乃是未曾揭示的问题，他们对此基本上缺乏意识，更毋庸说清晰的认知了。这真是一个巨大的文学失衡！他们站在时代崭新的路口上，感受到新时代的豪迈，体会着新时代里的无助、失意，却没有可直接效仿的文本，也没有现成的经验，帮助他们有效地表达这一切。《诗经》崇高的经典地位，使他们难以为继；在汉初集中模仿了一段《楚辞》，也部分向战国散文取法之后，他们不能不意识到，如果想要更真切地表达出当下独特的时代感受，他们就必须寻找到属于新的社会文化的表达方式，当然也属于他们自己的写作样式和语言。

文学不是自动生成或预先建构起来的。在新的社会政治制度和思想文化中，汉代文人既踌躇满志，又一下子找不到头绪，他们没有既定的方向，更没有明确的路径可以依循，只能依靠自己的才情、直觉和判断力，在不断的摸索和试错中寻找可能性。我们在文学史中学习了一系列典范性作品，以致形成了一种错觉，以为文学是一种顺滑地接力向前的历史。

但事实上，文学的演变、发展，并不总是采取正面的、线性成功的方式，许多时候是通过否定的方式实现的，即从相反的方面，如题材的呆板无趣、样式结构的不平衡、修辞技巧的繁复重拙等不成功的现象，从挫败中意识到问题，从而被提示了经验。最能见出汉代文人自觉意识的写作样式是散体大赋，他们也借此展开了充分的文学试验和社会功能探索。就其教训和经验来说，一方面，政教是这一种文体承担不了的社会责任，从而对文学的政治功用和边界有了更明晰、深刻的意识；另一方面，至少对事物的表现程度而言，赋家试图触摸到语言文字表现能力和效果的最大可能性，同时也启发了他们对文字修辞技巧局限性的意识。文学当然具有复杂、多维度的层面和意义，但作为文字艺术，修辞无疑是文学本身的意义之一。文人文学尤其重视修辞艺术，不过修辞手段和方法从来都不是单纯的文学问题。

文学始终是一个开放的概念，在文学历史早期阶段的汉代，“文”或“文章”的综合性尤为明显，但是这并不妨碍人们试图去探寻、确定文学自身的特性。文人们一直在寻找边界、确认范畴、明晰功能、优化文体、锤炼语言和表现手法。在经历了若干成功和不成功的尝试之后，汉代文人逐渐清楚地意识到文学适宜写什么，文学应当往什么方向去努力，他们普遍学会了以文学的眼光和方式选取、处理题材，也学会了有技巧地表达，并逐步建立起有关文学的一般性认知，当然也在文体分化和确立的过程中，接受了不同文体在内容和文字表现形式上的规定性。在中国文学历史中，汉代的文学创作实绩诚然是有限的，但是这期间经历的文学尝试十分值得珍视，那在漫长历史中积累起来的丰厚的汉语言文学知识和经验，就建立在他们这些探索的基础上。

第一章 “文人”的概念与“文”

“文人”这个概念的含义，自先秦到汉代发生了十分显著的变化，其演变与文学的进展同步。对于先汉文学来说，“文”是具有决定性影响的概念。作为中国文化中一个十分古老的重要概念，“文”之复杂、丰富的多重内涵，构成了理解“文人”“文章”，乃至整个中国古代文学传统的观念和思维基础。

一、“文人”在周代的含义

“文人”一词出现得很早，是西周已有的成词，其意谓与后世十分不同。《诗经·大雅·江汉》：“秬鬯一卣，告于文人。”《毛传》：“文人，文德之人也。”《孔疏》：“文人谓先祖有文德者，故云文德之人。”[1]《尚书·文侯之命》：“追孝于前文人。”《孔疏》：“追行孝道于前世文德之人。”[2]另外，根据前代文字学家的考辨成果[3],《尚书·大诰》中的“寧”为古“文”字之讹误，因此，文中几处“前寧人”都应当作“前文人”：

1 《毛诗正义》，阮元《十三经注疏》，中华书局，1980年，第574页。

2 《尚书正义》，《十三经注疏》，第254页。

3 裘锡圭《谈谈清末学者利用金文校勘〈尚书〉的一个重要发现》讲述了一个利用金文校读典籍的范例：《尚书·大诰》中有“寧王”“寧武”“寧考”“前寧人”等文，旧时多把这些“寧”字解作安宁之“寧”，如伪孔传注《大诰》“寧王”曰：“安天下之王，谓文王也。”解“寧武”为“抚安武事”。清末王懿荣、吴大澂、孙诒让等，根据金文指出这些“寧”字是古“文”字之讹误。裘锡圭又进一步考述其讹误过程：古钟鼎款识“文”写作“忞”，与“寍”形近而误；“寍”“寧”古通，所以后来又被改成了“寧”，简言之，即忞（文）→寍→寧的讹变轨迹。（裘锡圭：《中国出土古文献十讲》，复旦大学出版社，2004年，第177—183页。）又许维遹《韩诗外传集释》卷四“达则文而容”下注曰：“‘文’旧作‘宁’。许维遹案：‘宁’当作‘文’。‘文’‘宁’古字形近易伪。《尚书》‘文王’‘文考’‘文人’，今本‘文’字多伪为‘宁’，是其例。”（许维遹：《韩诗外传集释》，中华书局，1980年，第152页。）

予曷其不于前寧（文）人图功攸终！

予曷敢不于前寧（文）人攸受休毕！

天也惟休于前寧（文）人，予曷其极卜，敢弗于从，率寧（文）人有指疆土？

除了传世文献，“文人”，尤其是“前文人”，还广见于西周青铜器铭文，略举几例。《兮仲钟》：“用追孝于皇考己（纪）伯，用侃喜前文人。”《善鼎》：“唯用妥（绥）福，唬（号）前文人，秉德共（恭）屯（纯）。”《追簋》：“用享孝于前文人，用祈匄眉寿、永令（命）。”[1]

总之，“文人”“前文人”为周时习见语，西周以至春秋，多用以指称、祭奠已逝的祖先[2]，并且为表尊重意，通常意味着其具有崇高的道德人格，即所谓“文德之人”。在这个意义上，“文人”，周代青铜铭文亦称作“文祖”“文考”“文神”等。

二、“文”的多重意义

“文人”在春秋以前这种迥异于后世的意义，与“文”这个概念的一个重要内涵“文德”有关。

在中国文化传统中，“文”通常被看作是与“武”相对，但事实上又高于“武”的价值。在中国文化的早期阶段，“文”所被赋予的道德意味十分浓厚，《周易·小畜》：“君子以懿文德。”[3]“文”甚至就相当于“德”，被视作人世间各种基本美德和重要品格的综合和集中。《国语·周语下》：“其行也文，能文则得天地。天地所胙，小而后国。”“文王质文，故天胙之以天下。”[4]将“文”视为获得天下国家，并足以成为圣君贤王的品性，因而是人最高的品性。韦昭注“质文”曰：“其质性有文德也。”又曰：“文者，德之总名也。”而以下这十一种具体的德行，乃是“文”的分别

1 中国社会科学院考古研究所编《殷周金文集成》，中华书局，2007年，第55、1490、2424页。

2 童书业认为，西周中叶以来，列国君臣以至周天子，“谥为‘文’者，多彼时所谓令王或有功烈者”。［童书业：《春秋左传研究》（校订本），中华书局，2006年，第342页。］

3 《周易正义》卷二，《十三经注疏》，第27页。

4 徐元诰：《国语集解》（修订本），中华书局，2002年，第88、89页。

体现："夫敬，文之恭也；忠，文之实也；信，文之孚也；仁，文之爱也；义，文之制也；智，文之舆也；勇，文之帅也；教，文之施也；孝，文之本也；惠，文之慈也；让，文之材也。"[1]"文德"的这些具体表现，几乎涉及社会生活中各种人际关系的行为规范，是君子人格、道德情操的外化表现。与《国语·周语下》的上述说法一致，相传由周公所制定的谥法规定："经纬天地曰文，道德博厚曰文，学勤好问曰文，慈惠爱民曰文，愍民惠礼曰文，赐民爵位曰文。"[2]"文"几乎等同于上层人物的道德综合体，是执政者获取民心、统治国家、垂范教化天下的传统政治品格和美德的萃集。

综之,"文"时常相当于"德"，或者说"文"即"德"[3]，是足以获得并统治天下国家的高贵品性；它亦是"德"的总名，被视作体现了完美道德修养的一个集合性概念，基本施用于上层政治人物。因此，"文"成为一个具有强烈道德色彩、意义崇高的词语。

同时和稍后，"文"又与其他一些重要概念进一步发生关联。它被看作是"道"的外在形式,《论语·子罕》"文王既没，文不在兹乎"，朱熹注曰："道之显者谓之文，盖礼乐制度之谓。不曰道而曰文，亦谦辞也。"[4]《新语·慎微》："隐之则为道，布之则为文。"[5]不啻此，"文"还被进一步泛化为一连串社会存在或人类行为的外在显现，是事物本质、人内在情志的外化表现。

《逸周书·常训解》："动之以则，发之以文。"[6]

《礼记·乐记》："乐由中出，故静；礼自外作，故文。"[7]

《荀子·大略》："文貌情用，相为内外表里。"[8]

---

1 《国语集解》(修订本)，第88—89页。

2 黄怀信等:《逸周书汇校集注·谥法解》，上海古籍出版社，1995年，第678—680页。

3 季镇淮《"文"义探原》："对于行为说，德是发之于内，文是表之于外，提到'文'是不能不联想到'德'的。"(季镇淮:《来之文录》，北京大学出版社，1992年，第23页。)

4 朱熹:《四书章句集注》，中华书局，1983年，第109页。

5 王利器:《新语校注·慎微》，中华书局，1986年，第97页。不过，此语有异说，注者引俞樾语曰："谨按'文'衍字。'隐之则为道，布之则为诗'，两句相对。'在心为志，出口为辞'，则承诗而言。"(《新语校注·慎微》，第98页。)

6 《逸周书汇校集注·常训解》，第55页。

7 孙希旦:《礼记集解》卷三七，中华书局，1989年，第987页。

8 王先谦:《荀子集解》，中华书局，1988年，第497页。

《韩非子·解老》:“礼为情貌者也,文为质饰者也。”[1]

《春秋繁露·玉杯》:“志为质,物为文。……然则《春秋》之序道也,先质而后文,右志而左物。”[2]

《淮南鸿烈·缪称》:“文者,所以接物也;情,系于中而欲发外者也。”[3]

《说苑·反质》:“君子虽有外文,必不离内质矣。”[4]

概而言之,“文”与自然万物、社会制度和规范、人的内心情感和行为等诸方面有关,是事物内在根本、本质显现于外的方式、形态。人们借由外观以接触事物,透过外部形式而抵达内质、认识内在精华。文质相成,但是文不等同于质,也不能替代质。

这一特性,是由“文”的基本含义自然推衍出的。按照学术界一般的看法,“文”的本义是“纹”,指不同线条交错、不同色彩配搭而成的花纹、纹理。《周易·系辞》:“物相杂,故曰文。”[5]《国语·郑语》:“声一无听,色一无文。”[6]《礼记·乐记》:“五色成文而不乱。”[7]《说文解字·九篇上》:“文,错画也。象交文。”[8]宇宙间事物交错相杂、组配成形,“文”的意义只能在线条、色彩的相互结合中寻求,其非任何单一元素所构成。

“文”也用来指文字、文辞、文献。比如《左传·宣公十二年》“夫文,止戈为武”,《襄公二十五年》“言以足志,文以足言”[9],分别指点画成形的文字和有修饰性的文辞。《论语·学而》“行有余力,则以学文”,马融注曰“文者,古之遗文”,邢昺疏曰“古之遗文者,则《诗》《书》《礼》《乐》《易》《春秋》六经是也”[10],指的是古代典籍文献。《国语·晋语六》:

---

1 王先慎:《韩非子集解》,中华书局,1998年,第133页。
2 苏舆:《春秋繁露义证》,中华书局,1992年,第27页。
3 刘文典:《淮南鸿烈集解》,中华书局,1989年,第329页。
4 向宗鲁:《说苑校证》卷二十,中华书局,1987年,第513页。
5 《周易正义》卷八,《十三经注疏》,第90页。
6 《国语集解》(修订本),第472页。
7 《礼记集解》卷三八,第1004页。
8 段玉裁:《说文解字注》,上海古籍出版社,1981年,第425页。
9 杨伯峻:《春秋左传注》(修订本),中华书局,2016年,第813、1220页。
10 邢昺《论语注疏》卷一,《十三经注疏》,第2458页。

"成子之文，宣子之忠，其可忘乎！夫成子导前志以佐先君，导法而卒以政，可不谓文乎！……吾子勉之，有宣子之忠，而纳之以成子之文，事君必济。"[1] 这里，"文"被看作是对于社会政治大有裨益的掌握前代历史文献和法典的能力。

理想中的交错成形，使事物产生秩然有序的可观赏性，在重直观和整体的中国古代思维的作用下，"文"的含义由有纹理的物质形式，自然而然地推衍开去，广及于天地自然、社会人事中许多有规律性的现象。《周易·系辞》："仰以观于天文，俯以察于地理。"《正义》阐释曰："天有悬象而成文章，故称文也；地有山川原隰，各有条理，故称理也。"[2] 文与理在此意通，"理者，成物之文也"[3]。王弼注《贲》之"天文"曰："刚柔交错而成文焉，天之文也。"又《周易·贲》曰："文明以止，人文也。观乎天文，以察时变；观乎人文，以化成天下。"[4] 以天地人之"文""理"，来表示世界整体性的存在状态，这一存在状态不仅把纷繁庞杂的物类统摄起来，而且将诸多元素按照一定的条理、秩序组织成形，从而带有一定的形式感。"人文"，即与人事相关之"文"，关联着整个人类生活的精华，它可以泛指人类的文明、文化，尤其是与作为儒家圣贤政治核心的文教德化和国家、社会的礼法制度，以及前代流传下来的典章、文献等息息相关，从而形成一个以道德、政教、礼乐制度和经典著作为主体的"文"。"中国古代的思想方式很容易使它贯穿其他感觉上相近的现象和事物。"[5] 在感觉中具有某种隐微的相似性的事物，会在以"取象比类，观其会通"为特征的直觉思维的影响下，通过联想的作用，被比附、贯通、串联起来[6]。"仓颉

---

1 《国语集解》(修订本)，第 388—389 页。

2 《周易正义》,《十三经注疏》，第 77 页。

3 《韩非子集解·解老》，第 146 页。《庄子集释·应帝王》"地文"下陆德明《释文》引崔譔注云："文，犹理也。"(《庄子集释》，第 300 页。)

4 《周易正义》,《十三经注疏》，第 37 页。

5 葛兆光：《七世纪前中国的知识、思想与信仰世界》，复旦大学出版社，1998 年，第 156 页。

6 周策纵（Chow Tse-Tsung）运用语源学、语义学的方法，考察了作为动物花纹的"文"在其起源和演进过程中，与数字五、六，爻，乾坤卦，天地，特别是道，德，理，物，心，志，质，实，以及农业的发展等诸多事物和生活方面所存在着的关联的可能性。该文强调中国文学的许多基本原则都是经过长期、错综复杂的语言变化发展而来。见其《中国古代关于文学、道及其相互关系的观念》[Chow Tse-Tsung（周策纵）. *Ancient Chinese Views on Literature, the Tao, and Their Relationship*. Chinese Literature: Essays, Articles, Reviews, Volume 1, 1979，pp. 3-29，University of Wisconsin.]。

之初作书，盖依类象形，故谓之文。”[1]“文”典型地反映了古代中国人感知事物具体性的思维特性和意识结构。

在不断派生和抽象中，“文”这个语词的外延极广，其先后累积的含义越来越充实、丰富。《文心雕龙·原道》生动地展示了“文”这种内涵崇高、广阔，又“郁然有彩”地表现于外的特性。

> 文之为德也大矣，与天地并生者何哉？夫玄黄色杂，方圆体分：日月叠璧，以垂丽天之象；山川焕绮，以铺理地之形。此盖道之文也。……旁及万品，动植皆文：龙凤以藻绘呈瑞，虎豹以炳蔚凝姿；云霞雕色，有逾画工之妙；草木贲华，无待锦匠之奇。夫岂外饰，盖自然耳。……夫以无识之物，郁然有彩，有心之器，其无文欤？[2]

“文”被赋予如此尊崇的价值、广大的意义，这并非刘勰为了提升文章的地位而牵强附会，而是他对先秦以来“文”这个字多重义项的综合、集纳[3]。基于“花纹”“纹理”的本义，“文”累积了异常丰富、深刻的含义，它兼贯天地、统摄自然，同于“德”、原于“道”，这成了后来文论家抬升文章地位、推崇文章功用常见的思想理论路径或语源学基础。既然“道”被认为是自然的法则、宇宙的本原，“文”当然也不能外乎是，“此盖道之文也”。《文心雕龙·原道》开头部分描述的还是天地、日月、山川、动植物所内在生发出的自然之美，到了该篇结尾，“道沿圣以垂文，圣因文而明道”，就以人世间的伟大圣贤作为关枢，进而将“文”落实到了文章、文辞上。后来有关文章、文学的一些著名说法，相当程度上不过是这种思路和意识顺乎其宜的延续罢了。道与自然、德与政教、圣人与经典，这一

1 《说文解字叙》，《说文解字注》十五卷上，第754页。

2 周振甫：《文心雕龙注释》，人民文学出版社，1981年，第1页。

3 关于“文”义演变的历史过程，参见季镇淮《“文”义探原》、周策纵《中国古代关于文学、道及其相互关系的观念》（*Ancient Chinese Views on Literature, the Tao, and Their Relationship*）。刘永济综论曰：“盖文之为训，本于这遣，故有经纬之义焉；文之为物，又涵华采，故有修饰之说焉。以道德为经纬；用辞章相修饰，在国则为文明；在政则为礼法；在人则为文德；在书则为书辞；在口则为词辨。五者大小不同，体用无二，所以弥纶万品，条贯群生者，胥此物也。”（刘永济：《十四朝文学要略》，黑龙江人民出版社，1984年，第3页。）

切注定要与中国古代的文人及其文学相纠缠。

以象形、会意等为创制原则、点画成形的文字，具有修饰性表达技巧和效果的言辞，连缀文辞而成的篇章，先代遗留下来的古代典籍文献，这些以语言文字为媒介的产物，无疑是在漫长的历史中，人们耳目所触、心手所及的最具有日常属性的“文”。尽管在“文”这一概念整体的价值序列中，与刘勰极力张扬的“文”的“道”“德”的一端相比，文字、文辞的含义只能排列在较小、较低端，但这绝不意味着它们是不重要的。恰恰相反，这乃是“文章”“文人”最基本的立足点和出发点。

三、“文”的性质

从花纹、文字，到文献、典章、礼法，到道、德，甚至天地日月，如果我们试图对既包罗万象，又差异巨大的“文”所指称的各种事物和现象——无论抽象还是具体，无论广大还是微小，无论尊崇还是低卑，进行概括、总结，就须要寻找到其中共通的性质。

如前所述，“文”是事物的本质或精华显现于外的形态。有诸内然后形诸外，《国语·鲁语下》：“夫服，心之文也。如龟焉，灼其中，必文于外。”[1]《左传·僖公二十四年》：“言，身之文也。”[2] 不只服饰、言辞，举凡一切之“文”，都可以看作是人或事物的内在精华形之于外的表现，日月星辰是天的表现，诗书礼乐是先王的表现，礼法制度是国家政治的表现，举止进退是人修养的表现，等等。事物内在状态之外显，“文”的这种被高度肯定的特性给了西方学者深刻的印象[3]。

这种外化的表现和存在形式十分引人注目，它常常斐然可观，具有一定的秩序感、形式因素和审美效果，相当程度上是对事物的美化，或者说

1 《国语集解》（修订本），第 187 页。

2 《春秋左传注》（修订本），第 457 页。

3 宇文所安在《中国文论：英译与评论》中一再强调“文”的外化：“它是内在本性的充分的外在表现”；“‘文’不仅仅是任何特殊自然过程的结果，而且还是自然过程本身的那个可见的外在性。”（［美］宇文所安：《中国文论：英译与评论》，王柏华、陶庆梅译，上海社会科学院出版社，2003 年，第 111、192 页。）

装饰[1]。“日月运其光，列宿曜其文，百谷丽于土，芳华茂于春。”[2]日月星辰的光芒装点了天空，禾谷、花朵装饰了土地和春天，应玚《文质论》以目之所及的事物为例，将“文”所显现的视觉美感具体化；刘勰《文心雕龙·原道》描述“文”的特性，以“焕绮”“藻绘”“郁然有彩”一类词汇，极言其普遍具有的审美修饰意味。《广雅·释诂》释“文”为“饰也”[3]，杨倞注《荀子》，也一再把“文”解作“饰”或“修饰”[4]。类似的解释多见[5]。基于此，刘师培总结“文”之为文的基本特性说：“盖‘文’训为‘饰’，乃英华发外，秩然有章之谓也。故道之发现于外者为文，事之条理秩然者为文，而言词之有缘饰者，亦莫不称之为文。”[6]说到底，“文”之可被训释为“饰”，乃是基于其原初义中先天具有的审美意味，缘自花纹、纹饰具有一定可观的视觉效果，由此奠定了“文”这一概念整体内含的美感基础。可注意的是，“文”由线之交错、色之配合的原初义，而逐步推衍出的诸种含义，无疑潜含有视觉侧重的因素[7]，这给后来以书面化为主的文学发展提供了暗示。进一步的，“文”可以狭义地被视为，附丽于质素之上的形式美因素。文学的演进后来大致就是向这一意义上凝聚。

要之，作为事物具有形式感的外在呈现，“文”具有美饰、外化这两个根本特性。“夫岂外饰，盖自然耳。”“文”这种表现于外的美饰，不能理解成从外部添加的对事物的修饰，恰恰相反，就其产生而言，乃是事物的内质和精华自动呈现于外，“夫虎生而文炳，凤生而五色，岂以五采自饰画哉？天性自然也”[8]。并且，这种外现自然采取了具有美感的适当形式，

1 参见季镇淮《“文”义探原》，第31—32页。
2 俞绍初辑校《建安七子集》，中华书局，2005年，第184页。
3 王念孙：《广雅疏证》卷第二上，中华书局，2019年，第125页。
4 《荀子·儒效》“取是而文之也”，杨倞注曰：“文，饰也。”又《礼论》“贵本之谓文”，杨倞注：“文，谓修饰。”（《荀子集解》，第134、352页。）
5 孔颖达《周易正义》卷一《乾·文言》引庄氏语曰：“文谓文饰。”（《十三经注疏》，第3页。）
6 刘师培：《论文杂记》十，人民文学出版社，1959年，第118页。
7 “象”作为视觉性的显示，常常与“文”联系在一起。《国语·周语下》：“经之以天，纬之以地，经纬不爽，文之象也。”“大不从象，小不从文。”这些说法暗示了“象”与“文”之间的某种对应和类比性。“文”的视觉偏重，还可从“文彩”“文章”这些词中见出。“文章”一词在先秦时代常用以指彩色搭配或彩绘图案，《庄子·逍遥游》：“瞽者无以与乎文章之观，聋者无以与乎钟鼓之声。”季镇淮《“文”义探原》认为：“文”与“章”都有这样一种含义，“形容可以看见或想象的一种事物的形象”。（《来之文录》，第30—31页。）
8 陈寿：《三国志》卷三八《蜀书·秦宓传》，裴松之注，中华书局，1982年，第974页。

所谓“精理为文，秀气成采”[1]，“英华发外，秩然有章”。

总括可得，以“文”视之的事物，虽然其内涵和外延相当不确定，但还是可以从中抽取出“文”内在共通的基本性质：“文”是事物的内质自然呈现于外的适当形式。具体来说，它包含了这样两个层次：事物的精华或本质由内而外的自然显现；其外现具有或隐或显的秩序、美感。

四、文以言志

具体到文学上，与“文”的定义相应，诗歌一向被认为是人的内在情志之外化于语言。在《尚书·尧典》“诗言志”的说法之后，《新语》“（诗）在心为志，出口为辞”[2]，《毛诗序》“诗者，志之所之也。在心为志，发言为诗”[3]，《文选序》“诗者，盖志之所之也，情动于中，而形于言”[4]，这些一以贯之的说法，都将诗歌看作是人的内在世界的精华，也就是人较为自觉、合乎规范的意识和情感，自然、优美地呈现于语言形式。套用“文”与世间事物的一般性关系，“诗”与“志”，就是“文”与人内心的关系，与荀子“文貌情用，相为内外表里”[5]，基于同一思路。在《论衡》中，王充将诗歌与作者心意的内外关系推及一般的写作：“有根株于下，有荣叶于上；有实核于内，有皮壳于外。文墨辞说，士之荣叶、皮壳也。实诚在胸臆，文墨著竹帛，外内表里，自相副称。意奋而笔纵，故文见而实露。”[6]宇文所安也循着“文”的基本特性进一步推论：“‘文’是事物本质属性的外在表现，人之‘文’也就是心的外在表现。”[7]

“物以文为表，人以文为基。”在王充看来，“文”是所有事物存在的必要因素和展示其属性的形式，“人无文，则为仆（朴）人”[8]，语言文字既是人心志的外在表现，同时也是人的装饰。还在中国文明的早期，人们就

1 《文心雕龙注释·征圣》，第 12 页。
2 《新语校注·慎微》及注〔四〕，第 97—98 页。
3 《毛诗正义》卷一，《十三经注疏》，第 269 页。
4 萧统编《文选》，李善注，中华书局，1977 年，第 1 页。
5 《荀子集解·大略》，第 497 页。
6 黄晖：《论衡校释·超奇》，中华书局，1990 年，第 609 页。
7 《中国文论：英译与评论》，第 248 页。
8 《论衡校释·书解》，第 1150 页。

意识到，对于表达人的内在世界，普通的语言是不充分、不完美的，“诗言志，歌咏言”“言之不足，故嗟叹之”，《尚书》《左传》《毛诗序》中一些类似的说法，实际上都或隐或显地意味着言语在表达内心上的有限性。“言以足志，文以足言。”[1] 在《左传·襄公二十五年》的记载中，孔子所引述的这一前人成说，在重申“言”的不完美状态的同时，提出以富于形式美的“文”来予以补足。因此，比普通的语言更富美感和吸引力的“文”，也就是具有修辞效果的“文辞”，被视作对言语的修饰[2]，是人的语言表达最高的，同时也是最圆满的状态[3]。韩愈《送孟东野序》：“人声之精者为言，文辞之于言，又其精也。”[4]《艺概·文概》：“况文之为物，尤言语之精者乎！”[5] 把这一观念发挥得更清晰明确。

“语言是外在显现的最终形式。”[6] 春秋以来，人们普遍认可语言应当，也能够如实地表达人的内在世界的各种状态和活动，人们甚至不加质疑地相信言辞与发言者是二而一的，人说出来的言语天然地等同于他的内心、他自己。“夫貌，情之华也；言，貌之机也。身为情，成于中。言，身之文也，言文而发之，合而后行，离则有衅。”[7]《国语·晋语五》这一则认为，人的情欲、容貌与言语应当是合一的，不然，就是不可接受的为人之瑕疵。“修辞立其诚。”[8] “言以昭信。”[9] 这些言简意赅的说法既是陈述，也是信念和规范。前述孔子所引据的“言以足志，文以足言”，孟子所说的“不以文害辞，不以辞害志”[10]，其中所提示的志—言—文、志—辞—文的关系模

---

1 《春秋左传注》（修订本），第 1220 页。

2 青木正儿：“又有从花纹的意义转用到事物的有文饰，即对‘质’而说‘文’。其意义就是把有文饰的言辞称作‘文辞’的。……又如把文饰的言辞表现在文字上也称作‘文辞’。”（［日］青木正儿：《中国文学思想史》，孟庆文译，春风文艺出版社，1985 年，第 20 页。）

3 《中国文论：英译与评论》：“‘文’是‘志’的最终的和充足的显现；‘言’只是一个中间阶段，它只能满足局部目标。”“所谓‘文’——有文采的语言和书面语言——不是普通语言的一种定形或变形，而是语言的完满的、最终的形式。虽然‘文’极易被误解，但‘文’同时又是语言的圆满实现。”（第 30、24 页。）

4 刘真伦、岳珍：《韩愈文集会校笺注》，中华书局，2010 年，第 982 页。

5 刘熙载：《艺概》，上海古籍出版社，1978 年，第 37 页。

6 《中国文论：英译与评论》，第 21 页。

7 《国语集解》（修订本），第 376 页。

8 《周易正义》卷一《乾·文言》，《十三经注疏》，第 15 页。

9 《国语集解》（修订本），第 377 页。

10 焦循：《孟子正义·万章上》，中华书局，1987 年，第 638 页。

式，以及《国语·晋语五》有关情、貌、言的说法，甚至《诗大序》“诗者，志之所之也，在心为志，发言为诗”，如此之种种都基于相同的思维模式，体现着人们对语言真实无伪地再现自我的乐观态度。

“文”对心志的自然呈现，或者心的自动流露于言，被看作世间的普遍规律，《文心雕龙·原道》：“心生而言立，言立而文明，自然之道也。”[1]尽管文字是一套人为建立、发明的符号系统，但至少就其产生来说，人们强调其对客观事物的象形性模仿因而带有的自然属性：“古者庖羲氏之王天下也，仰则观象于天，俯则观法于地，视鸟兽之文与地之宜，近取诸身，远取诸物，于是始作《易》八卦，以垂宪象。……黄帝之史仓颉，见鸟兽蹄迒之迹，知分理之可相别异也，初造书契。……仓颉之初作书，盖依类象形，故谓之文。”[2]这种在天地自然中观象、取象，并象形构建文字的过程，与“文”这一概念长期以来体现的观念意识，具有非常相似的思维基础。不啻此，由于人被视为“天地之心”，通过呈现人心，也就可以呈现天地之道。从文字，到文辞，到对人心的呈现，照此逻辑推衍，文论家甚至说：“言之文也，天地之心哉！”[3]“道沿圣以垂文，圣因文而明道。”虽然事实上只有圣人有资格当得起“天地之心”，但借助于圣人，“文”，或者更直接地说文章写作，自然而然地便被张大到“明道”的地步。

五、“文”的辩证法

无论作为“道”之显现于外的状态，还是“志”最完满的语言形式，都意味着“文”巨大的可能性：它不仅能够表达“道”和“志”，而且“道”和“志”不可避免地依赖于它，无论世界还是人，都要借助于它表现于外，从而被观看、被认识到。但是，“文”归根结底不是与“道”和“志”同等的概念，相对于这些“内质”，“文”即或斐然可观，却终归是外在于内在本质的。“文著于质，质不居文，文安施质？质文两备，然后其礼成。文质偏行，不得有我尔之名。俱不能备而偏行之，宁有质而无

1 《文心雕龙注释》，第 1 页。
2 《说文解字叙》，《说文解字注》十五卷上，第 753—754 页。
3 《文心雕龙注释·原道》，第 1 页。

文。”[1]“质法天，文法地而已。故天为质，地受而化之，养而成之，故为文。……帝王始起，先质后文者，顺天地之道，本末之义，先后之序也。事莫不先有质性，后乃有文章也。”[2]按照《春秋繁露》《白虎通》这两部带有意识形态色彩的汉代重要著作的阐释，质与文是本末、先后、重轻的关系，文依附于质，质外无文，文无法独立存在，质则具有先决的、根本的性质和价值。这其实也是自来有关文质关系的一般性看法。

先秦诸子中，儒家是格外尚文的。《论语·颜渊》载，针对“君子质而已矣，何以文为”的说法，子贡回应曰：“文犹质也，质犹文也。虎豹之鞟犹犬羊之鞟。”皇侃《论语义疏》解释得很清楚：“鞟者，皮去毛之称也。虎豹所以贵于犬羊者，政以毛文炳蔚为异耳。若今取虎豹及犬羊皮，俱灭其毛，唯余皮在，则谁复识其贵贱，别于虎豹与犬羊乎？譬于君子，所以贵者，政以文华为别，今遂若使质而不文，则何以别于君子与众人乎？”[3]子贡不仅肯定外在形式的区别效果，而且强调其文饰程度与内质呈正相关关系。“饰”，“由他物而后明，犹加文于质上也”。[4]韩非也认可这种修饰性的外在形式对于内在本质的说明意义，《韩非子·解老》解释“礼以貌情”曰：“中心怀而不谕，故疾趋卑拜以明之；实心爱而不知，故好言繁辞以信之。礼者，外饰之所以谕内也。”但是韩非对文的修饰性显然持有消极的评价，他接着说：“礼为情貌者也，文为质饰者也。夫君子取情而去貌，好质而恶饰。夫恃貌而论情者，其情恶也；须饰而论质者，其质衰也。……其质至美，物不足以饰之。夫物之待饰而后行者，其质不美也。”[5]在他看来，文饰是不应当受到鼓励的，因为之所以要以文来缘饰质，乃是由于质本身的衰弱、不充分。与此相似，《逸周书·官人解》以周公之口曰：“有质者”，“不饰其美”；“无质者”，“其貌曲媚，其言工巧”；“有虑者”，“不文而辩”[6]。如果质本身足够完备、充沛，就天然具备了内在生命力，会自动地流露、展现出来；相反，只有内在质素匮乏，才会为了掩

1 《春秋繁露义证·玉杯》，第 27 页。
2 陈立：《白虎通疏证·三正篇》，中华书局，1994 年，第 368 页。
3 程树德：《论语集释》，中华书局，1990 年，第 840—843 页。
4 刘熙：《释名·释言语》，中华书局，2016 年，第 55 页。
5 《韩非子集解》，第 132、133 页。
6 《逸周书汇校集注》，第 820—821、823 页。

饰内质的贫弱，产生对文饰的需要和依赖。《盐铁论·殊路》：“至美素璞，物莫能饰也。”[1]《说苑·反质》：“丹漆不文，白玉不雕，宝珠不饰，何也？质有余者，不受饰也。”[2]《淮南鸿烈》甚至更概括地表示：“文不胜质，之谓君子。”[3]

阮瑀以富有文采的笔调在《文质论》中写道：“盖闻日月丽天，可瞻而难附；群物著地，可见而易制。夫远不可识，文之观也；近而得察，质之用也。文虚质实，远疏近密。……若乃阳春敷华，遇冲风而陨落；素叶变秋，既究物而定体。丽物苦伪，丑器多牢，华璧易碎，金铁难陶。”[4]通过一系列譬喻式的对比，旨在建构起文与质在现象和价值两方面的不同和对立：一方是“质之用”，切近、密实、牢稳；一方是“文之观”，虚远、飘忽、脆弱。文饰与质朴，当这样两两相对并举，审美性事物很容易就被与虚浮、乏用、不坚实相关联，如此一来，它通常难以获得广泛、明确的社会肯定，从务实尚用的普遍价值观出发，社会很容易做出与传统一致的选择。儒家固然尚文，在对文与质这一对矛盾关系的全面阐述中，大多推崇“文质彬彬”的平衡；但如果必须有所取舍的话，也还是以“质”为首选。这一点，乃是以社会政治秩序为关怀的诸家学说的一致之处。

甚至再进一步，与文饰普遍相关的华丽美好，同所有享乐性的事物一起，常常被认为是危险的，因为它具有诱惑力和腐蚀性，容易使人沉溺而难以自拔。《商君书》以“美”“好”为虱害。[5]《韩非子·扬权》：“夫香美脆味，厚酒肥肉，甘口而病形；曼理皓齿，说情而损精。”[6]《论衡·言毒》：“妖气生美好，故美好之人多邪恶。……美酒为毒，酒难多饮；蜂液为蜜，蜜难益食；勇夫强国，勇夫难近；好女说心，好女难畜；辩士快意，辩士难信。故美味腐腹，好色惑心，勇夫招祸，辩口致殃。四者，世之毒也。”[7]愈是美好的事物，愈要加以限制，不然，它强大的吸引力将会激发

1 王利器：《盐铁论校注》（定本），中华书局，1992年，第272页。
2 《说苑校证》，第511页。
3 《淮南鸿烈集解·缪称》，第323页。
4 《建安七子集》，第169页。
5 高亨：《商君书注译》，中华书局，1974年，第43、159页。
6 《韩非子集解》，第43页。
7 《论衡校释·言毒》，第958—959页。

起人的欲望，惑溺人心，导致行为失控，资源匮乏，社会秩序紊乱。这其实是以农业立国的周代文明的一贯思路。《逸周书·大开武》罗列商朝败亡的种种过失，有“淫好破义”“淫乐破德”“淫采破服”“淫巧破用”等“十淫”，其七曰：“淫文破典。典不式教，民乃不类。”必须防止对古老的法典、规章的任何变乱和曲解，不然，其对民众行为规范的有效性和约束力就将丧失。“呜呼！十淫不违，危哉！今商维兹。”[1]西周的政治上层人物在反思既往，总结商朝灭亡的历史经验的基础上，要求整个社会的公私生活必须保持在适度和不过分的状态下，以此为建立、维护社会秩序的必要前提。“夫乐不过以听耳，而美不过以观目，若听乐而震，观美而眩，患莫甚焉。”[2]这种适度和不过分的观念基础，便是《逸周书·程典解》一再强调的慎德、顺时、省用，“不滥其度”，所谓“土劝不极美，美不害用”[3]。

“极美”固然由于过度、无节制而变成负面，但即使“美”本身，也会因为缺乏实用性而被视为非必需，应予取消[4]。就像动物因为皮美、角美而被祸害，美甚至会危及自身的存在，《逸周书·周祝解》：“文之美而以身剥，自谓智也者故不足。角之美杀其牛，荣华之言后有茅。”[5]在《酆保解》中，“美好怪奇”“淫言流说”[6]，无论容貌、器物，还是言语、论说，也无论美丽、奇异，还是放纵、无根，只要不合于正统、无益于治平，就一概被看作是具有腐蚀性和破坏力的事物。这种看法在《墨子》《韩非子》等战国诸子那里不难找到应和。《吕氏春秋》：“至治之世，其民不好空言虚辞，不好淫学流说，贤不肖各反其质，行其情不雕其素，蒙厚纯朴以事其上。”[7]刘师培曾分析、总结说：“盖以文为华靡，以质为简朴。故中国古代皆尚质，不尚文，以为舍质用文，则民智日开，民心日漓，与背伪归真

---

1 《逸周书汇校集注》，第 281—285 页。

2 《国语集解·周语下》（修订本），第 109 页。

3 《逸周书汇校集注·程典解》，第 191 页。

4 《刘子·贵农》：“故建国者必务田蚕之实，而弃美丽之华。以谷帛为珍宝，比珠玉于粪土。何者？珠玉止于虚玩，而谷帛有实用也。”（傅亚庶：《刘子校释》，中华书局，1998 年，第 113 页。）

5 《逸周书汇校集注》，第 1123—1124 页。

6 参见《逸周书汇校集注》，第 205 页。

7 许维遹：《吕氏春秋集释·知度》，中华书局，2009 年，第 454 页。

之说相背，故不尚华靡也。”[1] 总之，在民智未开的朴厚时代里，在以慎用、俭啬、“食节事时”[2] 状态进行着的农业活动及生活方式之外，所有其他的人类活动和产物，都可能因其非必需而被涂染上奢华、靡费乃至邪恶的色彩，不仅是“单财劳力，毕归之于无用”[3]，而且还可能被认定具有某种程度的危害社会、祸乱国家的因素[4]，如果这种活动或事物不能够取消，就须得对它加以提防和限抑。“作淫声、异服、奇技、奇器以疑众，杀。行伪而坚，言伪而辩，学非而博，顺非而泽，以疑众，杀。”[5]《礼记·王制》甚至将异服、异言等“疑众”之人，与“执左道以乱政”者，统归于必须被诛杀之列，并且毫无宽赦、讨论的余地。

古代社会文化中有一种很强的综合性意识，在《月令》《夏小正》这类相对清晰的自然体系中，都显示出了包括天文星象、时令物候、人类生产、生活、礼仪等在内的综合性图景。它是将人的活动置于自然背景中，或者将人的生产、生活本身与这些活动所赖以存在、展开的背景组合在一起的产物。“日月者，天之文也；山川者，地之文也；言语者，人之文也。”[6] 与这种贯通了自然与人文的综合性思维意识直接相关联，古人将文学、文艺置于圣人承天统地、天地人伦大备的体系之中，这个体系集政治、道德、学术、文献等于一体，“言”与“文”乃是隶属于并构成着天地之道、君臣国家纲纪这一庄严、宏大系统的一部分。郝大维、安乐哲援引奥斯丁《请求宽恕》之语说：“一个语词从不（几乎从不）离开它的词源和形成时的状态。尽管它的含义会变化万端，增减不已。最初的含义将会保留下来，并渗透于和支配着这些变幻不定的增减。”[7] 就语源学来讲，“文”的各种意义之产生先后已经不是很容易厘清了，但大略言之，“文”

1 《论文杂记》十，第 118 页。

2 《礼记集解·王制》，第 361 页。

3 孙诒让《墨子间诂·辞过》，《诸子集成》（第 4 册），中华书局，1986 年，第 20 页。

4 汉哀帝即位诏曰：“惟世俗奢泰文巧，而郑卫之声兴。夫奢泰则下不孙而国贫，文巧则趋末背本者众，郑卫之声兴则淫辟之化流，而欲黎庶敦朴家给，犹浊其源而求其清流，岂不难哉！”（班固：《汉书》卷二二《礼乐志》，颜师古注，中华书局，1962 年，第 1072—1073 页。）

5 《礼记集解·王制》，第 373—374 页。

6 《刘子校释·慎言》，第 306 页。

7 ［美］郝大维、安乐哲：《孔子哲学思微》，蒋弋为、李志林译，江苏人民出版社，1996 年，第 27 页。

由线之交错、色之配合的原初义，并在此基础上，伴随着种种源自其他可能性的推衍和派生，获得了多层次的含义，具有大小不同、高低有别的价值意谓。到了文学和文人有了一定发展的汉代，王充在《论衡》中仍然令人印象深刻地混糅着这种范围广泛的多义性："出口为言，集札为文，文辞施设，实情敷烈。夫文德，世服也。空书为文，实行为德，著之于衣为服。故曰：德弥盛者文弥缛，德弥彰者文弥明。大人德扩其文炳，小人德炽其文斑，官尊而文繁，德高而文积。……非唯于人，物亦咸然。龙鳞有文，于蛇为神；凤羽五色，于鸟为君；……人无文德，不为圣贤。上天多文而后土多理，二气协和，圣贤禀受，法象本类，故多文彩。"[1] 即使在推重书面写作时，王充也杂合了"文"的多种含义："文人宜遵五经六艺为文，诸子传书为文，造论著说为文，上书奏记为文，文德之操为文。立五文在世，皆当贤也。"[2] 即以"文"共通的两大根本特性——外在之显现和缘饰性——为关联线索，将有关宇宙、自然，以及几乎全部人文活动这种种错综的方面含括在一起。这些层级不同的大大小小的含义，共同组构成了对文学理解、诠释的意义背景和语义基础。

"文"的意义和价值层次极其错杂，就其抽象和宏大的层面而言，它可以是与"道""德"内外表里之物，甚或上扬为与"道"齐同、与"德"合一的地步。但与此同时，无论刘勰所铺陈的文以"明道"，还是后来唐、宋学者、思想家的"贯道""载道"说[3]，在富于理想性地将"文"的观念价值上推的同时，实际上却也明豁了，它最终不能够等同于"道"。毋宁说，相对于根本性的"道"，由于"文"通常被视作外部的表现和存在形式，美感由内而外自然显化而出，其美饰、外化这两个根本特性，便使得"文"终归沦为带有附属性质的外部形式。说到底，"文"只能从属于"道"、依附于"德"，甚至有可能对"道"和"德"不无妨碍。当文字、

1 《论衡校释·书解》，第 1149—1150 页。

2 《论衡校释·佚文》，第 867 页。

3 郭绍虞《文学观念与其含义之变迁》分别介绍唐李汉"文者，贯道之器也"、宋周敦颐"文所以载道也"这两种著名说法："谓文以贯道，是主张因文以见道，虽亦重道而仍有意于文；谓文以载道，是主张为道而作文，衹重在道而无事于文。贯道是道必借文而显，载道是文须因道而成，轻重之间，区别显然。"［郭绍虞：《照隅室古典文学论集》（上编），上海古籍出版社，1983 年，第 100 页。］

篇章、书籍等作为“道”“德”的载体，作为其赖以成形的形式的时候，相对于这些崇高、根本的内容，形之于外而又斐然可观的“文”，却时常不免被视作虚浮的外在表象；而从一切事物、现象中抽绎出来的华饰、美饰之义，则会被认为较朴素、实在的内在本质为次要、多余，从而在性质上是从属的，在价值上是第二位的。虽然孔子对“言以足志，文以足言”有明确的认可，但是，一旦放置于人生价值的综合系统中，相对于道德要求和政教理想这样一些更宏大也更沉实的方面，语言文字的表达，特别是富于修辞艺术的文学性表达，就不免显得细小、不自足，因而减轻了分量。

对于“道”“德”“志”来说，文学既是由内而外的自然显现，同时也是外在的装饰。具体来说，富于审美意味的文辞、文学，一方面被视为语言表达最高、最终的形式，另一方面又被看作远离事物的内在本质，前述孔子的志—言—文、孟子的志—辞—文，都潜含着这样的逻辑。同时，这些关系模式又提示着这样的意见：审美优势使得“文”获得了一种诉诸人心的力量，但是这种喜闻乐见的文辞效果却使它不无危险。韩非借用田鸠之言，批评富于修辞艺术的言辞影响了人们对内容的关注：“今世之谈也，皆道辩说文辞之言，人主览其文而忘有用。墨子之说，传先王之道，论圣人之言以宣告人。若辩其辞，则恐人怀其文忘其直，以文害用也。”[1]也就是说，如果不加节制，“文”便有可能滥用这种力量，自行发挥得过度，从而违背、脱离了根本，“文繁则质衰，末盛则本亏”[2]，以至妨害了内在本质的实现和实行。

毫无疑问，从文明、文化、文德、文教、文治，到文采、文辞、文字，这些丰富而高低有别的含义，具有共通性，它们不仅相互融渗、影响，还互为背景，彼此映发和制约，尤其是在“取象比类”的直觉思维的影响之下。在对文学的评价、讨论和期望中，天地之道、人类文明与文字、文章，这些高下不等的层次时常交织在一起；而文教德化、文饰、文学等不同的意义，往往也相互缠结。质言之，几乎无法抽取出某一个义项而单独言“文”，文学与其他之“文”有脱不开的干系和融会。对于中国

---

1 《韩非子集解·外储说左上》，第 266 页。

2 《盐铁论校注·本议》（定本），第 1 页。

古代文学、文章、文人来说，“德”“道”这类具有崇高价值含义、层级更高的概念，无疑提升了文学、文人的地位，赋予其更重大的价值意义和厚重的观念土壤。但是在以社会政治为“德”“道”主要实践与实现领域的文化体系中，入仕从政被看作文人天经地义的职事，有益于政治就必然成为衡量所有文化创造物的标尺，如此，对政教职能的重视不能不导致审美价值的第二位性和屈从性。同理，事物内在的根本或本质，使得文学具有了坚实的依靠、凭附，但是对“文”之为外化形式的界定、认识，必然导致这种具有美感的产物对于事物或人的活动来说，乃是缘饰性的，其本身先天地不具有充分的独立性、自足性。

中国古代的文论家谈论文章、文学时大都会兼涉天文、人文，刘勰赞叹“文之为德也大矣”，萧统感慨“文之时义，远矣哉”，莫不由此而来。以此之故，后世的人们若要推尊文章，就得证明文章比得上事功，有助于道德教化，有益于世道人心和政治治理。这既可以看作是对文学价值的弘扬，但在相当程度上，其实是缘自制约着中国文学的一种极为深刻、古老的思维和文化背景。必须强调指出，“文”作为一个其原始义中潜含有审美意味的概念，在春秋战国这一中国经典文化重要的奠基时期，从道德、政教角度对它的塑造十分突出，它因而获得了明显的社会政治、道德色彩；后来，当它的审美特质和文学意义有了长足发展，道德、政教反过来又成了对它的理解不能剥离的社会观念背景。

要之，对于理解中国古代文学、文章、文人来说，“文”这个庞杂的、多层次的意义背景，乃是不可剥离的底色，必须对此有清醒的认知。它在提升着文学的地位，丰富、深厚着文学的滋养和内涵的同时，也使得文学的观念和功用、文人的评价标准等常常多元、矛盾、莫衷一是；在增加着文学、文人的价值的同时，又侵蚀着它自身特有的性质，取消着其独立性。“文”的这种在意义上既广阔、丰厚，又错综、游移的复杂性，不能不影响着中国古代文学、文人的存在状况和社会评价。

六、诗人

战国以前，不仅“文人”一词的含义与后世不同，也别无其他与后来指代诗文写作者相类似的集合性称呼。诗歌是中国古老的文学艺术成就，但说到诗的作者，由于大多难以考知，往往只有些零碎、笼统的信息。《左传·闵公二年》："郑人恶高克……郑人为之赋《清人》。"[1]《左传·文公六年》：秦穆公卒，以秦之良奄息、仲行、针虎为殉，"国人哀之，为之赋《黄鸟》"[2]。有几篇作品虽然自著作者主名，如"家父作诵""寺人孟子，作为此诗""吉甫作诵，其诗孔硕"，不过除了周宣王时代的名臣尹吉甫，这几个名字所能提供的作者信息十分有限。

文献见载的具名者通常都是重要的政治人物，比如周武王、周公、召公等一些显赫的社会人物被明确为《诗》或逸诗的作者。《尚书·金縢》："公乃为诗以贻王，名之曰《鸱鸮》。"[3]《国语·周语中》："周文公之诗曰：'兄弟阋于墙，外御其侮。'"[4]《国语·周语下》："周《诗》有之曰：'天之所支，不可坏也。其所坏，亦不可支也。'昔武王克殷而作此诗也，以为饫歌，名之曰《支》，以遗后之人，使永监焉。"[5]《左传·闵公二年》狄伐卫，"许穆夫人赋《载驰》"[6]。《左传·文公元年》："周芮良夫之诗曰：'大风有隧，贪人败类。听言则对，诵言如醉。匪用其良，覆俾我悖。'"[7]《吕氏春秋·古乐》："周公旦乃作诗曰：'文王在上，于昭于天，周虽旧邦，其命维新。'以绳文王之德。"[8]"毛诗"之《序》《传》指实了一些诗篇作者，不外乎也是秦康公、卫武公、召康公、召穆公、两凡伯、芮伯、仍叔、史克等一众上层贵族社会成员。还有许多篇，《诗序》分别言其作者为"大夫""士大夫""君子"等。这类将诗歌与政治人物相联系的叙述，便于阐释作诗者天然的社会政治动机，或者表明其对某一重要历史事件的直接回应，从这个意义上，诗与其说是抒发人生感情之作，不如说，实际上被看作是针对具体现实的一种社会政治参与行为。

无论周公、大夫，还是国人、郑人，这种有关作者身份的说法，都是

---

1 《春秋左传注》（修订本），第 293 页。
2 《春秋左传注》（修订本），第 597 页。
3 孙星衍：《尚书今古文注疏》，陈抗、盛冬铃点校，中华书局，1986 年，第 333 页。
4 《国语集解》（修订本），第 45 页。
5 《国语集解》（修订本），第 130 页。
6 《春秋左传注》（修订本），第 292 页。
7 《春秋左传注》（修订本），第 565 页。
8 《吕氏春秋集释》，第 127 页。

历史性的叙述。从诗学的角度出发，应当如何命名他们？这些外部社会身份差别极大的人，他们之间是否存在着什么诗歌上的共性，可以因之相互关联在一起？值得注意的是，虽然《诗经》地位崇高，但在其作品传播的较长时期内，并未产生类似“诗人”这样从诗歌本身出发来命名的集合式概念。孟子追慕诗书作者，主张对他们要知人论世，《孟子·万章下》：“颂其诗，读其书，不知其人可乎？”[1] 相较于以上那些具名抑或笼统的称述，《孟子》中的“为此诗者”，在指代诗歌作者方面，不失为一个更具概括性的说法。《孟子·公孙丑上》：“《诗》云：‘迨天之未阴雨，彻彼桑土，绸缪牖户。今此下民，或敢侮予？’孔子曰：‘为此诗者，其知道乎？能治其国家，谁敢侮之。’”[2]《孟子·告子上》：“《诗》曰：‘天生蒸民，有物有则。民之秉夷，好是懿德。’孔子曰：‘为此诗者，其知道乎！故有物必有则，民之秉夷也，故好是懿德。’”[3] 不过，所谓“为诗”，看起来并不单指作诗，还被用来指说诗、解诗。《孟子·告子下》：“公孙丑问曰：‘高子曰：《小弁》，小人之诗也。’孟子曰：‘何以言之？’曰：‘怨。’曰：‘固哉，高叟之为诗也！……《小弁》之怨，亲亲也。亲亲，仁也。固矣夫，高叟之为诗也！’”[4] 因此，“为诗”不妨理解为，可以用来指称与诗有关的多种行为。不过如此一来，“为诗者”就丧失了用以专称诗歌作者的概括力。

不难看出，在负责文化制作、保存、传承的周代王廷专门职官之外，诗歌创作作为偶然发生的行为，无论朝廷显贵，还是普通平民，没有人会借此而在天下博声誉，更没有人会寄身于此，作为专力从事的一项事务，并以之获得社会认知和身份。商周以来已产生了很多种标定社会身份的称谓，譬如以职业称有农商工匠，以爵位称有公卿大夫，以官职称则有祝卜乐史等，从事者身份明晰、可辨识，往往成为该行业或领域活跃、稳定的外部标志。既然诗文创作并非经常性行为，在社会中也不被看作人生的

---

1 《孟子正义》，第 726 页。针对孟子的这一说法，余嘉锡在“古书不题撰人”条感慨：“欲读古书，当考作者之姓名，因以推知其身世，乃能通其指意。……陈启源曰：‘考孟子所论读诗之法，然则学诗者必先知诗人生何时？事何君？且感何事而作诗？然后其诗可得而读也。’其言可谓明切矣。然古书多不题撰人：则欲知人论世，其事乃至不易也。”（余嘉锡：《古书通例》，中华书局，2009 年，第 200 页。）

2 《孟子正义》，第 223—224 页。

3 《孟子正义》，第 758 页。

4 《孟子正义》，第 817—818 页。

重要成就，自然就没有必要为这样的一类人提供专门称呼。总之，战国以前，诗歌作者尚未作为社会中的一个人物角色类别而得到命名。

西周以来，在礼乐文明的社会意识和文化形态下，诗歌的学习和运用具有深厚的时代基础。诗既是“六艺”之一，《诗经》又最早取得经典地位，长期作为贵族教育的基本科目，不同方式的用诗先后蔚成风气。但是与《诗经》作品的歌乐、赋诵、征引等频繁使用极不相称的是，《诗经》的作者信息一直贫乏。其中相当多散落在各地的中下层作者的情况固然难以收集、确认，可如果贵族“献诗”以颂美、讽谏的说法真确不妄的话，在史官、乐官建制完备的情形下，至少就《诗经》中“雅”诗的来源、汇集途径来说，其作者应当容易了解，不难保存姓名的。但显然，这些信息比起文本内容本身，并不被看作是重要和必需的，因此，除了极少数因诗歌之外的重要身份而著名的政治人物，有关《诗经》作者的信息基本湮没无闻。孔颖达注意到作诗者普遍缺名的现象，认为周、汉相关文献之所以不言作者姓名，殆半是由于后者之地位、身份卑微不足道：“诸言姓名爵谥者，皆是王朝公卿大夫。《绵蛮》谓士为微臣，不言姓名，盖以士位卑微，名不足录也。推此则太子之傅及寺人、谭大夫不言姓名，亦为征也。又变风唯《七月》《鸱鸮》言周公所作，其余皆无作者姓名，亦以诸侯之大夫位比天子之士，官位亦微，故皆无见姓名者也。……不然，岂变风十有二国，其诗百有余篇，作者不知一人也？”[1] 陈启源《毛诗稽古编》推源其因，认为在于当时作者意识不强：“盖古世质朴，人惟情动于中，始发为诗歌，以自明其意。……及传播人口，采风者因而得之，但欲识作诗之意，不必问其何人作也。”[2] 劳孝舆《春秋诗话》亦云：“然作者不名，述者不作，何欤？盖当时只有诗无诗人。古人所作，今人可援为己诗；彼人之诗，此人可赓为自作。期于言志而止。人无定诗，诗无定指，以故可名不名，不作而作也。”[3] 质言之，这个时期的作者意识是有限的，何人所作并不要紧，作诗之意、诗篇内容的重要性压过了作者；相对于作品而言，作

1 《毛诗正义》卷十二，《十三经注疏》，第 440 页。

2 陈启源：《毛诗稽古编》卷二十五“诗乐”条，中国国家数字图书馆“中华古籍资源库”，清抄本，善本书号：06097。

3 劳孝舆：《春秋诗话》卷一，商务印书馆，1936 年，第 1 页。

者乃是隐形的存在，还没有产生存留作者名字的自觉和习惯。除了周公、召公、尹吉甫等特定的几位作者，人并不因为作了诗，就会具有特别的价值；甚至，周公等人的社会政治地位和声誉，为他们名下的作品增加了分量，而不是相反。

汉代“《诗经》学”发达，人们普遍认为诗具有一种特性，它是人的心意外感于物之后的自然流露，是王道兴衰、政教得失自动地显现于文字、歌乐的产物。《毛诗序》：“诗者，志之所之也，在心为志，发言为诗。情动于中，而形于言；言之不足，故嗟叹之；嗟叹之不足，故永歌之；永歌之不足，不知手之舞之足之蹈之也。”[1]这个著名的说法在汉代十分为人认同。刘向《说苑·贵德》：“善之故言之，言之不足，故嗟叹之，嗟叹之不足，故歌咏之。夫诗，思然后积，积然后满，满然后发，发由其道，而致其位焉。”[2]王褒《四子讲德论》：“传曰：‘诗人感而后思，思而后积，积而后满，满而后作。言之不足，故嗟叹之；嗟叹之不足，故咏歌之；咏歌之不厌，不知手之舞之足之蹈之也。’”[3]所有这些类似说法都意味着这样一种逻辑：诗不是做出来的，它是人心由内而外的情不能已，由于心中情意的饱满而自动流溢出来，外化于言语、文字，是不能不如此的表达。诗歌几乎是自然而成的，创作灵感、诗歌技巧等问题，就无须乎讨论；既然作诗并不是专门的学问，也算不得什么特别的技艺，那么其具体的作者也就可以一并忽略了。

“诗人”一词，直到战国末才出现。宋玉《九辩》：“且慕诗人之遗风兮，愿托志乎素餐。”王逸在“诗人”句下注曰：“勤身修德，乐《伐檀》也。”[4]无论宋玉原诗句还是王逸注释，都明显地以“诗人”指《诗经》作者。与之前涉及诗歌作者的或具体或笼统的说法相比，“诗人”作为一个集合概念，可以用来含括所有创作诗歌的人，从天子王公到国人、隶农，社会阶层上下悬隔，人生千差万别，唯有创作了诗歌这一点，是他们的共同之处。要之，这个概念是从诗歌作品本身出发的一种身份命名，并因之

---

1 《毛诗正义》，《十三经注疏》，第269—270页。

2 《说苑校证》卷五，第94—95页。

3 《文选》卷五十一，第713页。

4 洪兴祖：《楚辞补注》卷八，中华书局，1983年，第192页。

将一些差别极大的人集合在这一类目之下。考虑到周代诗歌创作的非职业性、偶发性，这种以诗歌作品为线索将若干人贯穿起来的概念，其所具有的涵括力就更加不容小觑。

"诗人"概念的产生，自然是《诗经》越来越文本化的结果。[1]与其经典地位相关，自战国末直到汉代，"诗人"一词的内涵都十分清晰而固定，用作《诗经》作者的专称。董仲舒《举贤良对策》："周道粲然复兴，诗人美之而作。"[2]《史记·周本纪》："周道之兴自此始，故诗人歌乐思其德。""懿王之时，王室遂衰，诗人作刺。"[3]刘向曰："下至幽、厉之际，朝廷不和，转相非怨，诗人疾而忧之。"[4]在汉代的几百年间，"诗人"一词更像是抽象的专属概念，或者是个价值称谓，代指一个特定时代的政治文化创造者及其价值传统，而不是一位位个性生动、有着各自经历和独特风格的诗歌作者的集合。汉代当然是有诗歌创作的，《汉书·艺文志》"诗赋略"中载录了汉代新创的"歌诗二十八家，三百一十四篇"[5]。汉代著名的文人，司马相如、王褒、班固、傅毅、崔骃、张衡、蔡邕等都有诗作，赋家也常在赋中系以诗。但在《诗经》高度的经典化之后，又继之以赋作为有汉一代的代表性文体，诗歌的当代作品在汉代没能获得足够的地位，"诗人"一词基本上不用作对当代诗歌作者的泛称。从这个意义上来说，汉代无诗人的说法并不诬罔[6]。

此外需要指出的是，即使后来"诗人"成为对写诗者的泛称，但在中国古代，作为一个人物类别概念，它也较少被用作人的头衔和称号。作为士人一生最值得珍视的社会成功标志，一个写作者无疑更常以当前或曾经

1 朱自清《诗言志辨》："总之，诗乐不分家的时代只着重听歌的人；只有诗，无诗人，也无'诗缘情'的意念。诗乐分家以后，教诗明志，诗以读为主，以义为用；论诗的才渐渐意识到作诗人的存在。"[朱乔森编《朱自清全集》(第六卷)，江苏教育出版社，1996年，第157页。]

2 《汉书》卷五六《董仲舒传》，第2499—2500页。

3 司马迁：《史记》卷四《周本纪》，裴骃集解、司马贞索隐、张守节正义，中华书局，1982年，第112、140页。

4 《汉书》卷三六《刘向传》，第1934页。

5 《汉书》卷三〇《艺文志》，第1753—1755页。

6 胡应麟云："昔人谓三代无文人，六经无文法。窃谓二京无诗法，两汉无诗人。即李、枚、张、傅，一二传耳。自余乐府诸调，十九杂篇，求其姓名，可尽得乎？即李、枚数子，亦直写襟臆而已，未尝以诗人自命也。"(胡应麟：《诗薮·外编·周汉》，中华书局，1958年，第126页。)

的官职来冠名，以其在士大夫政治序列中的位置，作为他在社会中的成就和人生坐标。这当然是受制于士阶层价值兼综、社会身份复合的特性。同时，由于传统写作鼓励兼擅各体，不太趋向以单一的文体作者身份来称呼某位写作者，再加上写诗后来又普遍化为士人习见的日常行为，“诗人”的社会身份区别意义就相对有限了。作为人称或角色类别概念，“文人”的社会适用性要更强一些。

七、战国的文辩之士

战国时代，诸子蜂起，处士横议，著述迭兴。不过旨在创立学说、拯时济世的诸子百家，并不希望将自己标定为语言文字表达者的身份。韩非曾屡屡指斥“为巧文之言，流行之辞”的辩士说客[1]，认为语言的华美和修饰性妨碍了执政者对所谈论内容及其实际效用的关注，“今世之谈也，皆道辩说文辞之言，人主览其文而忘其用”[2]。虽然其中的“文”并不限于语言的修辞艺术，但韩非对“以文害用”的当代社会现象的批评，从否定的方面证明了，具有美感的修饰性语言不可低估的接受效应和受众影响力。值得注意的是，既然言辩已经运用了多种表达手段，并形成了各不相同的风格、面貌，尤其是其中“言顺比滑泽，洋洋纚纚然”的“华而不实”，“多言繁称，连类比物”的“虚而无用”，“闳大广博，妙远不测”的“夸而无用”，“捷敏辩给，繁于文采”的“见以为史”[3]，这些所谓虚浮、不切实用的华美、多文采，看起来很像是对后来文人写作的批评。换言之，就语言的表达技巧和艺术效果，就文辞的使用而言，这些在韩非看来“以文害用”的口头言辩之士，与后来的文学性写作者有着显而易见的异曲同工之处[4]。“殊释文学，以质性言，则见以为鄙”，社会上层人物“艳乎辩说文丽之声”[5]，风气如此，为了不被讥讽为浅陋、粗俗，游谈者在言说时自然就尽量

---

1 《韩非子集解・八奸》，第 55 页。

2 《韩非子集解・外储说左上》，第 266 页。

3 《韩非子集解・难言》，第 20—22 页。

4 季镇淮《“文”义探原》：“战国时代，作为装饰意义的‘文’字，用以形容一种有目的的说话，是极普通的现象。……‘文辞’可译为‘装饰的语言’。”（《来之文录》，第 34 页。）

5 《韩非子集解・外储说左上》，第 273 页。

采取有修饰性的非生活化语言表达方式。

当时，言语具有辞采的文辩之士，偶或被称为“文士”。《战国策·秦策一》“苏秦始将连横说秦惠王章”：“约纵连横，兵革不藏；文士并饬，诸侯乱惑。……辩言伟服，攻战不息；繁称文辞，天下不治。”以“文士”指那些擅长运用巧妙的语言手段来纵横辩说的人[1]，也就是具有高度的口头语言技巧和能力的士人。虽然此前和当时，这种富有文采的语言效果和能力普遍见诸游说之士的口头言辩，不过在战国诸子的书面写作中，也并不少见。李斯曾指责韩非“辩说属辞，饰非诈谋”，“臣视非之言，文其淫说，靡辩才甚。臣恐陛下淫非之辩而听其盗心，因不详察事情”[2]，几乎就将前述韩非对言辩之士文饰作风的批评，套用到对他本人文章的评价上。考虑到韩非“为人口吃，不能道说，而善著书”[3]的现实，李斯的这一指责，恰恰表明韩非以书面著述，表现出了令人印象深刻的文字修饰水平。抑不止此，韩非在“内外储说”“说林”等若干篇中对史实、故事、名言之类材料的搜集，表现出他对于写作持久的爱好和关注，并有意识进行写作素材上的储备。要之，战国时期，以诸子和纵横之士为代表的最为活跃的社会分子，他们在教授、宣传和论争，尤其是奔走游说中，为了使其观点、主张最大限度地具有说服力、吸引力，设法采用了丰富、生动的表达手法和技巧，从而使语言技艺获得了空前的发展。

“是时诸侯多辩士，如荀卿之徒，著书布天下。”[4]随着诸子在思想表达、宣传上越来越自觉，著述意识逐步兴起，作者与著作之间的关联日趋紧密，一些读者也开始把作品与其作者密切联系起来，由文章进而对其作者产生强烈的喜爱和关注。《史记·韩非列传》：“人或传其书至秦。秦王见《孤愤》《五蠹》之书，曰：‘嗟乎，寡人得见此人与之游，死不恨矣！’李斯曰：‘此韩非之所著书也。’秦因急攻韩。”[5]《史记·司马相如列传》：

1 一说“文士并饬”，文指辩士，士指卒伍，此言外交、军事并用。参见何建章：《战国策注释》，中华书局，1990年，第79页。

2 《韩非子集解·存韩》，第17页。《存韩》自“诏以韩客之所上书……下臣斯，甚以为不然”，王先慎案：“以下皆李斯言。”（《韩非子集解》，第16页。）

3 《史记》卷六三《韩非列传》，第2146页。

4 《史记》卷八五《吕不韦列传》，第2510页。

5 《史记》卷六三，第2155页。

“上读《子虚赋》而善之，曰：‘朕独不得与此人同时哉！’得意曰：‘臣邑人司马相如自言为此赋。’上惊，乃召问相如。”[1]这些事例固然透露出战国末、西汉前期，文章常常并不随文署名的状况[2]，但由此也可看出，写作者与其作品的相关意识正在社会中加强。作者是作品最重要的成因，是作品的创造者，他的先决性作用显然已经被认识到，并因此受到尊重。由认读作品而感兴趣于作者，著作者的社会影响和存在正在得到正视。

在此有必要提到近些年面世的汉简文献《反淫》。这篇很可能写于汉初的赋作，简43-44有份讲论“天下至神妙”的人物名单：“若张仪、苏秦，孟轲、淳于髡，杨朱、墨翟，子贡、孔穿，屈原、唐勒，宋玉、景差之伦”[3]。这些人物大抵为战国时代以言论、辩说、文辞名世者，在重农战实用的社会政治人物那里，他们轻易会被归属为“辟淫游惰之民”[4]，而《反淫》作者盛称之为“天下博徆闲雅之士”。失名的赋作者或许算不得有什么社会舆论影响力，但其中对屈原及宋玉等“好辞而以赋见称”者的赞许，仍然具有时代标志意义。

八、西汉以来“文人”日趋书面写作

战国、秦汉，最主要的书写材料是竹木简牍，较之甲骨文、金文，这种墨书笔写的方式已是便利许多。书写的便利为文字交流和文章写作的繁荣提供了前提条件，战国诸子的著述之盛因此有了切实的支持。秦朝推行“书同文字”政策，在对秦国文字进行整理的基础上，设立了文字的标准，“秦王朝用经过整理的篆文统一全国文字，不但基本上消灭了各地‘文字异形’的现象，而且使古文字异体众多的情况有了很大改变，在汉字发展史上有重要的意义”[5]。不啻此，这一时期汉字发生了剧烈变化，人们对字形进行了省改、简化，“顺乎文字在使用上发展的趋势，由繁趋简，由不

---

1 《史记》卷一一七，第3002页。

2 余嘉锡：“此皆古人著书不自署名之证也。”（《古书通例》，第203页。）

3 北京大学出土文献研究所：《北京大学藏西汉竹书》（四），上海古籍出版社，2015年，第134—135页。

4 《商君书注译·垦令》，第21页。

5 裘锡圭：《文字学概要》（修订本），商务印书馆，2013年，第73页。

整齐趋向整齐，由不规则趋向规则”[1]。在此基础上，更为简便易写的隶书兴起，在汉代成为通行的书体。随着文字自身的简化，字形、字体的趋于统一和稳定，笔、墨等书写工具的改良，再加上文书行政的持续推行，对儒术的尊崇，以及社会中兴起的读书习经的教育风气，这一切都推动了社会文化水平的普遍发展和提高，有书面读写能力的人逐步增多。秦汉以来，随着文字的使用者群体——尤以文书之吏、经生儒士、文人为主体——不断扩大，文字写成物大量增加，书写这一行为日趋平常，社会生活和文化中“书面化”所占的比重因而越来越大。

与之相关，从西汉前期开始，“文士”由原先主要经由口头语言表达，开始明显地趋向指文字表达者、书面写作者。《韩诗外传》：“是以君子避三端：避文士之笔端，避武士之锋端，避辩士之舌端。”[2]文士不仅与武士对举，也与辩士并称，指与兵戎武力相对，并与口头言辩区别的书面写作之士。随着文章辞赋写作的繁荣，人们不断采用一些相应的词汇称呼这些写作者，试图来概括、定义这些表现出一定共同特性的人。除了“文士”，两汉之际，桓谭用“文家”指称文章作者：“文家各有所慕，或好浮华而不知实核，或美众多而不见要约。”[3]东汉初，王充曾采用“文章之徒”“著书之人”等不同的说法，但以“文人”最为多见。王充不仅强调“口出以为言，笔书以为文”[4]，明确“文”书面写作的属性；而且反复定义“文人”为“笔能著文”之士，即“杼其义旨，损益其文句，而以上书奏记，或兴论立说，结连篇章者”[5]。他把“文人”确定为擅长书面写作的人，包括写作章表奏记、赋颂、史书、论著等。

王充肯定、推重“文人”书面写作的能力，再三强调“著述表文”“精思著文”，远超于熟读、说解儒家经书，认为善于写作的“文人”超卓于一般儒生。王充有个独特的概念，“文儒”：“使儒生博观览，则为文

1 周祖谟：《周祖谟语言学论文集》，商务印书馆，2001年，第415页。
2 《韩诗外传集释》卷七，第242页。
3 《文心雕龙注释·定势》，第340页。
4 《论衡校释·定贤》，第1116页。
5 《论衡校释·超奇》，第606页。

儒”,“能上书白记者，文儒也”[1],“著作者为文儒”[2]。“文儒”即是擅于文章著述的儒士，他们不仅具备当时普遍的儒学经传学养，而且富于创造性的写作和表达能力。“好学勤力，博闻强识，世间多有；著述表文，论说古今，万不耐一。”[3]“发胸中之思，论世俗之事，非徒讽古经、续古文也。论发胸臆，文成手中，非说经艺之人所能为也。”[4]在以儒术为社会意识形态，以经学为主流学问的汉代，推崇文章著述才能及其创造力，并以之凌驾于以讽读记诵、解释经传为能事的世俗意义的儒生之上，这种观点是不同寻常的。

“孔子，周之文人也。”[5]“唐勒、宋玉，亦楚文人也。”[6]王充对“文人”这个概念显然理解得比较宽泛，他把“文人”笼统地定义为具有书面写作能力者。不过，在这一宽泛的范围内，王充其实对“文人”还有进一步的区分，比如依文字运用能力、独创性、表达的深奥程度等，依次有“文儒”“文人”“鸿儒”等不同的名目和等级；或者更直观的，依据所撰作篇章的种类、写作规模和篇幅评骘优劣，从能够“连句结章”的普通写作，到“累积篇第，文以万数”的长篇制作[7]，而以独立运思地创立论说为最高成就，“造论著说之文，尤宜劳焉”[8]。总之，对于王充说来，“文人”的高下，在于其是否能够“意奋笔纵”“精思著文”，也就是是否具有独出己见的思想创造力和强大的文字表达能力。

九、东汉“文人”向优美辞藻偏侧的趋势

在强调书面写作的同时，“文人”这一概念也显现出向优美华丽的辞藻偏侧的趋势。文章、言论如果有文采，如果擅于有技巧地运用修饰性的文字，就更为人喜爱，容易被接受，这一现象在战国时代就已明显，但在

1 《论衡校释·效力》，第580—581页。
2 《论衡校释·书解》，第1150页。
3 《论衡校释·超奇》，第606页。
4 《论衡校释·佚文》，第867页。
5 《论衡校释·佚文》，第868页。
6 《论衡校释·超奇》，第614页。
7 《论衡校释·超奇》，第607—608页。
8 《论衡校释·佚文》，第867页。

公开的社会舆论中却并未得到充分的肯定。

王充虽然积极肯定书面写作，但对其中的辞赋却时有微词："以敏于赋颂，为弘丽之文为贤乎？则夫司马长卿、杨子云是也。文丽而务巨，言眇而趋深，然而不能处定是非，辩然否之实。虽文如锦绣，深如河、汉，民不觉知是非之分，无益于弥为崇实之化。"[1] 作为汉代持续、广泛获得社会声誉的作者，以司马相如、扬雄为代表的善于写作辞赋这类美文的"文人"，即使不断受到无益于世事和政教的批评，但通过其作品的审美特性已经获得了明显的社会认可，拥有广大的读者。尽管王充本人对富于美感的文章时常加以批评，不过从他所引述、批驳的社会一般观点，可以看出时人对美丽文辞的喜闻乐见："文必丽以好，言必辩以巧。言了于耳，则事味于心；文察于目，则篇留于手。故辩言无不听，丽文无不写。"[2] "夫文人文章，岂徒调墨弄笔，为美丽之观哉？"[3] 这两则引文从相反的方面暗示出，文人的文章可能的确主要是以文辞的美感及其表达效果，而在社会中产生了广泛影响。

几乎同时的傅毅在《舞赋》中更进一步明确说："文人不能怀其藻兮，武毅不能隐其刚。"[4] "藻"指有修饰的文辞，班固《答宾戏》"驰辩如涛波，摛藻如春华"，颜师古注曰："摛，布也。藻，文辞也。"[5] 陆机《文赋序》："故作《文赋》，以述先士之盛藻。"《文选》李善注引孔安国《尚书传》曰："'藻，水草之有文者。'故以喻文焉。"[6] "文人"与文辞丽藻，也就是富有修饰性的文字的相互关联[7]，正表明了"文人"写作最突出的特性。而汉末刘熙在《释名・释言语》中定义曰："文者，会集众彩以成锦绣，会集众字以成辞义，如文绣然也。"[8] 与其说是在解释文字之"文"，不如说，

1 《论衡校释・定贤》，第1117页。
2 《论衡校释・自纪》，第1199页。
3 《论衡校释・佚文》，第868页。
4 《文选》卷一七，第247页。
5 《汉书》卷一〇〇上《叙传》，第4226—4227页。
6 《文选》卷一七，第239页。
7 阮元《研经室三集・文言说》："《说文》曰：'词，意内言外也。'盖词亦言也，非文也。《文言》曰：'修辞立其诚。'《说文》曰：'修，饰也。'词之饰者乃得为文，不得以词即文也。"（阮元：《研经室集》，中华书局，1993年，第606页。）
8 《释名・释言语》，第47页。

乃是对带有审美特性的文人文章所给出的表述。

到了汉末，曹氏兄弟多次使用“文人”这一说法。曹植《娱宾赋》：“文人骋其妙说兮，飞轻翰而成章。”[1]曹丕《与吴质书》“观古今文人”[2]；《典论·论文》一曰“文人相轻，自古而然”，并举傅毅、班固为例；二曰“今之文人，鲁国孔融文举、广陵陈琳孔璋、山阳王粲仲宣、北海徐干伟长、陈留阮瑀元瑜、汝南应玚德琏、东平刘桢公干”云云[3]。这些一再重复的“文人”概念，与以往，比如王充宽泛而不免含糊的所指不同，其意义已经相当稳定，内涵也十分明确，用来指称以诗文为主的写作者，他们以使用文辞并创作富于修辞性的文字艺术为成就。毫无疑问，曹丕所提及的“文人”，傅毅、班固、建安七子，与后来所认可的人物已经完全一致。钱穆在《读〈文选〉》中云：“古之为文，则莫不于社会实际世务有某种特定之应用。经史百家皆然。故古有文章而无文人。下逮两汉，前汉有儒林，无文苑。贾董匡刘皆儒生也。惟邹枚司马相如之徒，不列儒林，是先已有文人之格，而尚无文人之称。文苑立传，事始东京，至是乃有所谓文人者出现。”[4]换言之，作为具有特定性质的一种人物类别，是在东汉末，文人开始名实俱存。

从此，“文人”作为一个人物群体或类型称谓，虽然其外延始终变动不居，但其核心意谓已经清晰并相对稳定，主要用来指那些偏重于艺术性地使用文字进行书面写作的士人。

1 赵幼文：《曹植集校注》，中华书局，2016年，第70页。

2 《文选》卷四二，第591页。

3 《文选》卷五二，第720页。

4 钱穆：《中国学术思想史论丛》（三），生活·读书·新知三联书店，2019年，第104页。

第二章　立言与文言

立德、立功、立言，这古老的“三不朽”被作为对“士”阶层价值的高度概括。其中“立言”，一般理解为著书立说，或者直接等同于文章或文学写作，但这不过是后来人们的引申性看法。尽管“立言”早期的内涵与后来区别甚著，但追究一下它当时的含意及其时代语境，还是有助于理解中国古代文学传统的早期建构。至于“文言”，既是中国古代社会中官方的政治、文化语言系统，也是文人写作的语言系统，作为书面文学的语言载体，直接呈现着文学的面貌。

一、立言不朽

春秋时期，鲁襄公二十四年的春天，鲁国的叔孙穆子与晋国正卿范宣子就古人所说的“死而不朽”问题进行了一番谈话。按照传统的看法，“不朽”意味着宗庙祭祀不绝，即族姓、子孙、血统绵延赓续，所以范宣子自述家世之迢递相继：“昔匄之祖，自虞以上为陶唐氏，在夏为御龙氏，在商为豕韦氏，在周为唐杜氏，晋主夏盟为范氏，其是之谓乎！”但是时代的观念在发生改变，新的社会意识正在产生，叔孙穆子在回答中首次提到了立德、立功、立言这著名的“三不朽”：

> 以豹所闻，此之谓世禄，非不朽也。鲁有先大夫曰臧文仲，既没，其言立，其是之谓乎！豹闻之：“大上有立德，其次有立功，其次有立言。”虽久不废，此之谓不朽。若夫保姓受氏，以守宗祊，世

不绝祀，无国无之。禄之大者，不可谓不朽。[1]

杜预注“其言立”曰：“立谓不废绝。”[2] 所谓“立言”，即一些言论、言语因其自身的价值，而在世间长期流传，持久产生着影响。

这一立言不朽的说法非常值得重视。它表明至少到春秋晚期，一些贵族社会成员已经摆脱了原先以宗族、血缘为单位的思维出发点，产生了以个人为度量指标而在历史中名声永存的追求，也就是寻求个体的人存在过的意义和证明。同时，人们认识到言语具有超越生命和死亡的性质和能力，臧文仲便是一个直接的历史启示。臧文仲，即臧孙辰，是活跃于春秋政治舞台达半个多世纪的重要人物，殁于鲁文公十年（前 617 年）[3]。到了鲁襄公二十四年（前 549 年），也就是在臧文仲死亡六十多年后，前述谈话者注意到，他的言语仍然为人们传诵，“既没，其言立”，他生前的言语载着他的名字继续流传。“子所言者，其人与骨皆已朽矣，独其言在耳。”[4] 言语比肉体生命具有更为长久的生命力，这一事实不能不带给那些善于思考者以深刻的启迪。

认识到言语具有超越血肉之躯、战胜死亡的价值，那些不满足于有限的生存、渴望在历史上获得永恒的人，便会产生借“立言”以获得不朽名声的自觉意识，并进而以为主动的人生选择。“君子疾没世而名不称焉。”[5]“民之急名也，甚其求利也。”[6]“利之所在民归之，名之所彰士死之。”[7] 对于后来追求社会和历史名声的士人来说，“立德”未免难以度量，“立功”需要资源和机遇，“立言”往往就成为人生最后的、最可靠的事业；在社会政治参与失败之后，唯有“立言”是他们相对可以自己把握的。在历史现实中，春秋战国士人的致力于著书作文，大多也确是作为不得“通其道于世”之后的选择，是退而求其次的，但也是几乎唯一可能的选择，无可

1 《春秋左传注 · 襄公二十四年》（修订本），第 1199 页。
2 《春秋左传正义》，《十三经注疏》，第 1979 页。
3 《春秋 · 文公十年》：“十年春王三月辛卯，臧孙辰卒。”［《春秋左传注》（修订本），第 627 页。］
4 《史记》卷六三《老子韩非列传》，第 2140 页。
5 《论语集释 · 卫灵公下》，第 1102 页。
6 《韩非子集解 · 诡使》，第 410 页。
7 《韩非子集解 · 外储说左上》，第 263 页。

选择的选择，孔丘、孟轲如此，庄周如此，即使墨翟、荀况、韩非，也几乎算不得有事功成就可言。赵岐《孟子题辞》序述孟子著书七篇，“耻没世而无闻焉，是故垂宪言以诒后人”[1]。由此说来，“立言不朽”实在具有巨大的人生开启意义。

《谷梁传·僖公二十二年》：“人之所以为人者，言也，人而不能言，何以为人？”[2]重视言语，是上层社会政治文化和历史记载体制中长久以来的传统。孔子曰：“言行，君子之枢机。枢机之发，荣辱之主也。言行，君子之所以动天地也，可不慎乎？”[3]《吕氏春秋·重言》引述周公之语曰：“臣闻之，天子无戏言。天子言，则史书之，工诵之，士称之。”[4]《汉书·艺文志》云：“古之王者世有史官，君举必书，所以慎言行，昭法式也。左史记言，右史记事，事为《春秋》，言为《尚书》，帝王靡不同之。”[5]合乎礼法、道德的“言语”，被看作是政治人物品质和能力的重要体现，“记言”也因而成为古史的一大宗，不仅据以戒慎统治者本人，端正为政者言行，还可以树立为楷模，散播为社会舆论，积淀为重要的政治遗产。《左传·文公六年》：“古之王者知命之不长，是以并建圣哲，树之风声，分之采物，著之话言，为之律度，陈之艺极，引之表仪，予之法制，告之训典”等等[6]。在为了江山、社稷的长期稳固而施行的一系列纲纪、法度、教训等政治建设中，就有所谓“著之话言”一项。关于“著之话言”，孔《疏》曰：“为作善言遗戒，著于竹帛，故言‘著之’也。”[7]周武王听了周公有关治国的一番言语，“乃召昆吾治而铭之金版，藏府而朔之”[8]。不仅自己时时省视，“古之王者”为了防止“善言遗戒”失传，将其书写于竹帛、金石等有形的物质材料，以便在自己身后，仍旧能给执政的后代以有益的经验，发挥指导作用。墨子对此曾强调再三：“古之圣王，欲传其道于后世，是

1 《孟子正义》，第 11 页。

2 钟文烝：《春秋谷梁经传补注》，中华书局，1996 年，第 320 页。

3 《周易正义·系辞上》，《十三经注疏》，第 79 页。

4 《吕氏春秋集释·重言》，第 478 页。《史记》卷三九《晋世家》载史佚对周成王曰：“天子无戏言。言则史书之，礼成之，乐歌之。”（《史记·晋世家》，第 1635 页。）

5 《汉书》卷三〇《艺文志》，第 1715 页。

6 《春秋左传注》（修订本），第 598—599 页。

7 《春秋左传正义》卷十九上，《十三经注疏》，第 1844 页。

8 《逸周书汇校集注·大聚解》，第 434 页。

故书之竹帛，镂之金石，传遗后世子孙，欲后世子孙法之也。”[1]要设法将那些有关明德善政的言语尽可能长久地保存、流传下去，使子孙后代有所效法，《管子·宙合》：“是故圣人著之简策，传以告后进曰。”[2]先秦文献中所揭载的这些早期现象，多少可以看作是前述“立言不朽”观念的先声或注脚。不过，一般说来，这还只是少数拥有最高权力或具有特殊贡献的智德人物方可达到的人生成就，是与他们作为“古王”“圣王”“圣贤”的身份、地位相匹配的，并从他们的权力资源中自然产生的结果，因此，尚不足以成为主动的人生追求。

“古之王者”极力传遗给后世子孙、想要他们效法的这些“话言”，孔颖达疏为“善言遗戒”，杨伯峻也解释说：“话言，同义词连用，一般用为善言之义，故《诗·大雅·抑》‘告之话言’，毛《传》云：‘话言，古之善言也。’”[3]《尚书·皋陶谟》“禹拜昌言”[4]，同样的意思在《孟子·公孙丑》中表述为“禹闻善言则拜”[5]，《史记·夏本纪》则为“禹拜美言”[6]。无论“昌言”“美言”“善言”，这些话语、言语之所以重要，无疑在于其具有社会政治、道德培养方面的指导效用，因而被用作日常规诫、教训，甚至成为教导贵族子弟、培养政治接班人的科目之一。叔向面对“汰侈已甚”的问题，提出解决之道，应当“道之以训辞，奉之以旧法，考之以先王”[7]，将“训辞”，即前贤的言语，与“旧法”“先王”相提并论。《国语·楚语上》阐论太子教育：“教之《春秋》，而为之耸善而抑恶焉，以戒劝其心；教之《世》，而为之昭明德而废幽昏焉，以休惧其动；教之《诗》，而为之导广显德，以耀明其志；教之礼，使知上下之则；教之乐，以疏其秽而镇其浮；教之《令》，使访物官；教之《语》，使明其德，而知先王之务，用明德于民也；教之《故志》，使知废兴者而戒惧焉；教之《训典》，使知族类，行比义焉。”[8]这是一个系统性的教育内容组合，其中“教之语”，韦昭

1 《墨子间诂·贵义》卷十二，第 268 页。
2 黎翔凤：《管子校注》，中华书局，2004 年，第 222 页。
3 《春秋左传注》（修订本），第 599 页。
4 《尚书今古文注疏·皋陶谟》，第 78 页。
5 《孟子正义·公孙丑上》，第 240 页。
6 《史记》卷二《夏本纪》，第 77 页。
7 《春秋左传注·昭公五年》（修订本），第 1403 页。
8 《国语集解》（修订本），第 485—486 页。

注“语”曰：“治国之善语。”与前述《左传》《诗经》的所谓“善言”“善言遗戒”相符契，强调前代积累，或者编集的一些话语，其中包含了政治经验和处世智慧，具有道德政教方面的启示效用，对于政治人物的培养、成长是有益而必需的内容。刘知幾一言以蔽之：“古人所学，以言为首。”[1]

综之，早期文献中所谓“言”“话言”“言语”等，大都特指一些具有道德意味和政治功用，被认为具有规训、教育意义，足以垂范后世的话语，这样的言语似乎更宜于来自具有较高社会政治身份和修养的圣贤君子人物。《诗经·小雅·鹿鸣》：“我有嘉宾，德音孔昭。”《诗经·大雅·假乐》：“威仪抑抑，德音秩秩。”“德音”谓有德君子发出的有见识、有传播价值的言语[2]。这一观念意识在荀子那里得到更积极的发挥：“然而不好言，不乐言，则必非诚士也。故君子之于言也，志好之，行安之，乐言之。故君子必辩。凡人莫不好言其所善，而君子为甚。故赠人以言，重于金石珠玉；观人以言，美于黼黻、文章；听人以言，乐于钟鼓琴瑟。故君子之于言无厌。鄙夫反是，好其实，不恤其文，是以终身不免埤污佣俗。”[3]他主张，士君子不仅好言、能言，还要尽可能使自己的言语具有道德影响力和艺术感染力。

二、“立言”的例证

“言语”既具有如此重要的价值和意义，那么，什么样的“言”才值得保存、能够流传？什么样的“言”可树立、不“废绝”，并达到与“德”“功”并举的高度？

作为“三不朽”之一，孔颖达在《春秋左传正义》中定义“立言”曰：“立言谓言得其要，理足可传。”[4]与韦昭“治国之善语”一样，强调的也是言语的社会有用性，即在为政、为人之根本方面抓住了要害，其包含的道理为人信服，有亘古不变的真理性价值。不过，孔颖达的解释未免还

1 浦起龙：《史通通释·疑古》，上海古籍出版社，2009 年，第 352 页。

2 于省吾认为，《诗经》中的“德音”大多应作“德言”，二字应该平列，指“其人内而德性、外而言语”。详参于省吾：《泽螺居诗经新证》下卷，中华书局，2003 年，第 129—134 页。

3 《荀子集解·非相》，第 83—84 页。其中“观人以言”“听人以言”，杨倞注谓“使人观其言”“使人听其言”，此二句同一例，王念孙也解作“我言之而人听之也”。

4 《春秋左传正义》卷三五，《十三经注疏》，第 1979 页。

是太梗概了，可“立”之言，在传达治国、为人经验外，是否还具有其他的特点？

《左传·襄公二十四年》叔孙穆子“其次有立言”句下，杜预注曰：“史佚、周任、臧文仲。”[1]举例这三人为“立言”的表率。与《左传》上述“三不朽”基本相同的一则记载，见于《国语·晋语八》，其中叔孙穆子回答曰：“鲁先大夫臧文仲，其身殁矣，其言立于后世，此之谓死而不朽。”韦昭注“其言立于后世”曰：“言其立言可法者，谓若教行父事君，告籴于齐之属。”[2]这就提供了直接的样板，臧文仲“立于后世”之言，文献中不难找到。“教行父事君”见于《左传·文公十八年》：

季文子使大史克对曰：“先大夫臧文仲教行父事君之礼，行父奉以周旋，弗敢失队，曰：‘见有礼于其君者，事之，如孝子之养父母也；见无礼于其君者，诛之，如鹰鹯之逐鸟雀也。’”[3]

“告籴于齐”，事在鲁庄公二十八年冬，《春秋》《左传》只概述“臧孙辰告籴于齐”，《国语·鲁语上》对此有较详细记述：

鲁饥，臧文仲言于庄公。曰：“夫为四邻之援，结诸侯之信，重之以婚姻，申之以盟誓，固国之艰急是为。铸名器，藏宝财，固民之殄病是待。今国病矣，君盍以名器请籴于齐？”公曰：“谁使？”对曰：“国有饥馑，卿出告籴，古之制也。辰也备卿，辰请如齐。”公使往。

从者曰：“君不命吾子，吾子请之，其为选事乎？”文仲曰：“贤者急病而让夷，居官者当事不避难，在位者恤民之患，是以国家无违。今我不如齐，非急病也。在上不恤下，居官而惰，非事君也。”

文仲以鬯圭与玉磬如齐告籴，曰：“天灾流行，戾于弊邑，饥馑荐降，民羸几卒，大惧殄周公、太公之命祀，职贡业事之不共而获

1 《春秋左传正义》卷三五，《十三经注疏》，第1979页。
2 《国语集解》（修订本），第423页。
3 《春秋左传注》（修订本），第692页。

戾。不腆先君之敝器，敢告滞积，以纾执事，以救弊邑，使能共职，岂唯寡君与二三臣实受君赐，其周公、太公及百辟神祇实永飨而赖之！”齐人归其玉而予之籴。[1]

在整个事件过程中，言于庄公、与从者言、如齐告籴，臧文仲的几段言语都有精彩可诵之处，反映了言说者的政治责任意识，合乎礼法和治国之道，应当都属于韦昭所谓“立言可法”者。

臧文仲“如齐告籴”一段言辞，对于说服齐国援助鲁国以纾困，明显发挥了作用。春秋时期，卿大夫出使专对而娴于辞命，以得体、精雅的话语扭转危局、成就政治事功，《左传》载录了若干相关事例。襄公二十五年，面临盟主晋国的质询，郑国的子产极力为自己的国家辩护，致使晋人不能诘，孔子因此发表了“言之无文，行而不远”的评论，并接着说：“晋为伯，郑入陈，非文辞不为功。慎辞也。”[2]几年之后，襄公三十一年，子产又在与晋国的冲突中，因一番言辞而获得国家间的影响，以至晋国名臣叔向感慨曰：“辞之不可以已也如是夫！子产有辞，诸侯赖之，若之何其释辞也？”[3]在解决国家社会争端和政治事务上，言语、文辞的效用有目共睹。

还可见臧文仲其他一些言语。《左传·僖公二十年》：

宋襄公欲合诸侯。臧文仲闻之，曰：“以欲从人，则可；以人从欲，鲜济。”[4]

《左传·僖公二十一年》：

夏，大旱。公欲焚巫、尪。臧文仲曰：“非旱备也。修城郭、贬食、省用、务穑、劝分，此其务也。巫、尪何为？天欲杀之，则如勿生；若能为旱，焚之滋甚。”公从之。是岁也，饥而不害。[5]

1 《国语集解》（修订本），第147—150页。
2 《春秋左传注·襄公二十五年》（修订本），第1220页。
3 《春秋左传注·襄公三十一年》（修订本），第1315页。
4 《春秋左传注》（修订本），第423页。
5 《春秋左传注》（修订本），第426—427页。

《左传·僖公二十二年》：

> 邾人以须句故出师。公卑邾，不设备而御之。臧文仲曰："国无小，不可易也。无备，虽众，不可恃也。《诗》曰：'战战兢兢，如临深渊，如履薄冰。'又曰：'敬之敬之！天惟显思，命不易哉！'先王之明德，犹无不难也，无不惧也，况我小国乎！君其无谓邾小。蜂虿有毒，而况国乎！"[1]

《左传·文公十七年》，鲁大夫襄仲出使齐国归来，针对齐将伐鲁的看法，他回复鲁君说："以臣观之，将不能。齐君之语偷。臧文仲有言曰：'民主偷，必死。'"[2]

由上述诸例可知，臧文仲是春秋前期一位善于辞令的名臣。他的一些为人引用的言语体现出令人敬佩的政治智慧和判断力，以及对礼法、道义、人情的顺应，显然，这些言语包含着明确而恰当的道德教训和政治经验，蕴含着明智的人生洞见。

言语要具有传播性，还需精简、生动，易于记诵。《左传》文公十七年、十八年那两则被引用的臧文仲言语，"民主偷，必死"和"教行父事君"，一则表达简括而精警；一则比喻传神，句式前后对应，对比效果强烈。除了臧文仲，《左传·襄公二十四年》"其次有立言"杜预注中提到的史佚、周任，他们的言语也颇有可观之处。

史佚，一般认为是西周初的太史尹佚，一位知识广博、有语言才能的重要政治人物[3]。"史佚有言曰"频见于春秋时代。子桑曰："且史佚有言曰：'无始祸，无怙乱，无重怒。'重怒，难任；陵人，不祥。"[4]君子曰："史佚所谓'毋怙乱'者，谓是类也。《诗》曰：'乱离瘼矣，爰其适归'，归于

---

1 《春秋左传注》（修订本），第 431—432 页。

2 《春秋左传注》（修订本），第 686 页。

3 《大戴礼记·保傅》引《明堂之位》曰："博闻强记，接给而善对者，谓之承。承者，承天子之遗忘者也。常立于后，是史佚也。"史佚与周公、太公、召公并列为辅翼周成王的"四圣"或"四辅"之一。（王聘珍：《大戴礼记解诂》，中华书局，1983 年，第 54 页。）又见《尚书今古文注疏·周书·洛诰》，第 413 页。

4 《春秋左传注·僖公十五年》（修订本），第 393 页。

怙乱者也夫！”[1]季文子曰：“《史佚之志》有之曰：‘非我族类，其心必异。’楚虽大，非吾族也，其肯字我乎？”[2]晋侯问卫故于中行献子，对曰：“……史佚有言曰：‘因重而抚之。’仲虺有言曰：‘亡者侮之，乱者取之。推亡、固存，国之道也。’君其定卫以待时乎！”[3]叔向曰：“异哉！吾闻之曰：‘一姓不再兴。’今周其兴乎？其有单子也。昔史佚有言曰：‘动莫若敬，居莫若俭，德莫若让，事莫若咨。’”[4]

周任为“古之良史”[5]。孔子曰：“周任有言曰：‘陈力就列，不能者止。’危而不持，颠而不扶，则将焉用彼相矣？”[6]又曰：“叔孙昭子之不劳，不可能也。周任有言曰：‘为政者不赏私劳，不罚私怨。’《诗》云：‘有觉德行，四国顺之。’”[7]《左传·隐公六年》曾引用过一则生动的周任之言：

> 君子曰：“善不可失，恶不可长，其陈桓公之谓乎！长恶不悛，从自及也。虽欲救之，其将能乎！《商书》曰：‘恶之易也，如火之燎于原，不可乡迩，其犹可扑灭？’周任有言曰：‘为国家者，见恶，如农夫之务去草焉，芟夷蕴崇之，绝其本根，勿使能殖，则善者信矣。’”[8]

综合以上诸例，可以认为，言语要能够树立，在当时的上层社会文化中具有普遍的接受度，并能够长期流传下去，不断为人学习、引用，除了内容的正当，富有教益和启迪，还须易于理解和记忆，便于口头传诵，同时富有概括力和引申性。

由《左传》《国语》的记载可知，臧文仲的言语原本是针对某一事件、人物、行为而发，有具体的情境和现实适用性。而作为古代人物的史佚、周任，他们的言语看起来都更像是具有高度概括性的格言警句，无涉于具体语境和事由。这其实是所“立”之“言”在不同时间效应作用

1 《春秋左传注·宣公十二年》（修订本），第816页。
2 《春秋左传注·成公四年》（修订本），第894页。
3 《春秋左传注·襄公十四年》（修订本），第1120—1121页。
4 《国语集解·周语下》（修订本），第102页。
5 《集解》引马融之说，《论语集释·季氏》，第1135页。
6 《论语集释·季氏》，第1134页。
7 《春秋左传注·昭公五年》（修订本），第1399页。
8 《春秋左传注·隐公六年》（修订本），第54—55页。

下的结果。言语必然得要经过时间的过滤和萃取。鲁庄公十一年秋，宋国遭水灾，宋公对鲁君派遣的使臣曰："孤实不敬，天降之灾，又以为君忧，拜命之辱。"臧文仲听到后感慨："宋其兴乎！禹、汤罪己，其兴也悖焉；桀、纣罪人，其亡也忽焉。且列国有凶，称孤，礼也。言惧而名礼，其庶乎！"不久之后又听说，这些言辞实际上出诸公子御说，即宋闵公弟弟、后来的宋桓公，于是臧文仲的祖父臧孙达表示："是宜为君，有恤民之心。"[1]一方面，人们相信由当下的言辞，可以观察到一个人最核心的品行和能力，即言语者的内在本质，并据以判断其是否具有社会政治前途；另一方面，又在对前人那些经过时间验证的嘉言善语中，汲取并传递经验和智慧，并用作判断人事、衡量是非的依据。至于当代的言语能否长久流传，以什么形式流传下去，终将由时间来决定。

与史佚、周任之言类似的很多，那其实是社会中流传着的若干古语通常的面貌。《左传 · 宣公十五年》：宋因楚而告急于晋，晋侯欲救之，晋大夫伯宗曰："不可。古人有言曰：'虽鞭之长，不及马腹。'天方授楚，未可与争。虽晋之强，能违天乎？谚曰：'高下在心。'川泽纳污，山薮藏疾，瑾瑜匿瑕，国君含垢，天之道也。君其待之！"[2]《国语·晋语九》载录了效力于文字事务的一位卿大夫家臣的言语：

> 智襄子为室美，士茁夕焉，智伯曰："室美夫！"对曰："美则美矣，抑臣亦有惧也。"智伯曰："何惧？"对曰："臣以秉笔事君。志有之曰：'高山峻原，不生草木。松柏之地，其土不肥。'今土木胜，臣惧其不安人也。"

"古人有言曰""志有之曰"，所引用的这些凝练精要的前人言语，起初很可能也是针对一些具体事件，或者在实际活动中产生，关联着现实的背景，就像臧文仲"告籴于齐"的那番言语一样，或者如《左传·隐公六年》引用的"燎原之火"，原见于《尚书 · 盘庚》中盘庚就迁都一事所发的训诰之辞。那些将人生见地、社会经验概括得生动准确、简明易懂的言语，

1 《春秋左传注》(修订本)，第 203—205 页。
2 《春秋左传注》(修订本)，第 829 页。

在不断被引用、传诵中，往往就从当初的事由中抽离出来，逐步脱离了具体的说话语境[1]；因其内含的哲理性，被进一步浓缩、提炼得言简意赅，具有了普遍的适用性；在不断重复中，它们不仅会被赋予新的理解和发挥[2]，还因耳熟能详而获得了一定的自足性，甚至有可能如“语录”一样独立使用。简言之，言语要具有广泛传播的可能，必然得具有不受限于具体语境的概括性和抽象性，如此才能灵活地适应各不相同的情境。

在以口头语言为主要表达媒介的时代里，大量见解精辟、文辞凝练、适于口头传播的古语在社会中通行，它们经过不断筛选而得以长期流传，可谓“立言”其来有自的证明。《管子·形势》：“故曰：伐矜好专，举事之祸也。”注引宋翔凤云：“故，古也，谓古语也。”[3]《管子》中以“故曰”征引过往说法之处颇不少，以致校注者频下按语：“有‘故曰’者为古语。”“凡‘故曰’皆为古语。”[4]“先王有言曰”“古之王者曰”“古语曰”“周之有言”“古之人曰”“先民有言曰”“古者有语”“人有言曰”“臣闻之”“余闻在昔曰”，史佚、周任自然是这其中无数佚名作者的代表。与这些代代相传的无主名的古语相比，臧文仲现在因言语得名，并且不待经历漫长的历史筛汰便被认定为“言立”而“不朽”，这不能不说是一个显示了积极意义的文化动向。

三、“言之无文，行而不远”

《左传》《国语》所引用的大量古今言语，通常简明精警。这些言语之所以“立言可法”“理足可传”，能长久、广泛地活在语言交流中，除了具有概括而恰当的道德、政治意义，浓缩、积淀了丰厚的历史教训和人生经

1　俞志慧：无论言类之“语”还是事类之“语”，既经概括和提炼之后，这种精警之语的“叙事成分也就完全淡出，以格言警句的面目出现”。（俞志慧：《古“语”有之——先秦思想的一种背景与资源》，华东师范大学出版社，2010 年，第 78 页。）

2　《左传》桓公十八年，周大夫辛伯谏周公曰：“并后、匹嫡、两政、耦国，乱之本也。”三十余年后，闵公二年，晋之狐突谏太子曰：“不可。昔辛伯谂周桓公云：‘内宠并后，外宠二政，嬖子配嫡，大都耦国，乱之本也。’周公弗从，故及于难。”杨伯峻注谓：狐突引辛伯之语以比附晋国时事，但并不完全相符，“古人援前闻证今事，皆取其大致，不必事事符同”。[《春秋左传注》（修订本），第 166、298 页。]

3　《管子校注》，第 37 页。

4　《管子校注·立政》，第 62 页；《管子校注·宙合》，第 225 页。

验，还与其表达的精彩，诸如句式整齐、比喻生动、语言精美、音调谐和，易于口头传诵，也就是语言的艺术性有关[1]。

在“三不朽”表述之后的一年，《左传》曾经引录过孔子关于语言表达的一段著名说法，非常富有揭示性。《左传·襄公二十五年》：

> 仲尼曰：“《志》有之：‘言以足志，文以足言。’不言，谁知其志？言之无文，行而不远。”[2]

虽然孔子是针对列国外交辞令，对子产加以评价，但不妨将他的这一说法与前述“立言”的观念合而观之[3]。就“言以足志，文以足言”而论，语言是表达人内心情志的，比普通的语言更富美感和吸引力的“文”，也就是有修辞性的语言文字，使语言变得更加充实、饱满，富于表现力[4]。作为对内容表达的充分实现，“文”本身具有一种力量，能够将它所负载的内容传播向广大的区域，流传在较长的时期，也就是度越时间和空间，所谓“行之远”[5]，包括了时间、空间两个维度。既然“文”的表达、传播优势如此明显[6]，一个受过教育并意识到自己的社会优越和责任的人，几乎不可能情愿放弃对这种语言力量的借助，以文言志，言之有文，从而在社会和历史中，树立起广泛而长久的名声。从此角度来说，“立言”必然要成为一

---

1 郭绍虞《谚语的研究》认为谚语与格言具有类似的性质：富有道德色彩和哲理的思想；句子简短、句式整齐、音调谐和、语辞灵巧，总之要便于记忆。[《照隅室古典文学论集》（上编），第 5、11 页。]

2 《春秋左传注》（修订本），第 1220 页。

3 季镇淮《“文”义探原》认为，孔子所说的“言之无文”和“非文辞不为功”之“文”，均指古典。而一篇说话之内，能够引用“古典”，即“历史的事实或先王的遗训，证明说的话有理”，这是“文辞”的三个意义之一。在发表前或发表后书诸文字，具有劝诫或教训意味，则是“文辞”的另两个意义。参见《来之文录》，第 29 页。

4 朱自清《诗言志辨》：“照《左传》的记载及孔子的解释，‘言’是‘直言’，‘文’是‘文辞’。言以成意，还只是说明；文以行远，便是评价了。”（《朱自清全集》第六卷，第 173 页。）

5 《刘子·慎言》：“言者，风也，无足而行，无翼而飞，不可易也。”（《刘子校释》，第 307 页。）

6 阮元《研经室三集·文言说》：“《左传》曰：‘言之无文，行之不远。’此何也？古人以简策传事者少，以口舌传事者多，以目治事者少，以口耳治事者多，故同为一言，转相告语，必有愆误，是必寡其词，协其音，以文其言，使人易于记诵，无能增改，且无方言俗语杂于其间，始能达意，始能行远。此孔子于《易》所以著《文言》之篇也。古人歌诗、箴铭、谚语凡有韵之文，皆此道也。”（《研经室集》，第 605 页。）

种社会性的存在和活动，“言”只有在社会中被人广为传诵，成为公共的产物[1]，立言者才拥有“不朽”的可能。

孔子这段说法中有需要细加体味之处。之所以要强调“文”，其根本目的在于，让外界了解自己的心志，“不言，谁知其志？”所以，主动地、积极地言说，是应当得到社会鼓励的行为，也是立言不朽的前提。既然语言表达是了解一个人内心的唯一途径，而优美的文辞最有能力将人的内在世界呈现出来，也最能产生诉诸听众和读者的吸引力，因此，与其说是文辞本身不朽，不如说借助于文辞，在被“文”传至久远、传向广远的同时，表达者隐蔽不彰的内在价值被充分认识，他的原本无形无相的心志被后世称颂，他所揭橥的道义、真理被铭记，从而使这个人在历史中不朽。阳樊人仓葛或许只是身份有限的一介平民，在城邑面临危难关头，他勇敢地说出一段话来谴责晋文公，同时流露出浓厚的邦国亲情，表达了对文武之治的看法，“武不可觌，文不可匿”。正是这一段“君子之言”使他在历史中留下了痕迹[2]。“古之辞让，必有文义可观，故能垂荣于后。”[3]随着语言使用的频繁，在相互比较中，人们将会越来越清晰、真确地意识到那些言之有物、言之有文的表达所具有的丰富可能性。

综之，如孔子所说的能“行之远”，使臧文仲能“死而不朽”之言，乃是在内容上合于善、礼等主流价值，不乏道德伦理的劝诫性和处世为人的启示性；同时，它的文字还应当精彩可诵，具有修辞上一定的生动效果，是“有文之言”。说到底，具有社会政治的有用性，这是其价值根本之所在，也是其得以“树立”之所因。司马迁言“古者人臣功有五品”，除了等次、积日的伐阅外，“以德立宗庙定社稷曰勋，以言曰劳，用力曰功”[4]，将德、功、言直接落实在政权的建设上。这些事关政治和道德的“治国之善语”“嘉言善语”，在上层社会生活中一向为人们喜闻乐见，作为前人人生经验和智慧的结晶，适于用作处世为人教育、政治规诫、思想和话语资源。注重世代口传的经验性智慧，这种传播与教育方式，与那个根植

---

1 《周易正义·系辞上》子曰：“君子居其室，出其言善，则千里之外应之，况其迩者乎！”（《十三经注疏》，第 79 页。）

2 《国语集解·周语中》（修订本），第 54—55 页；又《晋语四》，第 352—353 页。

3 《汉书》卷七三《韦玄成传》，第 3109 页。

4 《史记》卷一八《高祖功臣侯者年表》，第 877 页。

于农业文明的贵族文化是相合的。必须在此基础上，才能懂得“立言”为什么在春秋时代，竟可与“立德”“立功”并举，也才能理解“三不朽”这一组合的真正意谓，并进而认识由此引申开去的中国古代文学的思想与价值观念基础。

对于早期文明而言，对人的生活直接有用，才是值得保留和传承的。西周、春秋以来，言语一直是史籍等文献着力记载的重要内容。西周铜器铭文“记载语言的文字已经趋于繁复”，周祖谟注意到：“凡是铭文长的，记载事实的话不多，而以记载言语为主。如盂鼎、毛公鼎、虢叔旅钟、毛伯班毁等几乎全篇记载的都是语言。”[1]由春秋前后史料文献的递演可以看出，尽管先秦的文字写成物有许多不同的种类[2]，但在上层人物的生活中，比起事关国家事务，具有政治、法律、军事、宗教、礼仪等方面实际功用的典章、档案等，那些略于记事、重在言理的文字写成物在社会中要更加活跃。它们大多记述事件梗概，对话、议论则较为详尽，突出的是“言”而不是“事”。不仅通常被认为属于记言体的《尚书》《逸周书》如此，即使以叙事见称的《左传》，也常常详细地记载人物在事件过程中的大段言语，尤其是其中的谏劝之辞、批评之语、行人辞令，以及以“君子曰”为代表的评议性言论。《国语》的重点更是不在记事实。

这些以记言为主的言语类文献，不仅被认定为一种古书体裁，甚至被意识到是“古代史书中数量最大也最活跃的一种”[3]。张政烺谈到马王堆帛书《春秋事语》的解题：“这十六章的文字，记事十分简略，而每章必记述一些言论，所占字数要比记事多得多，内容既有意见，也有评论，使人一望而知这本书的重点不在讲事实而在记言论。这在春秋时期的书籍中是一种固定的体裁，称为‘语’。语，就是讲话。”“‘语’这一类的书虽以

---

1 《汉语发展的历史》，《周祖谟语言学论文集》，第 9 页。

2 李零将早期书籍文献大致分为官文书、私文书两大类，其中官文书又分为仪典、占卜、法令、文告、案例、簿籍、契约、书信等多类。（李零：《简帛古书与学术源流》，生活·读书·新知三联书店，2004 年，第 47 页。）过常宝将先秦文献分为宗教、政教、史职、诸子四种类型。（过常宝：《先秦散文研究——早期文体及话语方式的生成》，人民出版社，2009 年，第 3—4 页。）而早在战国时代，《墨子·非命上》依据官方功用、目的和场合，将“先王之书”分为行政、法律、军事三大类。《国语·楚语上》申叔时论述太子教育时，也涉及了政治人物学习的若干种文类。

3 《简帛古书与学术源流》，第 273 页。

记言为主，但仍不能撇开记事，所以又有以‘事语’名书的。”[1]李零的说法类似，并由不断发现的出土文献进一步推知：“春秋战国时期，语类或事语类的古书非常流行，数量也很大。”[2]刘知幾曾在《史通·疑古》中考论古史在记言、记事上有重轻之分：“至若虞、夏之典，商、周之诰，仲虺、周任之言，史佚、臧文之说，凡有游谈、专对、献策、上书者，莫不引为端绪，归其的准。其于事也则不然。……此则记事之史不行，而记言之书见重，断可知矣。”[3]现代新出土的大量简牍文献显然进一步加强了刘知幾的判断，李零总结说：“过去我们的印象，古代史书，‘春秋’最重要，但从出土发现看，‘语’的重要性更大。”[4]曾经发生过的事情固然可为借鉴，但事件大都只是对一次性经历的叙述，而言语则可能是从若干积累起来的经验中概括出的。与事件、行为相比较，言语在表达人们对社会生活的参与、应对方面，显然要更直接、明豁，从中也更容易传达对于人和事的看法和态度，表达其思想主张和人生见解[5]。在尊述成说、不以个人创论为风气的社会文化中，相较其他形式，这种频繁援引先贤时哲的名言、善言的说话方式，可谓最能体现，也是最便于有效地表达个人之见的了。正是这大量结合着“嘉言善语”的说话，在充分展示、保存了时代的思想观念、价值主张的同时，也助成了“立言不朽”的历史进展[6]。

在战国诸子有意识的书面著述兴起之前，口头语言一直是社会表达最常见的方式。在一个书面文本和阅读被限制在专门职官手里，获取知识和讯息主要依靠口传的方式，书面撰述主要是“史”一类职官的专属事务的时代里，言说、言语这些口头的表达，就具有了非同小可的意义。作为社会中主要的沟通媒介，各种事务大都宣之于口，一些正式、郑重的人际、国际交流，也会通过口头言语来完成，言语在社会生活中不仅所占比重大，所拥有的地位也更高。要之，先秦时期，人们口头言说的能力和技

---

1 张政烺：《〈春秋事语〉解题》，《文物》1977年第1期，第36页。

2 《简帛古书与学术源流》，第276页。

3 浦起龙：《史通通释》卷十三，上海古籍出版社，2009年，第352页。

4 《简帛古书与学术源流》，第202页。

5 李零认为，“语”类的流行，“因为这种史书，它的‘故事性’胜于‘记录性’，是一种‘再回忆’和‘再创造’”。（《简帛古书与学术源流》，第202页。）

6 余嘉锡《古书通例》：“盖记事之书，与立言之体，固自不同耳。”（《古书通例》，第211页。）

巧，很可能不是我们在早已习惯了书面读写的今天所能够想象的。

在一些史类文献中，记事与记言采取了不同的笔法。《尚书》《逸周书》《国语》，甚至《左传》中，可以发现，大致存在着两种语言方式和风格：记述事情和人的行为时，叙述性语言相对简净，句式多为长短不齐的散体句子；记述人物的言语、论议，则常常呈现为整齐、有规律的句式，以四言为多见，多用对偶、排比等手段，并铺排得丰富，组织得有条理，又援引善言、故实，富于文采，从而使得言语分量感十足。其例甚多，无须赘述。也就是说，在“发表”或者“记述”言语时，言语者或记述者采用了更具有修辞效果的语言艺术形式，不仅内容丰满、详尽，而且语言时常精致、有藻饰，即使在一个较为曲折的事件中，也往往会成为整个过程中最为华彩的核心部分，给人的印象最深。

这种富有修饰感的言辞，或许不乏追记或再创造时的摹想、加工，但由此形成的言说方式和表达效果，不仅直接开启了战国诸子的横辩、游谈[1]，其与汉代散体大赋主体部分的结构形态也具有内在的一致性。

四、由记言到广立言论

前期的诸子著作，如《论语》，甚至《墨子》《孟子》《庄子》等，其中往往存在着一个主人公形象，无论长篇还是短章，以记述其言论为主，但又结合着事行，这与之前和同时广泛存在的“语”“事语”类文献，如《国语》《晏子春秋》等，有着程度不同的近似。文献中时或能读到对于孔子讲学情形的记述、追忆，“仲尼燕居，子张、子贡、言游侍，纵言至于礼。子曰：‘居！女三人者。吾语汝礼。’”[2]孔子曰：“由，汝志之！吾语汝。”[3]讲到重要问题或问题的要点，孔子似乎会特意提醒弟子加以注意。

1 有关春秋与战国语言文辞上的不同，季镇淮《“文”义探原》：“春秋时代，说话对于人是一种装饰，态度偏重在人。战国时代，说话的本身，需要一种装饰，态度偏重在说话。”（《来之文录》，第34页。）钱锺书《管锥编》谓春秋“文辞”多指宣传和外交辞令，属官方语言；战国“皆谓私人创说、处士横议，异于公文官话者也”。（钱锺书：《管锥编》，生活·读书·新知三联书店，2019年，第365页。）

2 《礼记集解·仲尼燕居》，第1267页。

3 王肃注，太宰纯增注：《孔子家语·困誓》，上海古籍出版社，2019年，第186页。

至于弟子记言式的一些场景描述，则多少能提示《论语》成书的方式以及行文特点的成因。“子张问行。子曰：‘言忠信，行笃敬……’子张书诸绅。”[1] 子贡跪曰：“请退而记之。”[2] “子张既闻孔子斯言，遂退而记之。”[3] “冉有跪然免席，曰：‘言则美矣！求未之闻。’退而记之。”[4] 听到孔子精彩的话语或对问题满意的回答，弟子们或者当场记录，或者“退而记之”。《汉书·艺文志》也说：“《论语》者，孔子应答弟子时人及弟子相与言而接闻于夫子之语也。当时弟子各有所记。夫子既卒，门人相与辑而论纂，故谓之《论语》。”[5] 这几则有关弟子记录孔子言语的叙述，与历史资料中史官记言的传统，至少在活动形态上差可比拟；而且，《孔子家语》在述及孔门弟子叔仲会、孔璇时，所云“每孺子之执笔记事于夫子，二人迭侍左右”[6]，很容易令人联想到文献中对史官记言、记事的描述。由于书写工具、速度的关系，弟子们当场很可能会择要记述；而在退后追记时，则不免有逻辑、条理上的整理，并适当予以修饰，删减去冗赘、不连贯的，甚至加入记录者自己的语言以更“理想”地传达言说者的意旨[7]。更重要的，人对所听到话语的“记忆”是有选择的，只有那些不仅被理解了的，而且打动了自己，或者有特色的，才容易被记住。所以，孔子弟子门徒“相与辑而论纂”的《论语》中孔子的“语录”，大多是些生动精辟的格言警句。

在诸子成一家之言的著述兴起之前，尊古好古的孔子固然“述而不作”；而其门弟子对孔子感念、纪念所采取的方式，其实也是传统的，那就是基本上承自历来“记言”的史书载记。刘向曰：“《鲁论语》二十篇，

---

1 《论语集释·卫灵公》，第 1065—1067 页。

2 《孔子家语·弟子行》，第 99 页。

3 《孔子家语·入官》，第 182 页。

4 《孔子家语·五刑解》，第 246 页。

5 《汉书》卷三十《艺文志》，第 1717 页。

6 《孔子家语·七十二弟子解》，第 317 页。《史记索隐》引《孔子家语》略有不同：叔仲会“与孔璇年相比，二孺子俱执笔迭侍于夫子”。（《史记》卷六十七《仲尼弟子列传》，第 2225 页。）

7 子思曾为其重在传孔子之意的载述方式辩护。鲁穆公谓子思曰：“子之书所记夫子之言，或者以谓子之辞也。”子思曰：“臣所记臣祖之言，或亲闻之者，有闻之于人者，虽非其正辞，然犹不失其意焉，且君之所疑者何？”公曰：“于事无非。”子思曰：“无非，所以得臣祖之意也。就如君言，以为臣之辞，臣之辞无非，则亦所宜贵矣。事既不然，又何疑焉？”（傅亚庶：《孔丛子校释·公仪》，中华书局，2011 年，第 164 页。）

皆孔子弟子记诸善言也。”[1]后人也认为：“《论语》是诸弟子记诸善言而成编集，故曰《论语》而不号《孔子》。”[2]就成书方式和性质而言，语录体的《论语》与以往记言类史书和“立言”的传统关联密切[3]。这符合孔子的述作态度。然而同时，所谓“记言”，对言论、见解的着重记录，乃是古代发达的历史载记中极易通向立论、论议去的一种方式，尤其当与“立言不朽”的人生价值主张结合在一起的时候。这一主张给予战国以来的士人直接的启迪，他们在社会实践中也越来越强化了树立言论、传之后世的意识，特别是对于那些缺乏政治、经济凭借的布衣之士来说，这是最具有现实自主性的人生选择。后来以论说体为基本特征的诸子著作的兴起，可以说，相当程度上导源于此。“立言”的观念促成了写作以获取名声的人生追求，同时，大量已“立”之言成为后来书面文章的范本，由记言所积累起来的语言艺术和技巧，为士人所直接吸收，并转化为书面写作的基本经验。不过，随着后来书面写作活动的广泛发生，著述大量问世，文字的使用量和频度急剧增加，口头言语在社会文化中就被稀释了，其在文化，尤其是精英文化中的醒目位置渐次退后[4]。

在士人那里，“言”与文字书写逐渐合流，“言说者”与书写者也不再是分立着的。原先书写是一事，言说又是一事，书写者记录的是别人口中发出的言语、言论，不是他本人心中所想。就言说者来说，其言语的书写成文乃是被动的，他是一个被记录的人；而一个记录者对于他所面对的素材，虽然不能说是全然无助的，但至少不能说是主动的，由于其职守在于如实地记下所获得的讯息，他便天然地受到了限制。即使春秋战国以来的

---

1 刘宝楠：《论语正义》卷二四《论语序》，中华书局，1990 年，第 771 页。

2 焦循《孟子正义》引何异孙《十一经问对》。(《孟子正义》，第 3 页。)

3 过常宝认为：“《论语》以‘子曰’的形式载录孔子的言语，也具有特别的意义。‘子曰’承自‘王若曰’和‘君子曰’。”两者分别是记言、立言的标志。参见《先秦散文研究——早期文体及话语方式的生成》，第 227 页。

4 傅斯年《战国文籍中之篇式书体》：“文辞之由记言而著论，由著论而成书，是由自然的话语到了较不自然的斫饰辞句。说话固可以抽象，然总不能忘了听的人之直接了解，说话固可以铺排，然总不能忘了听的人之捉摸得住，一经离了纯粹记言的地位，文法可以代语法，泛词可以代切词。战国子书中颇有不少白话，而《荀子》已是很简约的文言，《吕氏春秋》已有些无话说话的油腔滑调，入汉而著作者，更都是文言了（此处用文言，乃如所谓 Kunstsprache，与古文不同）。”（欧阳哲生主编《傅斯年全集》第三卷，湖南教育出版社，2003 年，第 21 页。）

诸子记言之作，言谈对话所涉及的具体场景和人物，这些感性因素既可以丰富所记录言语的内容和感染力，但也往往成为言说者不能不顾及的方面，并容易干扰或牵制谈话的方向和节奏。一个主动的写作者就不同了，他所享有的自由比记录者和被记录者要大得多，他所投注的热情和调动的能量也因而更大。对于希望以言论而立于世的战国诸子说来，他们的著作意识逐渐发育成形。在《荀子》《韩非子》的主体部分中，思想义理的展开，已经不需要借助有形的论辩对象，文章的结构框架也无须依赖于说服和辩难的人物角色——无论这人物是真实的还是虚拟的——加以设定，而主要基于文章内容的论述和观念逻辑的推演而自行建立。对外部条件依赖的减弱，意味着文章写作越来越成为独立进行的自主性表达，这将更利于写作者保持相对冷静、客观的论辩态度，进行单纯、系统的思想论述和演绎，并便于他们维持其篇章节奏和体例的一致。

作者与作品的关系在逐步加强。早先的诗文大都无主名，秦王读到韩非的文章，不知作者为谁。战国诸子往往以学派、流派的丛聚作为文章结集的基本方式。不过，由《吕氏春秋》开始，撰著者与作品之间的关系达到了空前密切的结合。《史记·吕不韦列传》："是时诸侯多辩士，如荀卿之徒，著书布天下。吕不韦乃使其客人人著所闻，集论以为八览、六论、十二纪，二十余万言。以为备天地万物古今之事，号曰《吕氏春秋》。布咸阳市门，悬千金其上，延诸侯游士宾客有能增损一字者予千金。"[1]虽然照《史记》的叙述，《吕氏春秋》的著作方式听起来像是凑集的过程，但整部书的结构系统实际上相当完整、自觉、自成一体：十二纪分别以春夏秋冬组织、分配内容；八览中"有始览"的每一篇以"解在乎……"作结，从而与其他篇在内容上相互参照、映发，彼此关联为一个整体。这种意在笔先的匠心安排，表明在写作之前先行建立，或者在编集时构建一个总体撰作框架的意识十分强烈。[2]

个人写定的文本是何时出现的，难以断定。战国诸子的文本普遍具有

1 《史记》卷八五《吕不韦列传》，第2510页。

2 傅斯年《战国文籍中之篇式书体》："而吕不韦之八览六论十二纪二十余万言，乃成一部全始要终的书，不是些散篇了。……这部《吕氏》真是中国第一部整书，以前只是些散篇而已。"（《傅斯年全集》第三卷，第20页。）

开放性，在流播、传抄中，不断被续写、修改、编订，导致其文本的不稳定和非唯一性。但是，《吕氏春秋》悬诸市门而不能改易一字，这一事件不能不说体现了作者与其写作物之间明显增强的物主关系及意识：当作者或者写作的组织者公开宣称，别人可以对其作品进行批评性改动的时候，这不仅体现着他们对其作品的自信，更重要的，表明了他们对作品强烈的所有意识，体现了作者与其写作物之间的紧密度，意味着他们对文本面貌的空前关切——这是一个出自他们之手的形态固定的完成品，一字一句都是不应随意变换的。就作者对其作品的掌控而言，《吕氏春秋》显现出里程碑式的意义[1]。其作者对于篇章首尾完整与相互关联的用心，对于整部著作结构、内容安排的统一构想，这些逐步成长并得以实现的著述意识，表现得越来越将其写作物当成一件独立、自足的成品，而不是任其流于以往开放式的公共文本状态，可以随意被增删、修订，它是定型的、有确定不移的文字边界。

五、秦文字的统一

所谓“文人”，当然是指使用文字的写作者。而文字的被发明，无疑是为了抵抗遗忘，为了能将一些重要的内容世代流传下来[2]。文字要记写的内容有很大的时代不同，在商代和西周，多见占卜、祭祀、征伐、策命、训诰、仪典、盟会等所谓国之大事的实用性记录。春秋前期，齐桓公赏管仲以狐和谷两地，“著之于帛，申之以策，通之诸侯，以为其子孙赏邑”[3]。章学诚说：“六经皆先王之政典也。”[4]余嘉锡也说：春秋以前，“其传于后世者，皆当时之官书也”[5]。也就是说，人们并不是一开始就“文学化”了的，并非从文字产生伊始，出于单纯的自我表达，人们就将喜怒哀乐的感

---

1 余嘉锡《古书通例》：“自著书而自命之名，始见于此。不韦之举，纯出于好名。……盖古以学术为公器者，至是始为私人争名之具矣。”（《古书通例》，第216页。）

2 《墨子·明鬼下》：“又恐后世子孙不能知也，故书之竹帛，传遗后世子孙。咸恐其腐蠹绝灭，后世子孙，不得而记，故琢之盘盂镂之金石以重之。”（《墨子间诂》，第147页。）王充：“故口言以明志，言恐灭遗，故著之文字。”（《论衡校释·自纪》，第1196页。）

3 张纯一：《晏子春秋校注》卷七，中华书局，2014年，第363页。

4 《文史通义校注·易教上》，第1页。

5 《古书通例》，第210页。

情波动形诸文字，或者把对山川风物的感兴写下来；文字也不是自始就成为可以充分表情达意的文学语言系统，现成地可以用来写诗作赋。语言文字固然是文学的载体，但是反过来，文学的发展也促使语言文字发生变化，以适应、满足文学表达的需求。语言文字的变化决定着，同时也反映了文学的演变。

语言，具体地说是口头语言，具有明显的地域性和时间性。各地都有自己的方言土语，在词汇、语音上差别很大，“有楚大夫于此，欲其子之齐语也，则使齐人傅诸？使楚人傅诸？”[1]“郑人谓玉未理者璞；周人谓鼠未腊者曰朴。周人怀朴，过郑贾曰：‘欲买朴乎？’郑贾曰：‘欲之。’出其朴视之，乃鼠也。因谢不取。”[2]可见当时齐、楚语言很难沟通，郑、周之间则因音同意异难免造成误会。周代，封建诸侯割据，交通阻隔，人为加剧了不同区域民众的言语异声。汉代统一，各地往来增加，但方言的地域差异仍十分明显。“高祖六年，立肥为齐王，食七十城，诸民能齐言者皆予齐王。”[3]方言被作为民众地域归属方便易识的判断标志。文帝时，颍川人晁错前往济南向伏生学习《尚书》，伏生“年九十余，不能正言，言不可晓，使其女传言教错。齐人语多与颍川异，错所不知者凡十二三，略以其意属读而已也”[4]。扬雄《方言》收集了若干词语例证，直观地集中呈现出汉代语言的这种地域性区别，比如女子貌美，各地说法不同：“娥、嬿，好也。秦曰娥。宋魏之间谓之（嬿）。秦晋之间凡好而轻者谓之娥。自关（而）东河济之间谓之媌，或谓之姣。赵魏燕代之间曰姝，或曰妦。自关而西秦晋之故都曰妍。好，其通语也。”[5]

所谓“通语”，乃是没有区域限制的汉语共同语。尽管“四方之异语”是始终存在的现象，但是另一方面，周代就已经产生了大致以秦晋、河洛方言和语音为基础的所谓“雅言”,“一种各国士族间共同的交际语”[6]。春秋战国时期，“黄河流域一带华夏诸族的语言已经日益接近，而且形成一种

1 《孟子正义·滕文公下》，第 438 页。
2 《战国策注释·秦策三》，第 191 页。
3 《史记》卷五二《齐悼惠王世家》，第 1999 页。
4 张守节《史记正义》引卫宏《诏定古文尚书序》,《史记》卷一〇一《晁错传》，第 2746 页。
5 扬雄：《方言·第一》，郭璞注，中华书局，2016 年，第 1—2 页。
6 周祖谟《汉语发展的历史》,《周祖谟语言学论文集》，第 10 页。

区域性的共同语。我们可以从一些历史事实来看。孔子可以周游列国，晋重耳可以糊口四方，墨子可以止楚攻宋，苏秦张仪可以游说各国，这些事实都表明当时地域比较接近的各国在语言上一定已经有很大的一致性，尤其是书面语言更是如此”[1]。具体而言，春秋时代，“至少周、郑、曹、许、陈、宋、鲁、卫、齐这一广袤地区有了区域的共同语。这一区域共同语到了战国时期（公元前 481—前 221）就发展成为黄河流域以至长江流域的共同语了”[2]。

虽然书面文字与口头语言各有特点和长短，不过与口语相比较，文字在表达、保存信息上，通常具有更为完整、准确的效果。须得有一套相对稳定的语言文字系统，来维持普遍、广泛交流的可靠、有效，以及文化创造、保存、传承的稳定和准确。“汉字由于是一种意符音符文字，具有结构复杂、异体众多和容易发生讹变等特点。因此历代政府多数很重视统一文字形体的工作。”[3]据说，周王朝有专人负责文字形音义的统一，每隔若干年就要召集地方诸侯的专门职官，在言语、辞令、文字等方面进行培训和订正[4]。《周礼·春官·外史》：“掌达书名于四方。”“名即文字”，在汉儒解释的基础上，孙诒让更明确地认为这是一种统一全国文字、以正误辨惑的措施，“谓以书名之形声，达之四方，使通其音义，即后世字书之权舆也”[5]。又《管子·君臣上》“书同名，车同轨”[6]，《中庸》“今天下车同轨，书同文”[7]，即使没有成为制度性的实际举措，统一文字书写至少一再成为政治构想中的有机组成部分。

“盖文字者，经艺之本，王政之始。前人所以垂后，后人所以识古。”[8]秦朝对文字的统一，不仅是幅员辽阔的帝国之内行政效率和皇帝威权的保

1　周祖谟《汉代的方言》，《周祖谟语言学论文集》，第 367 页。

2　周祖谟《汉语发展的历史》，《周祖谟语言学论文集》，第 7 页。

3　《文字学概要》（修订本），第 265 页。

4　《周礼·秋官·大行人》：“王之所以抚邦国诸侯者……七岁属象胥，谕言语，协辞命；九岁属瞽史，谕书名，听声音”云云。孙诒让疏曰：“此谓行人召侯国之象胥、瞽史来至王国，则于王宫内为次舍，聚而教习言语、辞命、书名、声音之等也。”（孙诒让：《周礼正义》卷七一，中华书局，1987 年，第 2982、2984 页。）

5　《周礼正义》卷五二，第 2138—2139 页。

6　《管子校注·君臣上》，第 559 页。

7　朱熹：《四书章句集注》，中华书局，1983 年，第 36 页。

8　《说文解字叙》，《说文解字注》十五卷上，第 763 页。

障，而且是造成中国古代政治、文化统一的最重要的文化因素，也是塑造中国古代文学面貌和传统的重要因素。“诸侯力政，不统于王”的战国时代，社会与文化秩序十分混乱，许慎《说文解字叙》概述得很清楚：“田畴异亩，车涂异轨，律令异法，衣冠异制，言语异声，文字异形。秦始皇帝初兼天下，丞相李斯乃奏同之，罢其不与秦文合者。斯作《仓颉篇》，中车府令赵高作《爰历篇》，大史令胡毋敬作《博学篇》，皆取史籀大篆，或颇省改，所谓小篆者也。”[1] 据《汉志》，《苍颉》七章、《爰历》六章、《博学》七章，西汉初民间的闾里书师，将其三合为一，汇编为《苍颉篇》，作为汉代童蒙识字用的课本。文章著作极其有限的秦朝，短时间内先后出现了三部字书，而且是由李斯、赵高这样名重位尊的人物来撰作，就不仅仅是供识字之用，而是有意识地配合文字统一的政治需要，带有设立文字标准，在社会中规范字形、字体的性质。

以秦国文字实施统一，并不是在初并天下的秦始皇二十六年、李斯奏议之后才着手进行的。近些年古文字学家的研究成果相继显示，秦国在兼并列国诸侯的过程中，所到之处就已强行推行秦文，废止被征服地区原有的文字[2]。赵平安《隶变研究》：“往往每得一地，就在那里推行秦的政治、经济和文化。包括建立郡县制、推行秦的法律和度量衡的标准等。与此同时，他们还强制性地推行秦文字。……所谓‘书同文’的工作，随着秦对他国诸侯的兼并已经在逐步进行了。”[3] 可以说，以秦文取代六国文字，是

---

1 《说文解字注》十五卷上，第 757—758 页。

2 陈昭容：“秦行政命令下达、律法布告，当以秦文字为主，这对于消除各国区域性文字的差异，必定有所助益。虽然今日并没有看到任何‘罢其不与秦文合者’秦国法令，但是‘秦文’以胜利者的强势进入各国故地，具有影响力是可以想见的。所以，秦的‘书同文字’是随着他的军事节节胜利、版图逐步扩大，而作渐进的统一。”［陈昭容：《秦系文字研究：从汉字史的角度考察》，（台湾）“中央研究院”历史语言研究所专刊之一〇三，2003 年，第 87 页。］

3 赵平安同时还举例说：“譬如，四川省青川县出土的秦木牍，就是公元前 316 年秦灭巴蜀后，在那里推行秦田律和文字的有力证明。青川木牍使用的文字和战国晚期秦国本土使用的文字是一致的。在此之前，此地流行的是地地道道的巴蜀文字。又如湖北云梦睡虎地秦简，某些内容写于战国末年，是秦统一该地区后，用秦系文字书写秦律，并在此推广的历史见证。云梦本属楚国，而秦简上的文字与战国晚期楚国的通用文字（如鄂君启节）却大相径庭。”［赵平安：《隶变研究》（修订版），上海古籍出版社，2020 年，第 7—8 页。］陈昭容也认为：“在蜀入秦后数年间，当地的居民已经以秦文字书写及记录。前述似汉字而非汉字的巴蜀文字在秦灭巴蜀以后就渐渐消失了。”“原为楚地的江陵地区在 278B.C. 入秦一段时间后，到秦统一天下时，所使用的基本上都是秦式的写法，少有楚文的痕迹。”（《秦系文字研究：从汉字史的角度考察》，第 88、92 页。）

秦统一天下的整体政治措施中的一个重要组成部分。所谓"六国文字"，即函谷关以东东方各国的书写用字，异形严重[1]，"文字异形的现象影响了各地区之间在经济、文化等方面的交流，而且不利于秦王朝对本土以外地区的统治。所以秦始皇统一全中国后，迅速进行了'同文字'的工作，以秦国文字为标准来统一全中国的文字。在此之前，在逐步统一全中国的过程里，秦王朝在新占领的地区内无疑已经在进行这种性质的工作了"[2]。正是由于长期持续地通过威权力量推行秦文字，秦朝统一之后，才能迅速收"书同文"之效。

有关秦"书同文字"的结果，裘锡圭指出："在战国时代，字形因地而异的现象非常严重，远远超出了前后各个时代。秦始皇统一全国后，六国文字与秦文不合的异体都被废除。"[3]陈昭容也总结说："大量战国东土区域性异体字在汉初基本上消失，存留的异体屈指可数，出现次数也少，'正字形'取得极佳的成绩。"[4]不过，秦统一政策所造成的影响并不限于文字书写的字形，还延伸到字词的使用上[5]。学者基于对里耶秦简的研究，认为"秦代'书同文字'的政策不仅是命令山东六国地区改用秦系文字，还包括文字使用规范的建立，并且相关的规定细致到了个别字的写法和用法"[6]。里耶简牍的抄写时间在秦统一前不久至秦末，其中8-461号木方，是官方对字、词的使用予以具体规定的生动例子，是秦同文字制度在"正字形"与"正用字"两方面并举的直接体现。研究者认为，该木方可能是担

---

1 裘锡圭："在春秋时代的文字里，地方性的异体就已经出现了。……战国时代，文字剧烈变化，而各国变化的情况又往往不一样，因此地方性异体就大大增加了。不但六国文字跟秦系文字差别很大，六国文字彼此间也有显著差别。""有时候，同一个字所用的偏旁，在不同国家的文字里是不一致的。……此外还可以看到，同一个词在不同的国家里或用本字或用假借字，以及不同的国家使用不同假借字的现象。"[《文字学概要》(修订本)，第62—63页。]

2 《文字学概要》(修订本)，第70页。

3 《文字学概要》(修订本)，第63页。

4 陈昭容：《秦系文字研究：从汉字史的角度考察》，第105页。

5 甚至有意见认为，"书同文"不是正字形，而是正用字，即在文字意义的基础上对其使用加以规范。张标《"书同文"正形说质疑》："'书同文'是正用字，即正的是一个词用某个字而不用音同音近的另一字来表示。"原因在于，春秋末以至战国，在语言的急剧变化中，新词新字大增，出现了以音定词、词无定字、一词多字的用词混乱现象。[张标：《"书同文"正形说质疑》，《河北师范大学学报》(哲社版)1986年第1期，第40页。]

6 陈侃理：《里耶秦方与"书同文字"》，《文物》2014年第9期，第80页。

任了秦吏的楚人，因为对秦朝制度、称谓不能立即掌握、熟记，特意将相关词语汇集在一起，便于在写作公文或从事其他事务时记诵和查验，以免触犯忌讳[1]。其中“毋敢曰王父曰泰父”“毋敢曰猪曰彘”“以王令曰以皇帝诏”“王室曰县官”“王游曰皇帝游”“毋曰邦门曰都门”等等[2]，不能采用什么称呼，应当用什么词语，凡此若干种语汇的更替性使用规定，“说明秦朝不只书同文字，连官方语言也有所统一”[3]。里耶秦简主要为迁陵县政府簿籍、文书，上述例子说明，至少在政府机构、官方事务中，一些词语随着制度的更迭、政权的改变而更新了。

本来，与“海内为郡县，法令由一统”相俱进，秦王朝的统治核心已经有意识地开展了一系列与其崭新的政治制度相匹配的语言更新和专门命名，如《史记·秦始皇本纪》记载：初并天下，就“命为‘制’，令为‘诏’，天子自称曰‘朕’”，“号曰‘皇帝’”，并“更名民曰‘黔首’”[4]。还特意减少了容易造成歧误、有损于皇帝权威的文字因素，如《说文解字·辛部》：“秦以辠似皇字，改为罪。”[5]除了秦始皇二十六年的“书同文字”[6]，在三十四年的禁书令下，《李斯列传》中又有“同文书”的说法[7]。语言文字的书写和使用无疑涉及一个国家社会政治、文化建设的系统性工程，不仅字形、字体的统一，一些字词——尤其是官方政治生活中专门术语和重要语汇的更新、摘定，文书行文格式和用语的规范，都属于新制度建设的一部分。可以推想，在对越来越广大的疆域的管辖中，随着行政事

---

1 参见王辉、陈昭容、王伟：《秦文字通论》，中华书局，2016年，第244页。

2 陈伟主编《里耶秦简牍校释》（第1卷），武汉大学出版社，2012年，第155—157页。

3 游逸飞《里耶8-461号“秦更名方”选释》，魏斌主编《古代长江中游社会研究》，上海古籍出版社，2013年，第74页。

4 《史记》卷六《秦始皇本纪》，第236、239页。

5 《说文解字注》十四篇下，第741页。不过，睡虎地秦简《语书释文注释》之〔一五〕说：“但秦简和会稽刻石都仍写作辠。”（《睡虎地秦墓竹简》，第14页。）工藤元男对睡虎地秦简各篇的用字倾向进行了分析，由辠、罪两字使用频率的统计结果来看，“‘罪’字多作‘辠’字”。（［日］工藤元男：《睡虎地秦简所见秦代国家与社会》，广濑薰雄、曹峰译，上海古籍出版社，2010年，第155页。）

6 《史记》卷六《秦始皇本纪》，第239页。

7 《史记》卷八七《李斯列传》“同文书”，张守节《正义》：“六国制令不同，今令同之。”（《史记》，第2547页。）泷川资言《考证》则云：“《正义》盖解上文明法度定律令也。‘同文书’，一文字也。”（［日］泷川资言：《史记会注考证附校补》，上海古籍出版社，1986年，第1570页。）“同文书”与“书同文字”所指是否为一事，学界见解有歧异。

务逐步繁剧，出于维护皇帝威权和制度建设的需要，秦很可能以务实的态度和有针对性的做法，从统一文字字形出发，对现实中所遇到的这些文字运用不同层面上的问题，颁行了及时、有效的规定。

政治势力影响书写形态，但与此同时，书写习惯、书写形式是长期形成的，很难在短时间内完全改变，秦代简牍中不时见到六国文字的残余[1]。裘锡圭《文字学概要》详细考论说："六国文字的影响并不是一下子就完全消失的，这从长沙马王堆三号汉墓出土的帛书就可以看出来。在这座墓所出的一部分时代较早的帛书上，可以清楚地看到楚文字的影响。例如有一份大约抄写于秦统一前后的占书（秦统一前，本属于楚的今长沙地区已为秦占领多年），其字体大体上可以看作篆文，但是有很多字显然用了楚国的字形。又如帛书《老子》甲本，字体是接近篆文的早期隶书，文中不避汉高祖刘邦、高后吕雉讳，大约抄写于秦末至汉初这段时间里。在这个抄本里仍可看到个别属于楚国的字形。……可见在楚国故地，楚文字的影响是逐渐消失的。在其他东方国家的故地，估计也会存在类似情况。"[2] 由近些年出土文献中秦与其他区域文字有所混杂的书写实况可以推知，"因为秦王朝时间短，因为六国文字在各地域内仍有一定影响，因而'书同文字'不可能完全彻底。陈昭容曾列举战国中山国文字有 7 个、楚帛书有 5 个、鄂君启节有 2 个与秦文字异形者留存至秦代与汉初文字中"[3]。

文字书写、字词使用的规范化，在不同地区、领域、社会人群中，其进展和成效会有所差异。虽然"秦朝皇帝郡县大一统政制的背后仍存在异

1 赵平安《云梦龙岗秦简释文注释订补》："秦代对于隶书的规范有明显的效果，但毕竟受到各种因素的限制。从中甚至可以看出六国文字的影响。"（赵平安：《新出简帛与古文字古文献研究》，商务印书馆，2009 年，第 377 页。）

2 《文字学概要》（修订本），第 72—73 页。其中裘锡圭所说的"抄写于秦统一前后的占书"，李学勤在《新出简帛与楚文化》一文中称作秦代写本《篆书阴阳五行》，他认为："文字含有大量楚国古文的成分。……又遵照了秦国的字体。这位抄写者显然是还未能熟练掌握秦朝法定统一字体的楚人。"（湖北省社会科学院历史研究所编《楚文化新探》，湖北人民出版社，1981 年，第 36—37 页。）但也有人认为，该篇的抄写者是不熟悉楚文字的秦人。（田炜《马王堆汉墓帛书〈阴阳五行甲篇〉抄写者身份和抄写年代补说》，复旦大学出土文献与古文字研究中心编《战国文字研究的回顾与展望》，中西书局，2017 年，第 274—275 页。）

3 《秦文字通论》，第 33—34 页。

质性甚高的战国社会”[1]，但在社会生活发生巨大转变的当口，文字及其应用发生变化是时代的必然，尤其是秦朝中央专制集权这种空前“定于一尊”的政治制度建立之初，社会生活的各个方面都会程度不等地有所变革。陈侃理的一段说法十分允惬：“‘书同文字’可能包含有文化理想的成分，但其直接目的是便于行政，建立统一高效的文书运作体系。因此，国家的文字规范很快在官文书上得到有力的执行，基层官吏还要抄录有关规定，避免犯错。而在私人的场合，秦代国家还很难直接对文字使用提出严格要求并监督其实施，‘书同文字’的实现一定是间接而缓慢的。”[2] 总的说来，秦代在“书同文字”的过程中，不仅以秦文字统一了原六国文字的字形、字体，而且在一些字词，特别是涉及新制度的语汇的使用上，也进行了意义规范和统一，并在官方文书的书写实践中率先表现出来。

六、战国以来文字的变革奠定了文化书面化的基础

战国以来，随着礼乐崩坏、政治失序，社会上各种言论活跃，语言文字的使用量和使用频率大为增加，表现出明显“多言”的状况。“齐辩士田巴，服狙丘，议稷下，毁五帝，罪三王，服五伯，离坚白，合同异，一日服千人。”[3] 游说之士甚至专事语言说服：“以说则承从多群，日夜思之，事心任精，起则诵之，卧则梦之，自令单唇干肺，费神伤魂，上称三皇五帝之业以愉其意，下称五伯名士之谋以信其事。早朝晏罢，以告制兵

1　据岳麓秦简《三十四年质日》简 25“庚申，江陵公归”，游逸飞《里耶 8-461 号“秦更名方”选释》认为：“《三十四年质日》的书手应为楚国故吏，日常生活中仍惯用楚语、楚制，因而以‘公’表达‘县令’。《质日》简的内容更为贴近使用者的日常用语，不像公文书受官方规范的束缚。换言之，秦始皇统一天下后的公文书，或许都依据里耶秦更名方的官方规范书写，但《三十四年质日》却反映秦的规范用语尚未融入东方故吏、故民的日常生活，六国吏民的日常生活仍使用自己的语言。”（《古代长江中游社会研究》，第 90 页。）不仅如此，被占领地的文化还会产生反向的影响作用，李学勤以原属楚地的云梦所出睡虎地秦简为例，说明“即使是占领楚地的秦人，也不能不受楚文化的浸润影响”。睡虎地竹简的主人是秦人官吏，“但是，竹简中的《日书》实际集中体现的是楚国的传统信仰，反映了楚人尊尚巫鬼的习俗。为了使秦人能按照楚人的方法选择吉利的时日，在《日书》里还专门附有一份秦、楚两国月名的对照表”。（李学勤：《简帛佚籍与学术史》，江西教育出版社，2001 年，第 17—18 页。）

2　陈侃理：《里耶秦方与“书同文字”》，《文物》2014 年第 9 期，第 80 页。

3　张守节《史记正义》引《鲁仲连子》，《史记》卷八三《鲁仲连传》，第 2459 页。

者，行说语众，以明其道。”[1]为了表达更广泛、丰厚的内容，为了加强语言的说服力、感染力，他们在增加语辞量的同时，还设法调动一切表达手段、技巧。这正是语言文字摆脱约束、获得自由的体现。与此同时，文字写成物也大量出现，“从战国中期晚段的秦孝公时起直至秦王朝灭亡的140年间，秦出土文字数量呈现井喷现象，几乎是此前470余年（前822—前346）出土文字的数十乃至上百倍”[2]。这是秦政权推行文书行政的直接结果，同时也构成以诸子为表率的立言和著述活动的时代背景和社会土壤。

语言文字使用的频繁和文字写成物的激增，意味着产生了新的时代需求和人生可能。战国时期，在政治、经济、军事、文化的巨大动荡、变化中，各诸侯国人员往来奔走，社会流动性和相互交往增加，人们的生活较以前更多变，思想意识活跃、自由，表达上也更具有自主性，诉诸文字的内容因而不能不增多；教育和文化权利日益下移和开放，识字写字的人大增，用字领域和范围不断扩大；书写的工具材料持续改进，取材容易又相对价廉的简牍变得普遍。所有这一切，都对汉语言文字自战国中晚期以来的急剧变化产生了推动作用[3]，促使文字采用更为简便的结构形体，改进书写性能，提高书写速度，以适应快速增长的社会需要。裘锡圭从六国文字的角度来观察，认为这种剧烈变化主要表现为简化的俗体字流行；赵平安以秦系文字为讨论对象，将文字之变概述为“隶变”，即广义的小篆经由古隶到今隶的演变。综之，战国后期到西汉前期，是汉字发生急剧变化的重要时期，这一剧变在字体上以向隶书演化为标志，在字形上主要体现为简化[4]。

在汉字的历史中，字形的变化以由繁到简为总趋势，而在古文字的整体演变中，汉字的象形程度在不断降低，因为“文字部件越是酷似客观事

1 《吕氏春秋集释·禁塞》，第166页。

2 《秦文字通论》，第32页。

3 陈梦家《文字学甲编》：文字的“演变不外循着两个规则：一是字体的趋简，一是字数的增多”，其原因则基于人事的日繁和书写工具的进步。“战国文字纷歧，不只因为‘不统于王’，而人事的加繁当然使文字趋于简易，各国趋简的方法不同，自然文字异形了。……战国是兵革相加多事之秋，物质文明进步，交通范围加大速度太快，思想发达，文字不得不因为适应新需要而生激烈的变化。”（陈梦家：《中国文字学》，中华书局，2006年，第18、123—124页。）

4 参见《文字学概要》（修订本），第57—58、62页；《隶变研究》（修订版），第7、51页。

物，就越不便书写。趋简求易，是人们书写文字的共同心理”[1]。“由古文字变为隶书，应该看作汉字形体上最重要的一次简化。”[2]在这一过程中，人们不断改变汉字图画式的线条结构，破坏其象形构形，使汉字的形体面貌和结构都发生了空前巨大的变化，汉字后来长期存在的一些基本特点，如方块形、以笔画为用笔的基本单位、以偏旁部首为结构单元，都已形成。具体来说，隶书简化、改造篆文最重要的方法，就是把古文字的线条分解、截断，或改变成平直的笔画。“把秦篆的圆转笔画分解为方折笔画，并进一步线条化”，由此，“秦隶从总体上改变了秦篆的笔画”[3]。“隶书的形成，使汉字所使用的‘随体诘诎’需要描画的字符，变成由一些平直的笔画组成的比较简单的字符，大大提高了书写的速度。”[4]“隶变以后的汉字，曲笔已被拉直，连绵的线条被拆断，汉字已由点、横、竖、撇、捺等基本笔画构成。……而且由于这些笔画的运用，字的四角多呈方形，整个字的形态也呈方形。因此我们认为方块汉字的形成是在隶变以后。”[5]总之，由属于古文字的篆文转变为隶书，适应了社会中普通人群认读和书写文字的需要，“文字的发展转到一个新的时代”[6]。

作为汉字形体演变历史中最重要的变革，隶变不仅因结构简单，使书写更便捷，还使得书面语的符号本身更单纯、明晰，分化了一些多义字，减少了字形的混同[7]，从而在某种程度上提高了阅读的速度。许嘉璐谈到其对书面语的一些积极影响：“隶变对书面语之影响，或可再作补充。如隶变或曾以其明晰且较便于书写，而促使更多、更大之论著出现，写者众，

1　何琳仪：《战国文字通论》（订补），上海古籍出版社，2017年，第252页。

2　《文字学概要》（修订本），第35页。

3　《战国文字通论》（订补），第242—243页。

4　《文字学概要》（修订本），第90页。又第35页：“古文字所使用的字符，本来大都很像图形。……在从古文字演变为隶书的过程里，字符的写法发生了更大的变化。它们绝大多数变成了完全丧失象形意味的，用点、画、撇、捺等笔画组成的符号。这可以称为‘笔画化’。”有关隶书对篆文字形改造的几个具体表现，参见该书第88—90页。

5　《隶变研究》（修订版），第78页。

6　李均明、刘军《简牍文书学》：“由篆而隶的演变，人们称之为‘隶变’。隶变是汉字演变过程中最生动、最具革命性的一幕，隶变前的汉字今人不易认识（称作古文字），而隶变后的汉字今人基本能看懂。隶变主要表现在两个方面：一是字体构架的变化，二是笔画形态的改变。”（李均明、刘军：《简牍文书学》，广西教育出版社，1999年，第33页。）

7　详参《隶变研究》（修订版）第85页。

所写多，其技巧自当加速提高，且与口语之分野亦日益大矣。”[1]一方面，随着以隶书产生为基本标志的文字剧变的进行，汉字象形程度大为降低，形体简化，读写便利；另一方面，在此基础上，经过秦的文字统一措施，日趋方块形态和笔画化的字形结构基本稳定、一致，人们对其结构形式和法则的系统性逐步有所认识，书写学习有规律可依循，也就能够掌握相应的方法，从而利于文字知识和书写技术的积累。这不仅使得读写实践中的方便性和速度大大提高，而且使文字有了社会推广、普及的可能，更多人有机会掌握读写技能。要之，这一时期所发生的一系列综合性变革，使文字及其书写简便、统一，并在规范中逐渐趋于定型，为社会文化的书面化发展提供了极为重要的前提条件[2]。

文字与语言之间具有矛盾性，作为记录语言的符号系统，文字要足够跟得上语言的发展。春秋战国，随着社会秩序的大变动及社会生活内容的丰富、活跃，新字词增加很多，为了尽可能准确地记录语言，明确、细密地表达语言的意义，缓解汉字与汉语的矛盾，这一时期新增汉字数量很大[3]。其中形声字增加得非常快，“甲骨文的形声字只占 20% 多，金文占 40% 左右。春秋以后，由于汉字偏旁趋于成熟，为创造大量的形声字提供了条件。因此，春秋以后，形声字获得了长足的发展”，并在汉字中占据了压倒性的多数。就汉字形体的结构特点而言，形声字具有表意、表音的双重成分，因而在表示意义、声音上相应地具有双重优势。“它的意符和声符分别对词的意义和声音起一种‘显示’作用。这种显示作用对词的理

1 《隶变研究》（修订版），第 85 页。

2 饶宗颐《汉字与诗学》：“中国自秦统一文字，把篆隶的字形整齐划一，字画安排得很匀称，尽量减少以前文字的图画性部分，和复杂多变的结构，加以简化，把文字规范化了。”（饶宗颐：《饶宗颐史学论著选》，上海古籍出版社，1993 年，第 313 页。）周祖谟《秦朝统一文字的历史意义》：“现在我们看到的汉简和帛书几乎都是用隶书来写的。隶书写起来比篆书容易，文章、书籍自然就多起来，古书传写也就容易多了。设若文字没有小篆整齐化这样一个阶段，隶书的形成不会那样快，没有简便易写的隶书，很难想象汉代会有那么多的书籍和作品。李斯改大篆为小篆，统一文字，对中国文化的发展确实起了极大的作用。”（《周祖谟语言学论文集》，第 417 页。）

3 王宁《汉字构形学导论》：“汉字的增多是因为汉语词汇不断增多；而新字的出现，也就标志着新词已经产生。在早期汉字较少的时候，语多字少，常有用一个字表示多个同音字的，形成一字兼记多词的情况。……字的使用频率增加以后，兼职的情况难以维持，在词汇的推动下，产生了多个新字来分别记录不同的词，保证了一字一词的区别率。”（王宁：《汉字构形学导论》，商务印书馆，2015 年，第 39 页。）

解和识别都极其重要。”[1]也就是说，形声字的应用十分有助于提高文字表达的明确性，“在使用意符、音符的文字里，尤其是在汉字这种记录单音节语素占优势的语言的文字里，这是最适用的一种文字结构。形声字比重的上升，是汉字发展的主要标志”[2]。汉字的这种结构特点将直接影响到文人的应用方式[3]，并在文章修辞，特别是汉赋艺术中得到充分体现。

七、文言，社会单一的书面语言系统

文字的发展必然要借助于文字的使用者，秦政权为了适应广大区域内的政府管理而推行的文书行政，无疑造成对文职官吏及文字使用技术的大量需求。“秦时乡与乡、乡与县之间处理事务，皆以文书往来。”[4]“其乡官行政运作必具备法定正规文书式……以文书指挥行政运作。”[5]这一方面反映了政权的行政运作已经深入到社会基层，同时也意味着在大一统中央集权政治的新制度下，行政管理对书面化工具手段的依赖。湖北云梦睡虎地秦简《秦律十八种》中，有一篇名为《内史杂》的秦律：“有事请也，必以书，毋口请，毋羁请。”[6]规定有事必须以书面文书形式向上级请示，不能口头或托人代为请示。冨谷至就此强调，“古代中国行政以文书传达为基本手段”[7]。张金龙总结说：“在集权制官僚行政中，文书是沟通和指挥行政运作信息系统的权威性载体，秦的国家行政包括乡官行政必须制作正规

1 《隶变研究》(修订版)，第144—145页。

2 《文字学概要》(修订本)，第40页。

3 陈梦家《文字学甲编》：“形声字是文字发展中所留存的最简最善的法则。它之所以成为一种最普遍的构制文字的方法，因为它具备许多优点：一、它可以为无穷构制文字的方法，无论什么新事物的出现，都可以配合一形一声来表现它。二、它可以见形而知其事类，循声而通其音读。三、它使得形与声互相限制而得义，所以形符声符如同逻辑上构成一定义的大类小类一样。四、它不失象形字的本色，同时又具有音标的作用。”(《中国文字学》，第83页。)

4 《秦文字通论》，第232页。

5 张金龙写道：以文书指挥行政运作，“这是为了保证其行政的严肃性、正当性、准确性、可信性，同时也是为了增强其权威性和责任感，并标识出明确的责任与权限范围”。(张金龙：《秦制研究》，上海古籍出版社，2004年，第703页。)

6 睡虎地秦墓竹简整理小组：《睡虎地秦墓竹简》，文物出版社，1990年，第62页。

7 [日]冨谷至：《文书行政的汉帝国》，刘恒武、孔李波译，江苏人民出版社，2013年，第112页。

的官文书，这是秦律所规定的。”[1] 对比西周封建下语言无隔阂、事务有限的邦国属地，侯旭东推阐说：“这条律令非常重要，将秦的统治奠定在文字的基础上，适应了广土众民、语言难通的现实。这是个划时代的变化，以前并非如此。……秦统一后，面对庞大的人口与广袤疆域，文字开始发挥作用。”[2] 近些年出土的秦简牍中包含众多律令、簿籍、档案、文书，可以想见，方直省简的隶书不仅日常实际运用范围广，而且佐书隶人一定为数不小。

皇帝诏令的逐级下达、国家成文法令的颁布、官吏奏疏的上报、各级政府机构日常文书和簿籍的制作，要维持全国范围内准确、高效的行政运行，不仅基于统一的文字，无疑还需要相当数量识字能书、通晓行政司法文书的人员，“可以毫不夸张地说，文书行政是在识文解字的前提下有效运转的”[3]。政府机构的政务需求，在传导着现实压力的同时，也迫使文字书写的效率和水平在实践中提高，并相应地培养了书写者。湖北张家山汉墓竹简《二年律令》中的《史律》，一般认为是西汉初吕后二年（公元前186年）实施的律令，汉承秦制，由其中的规定，或可了解汉初，以及秦有关史吏的考试、选任情况。史子十七岁开始学习为史，学满三年考试：“试史学童以十五篇，能讽书五千字以上，乃得为史。又以八体试之，郡移其八体课大史，大史诵课，取最一人以为其县令史，殿者勿以为史。三岁壹并课，取最一人以为尚书卒史。”[4] 史是各级官署中的主文书之吏，按照秦和汉初的法律，史学童经过专门培训，讽书若干字，获得为史的资格；又在掌握多种书体，通过专门考课后，被选任县令史等较高的吏职，

---

1 除了《内史杂》，著者还援引了秦简《仓律》《田律》之“以书言年”“以书言”等。（《秦制研究》，第703页。）

2 侯旭东《奠基时代：秦汉》，甘阳、侯旭东《新雅中国史八讲》，生活·读书·新知三联书店，2021年，第54页。

3 《文书行政的汉帝国》，第92页。张金龙《秦制研究》：“秦由于‘官狱多事’，庶务繁杂，故迅速而恒久地训养出一批舞文弄墨的刀笔小吏便成为政府的急切要务。”（《秦制研究》，第709页。）侯旭东《奠基时代：秦汉》：“秦汉时代要用文书统治天下，前提就是大家会写字。通过书同文，秦国用小篆统一了六国的文字。以前只有贵族会写字，现在则需要大量的人员处理文书，所以秦帝国乃至更早的战国时期，就慢慢开始有意培养会写字、写文书的人。”（《新雅中国史八讲》，第56页。）

4 张家山二四七号汉墓竹简整理小组编著《张家山汉墓竹简》（二四七号墓，释文修订本），文物出版社，2006年，第80—81页。

并由此得以继续升迁。班固和许慎后来的说法与之类似,《汉志》叙述“萧何草律”之法曰:“太史试学童,能讽书九千字以上,乃得为史。又以六体试之,课最者以为尚书御史史书令史。”[1]《说文解字叙》述及“尉律”:“学童十七以上,始试,讽籀书九千字,乃得为史。又以八体试之,郡移大史并课,最者以为尚书史。”[2]虽然其中有些细节问题一直纷纭争讼,但综合以上资料,大致可以判断:为了从事官府的行政文书工作,学童要进行专门的文字学习和书写训练;最基层的史,以讽读、书写一定数量的文字为基本条件和资格;尽管训练有素的隶书为汉代通用的公文书体,但要任职更高机构中级别略高的史吏,则需经过多种书体的考核。经过规定性考课的文书吏员,不只能写字,还要谙熟文书写作的相关要领和技能。汉代官文书形成了一套固定的习用语,“这套习用语与其他文体(如诗赋)里的语言相比具有一定的独特性,绝大部分是‘其他文字所不适用,亦不宜用之者’”[3]。“文书用语具有很强的专业性,远比日常生活中使用的词汇和文字难以理解”[4]。除了专业用语,还有一套严格的行文规范和格式,需要在官署的日常政务中经过学习和反复实践才能熟练掌握。仅就文书起草、定稿、誊抄、收发、签署等环节而论,秦汉出土简牍文献中所反映出的文书种类之众、格式之繁、规定之多、日常经办数量之大,可谓令人惊叹。因此,就“史”的考选发布专门法律,并为史家、学者一再记述,正说明了这一类人员在政治生活中的重要及其职事的专业性、严肃性。

政府吸纳,并培养了数量可观的职掌文书之吏,这些以掾、史、书佐等名目为主的各级、各曹属吏[5],他们不仅对于文字和书体的演进、成熟功

1 《汉书》卷三十《艺文志》,第1720—1721页。

2 《说文解字注》十五卷上,第758—759页。

3 汪桂海:《汉代官文书制度》,广西教育出版社,1999年,第92页。

4 《文书行政的汉帝国》,第92页。

5 陈梦家《汉简所见太守、都尉二府属吏》,综理了汉简公文书末尾的签署者:除了主管官吏,其余主要便是主文书之吏。(陈梦家:《汉简缀述》,中华书局,1980年。)李均明《秦汉简牍文书分类辑解》搜集了汉代简牍文书正文之后或简背处所署名的“起草人”,除尚书郎负责皇室文书之外,通常所见为掾和史、少史、卒史、令史、属、书佐等各级机构中的文书吏员。(李均明:《秦汉简牍文书分类辑解》,文物出版社,2009年,第134—136页。)

不可没[1]，还以自身经历，展示了书面读写能力之于个人生存和发展的现实可行性。善于书写至少可以成为谋生方式，甚至借此在官府衙署中谋取一官半职。尽管总会有些例外，在战国世乱及秦朝禁学中，项羽不肯接受充分的文字教育，以为“书足以记名姓而已”[2]；刘邦自道“吾生不学书……以此故不大工”[3]，但总体上来说，政权的支持一定会在社会中传导出影响效应。春秋晚期以来，随着文化教育权利的下移，原先培养贵族子弟成为政治人才的教育目标不能不发生转变，而以礼乐、射御这类贵族生活修养和实践性技能为主的教育科目[4]，逐渐向以平民为对象，以文字读写和书面文献知识为主要内容的社会通用教育转变。在这个转变过程中，秦以政权力量鼓励了人们对文字认读、书写，以及写作成文这一系列技能的学习、掌握，对于交流媒介之由语言向文字偏重，对于书面表达在社会文化形态中所占比例的增加，产生了直接的推动作用。有汉以来，书写逐渐被当作比诵读更有效的文本理解和记忆的手段。“高君孟颇知律令，尝自伏写书，著作郎署哀其老，欲代之，不肯，云：‘我躬自写，乃当十遍读。’”[5]书面化逐步被接受为文化承载的稳固方式。

秦汉时代，文字读写还是社会中比较有限的一种能力。《汉书·百官公卿表》记载，西汉末从地方到中央，“吏员自佐史至丞相”共计 120285

1 裘锡圭：“在隶书逐渐形成的过程里，经常使用文字的官府书吏一类人一定起过重要作用。”“汉代官府里从事文书工作的官吏是书佐和史。……所以八分书体很有可能是先在官府佐、史一类人手中形成，然后再推广到整个社会上去的。”“在草书形成的过程里，官府佐、史一类人大概也起了很大作用。因为他们经常需要起草文书，草书这样的字体对他们最有用。”[《文字学概要》(修订本)，第 76、87、92 页。]

2 《史记》卷六《项羽本纪》，第 295 页。

3 《全汉文》卷一《手敕太子》，严可均校辑《全上古三代秦汉三国六朝文》，中华书局，1958 年，第 130—131 页。

4 西周教育重在培养贵族子弟学习“成人的社会生活方式和必要的知识、技能”，“六艺”中又尤以礼乐和射御为主。参见杨宽：《西周史》，上海人民出版社，1999 年，第 674 页。例如《周礼·地官·保氏》：“保氏掌谏王恶，而养国子以道：乃教之六艺，一曰五礼，二曰六乐，三曰五射，四曰五驭，五曰六书，六曰九数；乃教之六仪”云云。(《周礼正义》卷二六，第 1010 页。)《礼记·内则》：“六年，教之数与方名。……八年，出入门户及即席饮食，必后长者，始教之让。九年，教之数日。十年，出就外傅，居宿于外，学书计。……十有三年，学乐、诵诗、舞《勺》。成童舞《象》，学射御。二十而冠，始学礼，可以衣裘帛，舞《大夏》，惇行孝弟，博学不教，内而不出。”(《礼记集解》，第 768—771 页)。

5 朱谦之：《新辑本桓谭新论·闵友》，中华书局，2009 年，第 63 页。

人[1]。邢义田《秦汉平民的读写能力》据此阐论："他们毫无疑问是秦汉社会具有最高等级读写能力的一群人。他们不但能阅读和书写，更经训练，能够处理从中央到地方复杂的文书行政。"[2]这当然只是笼统性的说法，官吏文化水平的时代性、地区性差异并不难发现。居延汉简名籍中有一些对边塞基层吏员"史"或"不史"的评定，功劳墨将名籍则记录了不少"能书会计治官民颇知律令"的评语[3]。作为行政考核记录中固定的人事评价用语，如学者所言，所谓"能书"要低于"史"或者前述《二年律令·史律》中"得为史"的水准[4]。就识字和书写能力而论,"史"或"得为史"与"能书""不能书"，直观地显示了基层官吏的文字水平由高到低的层次。不是每个人都能像史吏一样娴熟地读写文字，而既然"能书"可以成为考课用语，就意味着边吏中有人是不具备或基本不具备书写能力的，"能书"与"不能书"，基本读写能力的有无之间，区别度当是明显的。

占人口绝大多数的农民基本没有机会接受文字教育，读写能力低下。两汉之际，刘盆子手下一些起事反莽的将领功臣，连自己的姓名都需要转请别人代写[5]。皇帝与广大民众之间等级悬隔，长期以来，要将最高层的行政命令和律法公告下传到社会的最末端，使不通文墨的庶民都能了解，须得通过基层吏员的中介。《汉书·贾山传》："臣闻山东吏布诏令，民虽老羸癃疾，扶杖而往听之。"[6]即由当地官吏通过口头念诵、讲解诏令内容，向民众广而告之。汉武帝颁行的诏书律令"文章尔雅，训辞深厚"，地方

---

1 《汉书》卷一九上《百官公卿表》，第 743 页。

2 文中，他估算西汉末男性识字率应约不低于总人口的 0.2%。[邢义田：《今尘集》(上册)，中西书局，2019 年，第 6 页。]

3 参见陈梦家《汉简所见居延边塞与防御组织》，《汉简缀述》，第 57 页；李均明：《秦汉简牍文书分类辑解》，第 379—380 页。

4 冨谷至认为，这些词语或是机构对所属吏员能否胜任文书史吏工作或资格的判定，或是对官吏业绩及能力的一般评估。(《文书行政的汉帝国》，第 96—99 页。) 邢义田的看法有所不同，但他也同意冨谷至有关"能书"是较"史"为低的书写能力评语这一判断。参见邢义田《汉代边塞隧长的文书能力与教育》，《今尘集》(上册)，第 54—55 页。

5 范晔《后汉书》卷十一《刘盆子传》："至腊日，崇等乃设乐大会，盆子坐正殿，中黄门持兵在后，公卿皆列坐殿上。酒未行，其中一人出刀笔书谒欲贺，其余不知书者起请之，各各屯聚，更相背向。大司农杨音按剑骂曰：'诸卿皆老佣也！今日设君臣之礼，反更殽乱，儿戏尚不如此，皆可格杀！'"(范晔：《后汉书》，李贤等注，中华书局，1965 年，第 481—482 页。)

6 《汉书》卷五一《贾山传》，第 2336 页。

小吏因知识浅陋，不能解读，竟出现“亡以明布谕下”的局面[1]。一些汉代简牍记录了地方传达上级行政命令的方式，如“扁书亭燧显处，令尽讽诵知之”，“写移书到，各明白大扁书市、里、官所、寺舍、门亭、隧堠中，令吏卒民尽讼知之”，“书到，明白大扁书乡、亭、市、里门外谒舍显见处，令百姓尽知之”等。富谷至援引居延、敦煌等地汉简，并概述说：所谓“明白大扁书”[2]，即将诏书、政令、条规等简帛上的公告，凡须令广大吏民周知者，大笔书写、张挂在乡亭、里门等容易看到的显眼之处；考虑到有认字读书能力的庶民极其少见，所以简中会特意提示有关官吏要当众大声“讽诵”宣读，以便使目不识丁的百姓都能了解文书所要传达的内容。因此，“‘讽诵’这种口头传达行为与‘扁书’这种书写行为”才会同时出现[3]。下层民众的沟通、交流基本采取口头语言的方式，因为“在文盲居多的农业聚落里，口头传达和沟通应比文字更为有效和重要”[4]。

与此同时，社会的受教育者不仅笔书，还使用了与口语方言有差距的统一的书面语。秦之所谓“书同文”，所同的并不仅在于文字字形和书写

1 《汉书》卷八八《儒林传》，第3594页。

2 陈槃《汉晋遗简识小七种》之“扁书”：“汉代凡诏令书教之等须使吏民周知者，每署书木版，悬乡市里门亭显见处。”（陈槃：《汉晋遗简识小七种》，上海古籍出版社，2009年，第185页。）关于“扁书”，当代学者考论较多。李均明、刘军《简牍文书学》：“扁，今作匾。扁书即写在版匾上的文书，由其载体材料而得名，通常是诏书律令或其他需要告喻民众的重要文书的终端公布形式。扁书形制当较大，故可悬挂高处而且便于诵读，未见出土实物，但简文常见其称谓。”（《简牍文书学》，第222页。）《风俗通义·佚文》的记载显示，书写的载体形式曾先后有变：“光武中兴以来，五曹诏书，题乡亭壁，岁补正，多有阙误。永建中，兖州刺史过翔，笺撰卷别，改著板上，一劳而久逸。”（王利器：《风俗通义校注》，中华书局，2010年，第494页。）胡平生、张德芳《敦煌悬泉汉简释粹》则认为：“扁书，用大字写在墙壁或木板上的告示，汉简中常谓写于乡亭市里高显处。”“现在，根据敦煌悬泉置遗址出土的《元始五年四时月令诏条》可以认定，在泥墙上书写的、长达两米有余，高约半米的《月令诏条》就是‘扁书’或‘大扁书’。扁书原来可能是以木板或简册制作的，大概很快就被以泥墙制作的扁取而代之了。盖当时中国的中心地区，即今之陕、豫、鲁、晋（南）等地皆为黄土地带，制作泥墙或直接写在房屋的墙壁上远比斫木为扁来得快捷方便。”（胡平生、张德芳：《敦煌悬泉汉简释粹》，上海古籍出版社，2001年，第23—24页注释[2]。）

3 《文书行政的汉帝国》，第104—109页。

4 《今尘集》（上册），第19页。又同书，第20页：“由此正可了解为什么县以下的乡吏必由本地人出任。一个根本原因是古代各地语音不同，不由本地人担任，即难以听、说一方土语，也就难以传达政令，了解民情和建立有效的统治。”而顾炎武曾就此问题考论曰：“自曹掾以下，无非本郡之人，故能知一方之人情，而为之兴利除害。”（《日知录》卷八“掾属”条。）

本身，也不仅在于涉及政治制度时的官方语汇，其作用实辐射整个书面语言系统[1]。秦汉以来的书面语，并不是将口头语言简单地转写为文字的结果，与普通的说话不同，它自有一套行文规范和修辞方式。在周以来雅言系统的基础上，经过了秦朝“书同文”的强力制度推动，再加上汉武帝以后以经术为主要内容的古典人文教育的普遍推行，就使得在统一文字的基础上，又进一步形成了一套书面语言系统——文言。

春秋战国到秦汉，是“文言”这一语言系统成形、成熟的时期。郭绍虞认为，战国到两汉，“这是中国文学史上一个极重要的时代，因为是语文变化最显著的时代”[2]。西周以来，以相对稳定的典籍文献持续进行“六艺”教学，至少在贵族阶层中，逐步造就了一套具有共同性的语言文字系统“雅言”。春秋战国以来，随着古代经典文献开放，诵习《诗》《书》的人日多，社会中逐渐产生了一个较大的群体，可以自如地运用经典，以及借经典这个载体而来的思想、知识和书面语言系统。“在汉语历史的发展上值得注意的是在春秋战国期间的古汉语书面语言的规范逐步形成起来。这种书面语言也就是后代‘文言’发展的基础”，“这件事实可以从春秋战国时代的古典著作在语法、词汇方面的基本一致性得到证明”[3]。在这种古汉语书面共同语的基础上，以《诗经》《左传》《国语》《战国策》，以及《论语》《孟子》《庄子》等一众诸子著作为早期范本，西汉时期，随着政治的统一、社会文化的普遍发展，“文言”开始形成。值得注意的是，在对文言这一书面共同语的建构中，汉代人对先秦时期的古汉语和经典文本是有所选择的。一个显而易见的例子就是，司马迁在《史记》中引用《尚书》时，并非简单照录，而是以汉代通语大量改写后者中的古语，使之明白晓畅，便于汉代人阅读；而在《孔子世家》《仲尼弟子列传》中，对《论语》的引文则往往照录。司马迁的去取体现了时代的语言习尚，与《尚书》那种“佶屈聱牙”的古老语言风格相比，《论语》雅洁明快、舒展自然的文字，显然更为当时所接受。

---

1 郭绍虞《中国语言与文字之分歧在文学史上的演变现象》：“秦代统一以后，所谓同文字云者，其作用犹不仅在文字；其所同的乃是文字语。”[《照隅室古典文学论集》(上编)，第494页。]

2 《中国语言与文字之分歧在文学史上的演变现象》，《照隅室古典文学论集》(上编)，第492页。

3 《汉语发展的历史》，《周祖谟语言学论文集》，第7页。

汉代口语方言仍随地域而殊异，“各地的口语仍然会保持许多特有的词语，通行在一定的地区之内，语音也差异较大”。尽管如此，由于开始形成语法接近、词汇通用的汉语共同语言[1]，太学里来自全国各地的成千，甚至上万名学生，可以在一起学习、讨论，相互发言辩难；籍贯蜀郡的扬雄可以与扶风安陵的班氏家族成员，来自沛国的桓谭、会稽的王充交友，当面言谈交流，不至受阻于彼此的方音。但即使存在这种口语共同语，在正式而重要的，或者更复杂、深入、文雅的表达上，这些受过良好教育的文人士大夫，则一定选用“文言”的书面写作来呈现自己的思想和感情。书面化使得作品本身、对作品的接受都变得相对稳定。先前当诗文以口头媒介为主的时候，譬如《诗经》的每一次吟唱、诵读，都可能因唱诵者音色的不同，因其轻重音、快慢节奏、抑扬顿挫声调处理的不同，因其容貌、神情、身体语言的不同，而影响、干扰着听者的理解和喜好程度，甚至同音字引发的歧义也在所难免。与口头语言相比，书面化使文本在时间中相较不容易变形，具有明显的可靠性；文字的统一性，也确保了书面写成物具有更强的空间通行效果，可以不加区别地为所有地域的阅读者所接受；它还可以在不受限制的斟酌中，力求表达得准确、精粹；宜于写作者不受时间、场合因素的拘束，抒发那些不适合宣之于口的微妙内容。

不啻此，文言这一种书面语言系统还具有其他更为深刻而潜在的意义，它标定着社会一般知识水准之上的读书人的身份，并因而显示了对于经典或精英文化的认同和自豪。所谓“文言”，这一种以周以来的雅言和典籍为主干，以战国史传和诸子文章为蓝本，经过秦汉的实践与规范所形成的书面语系统，需要经过较长期的持续学习才能掌握，单是具备读写能力就足以拥有作为读书人的文化骄傲，更不要说还有在国家鼓励下对圣贤经典的明习，以及因此而来的入仕从政的资格。

在中国古代的文人文学中，存在着明显的重文字甚于语言的现象[2]。以文言作为主要的写作语言，从根本上说来，是由汉字本身的特点所决定

1 参见《汉语发展的历史》，《周祖谟语言学论文集》，第 7 页。

2 饶宗颐《汉字与诗学》：“汉语与文字由于处于游离状态之下，语言的重要性反不如文字。中国靠文字来统一，尽管方言繁多，而文字却是共同而一致的。这显示中国文化是以文字为领导，中国是以文字→文学为文化主力，和西方之以语言 = 文字→文学情形很不一样。”（《饶宗颐史学论著选》，第 320 页。）

的。拼音文字中，文字和声音的关系紧密，文字的拼写与语音基本是一致的。与拼音文字不同，汉字是“使用意符、音符和记号的一种文字体系”[1]。在汉字的结构体系中，字形和声音的联系不紧，口语音节与书写形式之间不一致，见其字不一定能知其音，即使形声字也常常如此，而这不一定影响对汉字意义的理解及书写，甚至“使用汉字，常常可以跳过声音或至少是不怎么理会声音而直接触及意义”[2]。总之，汉字与声音的关系相对松散，相反，它有以形表意的功能[3]。汉语以单音节词为主，同音字多，有的竟多达上百个，如此一来，同音异义的词必然过多，在口语中容易混淆，但在书面中凭字形的不同写法，完全可以辨别，因为字形的数量多，区分度远超于音节的[4]。也就是说，汉字主要是诉诸视觉的，其意义主要通过字的形状，而不是声音来识别[5]。更何况，文言在词汇和句法方面自有一套规范，譬如以“豕”为猪、“走”为跑，大量使用“之乎者也”的虚词，以及“未能或之先也”“何以文为”“唯马首是瞻”“故有生者，有生生者；有形者，有形形者；有声者，有声声者”的句法等。由于这些特有的词汇和句法比较稳定，文言与口头语言的差异越来越大[6]。文言在汉代定型之后，在此后两千年的时间里，并不是一成不变的，不过与口语相比，它长时期内的变化相对要小得多，以至张中行说：“文言，意思是只见于文而不口说的

---

1 《文字学概要》(修订本)，第 15 页。

2 张中行：《文言和白话》，黑龙江人民出版社，1997 年，第 21 页。

3 赵平安《秦汉简帛通假字的文字学研究》：“总之，从汉字形体结构的改造过程看，汉字的表意趋向比我们过去认识的要大得多，而表音趋向要小得多，甚至可以说，汉字的表意趋向比表音趋向要大。”(赵平安：《新出简帛与古文字古文献研究》，商务印书馆，2009 年，第 207 页。)

4 《汉字构形学导论》：“汉语是单音节语言，汉字是单音节的语素文字。在普通话里和任何一个方言音系里，声、韵、调配合出来的音节数，大约在 1400 个左右，而词汇中的单音语素常用的也有数千个甚至上万个，语音的别词手段是非常不足的，所以，在口语中，许多情况下，语境无法分辨的单音词特别是姓氏和地名，往往要用双音词或词组来辨别。……难以找到合适的双音词或词组时，又往往用汉字来描述。”(《汉字构形学导论》，第 41 页。)

5 高本汉《中国语与中国文》第三章：“中国口语和文言有一种特别的关系，尤其是文言的性质，是一种用眼看得懂，而单用耳听不懂的语言。”([瑞典]高本汉：《中国语与中国文》，张世禄译，山西人民出版社，2015 年，第 47—48 页。)

6 《汉语发展的历史》：“从文字的材料来看，汉代的口语跟史传载记的书面语言已有不同。西汉的诏令和陆贾的《新语》以及《汉书·赵飞燕传》中一些直录的语句都表现出当时口语的某些特点。”(《周祖谟语言学论文集》，第 11 页。)

语言。”[1]相较于口头语言主要通过声音来表达意义，容易发生时间和空间上的变化，并且对同音异义不易区别，汉语书面语稳定、明晰的优势显而易见[2]。

在整个古代社会中，文言并不只是文学语言，它同时也是政治、学术语言，是社会中唯一的官方政治——文化语言系统。就汉代来说，包括皇帝诏命、国家法令、官员奏疏、各级政府公文在内的行政文书，以儒学经典和解经之传为代表的学术著作，以诗文赋颂为主体的文学作品，社会文化中最高等级、最被看重的这些部分，都用这种书面语言写成。官方普遍的采用，使文言稳居于正统的地位；而文人士大夫的广泛运用，使之日趋精雅、讲究，并产生很强的示范效用。毫无疑问，政治权力和官僚体系对文言这一语言系统的采纳，造就了它的特权地位；文人隶属于其中的士阶层，在社会中获得了稳定的政治、文化地位并持续扩大其权益，则确保了文言持久的统治权力。这不过从一个方面，阐释了古代社会中政治与文化综合一体这样的一种传统。

语言是一个民族最重要、真实的标志，一个统一的书面语系统，无疑是维系社会、政权、意识形态、价值观等一体化的文化基础，是文化认同的先决条件。文言，这一单一、稳定的书面语言系统，长达两千年始终作为中国读书人的主要语言工具，不管出生、成长于何地，不管说着哪里的方言，天下之士都采用同一种语言阅读、写作。同时，千百年以来，从唐代韩愈的“非三代两汉之书不敢观”，到明代前后七子的“文必秦汉”，实际上，其文学主张都隶属于同一个延续性极为明显的语言系统之内。在时间上持续、空间上具有维系能力的“文言”，乃是造就、体现中国社会政治、文化统一性和延续性的重要因素，这也是高本汉所谓文言之令人赞赏的“保守主义”：“历代以来，中国所以能保存政治上的统一，大部分也不

1 《文言和白话》，第 1 页。

2 《中国语与中国文》第三章：“文言是千余年来一种人工的制造品，虽然也有文体上种种的差异，可是在本质方面，历代以来总是大致的相同。”一经学会了这种文言文，人们就可以阅读、欣赏上下千年之久的作品。与之不同，“在别个国家里，文学上的语言依随口语而演化，经过了几百年，就演成了一种新式的文言。现今英国人，在他自己的文书里，通常很难读至三四百年以前的作品，至于最早时代的文书，他必须对于语言文辞上有特别的研究之后，才能了解。中国几千年的文学，对于中国人是公开的”。(《中国语与中国文》，第 45 页。)

得不归功于这种文言的统一势力。”[1]既然“文字在中国成为保持文化一体性和政治体制稳定的最有力的工具”[2]，那么自然地，掌握、操纵这一种书面语言系统的人，“中国的士人是体现文化统一性的决定性人物”[3]。

八、语言作为社会身份的表征

主要操于士人之手的文言，整体上与大众的口头语言拉开了距离。事实上，语言很早就已经被认为可以用作区分不同社会阶层的手段。“言，身之文也。”“言以足志，文以足言。”作为人内心外化的自然显现，语言被视作说话者德行、情志、性格、命运等内在世界和可能性的展示，由此，也曝露出说话者不同的教育水准和文化趣味。“此非君子之言，齐东野人之语也。”[4]“野，谓鄙俗。”[5]言语有乡野之民和士君子的分殊，两者之异趣，从《吕氏春秋》的一则故事中生动地体现出来。

> 孔子行道而息，马逸，食人之稼，野人取其马。子贡请往说之，毕辞，野人不听。有鄙人始事孔子者请往说之，因谓野人曰：“子不耕于东海，吾不耕于西海也，吾马何得不食子之禾？”其野人大说，相谓曰：“说亦皆如此其辩也，独如向之人？”解马而与之。[6]

《淮南子·人间》所载稍有不同，最后派马圉前往劝说并奏效。孔门四科中善于“言语”的子贡与乡野之民难以沟通，孔子对此发表意见：“夫以人之所不能听说人，譬以太牢享野兽，以九韶乐飞鸟也。”[7]乡野之人的语

1 《中国语与中国文》第三章，第 43、49—50 页。

2 ［德］雷德侯：《万物：中国艺术中的模件化和规模化生产》，张总等译，党晟校，生活·读书·新知三联书店，2012 年，第 35 页。著者强调，汉字真正的功能，即“确保中国文化和政治传统的连续性。这种令人敬畏的统一性在世界历史上是无与伦比的”。（《万物：中国艺术中的模件化和规模化生产》，第 35 页。）

3 ［德］马克斯·韦伯：《儒教与道教》，洪天富译，江苏人民出版社，1993 年，第 127 页。

4 《孟子正义·万章上》，第 634 页。

5 《四书章句集注·论语》，第 142 页。

6 《吕氏春秋集释·必己》，第 351—352 页。

7 何宁：《淮南子集释》，中华书局，1998 年，第 1293 页。何宁注曰：“盖马圉以世俗吉利之言相对语，故野人大喜。《论衡·自纪篇》谓‘马圉谐说而懿’是也。”

言方式和风格被认为浅陋粗鄙，普遍异于文化人的有学养，尤其是儒学之士所推崇的文质彬彬的君子风范。

粗陋鄙野与否的关键在于是否有“文”。《荀子·礼论》：“不敬文谓之野。”[1]《荀子·大略》：“其言有文焉”，杨倞注曰：“言有文，谓不鄙陋。”[2]《荀子·非相》：“故君子之于言无厌。鄙夫反是，好其实，不恤其文，是以终身不免埤污佣俗。”[3]与之类似或相关的说法，《荀子》中有许多。“多闻曰博，少闻曰浅；多见曰闲，少见曰陋。”[4]“彼众人者，愚而无说，陋而无度者也。”[5]随着“士”的扩大和活跃，其阶层意识和观念价值充分发育，在正面表述士阶层价值的同时，荀子对愚、野、鄙、卑、陋、浅、庸、俗等相关辞语的一再定义和指斥，显示出“士”的文化趣味和人生状态与社会普通民众的区别越来越清晰、明确。王充后来也曾对这则“孔子马逸”的故事发表过看法：“故鸿丽深懿之言，关于大而不通于小。不得已而强听，入胸者少。孔子失马于野，野人闭不与；子贡妙称而怒，马圄谐说而懿。”[6]“妙称”与“谐说”，以及围绕这一主题的“以雅言而说丘野”，“俗晓形露之言，勉以深鸿之文”，与荀子的立场基本一致，王充对雅与俗、文与野、深鸿与浅陋两不相能的一系列见解，表明两者分立的状态仍然十分明显。

为了宣传、游说各自的主张，战国诸子、策士调动了尽可能丰富的谈说论议手段，来源空前广泛的各种语言资源都进入他们的视野，原在民间的隐语、比喻、谐谑之辞、俚俗故事等大量侵入贵族宫廷和精英文化，反映出社会动荡、政治失序形势下文化播迁和上下阶层趣味的互渗。其中，使用譬喻，尤其是故事性的譬喻，是使说话内容明白易懂、生动吸引人的常见手法，“谈说之术，分别以喻之，譬称以明之”[7]，“夫譬喻也者，生于直告之不明，故假物之然否以彰之”[8]。其方法之有效，竟至产生了依赖性，“惠

---

1 杨倞注曰：“敬文，恭敬有文饰。野，野人，不知礼者也。”（《荀子集解·礼论》，第359页。）
2 《荀子集解·大略》，第511页。
3 《荀子集解·非相》，第84页。
4 《荀子集解·修身》，第24页。
5 《荀子集解·非相》，第81页。
6 《论衡校释·自纪》，第1193页。
7 《荀子集解·非相》，第86页。
8 彭铎：《潜夫论笺校正·释难》，中华书局，1985年，第326页。

子之言事也善譬，王使无譬，则不能言矣”[1]。在用譬上，与言语一样，也有了雅俗的分别。孔子后裔孔鲋谏陈王，陈涉曰：“先生所称，寡人昧昧焉，愿以人间近事喻之。”博士孔鲋虽然以为“流俗之事，臣所不忍也”，却还是以力能扛鼎之士不能使妻畏惮这样一则通俗故事来比喻[2]。所谓“以人间近事喻之”，与汉文帝的“卑之，毋甚高论”[3]相若，强调要尽可能采用浅近易解的日常事例，而非古远、深奥、令人费解之事，这显然与学养深厚的士人不相凑泊。因此，“合丛残小语，近取譬喻”的“小说家”[4]，虽在《汉志》中位列诸子，却因被视为“闾里小知者之所及”，属于“君子弗为”的“小道”，是十家中唯一被定性为“无可观者”[5]。

喻体的雅俗被认为可以显示说话者境界层次的高下，《晏子春秋·内篇杂下》有个非常有说明性的例子：

> 景公病疽，在背。高子、国子请公曰：“职当抚疡。”高子进而抚疡。公曰：“热乎？”曰：“热。”“热何如？”曰：“如火。”“其色何如？”曰：“如未熟李。”“大小何如？”曰：“如豆。”“堕者何如？”曰：“如屦辨。”二子者出，晏子请见。公曰：“寡人有病，不能胜衣冠以出见夫子。夫子其辱视寡人乎？”晏子入，呼宰人具盥，御者具巾，刷手温之，发席傅荐，跪请抚疡。公曰：“其热何如？”曰：“如日。”“其色何如？”曰：“如苍玉。”“大小何如？”曰：“如璧。”“其堕者何如？”曰：“如珪。”晏子出，公曰：“吾不见君子，不知野人之拙也。”[6]

如日、如苍玉、如璧、如珪，如火、如李、如豆、如屦辨，前后两组喻体以其与衣食日常的远近距离，反映了价值内涵的高低，体现着人的格调和品味的雅俗。在叙述者看来，村野之人囿于眼前的生活现实，难以摆脱平

1 《说苑校证·善说》，第 272 页。
2 《孔丛子校释·答问》，第 434 页。
3 《史记》卷一〇二《张释之传》，第 2751 页。
4 《新辑本桓谭新论·本造》，第 1 页。
5 《汉书》卷三十《艺文志》，第 1745—1746 页。
6 《晏子春秋校注》卷六，第 285—286 页。

庸卑陋；相反，士君子有相较广阔的文化视野和自觉的人生追求，显示出超越于生活日常之上的高远、雅正的精神风貌。

九、文言，精雅的书面语系统

“夫文由语也，或浅露分别，或深迂优雅。”[1]作为政治、学术文化语言，文言在不同领域的应用，会相应地呈现出不同的风格、面貌。其最为精雅的部分，主要还是体现在文章、诗赋等文学性作品当中。在以词汇、句法为主要表现的行文规范基础上[2]，文人借助于一套体系化的修辞美化手段和技巧，诸如排比、对句、骈偶、用典等，藻饰文采，在诗文中造就了审美效果，使文言进一步成为艺术化的书面语。从富有文饰这个层面上来说，文人文学的语言，不妨被看作文言中最富于修辞艺术、离实用最远的语言形式，也就是宇文所安所谓之“语言的完满的、最终的形式”[3]。

文学的特性总是建筑在语言文字的特性上。汉语单音节词多，又没有词形变化，文人可以利用词的单音节特点，在诗文中单复组合，进行句式的短长搭配。在口语中，为了确保意义清楚，往往不得不再增加一个音节，组成双音节词。因此，大量使用单音节词，就容易造成书面语中句子短小、精练的特点，句型以简短为主；而且词的用法灵活，便于在文章中长短相配、奇偶并列，构成词性词序相同的整齐句式，或者音节相等、意义对称的骈偶现象[4]。“不患寡而患不均，不患贫而患不安。”[5]“庸讵知吾所谓知之非不知邪？庸讵知吾所谓不知之非知邪？且吾尝试问乎女：民湿寝则腰疾偏死，鳅然乎哉？木处则惴慄恂惧，猨猴然乎哉？三者孰知正处？民食刍豢，麋鹿食荐，蝍蛆甘带，鸱鸦耆鼠，四者孰知正味？猨猵狙以为

1 《论衡校释·自纪》，第1196页。

2 秦朝官方已经注意到了行文的文野之别，里耶8-461木方在所攒集的一系列语词避忌中，有这么一条：“以此为野。”［《里耶秦简牍校释》（第1卷），第156页。］

3 《中国文论：英译与评论》，第24页。

4 郭绍虞《中国语言与文字之分歧在文学史上的演变现象》：“语言中所用的语词变为复音了，而文辞中所用的语词，可以不需要变更。这是语文分歧的一个原因……于是文人于此种语词，可以任意选择，使之单复相合，短长相配，而形成文字型的文学。汉代赋家的技巧实在即在这一方面。”［《照隅室古典文学论集》（上编），第493页。］

5 《论语集释·季氏》，第1137页。

雌，麋与鹿交，鳝与鱼游。毛嫱丽姬，人之所美也；鱼见之深入，鸟见之高飞，麋鹿见之决骤。四者孰知天下之正色哉？”[1]“临淄之途，车毂击，人肩摩，连衽成帷，举袂成幕，挥汗成雨；家敦而富，志高而扬。”[2]“有席卷天下，包举宇内，囊括四海之意，并吞八荒之心。”[3]这种文辞均衡对称，句式整齐而有节奏的修辞效果，是文人创制的艺术产物[4]。作为人为的艺术语言，书面文学的写作及阅读很容易与现实保持一种若即若离的关系。值得注意的是，这些常规的文言修辞手段所造成的语言效果，不单单在于审美，还具有实际的阅读功效：规律性的节奏停顿和句式变化，无异于天然的句读提示，尤其是在基本不使用标点符号的古代文本中[5]，便于读者把握句子的起止和顿挫。在缺少外部形态标志的情况下，排比、对句、骈偶等规则的节奏单位的使用，无疑有助于文章行文的明晰性。

在文学语言的发展过程中，赋是一个重要的环节。就汉代而言，赋这一文体体现了空前自觉的修辞意识和高度的修辞技巧，是形成书面语的修辞方式和美学效果的关键[6]。尤其是汉大赋，突出体现并利用了汉字的视觉特性，来造就不一般的书面阅读效果。兹节选司马相如《子虚赋》为例：

云梦者，方九百里，其中有山焉。其山则盘纡岪郁，隆崇嵂崒。

---

1 郭庆藩：《庄子集释·齐物论》，中华书局，1961 年，第 92—93 页。

2 《战国策注释·齐策一》，第 326 页。

3 贾谊《过秦论》，《文选》卷五一，第 707 页。

4 《史通·叙事》：“其为文也，大抵编字不只，捶句皆双，修短取均，奇偶相配。故应以一言蔽之者，辄足为二言；应以三句成文者，必分为四句。”（《史通通释》卷六，第 162 页。）

5 战国秦汉简牍文献中，发现有表示句子停顿、段落起讫等的标点符号。李学勤《简帛佚籍与学术史》：“简帛上的标点也值得研究。春秋末的侯马盟书（不属于简帛范围）、战国早期的随县擂鼓墩竹简等，已出现用小横线作为文句的标点。战国中晚期之间的长沙子弹库帛书残片，又用了钩形符号，即钩识。子弹库的那件完整帛书，还以黑色长方符号置于文末，表示一章的终结。”（《简帛佚籍与学术史》，第 7 页。）李均明、刘军《简牍文书学》：“句读符施于完整句子或过渡性句子末尾，其作用犹今之句号、逗号、分号或问号。……可见当时句读符的使用还没有形成完整严密的体系，大多只是在当时人认为容易误读处才使用。”（《简牍文书学》，第 63—64 页。）何琳仪《战国文字通论》（订补）：“随县竹简的发现，说明标点符号在战国早期已相当成熟。战国中晚期，简牍、缣帛文字中的标点符号使用得更加广泛。然而标点符号在秦汉以后没有受到应有的重视，尤其印刷术发明以后，标点符号遂销声匿迹。”［《战国文字通论》（订补），第 308 页。］

6 皇甫谧《三都赋序》：“引而申之，故文必极美；触类而长之，故辞必尽丽。然则美丽之文，赋之作也。”（《文选》卷四五，第 641 页。）

岑崟参差，日月蔽亏。交错纠纷，上干青云。罢池陂陀，下属江河。其土则丹青赭垩，雌黄白坿，锡碧金银。众色炫耀，照烂龙鳞。其石则赤玉玫瑰，琳瑉昆吾，瑊玏玄厉，碝石碔玞。其东则有蕙圃，衡兰芷若，芎䓖菖蒲，江蓠蘪芜，诸柘巴苴。其南则有平原广泽，登降陁靡，案衍坛曼。缘以大江，限以巫山。其高燥则生葴菥苞荔，薛莎青薠。其卑湿则生藏莨蒹葭，东蘠雕胡，莲藕觚卢，奄闾轩于。众物居之，不可胜图。其西则有涌泉清池，激水推移。外发芙蓉菱华，内隐钜石白沙。其中则有神龟蛟鼍，玳瑁鳖鼋。其北则有阴林，其树楩楠豫章，桂椒木兰，檗离朱杨，樝梨樗栗，橘柚芬芳。其上则有鹓雏孔鸾，腾远射干。其下则有白虎玄豹，蟃蜒貙犴。[1]

赋家极尽所能地调动异常丰富的词汇，选字用词讲究，文字不重复，以至好用生词僻字，显示了作者学识的广博和超高的文字水准。这种对语言非日常的使用，体现出文人对文字效果有意识的追求。

汉大赋的突出特征是铺陈，“于是使博辩之士，原本山川，极命草木，比物属事，离辞连类”[2]，以大量名词，将若干事物的名称、种类连缀起来；又使用大量描绘性语汇，穷形尽相地呈现事物的状貌。赋者，“必推类而言”[3]，在对巨大空间中的事物、景象及其状态全面而广泛的描绘中，司马相如在结构组织上有条不紊，其山其土其石，东南西北四至，物象以类相从，同类的事物排列、堆垛起来。“相如上林，繁类以成艳。”[4]盛大、华美的视觉感受，一方面固然源自赋中所传达的物质繁复、丰盛，另一方面则来自汉字形符类聚所造就的独特效果。可以说，这种阅读体验，很大程度上是赋家有意识运用形声字的结果。就汉字结构来说，“形旁一般是用来指示形声字字义的类别的”[5]，诉诸视觉的形符，其“最重要的区别作用是一望而可认识这个字所代表的事物，是属于甚么事类。譬如见山旁即知为

1 《文选》卷七，第 119—120 页。
2 枚乘《七发》，《文选》卷三四，第 480 页。
3 《汉书》卷八七下《扬雄传》，第 3575 页。
4 《文心雕龙注释·诠赋》，第 81 页。
5 《文字学概要》（修订本），第 153 页。

山，水旁即知为水”[1]。“多赋京苑，假借形声。”[2] 由于汉文字以形声为主要构造特点，与极力铺排事物之品类，将事物连类并举同时，汉字往往也以相同的形符为类，聚合成组，汇集排列在一起。需要指出的是，对形声字的关注和利用，乃是汉代赋家和文字学者共有的兴趣[3]，体现了时代文化的一些普遍特性[4]，甚至可以认为是汉代学者、思想家在认知、掌握世界时方便易行的分类框架和思维经验。

充分利用形声字形符特点的文字效果称作“联边”。“联边者，半字同文者也。状貌山川，古今咸用。”[5] 如鲁迅《汉文学史纲要》所述：“写山曰崚嶒嵯峨，状水曰汪洋澎湃，蔽芾葱茏，恍逢丰木，鳟鲂鳗鲤，如见多鱼。”[6] 赋中的联边字，也就是表示同类事物的相同形符偏旁的形声字，由于常常成组成串地连缀在一起使用，《文心雕龙》又称之为“鱼贯”：“触类而长，物貌难尽，故重沓舒状，于是嵯峨之类聚，葳蕤之群积矣。及长卿之徒，诡势瑰声，模山范水，字必鱼贯。”[7] 白川静论曰：“这种所谓‘鱼贯’的修辞手法，在用文字进行表现时，不是借助声音而是行诸字形，从而直接诉之于视觉。中国的诗文，向来不仅注重字的声义，亦有重视字面的倾向；而汉赋的特点，在于注重视觉方面的印象。司马相如能将汉字特

1 饶宗颐《汉字与诗学》，《饶宗颐史学论著选》，第 310 页。

2 《文心雕龙注释·练字》，第 420 页。

3 陈梦家考论汉代字书之“分别部居”的编纂体例，大略云：《急就篇》开章云“分别部居不杂厕”，乃指分部以事类为主，如《仓颉篇》以“色”“疾”“兽”分别为三简，《凡将》以“乐”“药”分别为二类。而“但凡同事类的，往往也同形类”，如《急就篇》“绛缇绁绸丝絮绵”等。不过这些字书“非完全以同形类者排列于一处”。《说文解字》则进一步以形类分为五百四十部，“凡属于同一部首的诸字必同属一个偏旁”，不啻此，“每部之中又以事类分为若干群”。总之，《说文解字后叙》所谓“方以类聚，物以群分”，“即指同形类者聚为一部，不同事类者分为数群”。详参《中国文字学》，第 221—223 页。

4 饶宗颐《汉字与诗学》：“汉代人所提出的造字法则有所谓‘六书’，非常重视‘类’的观念。”他据许慎《说文解字叙》中“依类象形”“比类合谊”“建类一首”的说法，又联系古代哲学的一些根据，如《周易·系辞》的“方以类聚”，《墨子》的“以类取，以类予”，总结说：“可见向来对‘类’的重视。……把这一通则用到造字上面，要使它各从其类。比方凡山水一类的字，都以山及水统一起来，作为形符，再以另一字记音作为声符。以形符定其义界，以声符定其语音，这样有规律地把宇宙的事物归入于某一物类。”（《饶宗颐史学论著选》，第 312—313 页。）

5 《文心雕龙注释·练字》，第 421 页。

6 《鲁迅全集》第 9 册，人民文学出版社，1981 年，第 344 页。

7 《文心雕龙注释·物色》，第 493 页。

有的形象视觉性发挥到这种表现效果，可以说是前所未闻。”[1]无论“联边”还是“鱼贯”，都充分发挥了汉字特有的视觉性：以形符来组合文字，既显示事物的类别属性和意义，又呈现文字由字形的一致所组成的特殊视觉体验，制造出一种繁盛感。这样的文字效果，在口头语言中既难以体现，也几乎无从体会。对汉字诉诸视觉的审美特性的利用，充分展现出汉大赋纯粹书面化的文学性质，这一切都十分有助于凸显赋这种文体的特点，并进而影响到人们对文学的总体认识。

在口头文学向书面文学转变，确立文言地位的过程中，汉赋作为一个重要阶段，恰好与赋家多有文字研究、字书编纂的经历相一致。《隋书·经籍志》著录有汉代著名赋家编撰的若干部字书：除扬雄《训纂》外，有司马相如《凡将篇》，班固《太甲篇》《在昔篇》，崔瑗《飞龙篇》，蔡邕《圣皇篇》《黄初篇》《吴章篇》，以及《女史篇》和《劝学》[2]。《汉书·艺文志》则曰：“汉兴，闾里书师合《苍颉》、《爰历》、《博学》三篇，断六十字以为一章，凡五十五章，并为《苍颉篇》。武帝时司马相如作《凡将篇》，无复字。……至元始中，征天下通小学者以百数，各令记字于庭中。扬雄取其有用者以作《训纂篇》，顺续《苍颉》，又易《苍颉》中重复之字，凡八十九章。臣复续扬雄作十三章，凡一百二章，无复字，六艺群书所载略备矣。”[3]按照《汉志》的说法，经司马相如、扬雄、班固等人的努力，将汉初承秦而来的《苍颉篇》原 55 章，每章 60 字，共计 3300 字，扩展至 102 章，共计 6120 字，并且其中没有重复的文字。如此大的字汇量，已经可以适应阅读古代经典的文字要求，据统计，十三经共用单字 6544 个[4]，所以班固、许慎一则曰“六艺群书所载略备矣”，一则曰“群书所载，略存之矣”[5]。换言之，学者文人们不断扩大字书的编纂规模，辨体识义，以为应用，尤其是自西汉末至东汉，诸书“都于名姓器物五官日常用字以外，加

1 ［日］白川静：《中国古代文学：从〈史记〉到陶渊明》，曹珺红、赵霞译，四川人民出版社，2018 年，第 73 页。

2 魏徵等《隋书》卷三二《经籍志一》，中华书局，1973 年，第 942 页。

3 《汉书》卷三十《艺文志》，第 1721 页。许慎《说文解字叙》：到扬雄《训纂》，“凡《仓颉》已下十四篇，凡五千三百四十字”，与《班志》说法相吻合。详见《说文解字注》十五卷上，第 760 页。

4 《文字学概要》（修订本），第 38 页。

5 《汉书》卷三十《艺文志》，第 1721 页；《说文解字叙》，《说文解字注》十五卷上，第 760 页。

以六艺群书所载的字”。如此一来，字书从日常通用文字学习之用，满足社会基本的读写需求，发展到为通读经书古籍提供了直接支持，“此时小学已由学童识字之学进而为士子读经之学了”[1]。

正是这种文字上的兴趣和专门学问，使得汉代赋家能够掌握包括生僻字在内的大量字词，并从植根于汉语言本身的原生特性出发，假借形声，驱遣文辞，施展文字技巧和修辞手段[2]。上述字书中或有供学童“字义训读”之用者，但在社会中已有现成的文字认读用书之外[3]，司马相如、班固、蔡邕等文人一再编撰、修订字书，就难以理解为满足社会一般的读写之用。自战国中晚期文字发生急剧革变以来，在字形演变并逐步趋向稳定的过程中，形声字大量涌现[4]，通假字使用广泛[5]，尤其是许多双声叠韵词尚未规范，有音、义但写法不确定。这类词汇以形容词、副词为主，大赋在描绘声色、刻画形貌时使用尤多，因为与音、义相应的书写形态不可能一下子固定下来，一词多形或者“一词用多字”[6]的情况十分普遍。《汉书》扬雄《甘泉赋》“蠖略蕤绥，漓虖幓缅”句下，王先谦《补注》引用《文选》李善注，以及《大人赋》《羽猎赋》《河东赋》的相关用词，考述音义合但字异的情况，“皆图写声貌，假借用之，无定字也”[7]。马积高指出：“特别是在赋

1 陈梦家《文字学甲编》，《中国文字学》，第 5 页。

2 郭绍虞《中国语言与文字之分歧在文学史上的演变现象》：“汉代赋家，如司马相如作《凡将》，扬雄作《训纂》，大抵都是兼通小学的。此种作用，即在能选择古语，以为辞藻音节之助而已。又当时赋家颇能利用双声叠韵的连语与累叠的重言，这即因于多识古文奇字，所以能使此种声音语都有比较固定的字形，而利用这种连语重言，或者使之重叠配合，或使与单音语词相互配合，这也是赋家助成辞藻音节的技巧。”[《照隅室古典文学论集》(上编)，第 493 页。] 又陈梦家论“汉世字书之兴与辞赋有关”，参见《中国文字学》，第 216 页。

3 魏建功《汉字形体变迁史》：“《三苍》为汉世惟一文字门径书，是以魏晋及唐讲习不衰也。”(魏建功：《汉字形体变迁史》，商务印书馆，2013 年，第 16 页。)

4 裘锡圭《文字学概要》(修订本)：“汉字形成完整的文字体系之后，新增加的字多数是通过加偏旁或改偏旁等途径从已有的字分化出来的。这些字绝大部分是形声字。”[《文字学概要》(修订本)，第 39 页。]

5 赵平安：“通假字的剧增大约在战国秦汉时期。战国楚简、帛书里就有不少通假字，到以后的秦汉简帛中，通假字的规模达到了登峰造极的地步。”[《隶变研究》(修订版)，第 144 页。] 李均明、刘军：“简牍文字中有许多音义相同而外形不同的字，由于简牍时代正处于字形演变的年代，仅从外形考察，则异体的范围很大，隶书如此，草书更甚。”“战国楚简、秦简及汉初简牍中假借字甚多”，“西汉中后期以后的简牍文书中，假借字虽不如汉初简牍多，但亦不少”。(《简牍文书学》，第 43—44、47 页。)

6 《文字学概要》(修订本)，第 245 页。

7 王先谦：《汉书补注》卷八七上，中华书局，1983 年，第 1490 页。

中，可以看到同一双声叠韵词有许多不同的写法，甚至在同一篇作品中出现：如‘戍削’（《子虚》）也写作‘邺削’（《上林》）；‘陁靡’（《子虚》）也写作‘猗靡’（《子虚》）、‘施靡’、‘丽靡’（《上林》）。至于义近而音形都不同的双声叠韵词就更多了。”[1] 康达维也注意到汉赋中许多双音节形容词有多种写法：“研究西汉时期的作品时，应该特别留意上述警示，因为对当时的辞赋家而言，许多新的联绵字并没有一个统一的写法。譬如，《史记》和《汉书》中所收录的司马相如的赋，就包含有不少对同一个词的不同写法[2]。……虽然这些变体很可能只是善意的抄写者的纠正所致[3]，然而，大部分变体的形成或许是因为这些文字的书写形式在司马相如时代尚未确定下来。”[4] “一词多形的现象，在汉魏六朝时代曾发展到很严重的地步。”[5] 在此局面下，赋家很可能试图借助于字书的编纂，订正文字、厘定写法，使许多原先不在正式文字语中的词汇，包括双声叠韵在内的一些口语新词，在被纳入书面语言系统、扩大文言语汇的同时，能借机将那些使用多个字形的词语统一，以尽量减少、消弭文学写作、阅读中的淆乱、变异。有必要强调的是，汉赋语言上的不确定性，以及文人的有关努力，恰恰说明与日常习用的生活语汇不同的文学语言，正处在趋向自成一体的

1 马积高：《赋史》，上海古籍出版社，1987 年，第 140 页。

2 可参看简宗梧就司马相如赋《子虚》《上林》在《汉书》《史记》《文选》中的异文所做的比对。异文以双声叠韵词为主，160 余条，其中《汉书》与《文选》用字相同，而与《史记》不同者，高达 94 条。[简宗梧：《汉赋源流与价值之商榷》，（台湾）文史哲出版社，1980 年，第 62—71 页。]

3 后人在传抄、刊刻书籍时往往改字，颜师古《汉书叙例》已经指出：“《汉书》旧文多有古字，解说之徒屡经迁易，后人习读，以意刊改。”他在《汉书·司马相如传》传首更开宗明义曰：“近代之读相如赋者多矣，皆改易文字，竞为音说，致失本真。”并表示“今依《班书》旧文为正”。（《汉书》卷五七上，第 2529 页。）如此一来，如裘锡圭所说：“《汉书》里被后人改成今字的字，要比《史记》少得多”。[《文字学概要》（修订本），第 258 页。] 前述简宗梧比对相如赋异文的一个结论是，与《史记》相比，“大多是汉书少了形旁”。（《汉赋源流与价值之商榷》，第 62—71 页。）这也可算是《汉书》文字“不失本真”，较多保留了当时面貌的一个例证。

4 [美] 康达维：《康达维自选集：汉代宫廷文学与文化之探微》，苏瑞隆译，上海译文出版社，2013 年，第 143 页。

5 《文字学概要》（修订本），第 250 页。

成长和整理过程中[1]。

征引古事成辞，是读书人说话、写作中习见的现象。汉昭帝盐铁会议上，贤良文学与御史大夫双方辩难激烈，往复争论中，他们都博征广引前代史事旧闻、经典文献，以加强自己言语的信服力。这种说话方式由来已久，如前所述，早在春秋战国，人们在言谈论议中，就频频穿插着出自前贤时哲和《诗》《书》古籍的“嘉言善语”；西汉初，邹阳的一篇《狱中上书自明》用事颇繁。盐铁会议规模较大，单是贤良文学一方就有六十多人，尽管彼此的观点、主张有明显差异，但双方论辩顺畅，交流无碍。很显然，这些与会者拥有基本共同的知识储备和思想观念背景，因而无须解释便可相互理解。虽然崇尚法术、功利的御史大夫等人对儒学的价值观颇不以为然，但他们在发言中常常引用《诗经》《论语》《孝经》，即使他们对其中的观念不能完全信从，却也至少显示了以经术为主体的主流社会教育渐次形成的知识覆盖力。在此基础上，所援引的旧辞、古事，论辩双方之所以能不约而同地保持理解方向的一致，乃是由于其中内含的道理、意蕴，已经获得普遍的认可，成为不言自明的社会共识。

刘勰论汉代文章转变曰：“自卿渊已前，多役才而不课学；雄向以后，颇引书以助文。”[2] 所谓“引书以助文”，其突出表现就是“据事以类义，援古以证今”[3]。与司马相如、王褒的写作不同，西汉后期以来，广引史事、博征故典，渐成风气。刘向、扬雄所代表的这种变化，是文人及其写作日趋同质化的一个显示。因为只有当写作者、阅读者具有基本一致的知识结构和文化水准，对故实旧闻成辞的理解方能拥有最大的共同基础。“德辅如毛，为仁由己。莫与并蜂，自求辛螫。祸福无门，惟人所召。天之所助者顺也，人之所尚者信也，履信思乎顺，又以尚贤，是以吉无不利也。亮哉

1 有学者基于“联绵词是带有强烈口语特色的单纯词”的定义，把大规模使用联绵词，作为汉大赋具有很强口诵特色的表征。但是正如该文所论，“联绵词的词义特征给赋家选字提供了广阔的空间”，“不少赋家喜欢在不改变读音的前提下根据描写对象的意义范畴选用某一形符的形声字来记录自己所用的联绵词”，这些说法实际上为汉大赋的书面化进展提供了证明。参见唐子恒：《汉大赋连绵词研究》，《山东大学学报》（人文社会科学版）2002 年第 1 期，第 26—31 页。

2 《文心雕龙注释 · 才略》，第 503 页。

3 《文心雕龙注释 · 事类》，第 411 页。

斯言！”[1]《潜夫论·慎微》结语的这一连串文句，密集地引用自《诗经》《论语》《左传》《易传》等若干典籍。以学力佐助才思，从经籍、史传中取用素材、提炼典故，文人在写作中极方便调动自己“博物洽闻，通达古今”的才学，展现出作者丰厚的学问修养，显示他们博闻强记的能力，同时使文章具有更典重的知识风范和雅正的趣味。为与自己相同的读者写作，在阅读中实现与群体成员经验的分享，正是因为这些与写作者具有类似古典人文学养的读者的存在，他们对于所引用的故事、人物熟悉，能够辨认出所摭引的短语、成辞的出处，因而也容易领会作者的暗示和难言之意，懂得作者表达的微妙内涵及潜在意义[2]。“明理引乎成辞，征义举乎人事。”[3]事类、成辞，这些所谓典故，是文人与其读者共享的语言文学中相较凝缩、隐晦的部分，其中体现出的知识共通和意蕴上的会意，无疑会使作者与读者产生一种感情、智力上的共鸣和特有的精神纽带。当然，这意味着具备书面阅读能力的人数已经足够多，多到形成了有规模的阅读者群体。

对于文人文学来说，使事用典具有特殊的修辞效果和功用。古事旧辞大多出自经典和其他人们耳熟能详的传世文献[4]，通常经过了时间的筛汰，并在传承中形成相对稳定的共同性认识。作为写作资源和表达手段，用典既体现了文人对传统的尊重，同时也是他们对传统的借助。经典无可置疑的性质，历史内在具有的权威性，以及在累世传承中积淀下来的丰厚内涵，在增加着文章分量和说服力的同时，还增加了文辞本身的多层次性、丰富性。与早先常常以示例形式比较详尽地加以援引，以叙述故事的方式，甚至现成地移录原文不同，随着文献的广泛传习和文学的发展，对史事旧闻的使用越来越凝练、简括。东汉以来，文人们往往综采事类，通过

1 《潜夫论笺校正》，第 150 页。

2 启功谈到典故的性质：“把一件复杂的故事，或一项详细的理论，举出来说明问题时，不可能从头至尾重述一遍；况且所举的，必是彼此共晓的故事或理论，只须选取一个侧面、一个特点，或给它概括地命个名称。凡能成为对方了解的信号，唤起对方联想的，都可采用。所以无论剪裁、压缩、简化、命名，任何办法，都是要把那件事物，作为一个小集成电路，放在对方的脑子中去。”（启功:《汉语现象论丛》，中华书局，1997 年，第 97 页。）

3 《文心雕龙注释 · 事类》，第 411 页。

4 王充曾对向久远的历史传统寻找表达素材和支持的做法加以质疑：“辨士则谈其久者，文人则著其远者。……比喻之证，上则求虞、夏，下则索殷、周，秦、汉之际，功奇行殊，犹以为后，又况当今在百代下，言事者目亲见之乎？”（《论衡校释 · 齐世》，第 809—810 页。）

高度的语言提炼，浓缩式地将典故化入文章行文，融合为自己作品的有机部分。这种写作努力，意在保持篇幅精简、行文凝练的同时，又能突破语言本身的有限性，赋予文字一种层叠式的意义积累和字面之外的延展性，在时间的前后映照中，增加文本的文化联想和意义浓度，文约义丰。与结构紧密、形式和意涵固定的成语不同，典故的语言形式是可变的，有多个方向、角度可引发意义理解和联想。如此一来，基于一定人群之内的知识文化背景的公约值之上，用典又有了相对的灵活性和不确定性。总的说来，使事用典，体现了文人对文学和书面语言中文化积淀的偏好。

文人所使用的这一套文学语言系统，具有一系列修辞艺术和技巧，并且重视传统和历史文化意蕴，体现了文人的学术素养和审美意趣，可算作文言的极致。它须得花费时间、精力，经过多年的习练方能掌握，如此，就更拉开了与日常口语之间的距离。这一语言系统非同一般的稳定性，意味着它在与外部语言的交流中，具有相当程度的封闭性。不过文言不是前代语言经验自动堆积而成的，从文学内部来说，文体和创作实绩对这一书面语始终具有加工、塑造之功。换言之，随着文体创制的丰富，文学表达技巧的发展，经过文人的不断尝试，“文言”这一语言系统也将在不断积累中获得更新。

第三章 “文人”的复合性

在中国传统的社会文化中，“文人”是一个看起来意思明了但其实界限模糊的概念，其指称范围相当难以确定。大致说来，“文人”这个概念具有宽狭两种含义：有读写能力和一定程度古典人文知识的受教育者，即泛指有文化者；以诗文为主的、善于有技巧地运用修饰性文字的写作者。

“文人”宽、狭不同的两个含义相互贯通、纠缠着，这增加了厘清的难度，却也使得其在互文中，丰厚了彼此的内容。两者都与“士”这个社会政治——文化阶层密切相关。狭义的“文人”，即艺术性的写作者，逐渐从“士”阶层内部自然分化出来，被视作一个人物类别，但仍内在地隶属于这个阶层。随着“士”在汉代被体制化和国家行政的逐步“士大夫”化，文人也获得了多元的、复合性的社会身份和角色，并始终体现着这个阶层价值的综合性，即道德、事功、学术文化的三位一体。

一、文人是士阶层中分化出的一个人物集群

“士”这个社会政治、文化阶层曾经包罗庞杂，战国文献中，以“士”为词素组成的人物称谓、名词众多。这一方面说明士阶层的社会活跃，也表明其内部成分的复杂和多样化，为了有所区分，往往根据品格、才能、地位、职事等种种标准，对士人加以分类。

在经过长足发展之后，“士”的阶层共性获得了集约式的加强。由于教育内容与科目顺序、社会意识形态及价值观念、人生出路和入仕途径等，士人生活中这些重要的方面在汉代都越来越趋于统一，使得这个“无组织的组织”具有了更多的同质性。与此同时，随着其成熟、扩大，以及参与社会生活的广泛，这个阶层内部也在不断发生着裂变和自然分化，先

后产生出了不同的类型和群体。王充为了辩驳识别贤能之士的社会流行标准，曾在《论衡·定贤》中，胪列了二十种人物类型，都是在当时被朝廷选用，或者获得了程度不等的社会声誉的士人集群，涉及功业、德行、文化教育与创造等人生几大方面。“仕宦得高官身富贵”“居职有成功见效”“孝于父、弟于兄”“避世离俗，清身洁行”“经明带徒聚众”等等[1]，凡此被王充选立为样板对象的，无疑是社会中比较稳定的群体，至少在东汉初期具有一定典型的社会人群说明性和类别意义。借此，我们可以清晰地看到当时士阶层内部一些得到社会充分肯定的人物类型。

从士人写作的角度来观察，其中首先值得注意的是“敏于赋颂”一类。《论衡·定贤》：“以敏于赋颂，为弘丽之文为贤乎？则夫司马长卿、杨子云是也。文丽而务巨，言眇而趋深，然而不能处定是非，辩然否之实。虽文如锦绣，深如河、汉，民不觉知是非之分，无益于弥为崇实之化。”[2]这表明，辞赋家以其作品的特质，再加上由之而来的社会声誉，已经被分立为一个人物类别。具体地说，以司马相如、扬雄为代表的善于写作辞赋等美文、丽文的“文人”，尽管不乏社会评价上的异议，依然通过其作品的特性获得了明显的社会认可，同时也具有了人物的类别辨识度。

除了以赋颂名世的文人，还有两类人物需要留意，“通览古今，秘隐传记无所不记”者，“敏于笔，文墨两（雨）集”者[3]。他们分别是博览多识、典掌官府图书文献的学士儒者，如司马迁、刘向；从事官曹文书，特别是司法文书写作的文吏，如张汤。这三类人无疑都属于汉代中上层社会中书面读写能力最强的群体。王充一向以章奏、史传、论说、赋颂等来定义文章概念，因此，他的这一人物类型划分，实际上就在其宽泛的文章范畴之内做了区分：他不仅充分认识到以司马相如、扬雄为代表的赋颂作者的独特性，而且，也清晰地意识到了文字写作在史传学术、行政文书、诗赋文学这些领域中的不同运用和体现，从而将“敏于赋颂，为弘丽之文”“文丽而务巨，言眇而趋深”的文人，与士阶层中的其他群体加以分别。

与王充差不多同时的班固，在《汉书·公孙弘卜式倪宽传赞》总括汉

---

1 《论衡校释·定贤》，第1103—1118页。

2 《论衡校释·定贤》，第1117页。

3 《论衡校释·定贤》，第1115、1116页。

武帝朝廷名臣辈出，也分类枚举了若干种人才类型，儒雅、笃行、推贤、定令、历数、运筹等之外，“文章则司马迁、相如”；而宣帝一朝，在“儒术”“将相”“治民”等类列中，称赞“刘向、王褒以文章显”[1]。综之，文章之士与以经术、德行、法令、治民等闻名者一起，被视作朝廷人才济济、政治昌明的表征。

王充、班固的分类叙述表明，以司马相如、司马迁、刘向、王褒、扬雄为代表的善于写作辞赋文章之士，虽然还没有固定地被冠以“文人”这一统称，但是作为获得社会名声的一个人物类别或人生成就形态，东汉初期，显然已经在社会上获得了实质性的认可，甚至在政权的人才评价系统内也有了一席之地。其文章才能和作品特性以其内在的共通性质，将他们综合成了同一种人物类型，因此不仅有必要，而且也足以与那些在儒术、法令、行政管理等方面有专门才干的其他士人类别区分开来。

二、文人与士人、士大夫的界限并不分明

“文人”来自于“士”，“文人”在汉代先是逐渐指向了士阶层中那些显现出书面写作能力的人，后来更偏重于指称艺术性地使用文字的写作者。尽管可以认为“文人”在“士”阶层中正逐渐别为一类，但对于大多数名声有限的文人来说，作为善于写作文章之士，事实上，他们在这个阶层中缺乏可直接辨识的外部特征和衡量标准，因为诗文写作既非一种职业或营生，也不经专门的技艺培训，而且，写作水平没有一个可准确量度的指标。更何况，写作越来越成为士人的基本能力之一，史传中常常有传主动笔成文、上书奏记的叙述。因此，不难理解，“文人”有时候会被宽泛到指称一般知书能文的人，即具有书面读写能力的人。由于中国古代的读书人，尤其是接受了古典人文教育的知识者，几乎集中于士阶层，所以在此意义上，“文人”就不免与“士人”大致相当。

士阶层自春秋战国之际崛起于世，其中的活跃分子虽以才干、学养见长，但整体来说，受教育情况、知识背景等，彼此差异很大。汉代以来，

---

1 《汉书》卷五八《公孙弘卜式倪宽传》，第 2634 页。

随着社会意识形态和官吏选举标准日益经术化，社会中主流的知识、教育内容逐渐集中于以儒家经典为代表的古代典籍，在政权的推动，各级教育机构的响应下，士人修习经术的热情受到鼓励，官僚队伍逐步变得儒术化、学者化。官吏文化素质提高的同时，政权对参政者的读写水平也有了更高的要求。早在汉文帝十五年举贤良文学士，皇帝亲自策诏，要求他们就国家政治的若干方面直陈时弊："悉陈其志，毋有所隐。上以荐先帝之宗庙，下以兴愚民之休利，著之于篇，朕亲览焉，观大夫所以佐朕，至与不至。书之，周之密之，重之闭之。"[1]在政治见解之外，百余位对策者自然还需要表现出相应的良好写作能力。而这将成为后来类似政治参选中不言而喻的必备条件。不过，文章写作并不是一开始就成为官员必备的能力，汉初，高祖与众功臣的质朴少文固不待言，汉文帝即位，依然是"将相皆旧功臣，少文多质"[2]。即使到了东汉，仍有为官者因为不能写或写不好奏章而假手他人。所以王充才会在《论衡》中就奏记文书的一些低水平现象予以责难："书五行之牍，书十奏之记，其才劣者，笔墨之力尤难，况乃连句结章，篇至十百哉！"[3]"疏一椟，相遣（遗）以书，书十数札，奏记长吏，文成可观，读之满意，百不能一。"[4]

随着教育的普及、士文化的丰富、社会风习的潜移默化，汉魏以后，文章写作逐渐成为广大士子普遍接受的基本学业训练，甚至还成为他们求仕选官的重要科目，士大夫上疏奏事，文辞典美成了重要的评价标准。官府朝堂的文章外，一般的诗文也越来越广泛地演化为士人社会交往最当行本色的工具，用来诗酒唱和、赠答探问、记游怀人、序跋题辞等等。总之，诗文写作既是他们从启蒙阶段就开始的必修课程、基本教育训练，也是他们一生中社会活动和自我表达的常规方式与手段。士人在其公、私活动中，越来越要仰仗或诉诸他们的书面写作能力，从这一角度来说，"士"这个阶层后来越来越文人化了。由于"为文"成了士人的一项基本能力，并为他们所普遍认可，因此，比起其他的所为，成为"文人"，差不多就

1 《汉书》卷四九《晁错传》，第 2290 页。
2 《汉书》卷二三《刑法志》，第 1097 页。
3 《论衡校释·效力》，第 583 页。
4 《论衡校释·佚文》，第 863 页。

成了士或士大夫在入仕从政之外、之余，最便于，也乐于接受的才能选择和组合。说到底，士大夫与文人之互为表里，不仅表现为他们抒情言志的个体性诗文写作增多，并以此博取名声，还表现在官吏的政治性写作也越来越重视显示其文才。

另外，文人不仅不以写诗作赋为专门性职事，作为士阶层中的能文者，他们积极参与政治，为官居位，写作不仅不是他们唯一从事的，甚至都不一定是他们主要从事的活动。从现代学科、职业的分类出发，对于一些士大夫进行人物类型或社会身份上的确认，往往是相当缠结的事情，其具体结果可能差异明显，取决于观察者的角度、立场和兴趣。

《史记》《汉书》俱为贾谊立传。前者以贾谊见疏于文帝、离京远去长沙国途中的《吊屈原赋》为传记主体；后者在《吊屈原赋》《鹏鸟赋》之后，又以更大的篇幅载录了《陈政事疏》这类就时政问题而上的奏疏。同一个人物，两位史家以其各自的理解和偏好，选材、记载偏重不同，从而影响了其形象的塑造。读者有时候愿意把贾谊看作汉文帝的近臣、富有远见地论议政事的太中大夫，有时又倾心于那个在辞赋文章中抒发激越情怀、敏锐感伤的才子文人。不同的社会角色，各有相应的条件和能力要求，贾谊的这些不同侧面，乃是他在分别作为辞赋家和国家官员时，才情、学养、见识等方面，顺乎其然的体现。相对来说，班固对贾谊的记叙要更全面一些。在《汉书·贾谊传》中，一方面叙述了传主对屈原"追伤之，因以自谕"而作《吊屈原赋》，"谊自伤悼，以为寿不得长，乃为赋以自广"而有《鹏鸟赋》；另一方面又写他"数上疏陈政事，多所欲匡建"。不过文学、政事两方面的篇幅相当不平衡，班固显然更加重视贾谊在时政方面的见解，传末"赞"曰："凡所著述五十八篇，掇其切于世事者著于传云。"[1]有关内容的大篇幅引录，无疑强化了贾谊作为政治人物形象的分量和优先性。

文帝任用贾谊，景帝以司马相如为郎，又在枚乘两次上书吴王刘濞、劝阻其谋反之后，召拜他为弘农都尉[2]。对于不好辞赋的景帝来说，他的任用一定不是出于对相如、枚乘辞赋才能的欣赏和利用。换言之，这些被后

1 《汉书》卷四八《贾谊传》，第 2265 页。
2 《汉书》卷五一《枚乘传》，第 2365 页。

世主要视作“文人”的人物身上的多侧面，使得他们在当时可以以其他才能立身行世。就贾谊而论，既是善于属文的赋家，又是朝廷大夫、诸侯王太傅，这两类身份不断相互转换；虽然对他本人来说，写作辞赋、陈政议事，都不过是因乎时地、发乎至诚、顺乎学养和性情的自然所为，并不存在身份分辨、确认的问题。综之，文人与士人、士大夫，他们在社会政治和文化创造上同时并存的综合性的素养、复合性的角色，使得两者所谓的“身份”界限时常只是相对的，不容易判然析分。

三、士阶层价值的综合性

文人作为一个独特的集群从士阶层内部显化、分立出来，越来越鲜明地表现出自身的特点；士阶层整体上趋向文人化，文章写作能力越来越普及，这两个看起来相反的方向，是辩证地相互作用着的。实际上，即使文人自成一类之后，它也仍然隶属于士阶层当中，在精神原则、价值理想、人生出路、阶层品性上，依然同一于士。说到底，“文人”不仅是由“士”这一母体中孕育而生，而且基本不能自外于士阶层而另立价值准则和人生方向，士的一般阶层特质和属性，始终笼罩、制约着文人。

春秋战国之际，“士”兴起于社会并逐渐发展起特有的人生追求，树立起自觉、明确的阶层原则和价值。《论语·里仁》：“士志于道。”[1]这正是孔子为之拟定的精神总则，“道”既是世界最高的存在和存在法则，这一概念就成为士阶层价值理想的集中体现，为士的文化缔造了一个富于涵摄力的总纲，“朝闻道，夕死可矣”[2]。在“道”的总则之下，这个阶层进而确立了以道德、知识为人格培养基础，以济世救民、平治天下为社会责任和现实目标的价值组合。《论语·述而》：

> 志于道，据于德，依于仁，游于艺。[3]

1 《论语集释·里仁》，第 246 页。
2 《论语集释·里仁》，第 244 页。
3 《论语集释·述而》，第 443 页。

专注的精神境界、崇高的道德品格、拯世济众、博学多文，组成了对完整的士君子人格理想的基本表述。这无疑是一种综合性的人生追求，这些多方面的修养和能力被希望同时并存于一人之身。“君子疾没世而名不称焉。”[1] 在孔子看来，道德、政治、文化是足可令士人自我实现的人生活动，由此而来的不朽的名声，是值得矢志以求的人生目标。

这种综合性的人生价值可以更简明地概括为“三不朽”。还在孔子之前，鲁国大夫叔孙穆子曾对人生价值如是表述：“‘大上有立德，其次有立功，其次有立言。’虽久不废，此之谓不朽。”[2] 德、功、言的价值组合并不仅见[3]。虽然立德、立功、立言在《左传》原文中看起来更像是彼此分立的人生成就，但当这一“三不朽”作为对人生价值简括的概述，从掌握邦国采邑的贵族那里，接驳到以儒家学说为代表的社会价值体系时，便与孔子所主张的综合性的人生理想直接对接。道德垂范、事功政绩、著书立说，这三种能带来不朽名声的自我实现方式，既是士人各自优长在世间的某种突出表现，同时也作为组合，构成三位一体的价值内核。这奠定了“士”在人生理想及追求上长期以来的基本格局，概而言之，即在对以“道”为象征的崇高精神境界的追求中，建立、实践完善的道德人格；关怀并积极参与社会政治，进而实现其责无旁贷的政教使命和社会理想；同时还要博学多文，也就是具有深厚的经典学问和人文艺术素养。这一切合在一起，方始构成彬彬君子的完整形象。

春秋战国以来，士阶层以道德品行的自觉砥砺为标榜，依靠其才智、学识，在社会政治的参与、人伦日用风气的引导、思想学说的建树、知识的传授等领域，显示出非同一般的能量和活力。既然其价值主张是综合性的，他们的努力方向和成就也相应地是多领域的。事实上，以“志于道”为价值总则的士阶层，从一开始，就不把自己定位在某一专门范围，不以成为专业技术性人才为目的。《论语·为政》：“君子不器。”正如后代学者

1 《论语集释·卫灵公》，第 1102 页。

2 《春秋左传注·襄公二十四年》（修订本），第 1199 页。

3 《礼记·文王世子》：“凡语于郊者，必取贤敛才焉：或以德进，或以事举，或以言扬。”此谓乡大夫在乡学中考论士子，选拔贤才，孙希旦《集解》曰：“人才各有所长，随其所能而用之。事举者非必无德，而事为优；言扬者非必不任事，而言为长。”（《礼记集解》卷二十，第 561 页。）

所阐释："器者，各适其用而不能相通。成德之士，体无不具，故用无不周，非特为一才一艺而已。"[1]"器者，以一能成名之谓。"[2]无论是文行忠信的"四教"，还是德行、言语、政事、文学的"四科"，孔子都把造就文质兼备的成人、君子作为其教育理想。士人既以"志于道"为宗旨，就不应自我局限于某一专业技能和具体事务，而是要致力于对世界尽可能广大的认知，努力于社会改善、政治治理这些更宏大、更重要的目标。

这些价值之间并不是相等的，《左传》"三不朽"的立德、立功、立言有高低、主次之别，《论语》中也有先后、轻重、本末的区分。"有德者必有言，有言者不必有德。"[3]"行有余力，则以学文。"[4]都强调语言文字活动，乃是在修身立德、参政治民这些体之于行的人生重要行为之后、之余的事情。或者说，在士阶层的价值综合体中，立言、学文、游艺，乃是必须上通于德行和功业，因而有赖于、附缀于后者的活动。要之，对于中国古代士人的价值选择而言，"立德"是"立功""立言"的基础；而"立功"与"立言"相比较，又是具有优先性的目标。"士"阶层的这种价值格局无疑深刻地影响了中国古代文学和文人的面貌。当那些能文之士选择进行写作的时候，人格修养、对社会政治强烈的关怀和责任担当意识、学问与文章，这种价值的综合性和层次性不能不对他们产生巨大的牵制。这不仅是指中国古代文学长期以来一直以事关道德风化、政教建设为其目标预设和公开标准，文人们不断在作品中寓托治平之念；而且，士阶层中那些有文学爱好，并且又擅长文字表达的成员，他们往往把直接参与社会政治作为无可争议的、首选的人生活动，他们对以写作为代表的文化创造的选择，相对说来是有条件的。换言之，写作被当作人生最后的出路，社会政治参与的失败，治平理想的失落，往往成为他们安于写作的必要前提。这不仅是在理论上，亦是为历史现实所证明了的。

1 《论语集注·为政》，《四书章句集注》，第 57 页。

2 《论语集释·为政》引李光地《论语札记》，《论语集释》，第 97 页。

3 《论语集释·宪问》，第 951 页。

4 《论语集释·学而》，第 27 页。

四、士大夫社会身份的复合性

汉代，随着专制主义中央集权的大一统国家政治制度的建设，以经明行修、尚文修德为入仕基本资格的选举制度得以推行：按照一定的标准，经过必要的环节、程序，通过由基层而中央、层层负责的选拔举荐系统，士人得以在国家官吏的选荐体制内合法地循序升进。以经术为主要学习内容的读书习文之士，遂成为国家官吏越来越主要的候选者，以用世为社会现实诉求的士人，顺乎其然地被纳入了向政权求取晋身的仕进轨道。

随着“士”被有效地组织进国家行政管理系统，与国家政治体制结合，以经术、德行的标准选举为官，“士”逐渐演变为“士大夫”，从而确立了后者在社会身份上政治、文化兼综的特性[1]。具体来说，他首先要是一个有德者，至少是一个道德觉悟的自觉者；其次，当他入仕为官，他很可能负责实际的政务或者视事治民，有时还会成为道德政教的推行者；再次，他必须要具备充分的学识和古典人文素养，在入仕之前和为官期间，他甚至还教授生徒[2]，如果能精通某一学问或者善于写作，就更能给他增加声誉。这当然意味着“士”的价值体系基本为政权所肯定、接纳，其结果便是，“士”阶层价值的综合性进一步为国家制度所强化，道德、事功与学术文章，这些春秋战国时代人们目标中的不朽价值，成为现实中的三位一体。

在社会政治结构及晋身渠道、选用标准的作用下，“士”阶层逐步获得了稳定的政治、文化地位并得以持续扩大其利益，读书习文之士有资格成为国家官吏，并得到政治制度的长期保障。由此，重视道德修身、以读写为基本教育训练的士人，与主要负责行政管理的国家官吏的身份，得以

1 阎步克《士大夫政治演生史稿》第一章第一节“关于士大夫的‘二重角色’”，讨论了“士大夫”担负着政事与文化、文人与官僚结合的“一身二任”。（阎步克：《士大夫政治演生史稿》，北京大学出版社，1996 年。）不过其中所使用的“文人”概念，显然是广义上的。

2 如孔子十四世孙孔光，经学尤明，以博士高第为尚书，“居公辅位前后十七年。自为尚书，止不教授，后为卿，时会门下大生讲问疑难，举大义云”。（《汉书》卷八一《孔光传》，第 3364 页。）

稳定地叠合在一起，依据这三者来立身行世的士或者士大夫，因而建立起复合型的社会身份和角色。作为一种具有综合性素质的人物，中国的士大夫在具有普遍的人文性优越的同时，又极具意识形态色彩，他们兼具了官吏和学者、文人的身份，国家行政官员、知识和道德的教育者、文化的创造者和传播者，这些角色不仅分别，而且往往同时在他们身上存在着。在后来的社会政治和文化建设中，士大夫以其学士文人与国家官吏或候补官吏兼而有之的复合身份，加强了思想、道德、学术、文学与政治权力综合一体的中国古代文化观念和社会机制。

士大夫社会身份的这种复合性，从根本上说来，乃是基于士阶层本身价值的综合性。士大夫群中当然存在着不同的偏好和侧重，在具体的社会现实中，他们会在那种综合的基础上，强化各自不同的人生方面。既是由"士"这一母体中孕育而生，文人与士便天然具有相关性，"士""士大夫"价值的综合性与层次性、身份的复合性，当然也就不能不传导至"文人"，并造就文人价值追求以及社会身份的非单一性，即写作者与入仕为官者或准备入仕为官者的合一。这种特性从而深刻地影响、决定着古代文人的存在面貌和活动方式，影响、决定着中国文学的性质、特点和功用。

五、仕士政能上的融通

汉代政治制度下的国家官吏，既不同于孔子师徒的坐而论道，也非战国之士津津乐道的为君之师友，他们基本上将在从内廷到外朝、从中央到地方的各级政府机构中，负责所有的政务。"士守其职，大夫理其位，公卿总要执凡而已。"[1]除了极少数职高位尊的显宦，士大夫要管理具体政务，因此，他们首先须得证明自己具有真正的行政实才，王骏，"成帝欲大用之，出骏为京兆尹，试以政事"[2]。大多数仕士作为三公九卿、郡县守令等行政首长的掾史属吏，从事各种日常职事的办理。其中，具有文书、司法工作实际经验和行政才干的文吏，以经术知识和学术造诣而选任入职的儒生，两者具有较高的读写能力，"俱有材能，并用笔墨"，"皆为掾吏（史），

1 《盐铁论校注·刺复》（定本），第 131 页。
2 《汉书》卷七二《王吉传》，第 3066—3067 页。

并典一曹”[1]，他们是汉代办理具体政务，尤其是从事文书行政事务的主要吏员。

王充在《论衡》中以大量的篇幅将“文吏”与“儒生”对举，显示这两类人物在当时的社会政治生活中具有对立而又相关的重要角色意义。两者的不同很明显：“文吏以理事为力，而儒生以学问为力。”“治书定簿，佐史之力也；论道议政，贤儒之力也。”[2]“文吏理烦，身役于职，职判功立，将尊其能。儒生栗栗，不能当剧，将有烦疑，不能效力。”“夫文吏能破坚理烦，不能守身，身则亦不能辅将。儒生不习于职，长于匡救；将相倾侧，谏难不惧。……文吏以事胜，以忠负；儒生以节优，以职劣。二者长短，各有所宜；世之将相，各有所取。取儒生者，必轨德立化者也；取文吏者，必优事理乱者也。”[3]如果我们尽可能不为王充本人的价值判断和现实诉求所左右，再参之以其他汉代人的叙述[4]，则大致说来，儒士崇道尚德，陈义高远，具有政治批评的勇气、时事论议的思想高度，以及知古今的广博学识，言事论议、顾问应对是其自来的从政门径，他们擅长以对君主、长官进行谏议规劝的方式参知政事，但大多缺少从事政务的实际才干和经验；文吏或许缺乏深厚的古典学问和较高的道德理想，但他们办事能力强，注重实效，熟悉文法律令，精通官方文书，善于处理纷繁复杂的日常政务，可谓政府行政管理的专门技术人才。

要在国家制度化行政管理中，成为官署职能部门中能够胜任的职吏，首先得熟悉相关的文法律令、行政规程，有撰写、办理文书的专门知识。如前所述，汉简吏员名籍中有不少“能书会计治官民颇知律令”的记录，虽然这种对官吏功劳业绩、个人才能的一般评估，很可能只是“言指某官吏履职无碍、可堪其任的固定辞令”[5]，但未尝不提示，计算和统计钱粮、田

1 《论衡校释·量知》，第 546 页。

2 《论衡校释·效力》，第 569、588 页。

3 《论衡校释·程材》，第 534、534—535 页。

4 此前从政治参与的经验和能力方面，对儒生进行集中批评的，当系汉昭帝时期的盐铁会议。会上，大夫一再讥讽以贤良文学之士为代表的儒生陈义高阔却不知政治实行：“诸生议不干天则入渊，乃欲以闾里之治，而况国家之大事，亦不几矣！”[《盐铁论校注·忧边》（定本），第 162 页。]“文学能言而不能行，居下而讪上，处贫而非富，大言而不从，高厉而行卑，诽誉訾议，以要名采誉于当世。”[《盐铁论校注·地广》（定本），第 209 页。]

5 《文书行政的汉帝国》，第 99 页。

地、户口等，编制各种簿籍，具有司法律令知识，这一应能力乃是对基层官吏政治素质的基本要求。汉代“以文书御天下”，“汉所以能制九州者，文书之力也”[1]。各级政府机构文书的撰制、收发、抄写、奏报、流转、封检、登录、保存等，是掾史佐吏日常的行政工作。社会生活的复杂化，导致各级政务日益繁多，文书的内容也相当庞杂、琐细，涉及户籍赋税、钱粮盐铁等民政、财政，以及盗贼、狱讼、教育、祭祀、工程之类广泛的社会生活，单是吏治方面，就区分为考课铨选、升黜赏罚、督察计核、俸禄给付等若干事项。官署诸曹分科办事的部门各有章程、规定，“五曹自有条品，簿书自有故事”[2]，官方文书的制作和运行，也自有相应的格式、规章或旧例须遵循。

除了行政技术，官场中还有一整套的政治生态、规则和潜规则，比如要谙熟种种忌讳和惯例，了解官场礼仪和办事诀窍，懂得如何应对各级官员、如何妥当地奏记言事。这些为官知识当然要花费时间、精力才能掌握，“夫文吏之学，学治文书也”[3]，“文吏自谓知官事，晓簿书”[4]。《后汉书·黄琼传》：“初，琼随父在台阁，习见故事。及后居职，达练官曹，争议朝堂，莫能抗夺。”[5]相反，由于对行政技术和官场实况缺乏充分了解，儒生即使进入官署职能部门，要全面通晓现实的政治规则，职事无误，也并非易事。《汉书·霍光传》：“诸儒生多窭人子，远客饥寒，喜妄说狂言，不避忌讳，大将军常雠之。”[6]盐铁会议上，大夫指责儒生曰：“夫禄不过秉握者，不足以言治，家不满檐石者，不足以计事。儒皆贫羸，衣冠不完，安知国家之政，县官之事乎？”[7]贤良、文学承认他们对权力上层缺乏了解：“鄙人固陋，希涉大庭，狂言多不称，以逆执事。”[8]儒生“不避忌讳”的“妄说狂言”，一方面固然出于读圣贤书而来的以道自认；但另一方面，也很可能是由于儒生，尤其是早期儒生大多出身贫寒，远离政治中心和权势

1 《论衡校释·别通》，第591页。
2 《论衡校释·程材》，第541页。
3 《论衡校释·量知》，第552页。
4 《论衡校释·谢短》，第567页。
5 《后汉书》卷六一《黄琼传》，第2033页。
6 《汉书》卷六八《霍光传》，第2954页。
7 《盐铁论校注·地广》（定本），第209页。
8 《盐铁论校注·国疾》（定本），第333页。

机构，不了解官场运作规程的结果。成帝时，朱博为琅邪太守，“门下掾赣遂耆老大儒，教授数百人，拜起舒迟。博出教主簿：‘赣老生不习吏礼，主簿且教拜起，闲习乃止。’”[1]东汉初，儒者张玄明经入仕，“玄初为县丞，尝以职事对府，不知官曹处，吏白门下责之”[2]。张酺不愿为东郡太守，上疏章帝辞曰：“臣愚以经术给事左右，少不更职，不晓文法。”[3]“不习吏礼”“不知官曹处”“不晓文法”，对儒生在仕事中所可能遭遇的这种种不适应，王充有过详细描述[4]，如此之缺乏实际办事经验，自然使他们难免为人诟病、轻视，遭受职务挫折。

士人行能不一，各有偏侧，政权在选用官吏时，原则上来说，会以不同科别对之称才量能，甄别使用。西汉武帝元狩六年，有以德行、经术、法令、政事取士的“丞相故事”[5]，东汉光武帝又对这“四科取士”予以重申[6]。“一曰德行高妙，志节清白；二曰经明行修，能任博士；三曰明晓法律，足以决疑，能案章覆问，文任御史；四曰刚毅多略，遭事不惑，明足照奸，勇足决断，才任三辅令。皆存孝悌清公之行。”[7]德行作为“四科”之首，是选贤任能的基础和必要条件，具有引领社会风气的先决性意义，带有价值准则的必然属性。除此之外，经术、法令、政事，基本上含括了士人所能有的升任途径。尽管选官取士有科别的区分，但政治与文化一体的悠久贵族传统，经明行修的普遍教育目标与选官原则的引导，社会意识形态思想的笼罩，都使得文吏不能不接受经术学说的系统性影响，在古典人文知识和道德教化观念上有所汲取，从而不再像秦和汉初时，单只为晓习文法吏事、注重行政实际经验的办事工具。同时，在儒士参政任职，越来越广泛地居位于各级政府的职能部门之后，他们自然被要求担负起那些

1 《汉书》卷八三《朱博传》，第 3400 页。

2 《后汉书》卷七九下《儒林列传》，第 2581 页。

3 《后汉书》卷四五《张酺传》，第 1529 页。

4 《论衡校释·程材》：“洎入文吏之科，坚守高志，不肯下学。亦时或精暗不及，意疏不密，临事不识；对向谬误，拜起不便，进退失度；奏记言事，蒙士解过，援引古义；割切将欲，直言一指，触讳犯忌；封蒙约缚，简绳检署，事不如法；文辞卓诡，辟刺离实，曲不应义。故世俗轻之，文吏薄之，将相贱之。”（《论衡校释》，第 537—538 页。）

5 卫宏《汉旧仪》，孙星衍等《汉官六种》，周天游点校，中华书局，1990 年，第 69 页。

6 应劭《汉官仪》，《汉官六种》，第 125 页。

7 《后汉书》卷四《和帝纪》注引《汉官仪》，第 176 页。

不能回避的司法、行政责任[1]；而他们也自当适应现实的需要和压力，"即使是出于个人的仕途迁升考虑，他们也不能不去留心行政规程和行政技术"[2]，尽职尽责地执行公务。"执法之吏，不窥先王之典，缙绅之儒，不通律令之要。"[3]针对文吏、儒生彼此分立的局面，汉末文人王粲建言，要"吏服雅驯，儒通文法"，希望借此能使两者相互融合。

儒生、文吏的合流其实早就在进行着[4]。成帝初，孔光举为博士，"是时，博士选三科，高为尚书，次为刺史，其不通政事，以久次补诸侯太傅。光以高第为尚书，观故事品式，数岁明习汉制及法令。上甚信任之，转为仆射，尚书令"[5]。弘农太守刘兴，本人"善听讼"，又"分遣文学循行属县，理冤狱，宥小过"[6]。无论是孔光明习制度、法令，还是刘兴选派文学循县，显然，专习经术的儒士已在相当程度上胜任了行政事务，甚至包括文吏最擅长的法令、刑狱。随着经术教育在社会中经年累月的推行，这自然合乎逻辑地成为士大夫普遍具有的从政背景。事实上，正像王充在《论衡》中描述过的，已经有相当多的士人在速成式地经过了入仕所需的经学基本教育后，转而去进行与吏事有关的专门知识、技能的学习和训练。"是以世俗学问者，不肯竟经明学，深知古今，忽欲成一家章句。义理略具，同超（趋）学史书，读律讽令，治作情奏，习对向，滑习跪拜，家成室就，召署辄能。""有俗材而无雅度者，学知吏事，乱于文吏，观将所知，适时所急，转志易务，昼夜学问，无所羞耻，期于成能名文而已。"[7]如此一来，先前以经术义理擅名的儒士，其中相当一部分，将逐步演变为从中央到地方官署各部门中能够胜任具体政务的职吏。随着儒生大量参政，日益广泛地进入管理国家的政务实践层面，并在顾问应对、论议谋划之外，逐步掌握与其社会政治影响力相匹配的行政技能和办事经验，早期士人，尤其是儒士以理论的发布者、价值的裁量者而存在的姿态，不能不有所改变。

1　瞿同祖：《中国法律与中国社会》，中华书局，1981年，第306页。
2　《士大夫政治演生史稿》，第442页。
3　王粲《儒吏论》，《建安七子集》，第132页。
4　详参阎步克《士大夫政治演生史稿》第十章第三节"儒生与文吏的融合"。
5　《汉书》卷八一《孔光传》，第3353页。
6　《后汉书》卷一四《宗室四王三侯列传》注引《续汉书》，第556页。
7　《论衡校释·程材》，第538、537页。

儒生、文吏都有较高的文字水平，在王充的概念体系中，善于写作文章的“文人”乃是儒士中一个较高的层次[1]。因此，在各级政府官署中，作为办理文书等具体政务的吏员，这其实也是文人最常规的政治晋升路径。随着不同类型的仕士在学养、政能等方面的不断交互融通，士人整体上的综合性获得了更为明显的发展，东汉后期涌现了一批学术、文才与政治才干相兼的士大夫。卢植、赵岐、服虔是汉末著述颇丰的硕学名儒，赵岐“少明经，有才艺”，卢植精通古今学，虽“不好辞赋”，但也有文章流传。服虔“有雅才，善著文论……所著赋、碑、诔、书记、《连珠》、《九愤》，凡十余篇”。他们不仅“常怀济世志”，有政治见解，同时还显示出一定的行政实才。《后汉书·儒林列传》：服虔“中平末，拜九江太守”[2]。《卢植传》：“四府选植才兼文武，拜九江太守。”[3]《赵岐传》：赵岐先是“举理剧，为皮氏长”，被视作擅长处理繁杂政务的干用之才；后又以“故刺史、二千石有文武才用”者，被征召为太守[4]。这类“才兼文武”“有文武才用”的士大夫，他们的成长和被任用，乃是社会政治士大夫化的明显标志之一。仲长统《昌言》引申《周礼·考工记》的说法曰：“坐而论道，谓之三公；作而行之，谓士大夫。论道必求高明之士，干事必使良能之人。”[5]坐而能议，起而能行，唯其如此，士人们在进入权力机构，获得越来越多政治权益的同时，才能在对社会政治生活的参与上具有真正的深度和广度。

士阶层将因之走向新的综合。以专精于经术的儒士和以经术知识为一般教育背景的士人为主体，不同资质、专业训练和技能的受教育群体正在相互接近，他们的知识体系、事功能力愈来愈趋于同一，从而取得了可以共同扮演的社会角色。“士”在功能、结构、面貌上获得了新进展，它以大致趋同的观念体系、人生成就和生活方式，保持并完成着阶层内部进一步的聚集和融合。

---

1 《论衡校释·超奇》：“故夫能说一经者为儒生，博览古今者为通人，采掇传书以上书奏记者为文人，能精思著文连结篇章者为鸿儒。”（《论衡校释》，第607页。）

2 《后汉书》卷七九下《儒林列传·服虔传》，第2583页。

3 《后汉书》卷六四，第2114页。

4 《后汉书》卷六四，第2122—2123页。

5 孙启治：《昌言校注》，中华书局，2012年，第377页。

六、文人在仕事上的普遍不得意

从现代职业行政官僚的角度来看，中国古代社会中士大夫的教育、学养中，无疑具有太过丰富的人文色彩和文学训练；而对于后世的作家、诗人来说，入仕为政并不一定是其必需的经历，更不是他人生唯一的出路或最理想的实现方式。但是在汉代，对于一个有文章爱好和写作才能的士人来说，官吏与文人合一，这种复合的社会身份不仅是他需要面对的，而且大多数情况下，也是他愿意积极谋求的。

文人具有强烈的政治关怀，这既是出自士阶层价值主张及其经典教育的必然，也是社会给定的人生出路的结果。贾谊在西汉不仅有“能诵诗书属文”的声誉，而且被赞曰：“言三代与秦治乱之意，其论甚美，通达国体，虽古之伊、管未能远过也。”[1]虽然擅长写作与明习政事的才能在有些人身上可以兼备，不过就整体而言，汉代文人们在仕宦方面的表现和建树很难说是成功的。汉武帝曾经在内廷招纳了一批“天子之宾客”，基本都是博学多识、言辞辩给、善于属文之士，在言语、文字方面尤其有才能。“郡举贤良，对策百余人，武帝善助对，繇是独擢助为中大夫。后得朱买臣、吾丘寿王、司马相如、主父偃、徐乐、严安、东方朔、枚皋、胶仓、终军、严葱奇等，并在左右。……上令助等与大臣辩论，中外相应以义理之文，大臣数诎。其尤亲幸者，东方朔、枚皋、严助、吾丘寿王、司马相如。”[2]然而，即使其中格外亲幸者，也不外是在皇帝身边供奉侍从，无法定员额，无实际职掌，除了奉诏写作赋颂等文章外，主要从事言议应对、咨询顾问，并备随时差遣，如代皇帝出使边疆、巡行郡国，即便当时皇帝求贤若渴，他们也很少能得到治国理民这种主持行政实务的重要任用。“武帝既招英俊，程其器能，用之如不及。时方外事胡越，内兴制度，国家多事，自公孙弘以下至司马迁皆奉使方外，或为郡国守相至公卿，而朔尝至太中大夫，后常为郎，与枚皋、郭舍人俱在左右，诙啁而已。久之，

1 《汉书》卷四八《贾谊传》，第 2265 页。
2 《汉书》卷六四《严朱吾丘主父徐严终王贾传》，第 2775 页。

朔上书陈农战强国之计，因自讼独不得大官，欲求试用。”[1]东方朔抱怨官职低卑，但“终不见用”；善为赋颂的枚皋也失望于“不得比严助等得尊官”[2]。为皇帝所亲近的文人因此格外感觉失落，显然，皇帝个人的恩宠并不表示文章才情可以被政治体制所接纳，从而得以正式组合进国家政治事务和官僚结构体系当中，并置换为相应的职事，获得责大任重的职位。在执政者看来，文辞能力虽然可喜，但并不能代替政能，更不足以对应“为郡国守相至公卿”所需的行政实才。除了东汉末灵帝设置的鸿都门学外[3]，整体而言，文人在汉代政治系统中并无特权，即使他们因为“有文才”而获得广泛的社会知名度，通常也不会在被标签化后，进而获得实质性的官僚职事权益。

文人与儒生一样，常被诟病为不“知当世之要务”，难以有效担负军国政事。汉初，叔孙通面对儒生众弟子不得仕进的抱怨，回答说：“汉王方蒙矢石争天下，诸生宁能斗乎？故先言斩将搴旗之士。”[4]博士狄山与御史大夫张汤争议与匈奴和亲的得失，武帝曰：“吾使生居一郡，能无使虏入盗乎？”狄山曰：“不能。”“居一县？”“不能。”不得已之下，狄山最后只好答应“居一鄣间”，结果月余即被匈奴斩头而去[5]。文人尤其容易表现得能言而不能行，他们即使明于世务，善于言事论议，奏对得宜，但其行政管理的实际才干往往与之严重不匹配。严助、吾丘寿王是这一群内廷之士中最得汉武帝重用的。吾丘寿王曾为政东郡，一身兼任都尉、郡守的双重要职，“上以寿王为都尉，不复置太守。是时，军旅数发，年岁不熟，多盗贼。诏赐寿王玺书曰：‘子在朕前之时，知略辐凑，以为天下少双，海内寡二。及至连十余城之守，任四千石之重，职事并废，盗贼从横，甚不称在前时，何也？’”[6]因地方治理荒乱，武帝只好将吾丘召回，“复召为

---

1 《汉书》卷六五《东方朔传》，第 2863—2864 页。

2 《汉书》卷五一《枚皋传》，第 2366 页。

3 《后汉书·蔡邕传》：光和元年，灵帝设置鸿都门学，“其诸生皆敕州郡三公举用辟召，或出为刺史、太守，入为尚书、侍中，乃有封侯赐爵者”。蔡邕指斥“鸿都篇赋之文”“并以小文超取选举”。(《后汉书》卷六十下，第 1999 页。)

4 《汉书》卷四三《叔孙通传》，第 2125 页。

5 《汉书》卷五九《张汤传》，第 2642 页。

6 《汉书》卷六四上《吾丘寿王传》，第 2795 页。

光禄大夫，常居左右，论事说议，无不是者”[1]。就是“天子宾客”中“最先进”的严助，史称“贵显汉朝，文辞并发”[2]，也在任职会稽太守之后，“数年，不闻问”[3]，因政声不佳遭武帝诏责。严助恐惧上书谢罪，最终再为侍从，重新随侍皇帝，“有奇异，辄使为文，及作赋颂数十篇”[4]。“守相令长，效在治民。”[5]而武帝身边这些名噪一时的高材知略之士，他们长于言辩应对、善文辞，尽管喜欢“言世务”，却几乎都不足以独立承担行政管理的实务。

汉代文人在政事上普遍不为社会舆论所看好，他们的事功理想，常被认为流于浮泛的人生志向的表白。“辅倾宁危，非著作之人所能为也。”[6]“著书之人……故立功者希。安危之际，文人不与，无能建功之验，徒能笔说之效也。”[7]不用说艰危之际，他们难以建立功勋，即使在平常的行政工作中，文人也被视作只适合掌管文书、典籍，“职在文书，无典民之用，不可施设”[8]。“书画辞赋，才之小者，匡国理政，未有其能。”[9]但是必须要指出的是，在汉代人才的官方选荐体系中，文章诗赋的写作，长期以来被看作是一项值得赞赏的才艺，“贤于倡优博弈远矣”。就入仕途径来说，文人很少是经由“孝廉”一类察举的常科而登进的。《汉书·贾谊传》：“年十八，以能诵诗书属文称于郡中。河南守吴公闻其秀材，召置门下，甚幸爱。”[10]《汉书·终军传》：“少好学，以辩博能属文闻于郡中……太守闻其有异材，召见军，甚奇之。”[11]《汉书·王褒传》：“益召高材刘向、张子侨、华龙、柳褒等待诏金马门”；益州刺史“闻王褒有俊材，请与相见，使褒作《中和》《乐职》《宣布诗》”；“褒既为刺史作颂，又作其传，益州刺史因奏

---

1 《论衡校释·定贤》，第 1108 页。
2 《汉书》卷二八下《地理志》，第 1668 页。
3 “不闻问”，颜师古注曰“无善声”；王先谦引李慈铭说，谓“不通信问也”。(《汉书补注》，第 1258 页。)
4 《汉书》卷六四上《严助传》，第 2789—2790 页。
5 《潜夫论笺校正·考绩》，第 65 页。
6 《论衡·书解》，第 1155 页。
7 《论衡·超奇》，第 610—611 页。
8 《论衡·别通》，第 604 页。
9 《后汉书》卷六〇下《蔡邕传》，第 1996 页。
10 《汉书》卷四八《贾谊传》，第 2221 页。
11 《汉书》卷六四下《终军传》，第 2814 页。

褒有轶材"[1]。"秀材""异材""高材""俊材""轶材"，这些评价都表明，善于写作是一项得到政权上下各级充分肯定的才能。但所谓"轶材"，这一为刺史奏举并获得宣帝征召的名目，意味着擅长文学性写作的本领，在以政治才干为评估人物主要标准的体系中，是超出常规需要之外的，并非国家行政官僚机构所必需。也就是说，虽然写作诗赋文章会增加一个人的美誉，但它毕竟是与行政实干才能不同的，汉代政权体系不曾为之开辟出适合的专门空间，文人最擅长的才能在官僚系统中没有对应的职位设计。

因此，辞赋诗文固然容易造就作者的社会声誉，一些文人名气很大，但在以治民理事为绩能的文官系统中，却往往难以有效地兑换成与其高知名度、广泛的社会影响力相匹配的官职。即如王充在《论衡·别通》中所引述的社会流行见解："是以兰台之史，班固、贾逵、杨终、傅毅之徒，名香文美，委积不继，（无）大用于世。"[2]《文心雕龙·程器》表达得更直接："盖士之登庸，以成务为用。……安有丈夫学文，而不达于政事哉。彼扬马之徒，有文无质，所以终乎下位也。"[3]针对文人无益、无能于政治的社会流行说法，王充在《论衡》中再三做出辩驳："人委其篇章，专为政治，则子产、子贱之迹不足侔也。古作书者，多立功不用也。……盖材知无不能，在所遭遇，遇乱则知立功，有起则以其材著书者也。"[4]王充强调说，内在充实的文人之所以少有建功立业者，是由于他们没能获得现实的事功机会。除此之外，东方朔《答客难》、扬雄《解嘲》、崔骃《达旨》、班固《答宾戏》、张衡《应间》等，文人们也都不断从自身感受出发，对其为官拓落、仕运不偶主动地做出回应和辩解。热爱写作之士为自己长期以来的位卑职低所进行的这一系列分辩，不过一再呈现了文人在仕事中的普遍不得志，这既是对他们自身现实处境的真实写照，也是对社会评价标准的默认和无奈。《论衡·自纪》："充仕数不耦，而徒著书自纪。或亏（戏）曰：'所贵鸿材者，仕宦耦合，身容说纳，事得功立，故为高也。今吾子涉世落魄，仕数黜斥，材未练于事，力未尽于职，故徒幽思属文，著记美

1 《汉书》卷六四下《王褒传》，第2821、2821、2822页。

2 《论衡校释·别通》，第604页。

3 《文心雕龙注释》，第526页。

4 《论衡校释·书解》，第1155—1156页。

言，何补于身？’”[1]杜笃的一番自嘲式说法，直观地显示出文人与通常所谓政治功业成就者的心态区别。杜笃仕郡文学掾，职司地方学校教育，比起以文法名世、位列九卿的先祖杜周、杜延年，比起以武略见称的外祖破羌将军辛武贤，他常感叹："杜氏文明善政，而笃不任为吏；辛氏秉义经武，而笃又怯于事。外内五世，至笃衰矣！"[2]他们的仕途失意与其文才所获得的社会声誉之间，形成了明显的落差，而正是这种基于仕事而来的具有影响力的社会评价，使他们常常摆脱不了人生的焦虑和挫败感。

一个被当时和后世视作"文人"的人，由于须得以求仕为官为人生常规出路，即使因文才为皇帝欣赏、为社会认可，也要被授予一定名目的官职，纳入行政官僚的系统之中，因此，汉代文人与政权之间的关系，必然显现出与一般仕士基本一致的状态。随着察举选官制度的逐渐生效和政治管理系统的日益稳固，文人后来对体制明显地更加适应。如张衡任河间相的整齐法度威严，蔡邕一再条陈朝政得失，与先前司马相如之来去随所好、"未尝肯与公卿国家之事"的浪漫无羁相比，不能不说表现出已然不同的政治理性。即使《后汉书·文苑列传》中那些通常被认为不以功业著称的文人，他们也往往在各级政府机构中获得了正式的位置，担负一定的职任。尤其是东汉中期的黄香，一位博学经典的文章之士，不仅典管处理天下章奏的政治枢要机构尚书台数年，还曾出任郡守，主持一地政事。他为官"祗勤物务"，又精明干用，从尚书郎、尚书左丞，至尚书令，娴熟这一"至为尊要"的机构所关涉的各种法令、规定、惯例故事，因而能"科别据奏，全活甚众"，"又晓习边事，均量军政，皆得事宜"[3]。前述赵岐、卢植之外，东汉末"以文章知名"的边韶，曾任临颍侯相、太中大夫、北地太守、尚书令、陈相等职[4]；孔融历任北海相、青州刺史、将作大匠、太中大夫等。尽管他们实际政能有限，"才疏意广"[5]，但就文人之职任来说，至少与王充所谓的"名香文美，委积不继"已经有别。崔寔出身于有"儒家文林"称誉的涿郡崔氏一族，他本人"才美能高"，好典籍，有文名。

1 《论衡校释·自纪》，第1204页。
2 《后汉书》卷八〇上《文苑列传·杜笃传》，第2609页。
3 《后汉书》卷八〇上《文苑列传》，第2615页。
4 《后汉书》卷八〇上《文苑列传》，第2624页。
5 《后汉书》卷七十《孔融传》，第2264页。

崔寔曾任五原太守，教民纺织，又整厉士马，清靖边境。不啻此，他“明于政体，吏才有余，论当世便事数十条，名曰《政论》。指切时要，言辩而确，当世称之”，是具有参政、议政的实才，也就是“吏才”的儒士文人。其著作《政论》被史家称赞为“言当世理乱，虽晁错之徒不能过也”，仲长统甚至建议：“凡为人主，宜写一通，置之坐侧。”[1]

或者政治见解确当切实，或者具有办理政务的实干才能，尽管文人总的说来不擅于行政管理，因而在以政能为主要考量标准的官僚体制中，往往难以成就功名，但是很显然，与社会政治的士大夫化发展相一致，文人的政事才能也在得到历练，其综合性的素养和社会形象有所改善。

七、文人与官方文化机构

需要在官僚政治这样一个大背景下，来观察文人的社会环境生态。文人既然是以任职为官、参与政治为人生重要选择，不是单纯的写作者，不首先追求，或者不主要追求做一个写作者，我们自然就得以比对后世文学家更为综合的标准来加以认识、评估。换言之，基于“士”阶层综合性的价值理想，文人们会以多方面的学养来自我教育、培养，并期待能胜任非单一的社会角色。

在总结汉赋的写作盛况时，班固《两都赋序》曰：“故言语侍从之臣，若司马相如、虞丘寿王、东方朔、枚皋、王褒、刘向之属，朝夕论思，日月献纳。而公卿大臣，御史大夫倪宽、太常孔臧、太中大夫董仲舒、宗正刘德、太子太傅萧望之等，时时间作。”[2] 史家兼赋家的班固从社会政治身份出发，将赋作者二分为“言语侍从之臣”“公卿大臣”两大类。这意味着，以“言语侍从之臣”的身份，还是以“公卿大臣”的身份，两者在社会地位和角色上的不同，一定导致了对各自赋作评价的差异。而这种相对于作品来说的外部因素之所以重要，无非表明赋作本身的艺术质量其实是第二位的，基于政治身份的写作行为，才是更重要的评价因素。简言之，赋家虽以文名入朝、入仕，却几乎不能单凭这种写作的才能巩固、扩大自

1 《后汉书》卷五二《崔寔传》，第 1725 页。
2 《文选》卷一，第 21 页。

己的仕途利益，因为作品的质量并不足以改变他们作为“言语侍从之臣”的命运。以擅长文章写作为主要才能的文人，还是有政能又兼具写作本领的士大夫，在官僚政治前途上可以想见是相当不同的。

文人希望参与治理国家的政治事务，与其他士大夫相比，他们只不过想要更多地利用，他们也只能利用其所擅长的“属文”的方式，除此之外，他们可凭借的优势就很少了。但政治制度几乎没有提供这种可能性，体制中不会设置相应的官职对他们予以消化和吸纳，社会中也尚未产生足以消费这种才能的机制。文人的自我期许和使命预设，与皇帝所给予的，存在着明显不吻合之处。班固在汉史中曾一一描述过武帝身边的言语近臣，不过他自己与那些“言语侍从之臣”的处境也几乎并无二致，《后汉书》本传记载：“及肃宗雅好文章，固愈得幸，数入读书禁中，或连日继夜。每行巡狩，辄献上赋颂，朝廷有大议，使难问公卿，辩论于前，赏赐恩宠甚渥。固自以二世才术，位不过郎，感东方朔、杨雄自论，以不遭苏、张、范、蔡之时，作《宾戏》以自通焉。”[1]袁宏《后汉纪》的记述类似但更偏负面：“自为郎后，遂见亲近，赏赐恩宠优渥。章帝好文章，逾益进幸，数入读书禁中，或连日逮夜。每行巡狩，辄献上赋颂，朝廷时有大议，令固问难于前，然位不过郎。固虽笃志于学，以述作为务，然好傅会权宠，以文自通。”[2]可堪回味的是在《汉书·叙传》中，班固略去诸如以赋颂供奉、赏赐恩宠等随侍皇帝的经历，类似之处，他如是自述：“永平中为郎，典校秘书，专笃志于博学，以著述为业。或讥以无功，又感东方朔、扬雄自谕以不遭苏、张、范、蔡之时，曾不折之以正道，明君子之所守，故聊复应焉。”[3]“言语侍从之臣”现象的存在，根本上来说，不是文学的问题，而是社会政治结构和机制与士、与文学之间的关系所决定的。无论政权将文才用作政教昌明的点缀，还是皇帝或权臣用以满足个人的娱乐或虚荣，文人向政权和皇帝提供文章方面的服务，其需求都只能是有限的。即使进入官府衙署，文章之士也免不了被任命去从事一些他不一定在

1 《后汉书》卷四十下《班固列传》，第1373页。

2 袁宏《后汉纪》卷十三《孝和皇帝纪上》，《两汉纪》（下），张烈点校，中华书局，2017年，第262页。

3 《汉书》卷一百上《叙传》，第4225页。

行、不一定有兴趣的职事，如果他们不甘心为“言语侍从之臣”，那他们在这个系统中的容身之处就太少了。

在汉朝中央政府机构中，文人的职任殊难一律，他们需要在比较广泛、多样的职事上为国家和皇帝效力。“缀文之士”刘向在早期的政治生涯中，曾先后任辇郎、谏大夫、郎中、给事黄门、散骑、给事中等正职和加官，以其“博物洽闻，通达古今”的才学，侍从皇帝，并多次奏疏批评时政，力求“其言有补于世”[1]，体现出文人、学者、谏臣兼于一身的社会角色。贾逵在章帝时先“拜为郎”，后“为卫士令”；和帝永元三年，“以逵为左中郎将。八年，复为侍中，领骑都尉。内备帷幄，兼领秘书近署，甚见信用”[2]。以通儒、文章著名的贾逵，基本是担任带有武官性质的皇帝侍卫近臣，职属亲近，在宿卫更直、出入禁中的同时，又以难问应对的方式参议政事、与闻朝政。

相较而言，在朝廷的藏书、著作机构中从事校书、著述一类职事，可以说是最能发挥文人之所长的政府工作了。班固《两都赋》描述西都长安曰：“又有天禄石渠，典籍之府，命夫惇诲故老，名儒师傅，讲论乎六艺，稽合乎同异。又有承明金马，著作之庭，大雅宏达，于兹为群。元元本本，殚见洽闻。启发篇章，校理秘文。”[3]天禄、石渠、承明、金马，皆在萧何主持营建的政治核心场所未央宫中。其中“天禄”“承明”资料较少[4]，由性质类似的“石渠”“金马”，或可推知西汉这些“典籍之府”“著作之庭”的大略情形[5]。

班固《两都赋序》：“至于武宣之世，乃崇礼官，考文章。内设金马石

---

1 《汉书》卷三六《楚元王传》，第 1972 页。

2 《后汉书》卷三六《贾逵传》，第 1235、1239、1240 页。

3 《西都赋》，《文选》卷一，第 26 页。

4 《汉书·扬雄传》：“时雄校书天禄阁上。”（《汉书》卷八七下，第 3584 页。）《三辅黄图·阁》：“天禄阁，藏典籍之所。《汉宫殿疏》云：‘天禄麒麟阁，萧何造，以藏秘书处贤才也。’刘向于成帝之末，校书天禄阁，专精覃思。”（何清谷：《三辅黄图校注》，三秦出版社，1995 年，第 326 页。）《汉书·扬雄传》：“召雄待诏承明之庭。”颜师古注曰：“承明殿在未央宫。”（《汉书》卷八七上，第 3522 页。）《三辅黄图·未央宫》：“未央宫有承明殿，著述之所也。”（《三辅黄图校注》，第 148 页。）

5 《通典·职官八》：“汉氏图籍所在，有石渠、石室、延阁、广内，贮之于外府。又有御史中丞居殿中，掌兰台秘书及麒麟、天禄二阁，藏之于内禁。”（杜佑：《通典》，王文锦等点校，中华书局，1988 年，第 732 页。）

渠之署，外兴乐府协律之事，以兴废继绝，润色鸿业。”[1]《三辅黄图·阁》：“石渠阁，萧何造……所藏入关所得秦之图籍；至于成帝，又于此藏秘书焉。”[2]《汉书·刘向传》：“征更生受《穀梁》，讲论《五经》于石渠。”颜师古注曰：“《三辅旧事》云石渠阁在未央大殿北，以藏秘书。”[3]秦廷旧藏的图籍、档案，西汉朝廷的部分秘藏，都存放于石渠。与天禄阁典藏图籍并兼作校书之所不同，宣帝以来，石渠阁几乎成了皇帝召集儒士进行经学讨论的主要场所。韦玄成“与太子太傅萧望之及《五经》诸儒杂论同异于石渠阁，条奏其对”[4]。薛广德“为博士，论石渠”[5]。《汉书·儒林传》中，博士施雠“甘露中与《五经》诸儒杂论同异于石渠阁”；梁丘临“甘露中，奉使问诸儒于石渠”；欧阳地余“后为博士，论石渠”；他如林尊、周堪、张山拊、戴圣、闻人通汉等若干经术士，也分别以不同的职位“论石渠”[6]。

至于“金马”，以“金马门”之称频见于西汉史书。《史记·滑稽列传》褚先生补：“金马门者，宦〔者〕署门也，门傍有铜马，故谓之曰‘金马门’。”[7]《汉书·公孙弘传》：“拜为博士，待诏金马门。”注引如淳曰：“武帝时，相马者东门京作铜马法献之，立马于鲁班门外，更名鲁班门为金马门。”[8]《三辅黄图·未央宫》说法略异：“金马门，宦者署。武帝得大宛马，以铜铸像，立于署门，因以为名。东方朔、主父偃、严安、徐乐，皆待诏金马门。”[9]金马门与宦者署名异实同[10]，据陈苏镇考论，其位于未央宫北门之内，属于皇帝及其辅助人员日常办公理政的“殿中”区域。由于距离皇帝寝殿较近，一些征召之士在此随时以待皇帝的诏命，备顾问应对或授予正式官职；官署提供起居招待和一定的俸禄资助。《汉书·东方朔传》：“朔文辞不逊，高自称誉，上伟之，令待诏公车，奉禄薄，未得省见。”后来

1 《文选》卷一，第 21 页。
2 《三辅黄图校注》，第 325 页。
3 《汉书》卷三六《楚元王传》，第 1929 页。
4 《汉书》卷七三《韦玄成传》，第 3113 页。
5 《汉书》卷七一《薛广德传》，第 3047 页。
6 《汉书》卷八八《儒林传》，第 3598、3600、3603、3604、3605、3614 页。
7 《史记》卷一二六，第 3205 页。
8 《汉书》卷五八《公孙弘传》，第 2617 页。
9 《三辅黄图校注》，第 163 页。
10 陈苏镇：“宦者署就在金马门内，故‘待诏宦者署’与‘待诏金马门’实为一事。”（陈苏镇：《汉未央宫“殿中”考》，《文史》2016 年第 2 辑，第 45 页。）

东方朔设法引起武帝注意，“上大笑，因使待诏金马门，稍得亲近”[1]。待诏金马之士不仅生活条件、经济待遇较好，还有机会奉诏入禁中，接近、侍值皇帝。除了上述武帝时的东方朔诸人，宣帝时，“益召高材刘向、张子侨、华龙、柳褒等待诏金马门”[2]；贾谊的曾孙贾捐之，“元帝初即位，上疏言得失，召待诏金马门”[3]；“班固《目录》冯商，长安人，成帝时以能属书待诏金马门，受诏续《太史公书》十余篇。”[4]刘歆“少以通《诗》《书》能属文召，见成帝，待诏宦者署”[5]。《汉志》“纵横家”还著录“《待诏金马聊苍》三篇”[6]。可见西汉的文章、著述之士多历经金马门或宦者署。本来，“待诏”作为选官制度的补充，多为才艺之士仕进的门径，应劭曰：“诸以材技征召，未有正官，故曰待诏。”[7]因此，这一方面是由于文章写作常作为特殊才能被征召，同时也与皇帝个人的兴趣偏好、金马官署的部分职能分工有关[8]。

从事校书、著述的场所，在西汉朝廷中并不完全固定，比如未央宫的曲台殿偶见此类活动发生。《汉书·儒林传》：后仓“说《礼》数万言，号曰《后氏曲台记》”，注引服虔曰：“在曲台校书著记，因以为名。”颜师古曰：“曲台殿在未央宫。”[9]甚至文人常涉足的“金马”，也很难说是个专门性的著述场所。张衡《西京赋》云：“兰台金马，递宿迭居。次有天禄

---

1 《汉书》卷六五《东方朔传》，第2842—2843页。

2 《汉书》卷六四《王褒传》，第2821页。

3 《汉书》卷六四《贾捐之传》，第2830页。

4 《汉书》卷五九《张汤传》注引如淳说，第2657页。《汉书·艺文志》“春秋”类有“冯商所续《太史公》七篇”，第1714页。

5 《汉书》卷三六《楚元王传·刘歆传》，第1967页。

6 《汉书》卷三十《艺文志》，第1739页。《汉志》“小说家”还著录有《待诏臣饶心术》二十五篇、《待诏臣安成未央术》一篇，“道家”有“故待诏”婴齐的《郎中婴齐》十二篇。（《汉书·艺文志》，第1744、1731页。）

7 《汉书》卷十一《哀帝纪》颜师古注引，第340页。

8 何清谷：“金马门也是一个储备人才的处所。汉代文人入京求官，大抵都要通过未央宫金马门宦者令丞之手向皇帝上书，等候皇帝召见。金马门备有食宿的馆舍，文人可以在那里著书立说。”（《三辅黄图校注》，第164页注四。）

9 《汉书》卷八八《儒林传》，第3615页。《汉书·翼奉传》亦曰曲台乃未央宫诸殿之一。（《汉书》，第3175页。）不过，有关《后氏曲台记》一书的命名有不同的解释，《汉志》“《曲台后仓》九篇”之下，注引如淳曰：“行礼射于曲台，后仓为记，故名曰《曲台记》。《汉官》曰大射于曲台。”晋灼曰：“天子射宫也。西京无太学，于此行礼也。”（《汉书》卷三十《艺文志》，第1709—1710页。）

石渠，校文之处。”[1]“金马”管理、接待的内朝人才，要轮流值守以备顾问应对，等待皇帝的赏识。至于张衡与之相提并论的“兰台”，西、东汉相沿为朝廷藏书处所的名称，《汉书·王莽传》：“甘忠可、夏贺良谶书臧兰台。”颜师古曰：“兰台，掌图籍之所。”[2]东汉官方收藏繁多，后来图籍倍增，“初，光武迁还洛阳，其经牒秘书载之二千余两，自此以后，参倍于前”。兰台是东汉皇家多处藏书场所之一，“及董卓移都之际，吏民扰乱，自辟雍、东观、兰台、石室、宣明、鸿都诸藏典策文章，竞共剖散”[3]；“及董卓迁都关中，允悉收敛兰台、石室图书秘纬要者以从”[4]。

东汉时期，除了是藏书之地，“兰台”更引人瞩目地成为与文人写作活动关联密切的场所，甚至被作为文人或文人写作的代称。《后汉书·班固传》：“显宗甚奇之，召诣校书部，除兰台令史，与前睢阳令陈宗、长陵令尹敏、司隶从事孟异共成《世祖本纪》。迁为郎，典校秘书。”[5]贾谊的九世孙贾逵，“帝敕兰台给笔札，使作《神雀颂》，拜为郎，与班固并校秘书，应对左右”[6]。杨终习《春秋》，有文才，“显宗时，征诣兰台，拜校书郎”[7]。王充的说法则是：“杨子山为郡上记吏，见三府为《哀牢传》不能成，归郡作上，孝明奇之，征在兰台。”[8]班固与弟弟班超书信中说到傅毅：“武仲以能属文，为兰台令史。”[9]《后汉书·文苑列传》叙述得更详细：“建初中，肃宗博召文学之士，以毅为兰台令史，拜郎中，与班固、贾逵共典校书。毅追美孝明皇帝功德最盛，而庙颂未立，乃依《清庙》作《显宗颂》十篇奏之，由是文雅显于朝廷。”[10]孔子后代孔僖，游太学，习《春秋》，“及书奏，立诏勿问，拜僖兰台令史”[11]。李尤“少以文章显。和帝时，侍中贾逵荐

1 《西京赋》，《文选》卷二，第 39 页。
2 《汉书》卷九九上《王莽传》，第 4094 页。
3 《后汉书》卷七九上《儒林列传》，第 2548 页。
4 《后汉书》卷六六《王允传》，第 2174 页。
5 《后汉书》卷四十上《班固传》，第 1334 页。
6 《后汉书》卷三六《贾逵传》，第 1235 页。
7 《后汉书》卷四八《杨终传》，第 1597 页。
8 《论衡校释·佚文》，第 863 页。
9 曹丕《典论·论文》，《文选》卷五二，第 720 页。
10 《后汉书》卷八十上《文苑列传》，第 2613 页。
11 《后汉书》卷七九上《儒林列传》，第 2561 页。

尤有相如、杨雄之风，召诣东观，受诏作赋，拜兰台令史”[1]。一些著名文人先后被任命为兰台令史，或者校书郎、郎中，奉诏在兰台典校朝廷藏书，“汉立兰台之官，校审其书，以考其言”[2]。同时，除了有时参与朝廷论议，应对皇帝的问询，他们还承担史书的修撰，或者写作赋颂之类文章。所以王充引述世人的说法：“是以兰台之史，班固、贾逵、杨终、傅毅之徒，名香文美。”[3]兰台成了东汉前期文人集中供职的政府机构。

东汉与兰台性质类似的机构是东观。东观在洛阳南宫[4]，富藏各类图书和文献档案，有珍稀书籍可读。黄香“初除郎中，元和元年，肃宗诏香诣东观，读所未尝见书”[5]。班固著《汉书》未竟而卒，“和帝诏昭就东观臧书阁踵而成之”[6]。“是时学者称东观为老氏臧室，道家蓬莱山”[7]，李尤《东观铭》曰：“是谓东观，书籍林渊。”其《东观赋》又称：“书无阙而不陈，览三代而采宜，包郁郁之周文。”[8]东汉前期，东观就有校书、著书的职事安置，章帝元和二年，“诏僖从还京师，使校书东观”[9]；章和元年，章帝召敕曹褒“于南宫、东观尽心集作”，据叔孙通《汉仪》十二篇而撰次《汉礼》一百五十篇[10]。和帝以来，对东观的功用愈发重视[11]，永元十三年春，“帝幸东观，览书林，阅篇籍，博选术艺之士以充其官”[12]。“孝和亦数幸东观，

1 《后汉书》卷八十上《文苑列传》，第 2616 页。

2 《论衡校释·对作》，第 1178 页。

3 《论衡校释·别通》，第 604 页。

4 《后汉书》卷五《安帝纪》李贤注引《洛阳宫殿名》曰：“南宫有东观。”（《后汉书》，第 215 页。）

5 《后汉书》卷八十上《文苑列传》，第 2614 页。

6 《后汉书》卷八四《列女传·曹世叔妻》，第 2784—2785 页。

7 《后汉书》卷二三《窦融列传》，李贤注曰：“言东观经籍多也。……幽经秘录并皆在焉。”（《后汉书》，第 821—822 页。）

8 《全后汉文》卷五十，《全上古三代秦汉三国六朝文》，第 747—748、747 页。

9 《后汉书》卷七九上《儒林列传·孔僖传》，第 2562 页。

10 《后汉书》卷三五《曹褒传》，第 1203 页。

11 不少学者都注意到了东汉中期发生的由兰台到东观的这一文化写作场所的迁移。朱维铮：“原来东汉初期的宫廷藏书，先集中在御史中丞管理档案的宫内兰台，因而‘典校秘书’兼修国史的官员，初阶为兰台令史，稍迁为校书郎，入值地点都在兰台。”后来随着东汉皇宫新扩为南北宫，宫廷藏书日增，“旧档古籍渐移向南宫的东观”。最迟在汉和帝永元十三年（101），“东观已代替兰台，成为宫廷藏书中心，从而成为东汉经史研究的官方基地”。（朱维铮：《班昭考》，《中华文史论丛》2006 年第 2 期，第 14—15 页。）

12 《后汉书》卷四《和帝纪》，第 188 页。

览阅书林。”[1]“博选术艺之士”聚集于东观，他们最主要的职事是“典校秘书”和“著作”，其中除了有部分律历等术数的述作外[2]，以经术、汉史书籍的校正、撰作为大端。

在邓太后、安帝的直接倡导之下[3]，永初、永宁年间，东观进行了大规模的国家学术文化整理和著述活动。宗室刘珍、刘騊駼领衔，参与者不仅有五经博士，还调集了其他有经、史学养，有文才的士大夫几十人，先进行了经传、诸子等几科图书的雠校、正定，后又开始东汉史事的撰集。永初四年春，“诏谒者刘珍及《五经》博士，校定东观《五经》、诸子、传记、百家艺术，整齐脱误，是正文字”[4]。“乃博选诸儒刘珍等及博士、议郎、四府掾史五十余人，诣东观雠校传记。”[5]“（元初）四年，帝以经传之文多不正定，乃选通儒谒者刘珍及博士良史诣东观，各雠校家法。”[6]刘珍，“永初中，为谒者仆射。邓太后诏，使与校书刘騊駼、马融及《五经》博士，校定东观《五经》、诸子、传记、百家艺术，整齐脱误，是正文字。永宁元年，太后又诏珍与騊駼作建武已来名臣传”[7]。校定儒家经传、诸子百家以及术艺书籍，并撰作国史，无论对朝廷还是参与者个人，都是重要的学术、文化事件，史书中因而一再述及。“复子騊駼及从兄平望侯毅，并有才学。永宁中，邓太后召毅及騊駼入东观，与谒者仆射刘珍著中兴以下名臣列士传。騊駼又自造赋、颂、书、论凡四篇。”[8]李尤，和帝时“召诣东观，受诏作赋”；“安帝时为谏议大夫，受诏与谒者仆射刘珍等俱撰《汉记》”[9]。“尤同郡李胜，亦有文才，为东观郎。”[10]窦章“少好学，有文章，与马融、崔

1 《后汉书》卷七九上《儒林列传》，第2546页。

2 《后汉书》志第二《律历中》注引《袁山松书》曰：“刘洪……拜郎中，检东观著作《律历记》……及在东观，与蔡邕共述《律历记》，考验天官。”（《后汉书》，第3043页。）

3 然史称邓后、安帝轻视经术，《后汉书·儒林列传》：“及邓后称制，学者颇懈。……自安帝览政，薄于艺文，博士倚席不讲，朋徒相视怠散，学舍颓敝，鞠为园蔬，牧儿荛竖，至于薪刈其下。”（《后汉书》卷七九上，第2547页。）

4 《后汉书》卷五《安帝纪》，第215页。

5 《后汉书》卷十上《皇后纪》，第424页。

6 《后汉书》卷七八《宦者列传》，第2513页。

7 《后汉书》卷八十上《文苑列传》，第2617页。

8 《后汉书》卷一四《宗室四王三侯列传》，第558页。

9 《后汉书》卷八十上《文苑列传》，第2616页。

10 《后汉书》卷八十上《文苑列传》，第2616页。

瑗同好”，太仆邓康“遂荐章入东观为校书郎”[1]。

安帝之后，东观仍旧保持为国家重要的著作和校书机构。“永初中，谒者仆射刘珍、校书郎刘騊駼等著作东观，撰集《汉记》，因定汉家礼仪，上言请衡参论其事。”因主持者去世，著史一事未能完成，顺帝时，侍中张衡“上疏请得专事东观，收捡遗文，毕力补缀”[2]。仕途不偶的马融曾在东观前后若干年，安帝永初四年，他“拜为校书郎中，诣东观典校秘书”；后因忤逆执政，“滞于东观，十年不得调”；桓帝时“得赦还，复拜议郎，重在东观著述”[3]。邓阊养子“永寿中，与伏无忌、延笃著书东观”[4]。伏无忌出身于经学世家，“永和元年，诏无忌与议郎黄景校定中书《五经》、诸子百家、艺术。元嘉中，桓帝复诏无忌与黄景、崔寔等共撰《汉记》”[5]。伏无忌等人所参与的校定中秘图书、撰作汉史，当即东观中的项目。崔寔才美能高，“召拜议郎，迁大将军冀司马，与边韶、延笃等著作东观”[6]。延笃，“桓帝以博士征，拜议郎，与朱穆、边韶共著作东观”[7]。边韶，“桓帝时，为临颍侯相，征拜太中大夫，著作东观”[8]。蔡邕“召拜郎中，校书东观”，“邕前在东观，与卢植、韩说等撰补《后汉记》”[9]。卢植，“复征拜议郎，与谏议大夫马日磾、议郎蔡邕、杨彪、韩说等并在东观，校中书《五经》记传，补续《汉记》”[10]。杨彪，“熹平中，以博习旧闻，公车征拜议郎”，注引《华峤书》曰:“与马日磾、卢植、蔡邕等著作东观。”[11]高彪“除郎中，校书东观”[12]。约略计之，马融、朱穆、延笃、边韶、崔寔、蔡邕、马日磾、卢植、杨彪、高彪等，东汉后半期，著名文人大多有校书，尤其是“著作东观”的经历[13]。

---

1 《后汉书》卷二三《窦融列传》，第 821—822 页。
2 《后汉书》卷五九《张衡列传》，第 1940 页。
3 《后汉书》卷六十上《马融列传》，第 1954、1970、1972 页。
4 《后汉书》卷一六《邓骘传》，第 618 页。
5 《后汉书》卷二六《伏湛传》，第 898 页。
6 《后汉书》卷五二《崔寔传》，第 1730 页。
7 《后汉书》卷六四《延笃传》，第 2103 页。
8 《后汉书》卷八十上《文苑列传》，第 2624 页。
9 《后汉书》卷六十下《蔡邕列传》，第 1990、2003 页。
10 《后汉书》卷六四《卢植传》，第 2117 页。
11 《后汉书》卷五四《杨彪传》，第 1786 页。
12 《后汉书》卷八十下《文苑列传》，第 2650 页。
13 《通典·职官八》:“汉东京图书悉在东观，故使名儒硕学入直东观，撰述国史，谓之著作东观。”（《通典》，第 736 页。）

兰台、东观这些掌管典籍、著作的官署，乃是汉代离文学写作最近的国家机构，藏书、校书等图籍、文献的保存、整理，史籍的撰述、编纂，这些工作无疑都需要较高的文章能力。在“量能授职”的政治任免前提下，文人在官僚体制中所担任的一向以文书、言议、顾问、侍从之类职务为多，比较而言，在兰台、东观等国家机关从事图书校定和著述，无疑更宜于发挥他们的文字写作才能。《论衡·别通》引述时下说法：“通人之官，兰台令史，职校书定字，比夫太史、太柷，职在文书，无典民之用，不可施设。”[1]在这里，文人与视事治民等行政管理距离较远的文章才学得到政权的肯定，得以施展，而且他们有了充裕的时间和一定的物质保障。就太学立石经以正《五经》文字一事，卢植曾上书表示：“敢率愚浅，为之解诂，而家乏，无力供缮写上。愿得将能书生二人，共诣东观，就官财粮，专心研精，合《尚书》章句，考《礼记》失得，庶裁定圣典，刊正碑文。”[2]政府供给钱粮，这对于家庭贫乏困穷的文人来说，尤为现实。进入国家著述机构，使得他们多少可以享有些仕进的荣耀，同时能够生活无虞，文章写作得以具有可持续性。不啻此，文人们在兰台、东观中聚集，相互结识、结交，对于文章技艺的交流，写作行为的鼓励，文学风气的蔓延，无疑也起到推波助澜的效用。不妨认为，在满足国家需要的前提下，政府已经为擅于写作之士开辟了一个较为专门化的部门。

尽管东观、兰台富藏“图籍秘书”，是汉代最适合文人的政府机构，但它们并不能被简单地视同于文学创作部门或文学机构。东观校书、著述的主要人员，虽然一时可以多达五十多人，但大都是为了国家典籍项目，从其他府署中临时抽调上来的，如博士、议郎、四府掾史等具有相关才能的士大夫，官僚系统中并未有著作职官的专门设置和法定编制。杜佑概述东汉之“校书”“著作东观”曰：“多当时文学之士……又选他官入东观，皆令典校秘书，或撰述传记，盖有校书之任，而未为官也，故以郎居其任，则谓之校书郎。以郎中居其任，则谓之校书郎中。”“皆以他官领焉，盖有著作之任，而未为官员也。”[3]因此，校书、著书的事务与其说属于朝

1 《论衡校释》，第 603—604 页。
2 《后汉书》卷六四《卢植传》，第 2116 页。
3 《通典·职官八》，第 735、736 页。

廷或国家制度之必需，不如说出于皇帝和执政者的个人意愿和爱好。

至于兰台令史，作为官署中的专门吏员，其秩禄低，员额有限[1]。《后汉书·班固传》“除兰台令史”注引《汉官仪》曰：“兰台令史六人，秩百石，掌书劾奏。”[2]《后汉书·班超传》“帝乃除超为兰台令史”注引《续汉志》曰：“兰台令史六人，秩百石，掌书劾奏及印主文书。”[3]《论衡·别通》：“然则兰台之官，国所监得失也。……令史虽微，典国道藏，通人所由进，犹博士之官，儒生所由兴也。”[4]负责国家图籍、文献的保存、校订，同时还“职在文书”“掌书劾奏”的兰台令史，王充强调，职级虽然低微，但于国家监察职责和文章之士的升进都是重要的。为了要给文人争地位，他的说法虽嫌夸张，但却不能被忽视。

据前述几条材料，兰台令史作为朝廷办事机构的常设吏员，其法定职事看起来应当是“掌书劾奏”，即负责书写政府文书，尤其是针对在职官员的弹劾性文书。要全面理解兰台令史的职责，有必要对御史中丞与兰台的关系稍加梳理。御史大夫位尊权重，主管监察百官，御史中丞是其属佐。《汉书·百官公卿表上》“御史大夫”条曰：“有两丞，秩千石。一曰中丞，在殿中兰台，掌图籍秘书，外督部刺史，内领侍御史员十五人，受公卿奏事，举劾按章。”[5]《后汉书·宣秉传》“拜御史中丞”注亦曰：“《前书》曰，御史中丞，秦官，秩千石，在殿中兰台，掌图籍秘书，外督部刺史，内领侍御史，纠察百寮。”[6]御史中丞作为兰台的主官[7]，不仅掌管中秘藏书，

---

1 有关兰台令史的人数、秩级，说法有所不同，或者有舛误，或者时代前后有调整。除了《后汉书·班固传》注中所说的“六人”“百石”，《后汉书》卷五四《杨赐传》：“又使侍御史持节送丧，兰台令史十人发羽林骑轻车介士。”（《后汉书》，第1785页。）《通典·职官八》：“后于兰台置令史十八人。”（《通典》，第735页。）《后汉书》志第二十六《百官三》：“兰台令史，六百石。本注曰：掌奏及印工文书。”（《后汉书》，第3600页。）

2 《后汉书》卷四十上《班固传》，第1334页。

3 《后汉书》卷四七《班超传》，第1572页。

4 《论衡校释·别通》，第604—605页。

5 《汉书》卷十九上，第725页。

6 《后汉书》卷二七《宣秉传》，第927页。

7 根据陈苏镇的研究，西汉时，收藏“图籍秘书”的兰台其实并非御史中丞和侍御史们的办公场所，而是由中丞“兼典”之处，御史中丞的主要职责并不在“掌图籍秘书”。（陈苏镇：《汉未央宫“殿中”考》，《文史》2016年第2辑，第54页。）不过到了东汉，情形有所变化。御史中丞仍兼典殿中兰台，但其“掌察举非法”的属官侍御史，“已迁入兰台办公”。（陈苏镇：《东汉的“殿中”和“禁中”》，《中华文史论丛》2018年第1期，第136页。）

还对外监督地方部刺史，对内负责接受公卿奏事，按照法律规章弹劾、纠察百官。

兰台位于朝廷政权核心的“殿中”[1]，是殿中藏书机构。兰台掌管的“图籍秘书”包括国家收藏的若干军国政治文件，具有较高的保密等级，“典册法书，藏在兰台”[2]。“兰台实为殿内章奏诏令的汇聚处”[3]，“凡经尚书奏上皇帝的重要文书，都会由兰台保存以备查”[4]。《汉书·张汤传》载，李文与张汤有隙，任御史中丞后，借机以内台所藏的文书致罪张汤[5]。出土文献中亦见诏令简册保存在兰台的资料，如关于《王杖诏书令》，甘肃武威磨咀子汉墓《王杖10简》记载:“兰台令第卅三御史令第卌三”。[6]同一地点晚些年所出的汉简又载：“明著令兰台令第卌二”“弃市令在兰台第卌三”“右王杖诏书令在兰台第卌三”。[7]

综之，兰台是一个具有明显监察职能的政府机构，以督查官吏，办理和收藏政治文书为主要职能[8]。在御史中丞的属官侍御史的日常管理之下，起草、缮写举劾公卿过失的文书章奏，所谓“掌书劾奏”，很可能是兰台令史的基本职责，也就是前述王充《论衡·别通》中所说的“然则兰台之官，国所监得失也”。约言之，兰台作为政府官署，校书、修史只是其中的部分职能，而且很可能是带有附属、临时性质的职能。

“孝明世好文人，并征兰台之官，文雄会聚。”[9]将杰出文人与兰台职位

---

1 不少学者认为东汉“兰台”位于洛阳南宫。但陈苏镇《东汉的“殿中”和“禁中”》考述，因东汉诸皇帝居南、北宫不定，以致皇帝与其近臣的办公区域随之移动，而兰台作为“殿中”机构，也具有了流动性，“兰台在端门之内，应随皇帝所居或在南宫或在北宫”。（陈苏镇:《东汉的“殿中”和“禁中”》,《中华文史论丛》2018年1期，第138页。）本文的理解稍有不同：兰台的藏书功能一直保持至汉末，揆诸情理，一定体量的藏书并不便于随皇帝而不时迁移。如陈苏镇所论之流动不定，很可能只是兰台的主要机构人员及相应的办公场所，其藏书处所或当相对固定。

2 刘黎明:《焦氏易林校注》卷一《坤之第二·大畜》，巴蜀书社，2011年，第38—39页。

3 楼劲、刘光华:《中国古代文官制度》（修订本），中华书局，2009年，第282页〔13〕。

4 陈苏镇:《汉未央宫“殿中”考》,《文史》2016年第2辑，第56页。

5 《汉书》卷五九《张汤传》，第2643页。

6 李均明、何双全编《散见简牍合辑》，文物出版社，1990年，第4页。

7 《散见简牍合辑》，第15、17、18页。

8 《东观汉记》卷十二：“马严拜御史中丞，赐冠帻衣服车马。严为司马，职典兰台，外营州牧，举劾按章，申明旧典，奉法察举，无所回避，百寮惮之。”（吴树平:《东观汉记校注》，中华书局，2008年，第452页。）

9 《论衡校释·佚文》，第866页。

几乎等同，这固然与王充宽泛的文人、文学观念有关，但也意味着这些对文字水平要求很高的学术、文化性工作，被看作是当时文人们在国家机构中最好的选择了。综观兰台、东观，就其与文人关联最密切的这一部分事务来说，无论档案文献图籍的收藏、整理，经术文本的雠校、订正，还是国史一类典章性著述的修撰、制作，这些由官方组织的专门性集体项目，其实基本不能算是真正的文学活动，它们与自发、自主、自我的个体性诗文写作是不同的。贾逵作《神雀颂》[1]，傅毅作《显宗颂》[2]，以赋颂一类文章来歌颂统治者的功德，虽然可以说属于体制内以著述为务的士大夫的职责，然而实际上，东汉文人的大多数个体性写作与其官方职事间的关系是比较弹性的。安帝元初二年，东观的校书郎中马融，"上《广成颂》以讽谏"，颂奏忤逆执政，"滞于东观"达十年之久[3]。高彪"校书东观，数奏赋、颂、奇文，因事讽谏，灵帝异之"[4]。这些令执政者恼怒或惊异的作品，往往出自写作者强烈的用世之心，而非其职务规定。兰台、东观之外的众多文人，他们的写作与实际职任之间呈现出更为偶然、松散的关系，很可能主要出自个人的兴趣和某些实际的需要。早些时候的兰台文人杨终，后来获罪北徙，李贤注引《益部耆旧传》曰："终自伤被罪充边，乃作《晨风》之诗以舒其愤。"其本传记载："帝东巡狩，凤皇黄龙并集，终赞颂嘉瑞，上述祖宗鸿业，凡十五章，奏上，诏贯还故郡。"[5]张升"仕郡为纲纪，以能出守外黄令""著赋、诔、颂、碑、书，凡六十篇"[6]。作为郡中职在纠整不法的主要属吏，又具有从政用世的热情和办理政务的实干才能，即使是这样的文人，他的写作也很可能与其职事本身不一定直接相关，至少从作品目类上来看，与职任是两不妨碍的。由于行政职务基本没有赋颂等文章写作的任务规定，所以对于仕士而言，擅长文章与其说关乎职事，不如说主要是由个人才能而来的角色认定。王充在区分"著作者"的"文儒"和"说经者"的"世儒"时，曾引用别人的说法：世儒"在官

1 《后汉书》卷三六《贾逵传》，第1235页。
2 《后汉书》卷八十上《文苑列传》，第2613页。
3 《后汉书》卷六十上《马融传》，第1954、1970页。
4 《后汉书》卷八十下《文苑列传》，第2650页。
5 《后汉书》卷四八《杨终传》，第1600—1601页。
6 《后汉书》卷八十下《文苑列传》，第2627—2628页。

常位；位最尊者为博士，门徒聚众”；相反，文儒“无常官，弟子门徒不见一人”[1]。也就是说，经生儒士有以经学传习、讲授为明确职守的常规官职，如太学博士、郡国文学等；与之不同，对擅长写作的文人来说，并没有什么固定的常设官职可以与他们的才能直接对应，写作当然也就不成为吸引弟子门生的专门学习科目。

政府明明看重的是文人以赋颂等美文丽辞为体现的才能和声誉，但在把他们征召入机构之后，实际从事的却主要是经史、文书类的写作和相关工作。不妨认为，文学性才能在社会中最容易展示才华、引人注目，但在职务行为中，政府对不同科目、不同文体的写作其实缺乏区分意识。这种区分有限，不仅与文体意识的混沌、不成熟有关，从根本上来说，是写作的综合性这一社会文化观念的一个映射：人们习惯于把诗赋这些文学性作品与经史的学术性著述、文书一类政治公文的写作，也就是士大夫公、私生活中所涉及的基本写作样式，都视作一体的，整体性地认为它们所需要的才能是相通的，文人理当众体兼备。一方面，兰台、东观为文人提供了舞台、场所；但另一方面，这些所谓政府文化性部门并不足以充分对应他们最擅长的文字艺术。这一矛盾恰好呈现出文人愈来愈趋文学化，与其综合性的价值学养、复合性的社会身份定位之间的错杂关系。易言之，兰台、东观这种糅合着其他重要行政职能的朝廷藏书、校书、著述机构，真实地显示着汉代文人的身份状态和社会处境；而赋颂文章与经术、史籍、文书相归并，也是写作的时代观念的如实体现。

八、士大夫写作能力普遍增强的趋势

文人的常规出路唯有在入仕从政中寻求，实际上就意味着社会不认可文章写作有必要单独成为一项事业；作为受教育者在文字读写的基本素质之上的一项能力，它也是一些任职为官者常常会具备的。因此，在文人被官僚政治持续要求并塑造着政务能力的同时，其他士大夫也逐步表现出明显的文章才能，并因而有可能承担了相应的社会文化事务。

1 《论衡校释·书解》，第1151页。

不用说，政权机构中需要文章写作。贾谊的曾孙贾捐之，字君房，人称“君房下笔，言语妙天下，使君房为尚书令，胜五鹿充宗远甚”[1]。《论衡·定贤》：“且笔用何为敏？以敏于官曹事？事之难者莫过于狱，狱疑则有请谳。”[2]文字使用才能通常集中于尚书、史吏等职官，行政、司法文书的撰作是最常见的职务写作行为。但言语精妙的书面表达，在政治生活和关系中已所用日广。出于对“辩博善为文辞”的叔父淮南王刘安的尊重，自尊好强的武帝“每为报书及赐，常召司马相如等视草乃遣”[3]。至于汉武帝颁行天下的诏书律令，这类国家最高级别的文书，被赞为“文章尔雅，训辞深厚”[4]，固可谓“诏书斐然，郁郁好文之明验”[5]。而基层吏员为文字、学识所囿，竟至“亡以明布谕下”，缺乏向民众宣谕、解释的能力，这在暴露了他们既有的文教能力不敷应用的同时，不能不刺激着上下各级吏员设法提高自身的文化、文章、文字水准。士民奏疏中对文章水平的强调，显示出一定自觉的社会意识。梅福以前县尉身份从民间上书成帝曰：“夫以四海之广，士民之数，能言之类至众多也。然其俊桀指世陈政，言成文章，质之先圣而不缪，施之当世合时务，若此者，亦亡几人。”[6]所谓“言成文章”，虽主要强调政见的确当，但也涉及疏奏文章整体的撰写水准。同样，尚书郎龚遂“口笔俱著”，“文札强辨”的刘祐“才辨有大笔”“每有奏，决于口笔”，以及蒋叠“奏议可观”[7]，显然也都只能由其文字写作来兑现。班彪赞曰：成帝朝“公卿称职，奏议可述”，颜师古注曰：“可述，言有文采。”[8]

随着文书行政的成熟，章表奏议稳定为官吏政治参与、政见表达的常规方式。“观谷永之陈说，唐林之宜言，刘向之切议，以知为本，笔墨之文，将而送之”[9]，“上书于国，奏记于郡，誉荐士吏，称术行能，章下记

1 《汉书》卷六四下《贾捐之传》，第 2835 页。
2 《论衡校释·定贤》，第 1116 页。
3 《汉书》卷四四《淮南王传》，第 2145 页。
4 《汉书》卷八八《儒林传》，第 3594 页。
5 《论衡校释·超奇》，第 617 页。
6 《汉书》卷六七《梅福传》，第 2920 页。
7 《汉书》卷十《成帝纪》，第 330 页。
8 谢承《后汉书》，周天游《八家后汉书辑注》（修订本），上海古籍出版社，2020 年，第 262、127、278 页。
9 《论衡校释·超奇》，第 612 页。

出，士吏贤妙”[1]。如此一来，章表奏议的写作不能不变成士大夫职务技能的重要组成部分，成为人才选用、甄别的标准之一，并在频繁的应用中，自然而然地产生了水平高下、优劣的评骘。“长安号曰‘谷子云笔札’。”[2]“谷子云、唐子高章奏百上，笔有余力，极言不讳，文不折乏，非夫才知之人不能为也。”[3]陈汤“博达善属文”，扬雄对其章奏写作能力自叹不如。[4]“孝武之时，诏百官对策，董仲舒策文最善。王莽时，使郎吏上奏，刘子骏章尤美。美善不空，才高知深之验也。《易》曰：‘圣人之情见于辞。’文辞美恶，足以观才。”[5]语言文字的精妙，即使在章奏一类政治性写作中，也成为被看重的因素。《东观汉记》：“陈忠为尚书令，数进忠言，辞旨弘丽，前后所奏，悉条于宫上阁，以为故事。”[6]富于文字技巧的篇章，甚至被人欣赏，广为传诵。《后汉书·隗嚣传》：“嚣宾客、掾史多文学生，每所上事，当世士大夫皆讽诵之，故帝有所辞答，尤加意焉。”[7]两个重要政治人物之间的文书往还，似乎演变成了文章写作暗中的竞赛。班彪为河西大将军窦融写作章奏，当窦融征还京师，光武问曰：“所上章奏，谁与参之？”[8]可以想见，出自“才高而好述作”的班彪之手的这些文书，给光武帝留下了怎样深刻的印象，遂对之加以召见、举用。

“州郡有忧，能治章上奏，解理结烦，使州郡连（无）事。有如唐子高、谷子云之吏，出身尽思，竭笔牍之力，烦忧适有不解者哉？”[9]以章奏来消解州郡长官面临的政治烦难，王充的说法容或有所夸大，但在行政实践中，文书作为不同行政级别、部门沟通的重要方式，不失为解决现实问题的有效手段之一。因此，明晰、得体、文笔优美的章奏，较之“言事粗

---

1 《论衡校释·须颂》，第856页。

2 《汉书》卷九二《游侠传》，第3707页。

3 《论衡校释·效力》，第582页。

4 《法言·先知》：“或问曰：‘载使子草律。’曰：‘吾不如弘恭。’‘草奏。’曰：‘吾不如陈汤。’”（汪荣宝：《法言义疏》，中华书局，1987年，第303页。）

5 《论衡校释·佚文》，第863页。

6 《东观汉记校注》卷十六，第723页。

7 《后汉书》卷一三《隗嚣传》，第526页。《东观汉记》所述略有不同：“隗嚣，故宰相府掾吏，善为文书，每上书移檄，士大夫莫不讽诵之也。”（《东观汉记校注》卷二一，第905页。）

8 《后汉书》卷四十上《班彪列传》，第1324页。

9 《论衡校释·超奇》，第613页。

丑，文不美润，不指所谓，文辞淫滑”[1]的表达，无疑就具有理所当然的说服力和沟通上的优势，这种写作人才在某一政治范围内自然有着不可替代的作用。张竦，字伯松，“能吏”张敞之孙，是西汉末善作章奏的名手。“竦者博通士，为崇草奏，称莽功德”[2]，这一通为大司徒司直陈崇代为起草的奏书，博引经典、叠用典故，尤其逐条陈述王莽道德、功业，每段以“公之谓矣”作结，并连续铺排十二段，一气呵成，节奏整饬，气势贯通，具有强烈的表达效果，予读者印象极为深刻。后来，张竦又为刘嘉作奏，取悦了王莽，使刘嘉不仅摆脱严重的政治险境，而且得以封侯获赏，长安为之语曰：“欲求封，过张伯松；力战斗，不如巧为奏。”[3]正如王充在《论衡》中所称赞的：“周长生者，文士之雄也，在州，为刺史任安举奏；在郡，为太守孟观上书，事解忧除，州郡无事，二将以全。……长生死后，州郡遭忧，无举奏之吏，以故事结不解，征诣相属，文轨不尊，笔疏不续也。岂无忧上之吏哉？乃其中文笔不足类也。”[4]作为对比，在周长生死后，州郡文笔不继，烦忧难解。

“乃其中文笔不足类也”，文章水平终归有高下之别。“杨子山为郡上记吏，见三府为《哀牢传》不能成，归郡作上，孝明奇之，征在兰台。夫以三府掾吏（史），丛积成才，不能成一篇。”[5]汉和帝时，葛龚“以善文记知名”,“或有请龚奏以干人者”[6]。一方面，因题材、文体等因素的差异，不同人在写作上难免有能与不能之分；另一方面，汉代官吏整体的文章能力，看起来不应高估。“好学勤力，博闻强识，世间多有；著书表文，论说古今，万不耐一。”[7]“疏一椟，相遣（遗）以书，书十数札，奏记长吏，文成可观，读之满意，百不能一。”[8]“书五行之牍，书十奏之记，其才劣

1 《论衡校释·超奇》，第 617 页。
2 《汉书》卷九九上《王莽传》，第 4053 页。
3 《汉书》卷九九上《王莽传》，第 4086 页。
4 《论衡校释·超奇》，第 613 页。谢承《后汉书》卷八也记载：从事周树“善能解烦释疑”，“刺史孟观有罪，俾树作章，陈事序要，得无罪也”。[《八家后汉书辑注》（修订本），第 262—263 页。]
5 《论衡校释·佚文》，第 863 页。
6 《后汉书》八十上《文苑列传》及李贤注，第 2617—2618 页。
7 《论衡校释·超奇》，第 606 页。
8 《论衡校释·佚文》，第 863 页。

者，笔墨之力尤难，况乃连句结章，篇至十百哉！”[1]照王充的说法，即使写作一篇简单、短小的文章，有文字认读能力者也不见得都能胜任。因为就整个社会来说，文章写作还只是比较有限的学习和能力训练；就个人而言，儒家经书的诵读和传习乃是能更直接满足现实功用的教育内容，这也是王充之所以要区分“能说一经”的儒生与能“上书奏记”的文人[2]的社会文化背景及其必要性所在。《论衡》中一再出现的这些着重于文章篇幅大小、字数多少的评价性说法，往往发生于写作还处于量的积累的早期阶段。至少在王充生活的东汉早期，写作很可能尚未成为社会广泛的教育训练，因而也并非受教育者人人得以掌握的技能。《论衡·量知》以比喻性的说法暗示了这一点：“绣之未刺，锦之未织，恒丝庸帛，何以异哉？加五彩之巧，施针缕之饰，文章炫耀，黼黻华虫，山龙日月。学士有文章，犹丝帛之有五色之巧也。”[3]也就是说，在汉代社会现实中，“学士”并不一定“有文章之学”；在王充看来，对于一个有学问的人而言，擅于写作是使之超出于普通知识者的更高的技能，无疑于质的升华。

尽管写作还不是读书人普遍具备的能力，不过社会教育的持续发展仍然有助于写作的推广。“或曰：‘著书之人，博览多闻，学问习熟，则能推类兴文。’”[4]照王充同时代人的说法，写作这项技能或许多少是可以从广泛的阅读和知识学习中自然习得、熟能生巧的。《文心雕龙·时序》：“逮孝武崇儒，润色鸿业，礼乐争辉，辞藻竞骛。”[5]史称汉武朝“公卿大夫士吏彬彬多文学之士”，文辞、文章风气的蔓延，恰好与这种以书面化为表征的古典经学的推行基本同步。“武帝初置博士，取学通行修，博识多艺，晓古文《尔雅》，能属文章，为高第。”[6]在《汉书·东方朔传》中，关于朝廷多贤材，汉武帝说道：“方今公孙丞相、倪大夫、董仲舒、夏侯始昌、司马相如、吾丘寿王、主父偃、朱买臣、严助、汲黯、胶仓、终军、严安、

1 《论衡校释·效力》，第583页。
2 《论衡校释·超奇》，第607页。
3 《论衡校释·量知》，第550页。
4 《论衡校释·超奇》，第610页。
5 《文心雕龙注释·时序》，第477页。
6 卫宏《汉官旧仪·补遗》，《汉官六种》，第57页。

徐乐、司马迁之伦，皆辩知闳达，溢于文辞。”[1]班固《两都赋序》又说：“故言语侍从之臣，若司马相如、虞丘寿王、东方朔、枚皋、王褒、刘向之属，朝夕论思，日月献纳。而公卿大臣，御史大夫倪宽、太常孔臧、太中大夫董仲舒、宗正刘德、太子太傅萧望之等，时时间作。”[2]前者“辩知闳达，溢于文辞”之士，后者著名的赋作者，综集这两处的人物名单，几乎囊括了武、宣之世最有文才、最重要的写作者。

其中特别值得关注的是公孙弘、倪宽、萧望之。武、宣朝的这三位名臣，在吏才、政能之外，以其明习经术，又擅于文辞、文章的才能，一改汉初刘邦功臣集团成员普遍质木无文的情形，标志着西汉中期士大夫综合素质的高度。《汉书·公孙弘传》：“上察其行慎厚，辩论有余，习文法吏事，缘饰以儒术，上说之。”[3]《史记·儒林列传》：倪宽“善著书、书奏，敏于文”[4]。据《汉书·倪宽传》，倪宽明经、有文才，“宽既治民，劝农业，缓刑罚，理狱讼，卑体下士，务在于得人心”[5]，为吏民所信爱。其“善属文”的才情与经术见解、政治经略结合起来，不难想象，他对于时政议题不仅有切实、精辟的表达，而且能够依据经典、文采斐然地加以表达[6]。还在未显达之时，其文章写作水平已引起了重臣、皇帝的关注。起初，倪宽以儒生身份在张汤的廷尉府任低级属吏，未得重用。当廷尉遇到疑奏，被一再驳回，“宽为言其意，掾史因使宽为奏。奏成，读之皆服”。不啻此，“上宽所作奏，即时得可。异日，汤见上。问曰：‘前奏非俗吏所及，谁为之者？’”[7]随着以儒学为代表的古典人文知识成为社会教育的基本科目，随着明习经术成为国家官吏选拔的重要标准之一，《汉书》在称述人物时开始频繁使用“儒雅”“文雅”“经术文雅”一类说法。这些用语都指对于经术学理有所掌握，并由此而具有温文蕴藉的个人修养和雅驯的文辞风

---

1 《汉书》卷六五《东方朔传》，第2863页。

2 《文选》卷一，第21页。

3 《汉书》卷五八《公孙弘传》，第2618页。

4 《史记》卷一二一《儒林列传》，第3125页。

5 《汉书》卷五八《倪宽传》，第2630页。

6 《汉书·儒林传》：“宽有俊材，初见武帝，语经学。上曰：‘吾始以《尚书》为朴学，弗好，及闻宽说，可观。’”（《汉书》卷八八，第3603页。）可以想见倪宽对儒经的解说，在义理发挥的同时一定是不乏文采的。

7 《汉书》卷五八《倪宽传》，第2629页。

格。班固曾称武帝朝，“儒雅则公孙弘、董仲舒、倪宽”[1]，《汉志》“儒家”类著录有“《董仲舒》百二十三篇。《倪宽》九篇。《公孙弘》十篇”[2]，这三位作者也恰恰在前引汉武帝所谓“溢于文辞”者之列。更何况，倪宽、董仲舒又是班固所称许的公卿大臣而有赋作行世者。

稍晚些的萧望之也是体现着综合性修养和才能的士大夫样板。萧望之以儒术进，据《汉书》本传，宣帝时，“选博士谏大夫通政事者补郡国守相，以望之为平原太守”[3]。即使汉宣帝“不甚从儒术，任用法律”，但学养与政能相兼的复合型人才，也是他乐于任用的，“宣帝察望之经明持重，论议有余，材任宰相，欲详试其政事，复以为左冯翊”[4]。与倪宽一样，萧望之也是学问素养深厚而又有政治实才的儒雅之士[5]。尤其难得的是，他们在政事之余，还对赋的写作发生兴趣。班固《两都赋序》提到他们偶或创作，《汉志》著录“倪宽赋二篇”“萧望之赋四篇”[6]。但是值得注意的是，《汉书》本传对他们的赋作及相关写作行为只字未提，在经术造诣之外，主要叙述其政治经历，其善属文的文学性才能在他们显赫的功业名声之下显得无足轻重，其作为写作者的一面——虽然只是比较有限的侧面，完全为公卿大臣的身份所覆盖。对于历史人物的素材取舍、叙述安排、评价定位，这本身就是价值观的一种时代折射。

西汉中期以来，一些士大夫已经具备了文学性写作的能力和一定的兴趣，并在业余时间动笔创作。仅以《汉书·艺文志·诗赋略》“陆贾赋”类目示例，其中著录有“郎中臣婴齐赋十篇”“臣说赋九篇”“臣吾赋十八篇”“辽东太守苏季赋一篇”“河内太守徐明赋三篇”“给事黄门侍郎李息赋九篇”“待诏冯商赋九篇”“博士弟子杜参赋二篇”“车郎张丰赋三篇”“骠骑将军朱宇赋三篇”等[7]。这些赋作者的政治身份高低有别，作品

1 《汉书》卷五八《公孙弘卜式倪宽传赞》，第 2634 页。
2 《汉书》卷三十《艺文志》，第 1727 页。
3 《汉书》卷七八《萧望之传》，第 3274 页。
4 《汉书》卷七八《萧望之传》，第 3284、3274 页。
5 《汉书》卷七一《平当传》：博士平当论议通明，“每有灾异，当辄傅经术，言得失。文雅虽不能及萧望之、匡衡，然指意略同”。(《汉书》，第 3048 页。)
6 《汉书》卷三十《艺文志》，第 1748、1749 页。
7 《汉书》卷三十《艺文志》，第 1749—1750 页。据颜师古注引刘向《别录》，其中“骠骑将军朱宇”应为“骠骑将军史朱宇”。

数量也多寡不均，他们未能像同一类目中的枚皋、朱买臣、司马迁、萧望之、扬雄等人物那么著名，以至于有必要冠以官职头衔以作标示，但即使如此，他们在文学历史中也几乎是被湮没了。不过萧望之、倪宽部分之为“文人”的身份属性，显然是被有意识剪裁掉的。这一方面由于他们忙于政务，闲暇时间有限，而且不以写作为能事，作品数量较少；另一方面，在庄重的历史地位的确认上，至少在当时，文章之士的角色并非必需，在他们作为公卿大臣的主要社会身份及其重要影响力之下，赋家这一重身份认证被认为是可以忽略的。

尽管在对以事功名世的士大夫历史形象的构建上，文才常被当作可有可无的评价因素，但事实上，文章写作作为士大夫才能的有机组合之一，一直持续地得到认可。元帝时，长安令杨兴“以材能得幸”，贾捐之奏荐他为京畿最高长官京兆尹，称誉之辞曰：“为长安令，吏民敬乡，道路皆称能。观其下笔属文，则董仲舒；进谈动辞，则东方生；置之争臣，则汲直；用之介胄，则冠军侯；施之治民，则赵广汉；抱公绝私，则尹翁归。兴兼此六人而有之，守道坚固，执义不回，临大节而不可夺，国之良臣也，可试守京兆尹。”[1] 作为理想的士大夫形象，在军政才干、政治道德之外，还特别强调其具有言辞、写作之才。

东汉以来，社会进一步经术化，朝廷崇经向学，诏策文告充斥着经籍、古典语汇。东汉中期，在日趋政衰俗弊的现实中，选举虚滥，官吏往往不堪其任，以至不得不对诏策、章奏的文辞水平提出了更为明确的要求。“古者帝王有所号令，言必弘雅，辞必温丽，垂于后世，列于典经。故仲尼嘉唐虞之文章，从周室之郁郁。”然而，“臣等既愚暗，而诸郎多文俗吏，鲜有雅才，每为诏文，宣示内外，转相求请，或以不能而专己自由，辞多鄙固”。有感于此，安帝永宁中，尚书陈忠上疏荐周兴为尚书郎，因为周兴“蕴椟古今，博物多闻。《三坟》之篇，《五典》之策，无所不览。属文著辞，有可观采”[2]，期望他能作为“出纳帝命，为王喉舌”的尚书，以确保所撰作的皇帝诏策文义典丽、温雅。安帝、顺帝时期，国家采取了一些措施，从行政技术角度，对尚书、文吏的文书写作进一步加以规范、督

---

1 《汉书》卷六四下《贾捐之传》，第 2836—2837 页。

2 《后汉书》卷四五《周荣传》，第 1537 页。

责，“及后汉察举，必试章奏。左雄表议，台阁为式；胡广章奏，天下第一：并当时之杰笔也”[1]。《后汉书·胡广传》：“遂举孝廉。既到京师，试以章奏，安帝以广为天下第一。旬月拜尚书郎，五迁尚书仆射。”[2]章表奏议之类政治性文章的写作水平高低，表达得当、雅丽与否，直接影响到士大夫为官任职的前途[3]。顺帝阳嘉元年，尚书令左雄议改孝廉察举之制，要求“诸生试家法，文吏课笺奏”[4]。此举颁行郡国，不仅章表奏议的才能在官僚行政考核中的份额、影响不断扩大、显著；而且，借助于选举制度的规定，文书写作得以在士人的技能训练中普及、强化。桓帝末，刘瑜举贤良方正，因上书陈事而特诏召问灾咎之征，“瑜复悉心以对，八千余言”[5]。对于执政者来说，官府的文书水平已经引起普遍重视，他们有意延揽文章名手从事于此。董卓甚重蔡邕之才，“每有朝廷事，常令邕具草”[6]；祢衡为江夏太守黄祖作书记[7]；汉末著名文人，如路粹、陈琳、阮瑀等，大多有过为曹操、袁绍等割据者典管文章的经历，“军国书檄，多琳、瑀所作也”[8]。

史称东汉章帝“雅好文章”[9]，“博召文学之士”[10]，曾被明帝以“文过其实”而不用的冯衍，章帝则“甚重其文”[11]。章帝、明帝对冯衍文章明显不同的态度，部分与他们对语言修辞性效果的接受程度有关。既“垂情古典，游意经艺”，又“善刑理，法令分明”的汉明帝，厌弃“章奏颇多浮词”[12]，但这并不意味着明帝就对国家主题性写作缺少兴趣。事实上，他不仅自己动笔、示范，而且在朝廷中倡导、组织。永平十五年，“帝以所作《光武本纪》示苍，苍因上《光武受命中兴颂》。帝甚善之，以其文典雅，特

1 《文心雕龙注释·章表》，第243—244页。
2 《后汉书》卷四四《胡广传》，第1505页。
3 《后汉书》卷四四《胡广传》注引《汉杂事》：“凡群臣之书，通于天子者四品：一曰章，二曰奏，三曰表，四曰驳议。”（《后汉书》，第1507页。）
4 《后汉书》卷六一《左雄传》，第2020页。
5 《后汉书》卷五七《刘瑜传》，第1857页。
6 《三国志》卷六《董卓传》注引张璠《汉纪》，第180页。
7 《后汉书》卷八十下《文苑列传》，第2657页。
8 《三国志》卷二一《陈琳阮瑀传》，第600页。
9 《后汉书》卷五二《崔骃列传》，第1718页。
10 《后汉书》卷八十上《文苑列传》，第2613页。
11 《后汉书》卷二八下《冯衍传》，第1002—1003页。
12 《后汉书》卷二《明帝纪》，第109页。

令校书郎贾逵为之训诂”[1]。《后汉书·贾逵传》:“时有神雀集宫殿官府，冠羽有五采色，帝异之……帝敕兰台给笔札，使作《神雀颂》。”[2]《论衡·佚文》:“永平中，神雀群集，孝明诏上《神爵颂》。百官颂上，文皆比瓦石，唯班固、贾逵、傅毅、杨终、侯讽五颂金玉，孝明览焉。”[3]按照王充的说法，明帝这次诏令写作赋颂，是在官员中大范围地号召进行的。其实，东汉文人颂美皇帝和朝廷经常发生得比较主动，不一定来自统治者特意的诏使，也不一定完全等同于侍从性的言语供奉。傅毅追美孝明帝功德之盛，“乃依《清庙》作《显宗颂》十篇奏之”[4]。“肃宗始修古礼，巡狩方岳。骃上《四巡颂》以称汉德，辞甚典美。”[5]刘毅以太后多德政，上书安帝曰“宜令史官著《长乐宫注》、《盛德颂》，以敷宣景耀，勒勋金石，县之日月”[6]云云。与之前武帝、宣帝的内廷近臣、言语侍从相比，东汉文人与朝廷之间的配合关系已经养成，在对国家体制及其运作有了清晰的了解之后，他们有足够的写作自觉来主动地满足政权不断增多的文章需求。

对文章需求的这种满足并非专属于某一机构的职责，尤其在有文章爱好的皇帝的鼓励之下，毋宁说，这是为臣者普遍的义务和责任。“褒既为益州刺史王襄作《中和》《乐职》《宣布》之诗，又作传，名曰《四子讲德》，以明其意焉。”[7]王褒在《四子讲德论并序》中，不仅自述作意，而且极力阐发“舒音而咏至德”的主张:“扬君德美”，“此臣子于君父之常义，古今一也”[8]，将对君主的赞美，纳入士大夫的政治事业之中，认为是他们当然的责任义务。《论衡·须颂》:“古之帝王建鸿德者，须鸿笔之臣褒颂纪载，鸿德乃彰，万世乃闻。……诗人所以嘉上也。由此言之，臣子当颂，明矣。”“表德颂功，宣褒主上，《诗》之颂言，右臣之典也。”[9]当着士大夫中能文之士增多，对皇帝和朝廷的功德、瑞应“褒颂纪载”，自然就愈来愈

---

1 《后汉书》卷四二《光武十王列传》，第 1436 页。
2 《后汉书》卷三六《贾逵传》，第 1235 页。
3 《论衡校释·佚文》，第 863—864 页。
4 《后汉书》卷八十上《文苑列传·傅毅传》，第 2613 页。
5 《后汉书》卷五二《崔骃列传》，第 1718 页。
6 《后汉书》卷十上《皇后纪》，第 426 页。
7 《文选》卷五一，第 711 页。
8 《文选》卷五一，第 713 页。
9 《论衡校释·须颂》，第 847—849、849—850 页。

多见，正如前引王充所述，永平年间，“孝明诏上《神爵颂》”而“百官颂上”。对于士大夫来说，无论章奏还是赋颂，无论纪载还是赞誉，都是以文章的方式参与时事的政治行为，关键在于对政权的满足、适配程度。如果政权所需要的文章，只限于宣传、仪典等颂美性的功用，以及娱悦皇帝的篇什，那么其他文体、主题、风格的写作，就不可能成为公开谋取政治地位的凭借，从而只能在政治权力之外寻找被接受、欣赏的机会。

与政务实才相比，古典人文学问、文章造诣在士大夫的学养构成中增长很快。和熹邓皇后“博选诸儒刘珍等及博士、议郎、四府掾史五十余人，诣东观雠校传记”[1]，官吏们平时在不同的职能部门任职，各有其相应的职事，但由于写作正日渐成为士大夫普遍具备的才艺素养，其中那些水平较高者，便可在朝廷的指派下，随时进行角色的转换，参与学术研究和整理，进行官方集体性写作。而在其他时间里，他们很可能还“自造”篇章，自行从事一些个体性的文学表达。《后汉书·宗室四王三侯列传》:“初，临邑侯复好学，能文章。永平中，每有讲学事，辄令复典掌焉。与班固、贾逵共述汉史，傅毅等皆宗事之。复子騊駼及从兄平望侯毅，并有才学。永宁中，邓太后召毅及騊駼入东观，与谒者仆射刘珍著中兴以下名臣列士传。騊駼又自造赋、颂、书、论凡四篇。”[2]其中刘毅、刘珍被写入《后汉书·文苑列传》，但另有一些人物，如刘复、刘騊駼父子虽然传统上不被类分在文人之列，但他们“能文章”、自行写作，看起来相当文人化。北海敬王刘睦“能属文，作《春秋旨义终始论》及赋颂数十篇”[3]。东汉末，议郎桓麟“所著碑、诔、赞、说、书凡二十一篇”[4]。“少与蔡邕齐名”的桓彬，“所著《七说》及书凡三篇，蔡邕等共论序其志，佥以为彬有过人者四”，其中之二为“学优文丽，至通也”[5]。应奉“著《汉书后序》，多所述载”，党事起，“追闵屈原，因以自伤，著《感骚》三十篇，数万言”[6]。文人的具体划分并非易事，虽然从较为严格的界定来说，“文人”往往有其特定的群

---

1 《后汉书》卷十上《皇后纪》，第 424 页。
2 《后汉书》卷一四《宗室四王三侯列传》，第 558 页。
3 《后汉书》卷一四《宗室四王三侯列传》，第 557 页。
4 《后汉书》卷三七《桓荣传》，第 1260 页。
5 《后汉书》卷三七《桓荣传》，第 1261 页。
6 《后汉书》卷四八《应奉传》，第 1607—1609 页。

体质性，但就常规的知识学养、才能、作品成果、对社会政治的参与等方面来看，文人与一般士大夫的界限区别始终不甚分明。

东汉后期以来，随着士大夫中善属文者增多，他们与文人重合之处增大，文人与非文人的具体界限较先前更模糊。据失名者的汉史记载，东汉人赵峻"志性聪敏，又能属文，所制才藻，落纸如飞，下笔即成，都不寻覆也"[1]。朱穆家世衣冠，历任侍御史、刺史、尚书等职，禄仕数十年，素性刚直，治事严正不苟，奏记极谏权臣。他曾与延笃、边韶等"共著作东观"[2]，"所著论、策、奏、教、书、诗、记、嘲，凡二十篇"[3]。其论议性文章往往为政治经历所激发，指摘时弊，具有强烈的社会现实批判性，"常感时浇薄，慕尚敦笃，乃作《崇厚论》"，"又著《绝交论》，亦矫时之作"[4]，与其政治作风相当一致。对于朱穆以及与朱穆类似的士大夫来说，他们的写作无疑会成为兑现其社会政治责任的一个途径，当政治劝谏、现实参与渠道不畅通的时候，文章就尤其容易被他们用作表达批评性意见的重要方式。朱穆这些社会批判意味浓厚的文章，深受士大夫、文人的赞赏，《后汉书·朱穆传》注引《袁山松书》曰："穆著论甚美，蔡邕尝至其家自写之。"对于朱穆"志抑朋游之私，遂著《绝交》之论"，蔡邕甚至还著文积极予以回应，"又作《正交》而广其致焉"[5]。对于以政治参与为人生首要选择的士大夫而言，与其认为他们是要以文章的审美性立身成名，不如说，他们更想要借助于写作才能，以其文采斐然的表达，来更有感染力地传达自己的政治见解和对社会问题的看法，世家出身的汉代士大夫尤其看重这种选择的高贵性。朱穆端方正直的政治道德与其善属文的才能相结合，这一士大夫形象赢得了时人的尊重，"及穆卒，蔡邕复与门人共述其体行，谥为文忠先生"，"忠以为实，文以彰之"[6]。

写作能力和风气在士人中不断蔓延，但首先并不表现为辞赋这些讲究

1 《八家后汉书辑注·无名氏后汉书》（修订本），第728页。辑注者周天游认为，此赵峻活跃于东汉中期，即范晔《后汉书》卷六《顺帝冲帝纪》所载，顺帝汉安元年以司隶校尉为太尉、冲帝即位后任太傅者。

2 《后汉书》卷六四《延笃传》，第2103页。

3 《后汉书》卷四三《朱穆传》，第1473页。

4 《后汉书》卷四三《朱穆传》，第1463、1467页。

5 《后汉书》卷四三《朱穆传》，第1473、1474页。

6 《后汉书》卷四三《朱穆传》，第1473—1474页。

语言华美而旨意灵活的文类。《论衡·自纪》:“夫口论以分明为公，笔辩以荴露为通，吏文以昭察为良。深覆典雅，指意难睹，唯赋颂耳！”[1]章表奏议一类政治性写作，或者如王充所称之“吏文”，是士大夫从政为官生涯中最具有实用性的文体。以言事陈政为主要内容的疏奏文书，不外乎以通常的议论、说理为写作基础，对于文章作者和使用者来说，疏奏、论说这些表面看起来各自不同的文章类别，其实具有内在的相关性，彼此之间甚至可以方便地转化。《商君书》中有“臣故为世主患之”“臣请语其过”“而臣窃以为不然”“曩者臣言曰”“则臣愚不能知已”等若干类似上奏的说法，高亨据之认为，《算地》《徕民》等七篇，“很明确是作者献给秦君的书奏”[2]。余嘉锡基于王应麟《汉艺文志考证》卷五的看法，进一步明确认为，《汉书·贾谊传》所载《治安策》，乃班固取《新书》中“十数篇删节连缀为之”，贾谊其余上疏亦复如此。不啻此，《汉志》中“儒家”类中《钩盾冗从李步昌》八篇，“盖皆其上书言事之文也”；甚至怀疑西汉前期若干人“传志中所载对策上书诸文，盖皆采之所著书中”[3]。

尽管章表疏奏与所著书论之间的先后采择关系，未可如此一概而论，但是两者时常相互转化，却是无疑的。王充曾主动将奏记调整为书论，他就此明确表白其经验之谈曰：“上书奏记，陈列便宜，皆欲辅政。今作书者，犹上书奏记，说发胸臆，文成手中，其实一也。夫上书谓之奏，奏记转易其名谓之书。建初孟年，中州颇歉，颖川、汝南民流四散。圣主忧怀，诏书数至。《论衡》之人，奏记郡守，宜禁奢侈，以备困乏。言不纳用，退题记草，名曰《备乏》。酒縻五谷，生起盗贼，沉湎饮酒，盗贼不绝，奏记郡守，禁民酒。退题记草，名曰《禁酒》。”[4]上书奏记，士大夫陈政议事的章表奏疏，就其核心内容而言，与他们对一般时事阐发的论说是同质的，“其实一也”；格式的规定性部分稍加调整，章奏一类文章便可以直接转换为针对社会现实问题的论说文，如王充所说的，“退题记草”，在不被采用的奏记草稿上加个标题，“奏记转易其名谓之书”。《后汉书·赵

1 《论衡校释·自纪》，第1196页。
2 《商君书注译》，第8页。
3 《古书通例》，第233—236页。
4 《论衡校释·对作》，第1181—1182页。

岐传》中的情形类似："岐欲奏守边之策，未及上，会坐党事免，因撰次以为《御寇论》。"[1] 从这个意义上来说，如果士大夫具备写作章表奏议的能力，他也就可以写作书论等在内的社会生活中的基本文体了，反之亦然。虽然士大夫们不一定都能够胜任赋颂等修辞性强的文类，但辞赋的写作，有时候也不过是在进一步为奏记之类做注脚。《后汉书·杨终传》注引《袁山松书》曰："时蜀郡有雷震决曹，终上白记，以为断狱烦苛所致，太守乃令终赋雷电之意，而奇之也。"[2] 蜀太守命郡小吏杨终作赋，以雷电来申发其奏记中的政事见解，其实只是将原先的政治表达再行辞赋化而已。

九、仕宦之为文人写作的现实生活背景

曹魏刘劭在《人物志·流业》中将国家人才分为十二类："盖人流之业十有二焉：有清节家，有法家，有术家，有国体，有器能，有臧否，有伎俩，有智意，有文章，有儒学，有口辩，有雄杰。"其九"有文章"，刘劭定义曰："能属文著述，是谓文章，司马迁、班固是也。"[3]《论衡》曾说文儒"无常官"[4]，即作为著作者的文人在政权体制中没有固定的专属职位。与这种从文人出发的视角不同，刘劭以满足官方需求为出发点，其所谓人才重在与既定体制下的官吏设置和职能相对应，"凡此十二材，皆人臣之任也"。在他看来，"文章之材，国史之任也"[5]，无论司马迁为太史令，还是班固在兰台著述，能够像他们一样撰作汉史，论载"明圣盛德""忠臣死义之士"，文章之士最大可能地效力于政权，这是以其"属文著述"才能所能谋得的最体面、惬当的官方职事。

但无论"任国史"，还是"无常官"，都意味着文人单凭文章才能在仕途中出路极为狭窄或职属难定。除了文才之外，如果不能够掌握一定的行政技能和办事经验，兼擅多方面的才干，他们在从政入仕中遭遇失败、感

1 《后汉书》卷六四《赵岐传》，第 2123 页。注引《决录注》曰："岐拟前代连珠之书四十章上之，留中不用。"
2 《后汉书》卷四八《杨终传》，第 1597 页。
3 刘劭：《人物志》，梁满仓译注，中华书局，2014 年，第 47、49 页。
4 《论衡校释·书解》，第 1151 页。
5 《人物志·流业》，第 57 页。

觉不得志，就几乎是必然的。在现实中，文人居位任职但常常不堪实用，宜于虚职却又时常渴望治民理事，并因此对不被重用感到失望，这种矛盾的处境，再加上因文才所造就的广泛社会声誉，以及因此而来的高度自我期许，使他们在求仕、入仕中非但难以得利通便，而且有可能益发笨拙，并容易陷于失落和幻灭。

只能从入仕为政中寻求人生实现机会的汉代文人，他们的生活选择和情感经历大半是与仕事捆绑在一起的。当他们感觉乐观、充满信心的时候，他们相信会真的能有一番作为，在社会政治中建立功业，改善风俗，教化民众。他们会把这种志向写进诗里；他们会在有关的文章，如章表奏议中，流露出昂扬的意气和伟大的怀抱，慨然陈述政治意见。随着士人入仕的方式变得相对稳定，他们的仕途经验和感受大量累积，种种失败的、不如意的、难以提防的，最容易给他们以触动。尤其是那些天性廓落、敏感又疏于谋略、拙于经营的文人，时命不偶、遭谗畏嫉之感就更为普遍，他们的失意、不平，自然而然地会向其所擅长的诗文中去抒发。张衡为侍中，在朝廷讽议左右而遭宦官谗毁，他“常思图身之事，以为吉凶倚伏，幽微难明，乃作《思玄赋》，以宣寄情志”[1]。文人们有关社会政治的体验、认知是如此丰富、错综，除了在作品中表露其用世之志、济世之情，仕事中种种负面感受及由此而来的感伤、哀怨，也成了中国古代文学中一个长久性的主题。“垂文扬采，遗将来兮”[2]，“舒情陈诗，冀以自免兮”[3]，刘向在《九叹》中塑造了这位“遭纷逢凶，蹇离尤”的士大夫，在现实不遇之下，绝望中希冀凭借其富有文采的诗歌，不仅能够自我开脱，而且使后人可以理解他，明白他的内心和为人。

对于大多数秩级有限的官吏来说，他们平日的工作是在官署中，遵循一套严格的专业用语和行文格式来起草、抄写公文，按照流程和规章处理行政文书，或者请示汇报、奔走往来，办理一应繁冗琐碎的日常公务，解决各种矛盾事端。刘桢《杂诗》倾诉了自己身为属吏，从事文书工作的烦乱处境和苦闷心情：“职事相填委，文墨纷消散。驰翰未暇食，日昃不知

1 《后汉书》卷五九《张衡列传》，第 1914 页。
2 《楚辞补注·九叹·逢纷》，第 285 页。
3 《楚辞补注·九叹·远逝》，第 295 页。

晏。沉迷簿领书，回回自昏乱。”[1]秦嘉为郡上计，在给妻子的书信中抱怨吏事辛劳：“不能养志，当给郡使……当涉远路，趋走风尘，非志所慕，惨惨少乐。”[2]即使这类比较私人性的作品，也与他们在官府中的职事经历有着剥离不了的联系。

这种平淡、重复，甚至令人厌倦的官衙日常，乃是古代文人的写作一个不能被忽视的现实生活背景。他们那些描写个人感兴、自我抒情或者体物言志的诗赋，看起来大多不属于他们的官方职事范畴和环境、氛围；他们讲究修辞、有个性的文字才情，与带有很强规定性的文书写作也基本不同调。不过，比起参与国家重大决策、影响政局的朝堂论议，或者在波谲云诡的朝廷争斗中戏剧性的慷慨激扬，这种拘束、单调、日复一日的官府衙署生活，才是大多数士人，尤其是位居下僚的掾属佐史真实的安身之道。这种没有多少成就感、缺乏诗意的吏事庸常，乃是文人文学生发的实际土壤，正是由于所期许的人生理想、政治目标难以兑现，才可能激发他们不断向文学中倾诉和寄托，在其中憧憬他们的光荣与梦想，重申他们的使命与责任，宣泄他们的悲愤与牢骚，哀愁他们的出路与生计，也寻求他们的庇护和桃花源，在自我抒情和文字构建中获得精神上的平衡，并引发同道的共鸣，因为这是万千仕士们共有的生存状态和精神历程。

一个入仕为官的文人，最易于通过自己的仕宦经历来感受社会和时代。他们为此进行了多年的知识、教育准备，通常经过了在外游宦的奔波，历经逢迎驱使的小吏生涯，在长期汲汲以求之后，或许多少得遂心愿。不过这寄托了个人志向、父母荣耀和家庭生计的官场生涯，到头来很可能并不能令他们真正满意。冯衍《显志赋》之自论曰：“久栖迟于小官，不得舒其所怀。抑心折节，意凄情悲。……况历位食禄二十余年，而财产益狭，居处益贫。……身愈据职，家弥穷困。”[3]作为几十年时光消耗在其中的人生目标，仕宦不能不说是他们生命中最执着的追求、最深刻的体认了吧！无论他们是否曾经在任职期间写下过表达政见、批评时事的章表奏议；还是他们因为官场倾轧、同侪排挤，而将自己忧谗畏嫉的情绪隐晦地

1 《建安七子集》，第193页。

2 《全后汉文》卷六六《与妻徐淑书》，《全上古三代秦汉三国六朝文》，第834页。

3 《后汉书》卷二八下《冯衍列传》，第985页。

抒发在诗赋里；还是与同僚朋友往来酬酢、诗酒流连；或者由于厌倦、不适应而索性放弃仕进，在归隐中写下了人生的欢欣和安好，毋宁说，文人们的人生浮沉、命运穷达、情感悲欢，相当一部分乃是系于此、发于此的。他们曾经期望由此出发赢得功名，他们也曾经志得意满地想要成就一番大济苍生的伟业，他们还多半体验了不善为政的苦闷，并因此感受仕途困顿和挫败，这里也是他们谋取衣食、解决家庭生计的重要来源，对于财富有限的下层士人，生计的现实压力格外严迫。擅于写赋的司马相如，在所投靠的梁孝王死后，"家贫，无以自业""家居徒四壁立"，竟至如县令所说："长卿久宦游不遂，而来过我。"[1] 王莽始建国三年十二月，针对上级要求部吏九人，每人缴纳一只六斤重的鸡，居延不侵候长茂回文申告："部吏多贫急，毋□。"[2] 综之，作为人生经历相当重要的一部分，仕宦生涯会以或隐或显、正面的或侧面的不同形态，自然进入文人的文学，成为他们的写作动因，成为题材内容、人生感喟的重要来源。文人的写作活动和文学态度不能不受制于其仕宦经历，因为后者不仅将决定着他的经济收入和社会地位，还决定着他的人生感受和精神体验。

※※

长期以来，文人与士、士大夫等词汇在各种文本中经常互文、混用，这一方面表明"文人"这个概念的边际含混、难以确定，另一方面也意味着"文人"与"士"之间关系的缠结、复杂。作为"士"这一社会政治—文化阶层内部自然分化出的一个人物集群或类别，文人具有非单一的属性，他们不仅善于写作，还被要求是一个有道德者，要能够担负起社会政治责任，文人与官员、学者之间存在着若干重叠、交叉的能力和角色因素。文人其实是在士或士大夫的综合性价值素养基础上，强化了特定的方面而已，或者更直接地说，他们乃是"士"阶层当中擅于艺术性地使用文字的写作者，是偏重在写作上的士或士大夫。文人与士大夫的区别，在一些情境下，可以看作是对于人的社会身份从不同角度所进行的观察和强调。

入仕从政无疑是士人社会实践活动的重心，士人复合的角色状况乃是以社会政治为轴心，因此，对于综合了政治和社会意识形态、知识和道德

1 《史记》卷一一七《司马相如列传》，第3000页。

2 甘肃省文物考古研究所等编《居延新简》（上）EPT59·56，中华书局，1994年，第158页。

教育、学术和写作的这类人，他们的文学和人生无疑将显现出与社会政治不同层次的关系状况及矛盾。更进一步地说，隶属于士阶层之内的文人，他们不是将文学用作达成其政治目标、实现其政治理想的工具，就是把它作为政治之后、之外的人生补偿和安慰。文人们往往在进入政权，获得了一定的政治身份后，进而获得更广泛的社会认可[1]。他们进入政权的渠道、方式多种多样，虽然司马相如、王褒、扬雄等人基本是因其文才获得皇帝欣赏从而进入朝廷，但是政权对他们的接纳，却不是只让他们做个文人的。换言之，文人因为写作成就而被征召、授予官职，统治者对这个有才情的人给予肯定，并希望他能成为一个为政权尽可能全面效力的官吏。

随着教育的普及，文学活动的逐步兴盛和传播的广泛，有诗文写作能力的人大量增加，士阶层整体上越来越明显地趋于文人化了。同时，反过来，文人在不断自我分化的过程中，又与士阶层始终保持着如同母体般的联结，即使在一定程度上可以自成一体之后，也不曾摆脱“士”的约束。“士”的价值原则、阶层品性始终制约着文人，并成为文人及其文学最终的衡量标准。这当然奠定了士大夫、文人社会身份复合性的基础，同时也揭示着中国古代社会中，政治与文化综合一体这样一种独特传统。

1　王瑶：“一个作者无论他的出身华素，到他成为文人时，他必已经有了实际的官位，这政治地位实在就是他文人地位的重要决定因素。这样，所有当时诗文的作者们既都局限于上层士大夫群众，因此我们读他们的作品时，就常有一种特殊的感觉，即时代的差异，多于作者个性的差异。……文义之事只成了士大夫进仕的手段和高贵生活的点缀，因此所谓文士地位也就只是指他在政治社会上的地位。”（王瑶：《中古文学史论》，北京大学出版社，1986年，第32页。）

第四章　汉大赋的写作与观念

在中国长期以来的文化传统中，政治始终处于核心的位置，是古代社会生活中的支配性要素。作为从士阶层中分化出的一个人物群体，中国古代的文人积极入仕参政，并将其文章自觉地与政治兴衰密切关联。这种政治对于文化、文学的强烈渗透性和主导性，其确立和长期存在本身不应该只作为研究前提，而应该成为研究对象本身。

在汉代普遍的社会文化思想中，以《诗经》为代表的诗歌被认为具有巨大的社会政治效用，其中“美刺”“讽谏”观念构成了汉代诗学理论的重心之一。汉代文人将当时流行的赋这一种文体，视为诗的流变或后继，并选择其中的散体大赋，赋予以《诗经》的“讽谏”精神和功用价值。扬雄、班固、张衡等汉代重要的赋家，进行了一系列以大赋讽谏皇帝的努力，借以兑现他们由经典教育而来的政教责任。以大赋来对皇帝及其当代政治进行批评，汉代文人试图使文学获得这样一种社会权力和功能。

这些著名文人借助于当时最有文学地位的大赋所进行的政治努力，显然无一成功。但是他们的赋作主张及政教实践的失败，对于确立文学的边界、功能、社会位置，乃是十分有意义的探索。对于文学来说，这未尝不是充分意识到自身特性的一个机会。

一、“讽谏”观念构成了汉代诗学理论的重心之一

以诗歌行政治讽谏，这是自《诗经》产生以来就有的社会文化意识。

诗人自道其创作意图之外[1]，春秋战国文献中的相关表述也不鲜见。《国语·周语上》"使公卿至于列士献诗"，《国语·晋语六》"在列者献诗使勿兜"，都旨在表明可以以诗歌补察天子之政。《论语·阳货》孔子所谓《诗》可以兴观群怨，关于"怨"，《集解》引孔安国注曰："怨刺上政。"[2]《左传·昭公十二年》记载，因周穆王"欲肆其心，周行天下"，"祭公谋父作《祈招》之诗以止王心"[3]。这些零碎的载记和言论，显然都基于这样一种认识：诗歌对现实政治和执政者具有批评、讽谏的功效。

与之前讨论的"文"所体现的社会文化的综合性相关，《诗经》长期以来并不被作为单纯的诗歌唱本或读本，它是以道德、政教为导向的贵族礼乐文化的一个组成。《左传·僖公二十七年》，赵衰推举郤縠为三军元帅曰："臣亟闻其言矣，说礼、乐而敦《诗》《书》。《诗》《书》，义之府也；礼、乐，德之则也；德、义，利之本也。"[4]到了战国后期，《诗》作为重要的组合之一，与《书》《礼》《乐》《易》《春秋》一起，进一步构成了一个稳定的经典文化价值系统，这个系统被视作是包括了政治、道德等人类社会生活的根本法则在内的完备综合体。《庄子·天下》："古之人其备乎！……《诗》以道志，《书》以道事，《礼》以道行，《乐》以道和，《易》以道阴阳，《春秋》以道名分。"[5]《荀子·儒效》："圣人也者，道之管也。天下之道管是矣，百王之道一是矣，故《诗》《书》《礼》《乐》之归是矣。《诗》言是，其志也；《书》言是，其事也；《礼》言是，其行也；《乐》言是，其和也；《春秋》言是，其微也。"[6]汉初，循着这一大全式的社会文化

1 《小雅·节南山》："家父作诵，以究王讻。式讹尔心，以畜万邦。"《小雅·何人斯》："作此好歌，以极反侧。"《小雅·巷伯》："寺人孟子，作为此诗。凡百君子，敬而听之。"《大雅·板》："犹之未远，是用大谏。"《大雅·民劳》："王欲玉女，是用大谏。"这些诗篇中，作者明确表示了用以讥刺政治、讽谏君主执政的意图。

2 《论语集释》，第1212页。

3 《春秋左传注·昭公十二年》（修订本），第1487页。

4 《春秋左传注·僖公二十七年》（修订本），第486—487页。

5 《庄子集释》，第1067页。

6 《荀子集解》，第133页。

思路，贾谊将六艺与世间根本法则的关系发挥得更加淋漓[1]。《史记·太史公自序》也推阐：“《易》著天地阴阳四时五行，故长于变；《礼》经纪人伦，故长于行；《书》记先王之事，故长于政；《诗》记山川溪谷禽兽草木牝牡雌雄，故长于风；《乐》乐所以立，故长于和；《春秋》辩是非，故长于治人。是故《礼》以节人，《乐》以发和，《书》以道事，《诗》以达意，《易》以道化，《春秋》以道义。”[2]六部经典乃是自然、人类、社会之根本法则以不同形态、在不同方面的体现，各自具有相应的功能和实现方式。对这一系列组合，汉代学者显然试图做出更加明确、完备的表述。

这一类联袂而至的系列性说法，在现代很容易被归为陈词滥调，但事实上，它乃是综合性的社会文化传统的一个具体映现。以《诗经》《尚书》为体现的早期诗文，有关其社会位置，必须要放置于上述文化体系中去认识，在与其他同类项的关系中得到确认，这意味着，所有这些内容差别明显的经典，它们的价值和功用，彼此应当是匹配的、贯通的。这个综合性的文化体系无疑以社会政治为重心，子曰：“人道政为大。”[3]诗歌在这一综合体中首先或根本上不是以文学的性质来取得位置，而是更着重于政治教化、道德教育的功用和影响。这固然与文学发展的早期阶段有关，同时，它也是奠定中国文学传统的思想观念基础。在汉代，无论儒生，还是法术之士，抑或言阴阳五行者，他们对文学的肯定与否定，他们的引发和借助，他们提出的期许与设计的方向，其实大都是由以社会政治为核心的文明综合体出发得出的结论，这不能不说受制于以政治、道德、文教的三位一体所体现着的中国古代文化的综合性。

汉代《诗经》学兴盛，儒士们在对先秦的文化思想、社会历史资料加

1 《新书·道德说》：“《书》者，著德之理于竹帛而陈之令人观焉，以著所从事，故曰‘《书》者，此之著者也’。《诗》者，志德之理而明其指，令人缘之以自成也，故曰‘《诗》者，此之志之也’。《易》者，察人之循德之理与弗循而占其吉凶，故曰‘《易》者，此之占者也’。《春秋》者，守往事之合德之理与不合而纪其成败，以为来事师法，故曰‘《春秋》者，此之纪者也’。《礼》者，体德理而为之节文，成人事，故曰‘《礼》者，此之体者也’。《乐》者，《书》《诗》《易》《春秋》《礼》五者之道备，则合于德矣。合则欢然大笑矣，故曰‘《乐》者，此之乐者也’。”（阎振益、钟夏：《新书校注》，中华书局，2000年，第327—328页。）

2 《史记》卷一三〇《太史公自序》，第3297页。

3 《礼记集解·哀公问》，第1260页。又《大戴礼记解诂·哀公问于孔子》，第13页。

以继承和发挥的基础上，对以《诗经》为代表的诗歌传统及其价值、功用进行了总结，从而阐释出系统的诗学理论。这种阐释，依然把诗看作是以社会政治为核心的综合性文化体系中的一个构成，并进而将《诗经》充分的政治经典化。《毛诗序》："故正得失，动天地，感鬼神，莫近于诗。先王以是经夫妇，成孝敬，厚人伦，美教化，移风俗。"[1]使人心向善，使各种人伦关系和谐，从而匡正社会弊端，使天下各地的风俗端正、美好，而做到这一切，与其他的儒家经典相比较，没有比诗歌更适合的了。

《诗经》之所以能发挥这样一种政治影响力，汉代学者强调，关键在于它具有一种独特的功效。《毛诗序》曰："风，风也，教也；风以动之，教以化之。"[2]朱骏声谓："风动物而无形，故微言婉辞谓之风。"[3]所谓"风"，即诗歌所特有的道德教育、感化的功用，就像风吹草低一样，具有触动人心的力量，使人从精神上有所感知、感动，从而在不知不觉间顺着风向倒伏——向着主导者希望的方向发生改变。这种教化发生的过程是自然的，在潜移默化中进行，影响人于无形。

在传统社会中，风化、教化通常都来自执政者从上而下的主导，但同时也存在着一个下对上的批评性影响。《毛诗序》："上以风化下，下以风刺上，主文而谲谏，言之者无罪，闻之者足以戒，故曰风。"[4]而这上化下、下刺上的诗歌双向作用，似乎要以后者更为常见。与"上以化下"相应，诗被认为应当歌颂君主的功德，王褒《四子讲德论》声称，"扬君德美"是作为臣子的士大夫的政治责任和义务；不过他同时也承认，"夫世衰道微，伪臣虚称者，殆也；世平道明，臣子不宣者，鄙也"[5]。总体而言，"自生民以来，善政少而乱俗多"[6]，所以，虽然《诗经》被认为有"美刺"功用，但在现实中，对于专制主义中央集权政治下的汉代士人而言，"上以风化下"更多地保留为过去时代里圣君明主治下的理想社会状态；倒是"下以风刺上"，即诗批评、讽谕君主的功用，在经典教育的武装下，更适

1 《毛诗正义》卷一，《十三经注疏》，第 270 页。
2 《毛诗正义》卷一，《十三经注疏》，第 269 页。
3 朱骏声：《说文通训定声・临部弟三》，中华书局，2016 年，第 105 页。
4 《毛诗正义》卷一，《十三经注疏》，第 271 页。
5 《文选》卷五一，第 713 页。
6 《后汉书》卷六一《黄琼传》，第 2032 页。

合他们旨在“经世致用”的现实需求，并为他们提供了时代批评、政治干预的依据。总之，对于并不自认为生逢明王圣主之世的大多数汉代士人来说，诗歌所能有的政治批评性质就有了不言而喻的现实重要性，同时，《诗经》的经典性也确保了这种政治批评的合法性。

以《毛诗序》为代表的汉代诗学理论，除了肯定“人心感物而动”的诗歌基本特质外，还进一步循着“声音之道与政通”的音乐观念，尤其强调诗之“美刺比兴”“主文而谲谏”的特性，“诗者，弦歌讽谕之声也”[1]，突出地肯定以《诗经》为代表的诗歌具有政治批评的“讽谏”功用。

二、汉代士大夫的政治讽谏艺术

作为“古文经学”的《毛诗》，虽然其广泛的社会影响主要发生自东汉，但是构成汉代诗学理论重心之一的“讽谏”观念，却是深深地植根于中国悠久的文化土壤之中。先秦文献中多次述及对于君主、执政不同形式的规谏。《国语·楚语上》：“昔卫武公年数九十有五矣，犹箴儆于国，曰：‘自卿以下至于师长士，苟在朝者，无谓我老耄而舍我，必恭恪于朝，朝夕以交戒我；闻一二之言，必诵志而纳之，以训导我。’在舆有旅贲之规，位宁有官师之典，倚几有诵训之谏，居寝有亵御之箴，临事有瞽史之导，宴居有师工之诵。史不失书，矇不失诵，以训御之，于是乎作《懿》(戒)以自儆也。”[2]“近臣谏，远臣谤，舆人诵，以自诰也。”[3]

这些规谏经常显示为系列性的举措。《国语·周语上》：“故天子听政，使公卿至于列士献诗，瞽献曲，史献书，师箴，瞍赋，矇诵，百工谏，庶人传语，近臣尽规，亲戚补察，瞽、史教诲，耆、艾修之，而后王斟酌焉，是以事行而不悖。”[4]《国语·晋语六》：“吾闻古之王者，政德既成，又听于民，于是乎使工诵谏于朝，在列者献诗使勿兜，风听胪言于市，辨袄祥于谣，考百事于朝，问谤誉于路，有邪而正之，尽戒之术也。”[5]《左

1 郑玄《六艺论》,《全上古三代秦汉三国六朝文》卷八四，第927页。
2 上海师范大学古籍整理研究所校点《国语》，上海古籍出版社，1988年，第551页。
3 《国语》，第556页。
4 《国语》，第9—10页。
5 《国语》，第410页。

传·襄公十四年》:“是故天子有公,诸侯有卿,卿置侧室,大夫有贰宗,士有朋友,庶人、工、商、皂、隶、牧、圉皆有亲昵,以相辅佐也。善则赏之,过则匡之,患则救之,失则革之。自王以下,各有父兄子弟以补察其政。史为书,瞽为诗,工诵箴谏,大夫规诲,士传言,庶人谤,商旅于市,百工献艺。”[1]尽管这些说法错杂不一,还是可以从中获得一个有关中国早期社会中“规谏”系统的大致印象。对于一个贤明而富有责任心的君主来说,朝廷近臣、上下各等级的官员、专业职事人员,甚至普通民众,他们从不同的角度,以各不相同的文化凭借和方式、途径,对执政者的言行、国家的治理进行全方位的规谏、告诫,以使君主弥补缺失、完善政治。前代遗存的古训、当代的日常箴谏、民间传布的言语,在事关朝政得失的各种批评性信息中,也包括公卿大夫这些在朝者精心制作并进献的诗篇。

先秦史料中其实并未见这种系统性全面谏劝的制度性规定,然而汉初以来,士大夫们不断重申这些古来美谈,并以所谓“古者圣王之制”为直接蓝本,希望借以建立起一个秩序化的社会政治规谏机制。《汉书·贾山传》:“孝文时,言治乱之道,借秦为谕,名曰《至言》。”贾山在文中直言“秦皇居灭绝之中而不自知”,其原因正在于“亡进谏之士”,“杀直谏之士”。[2]鉴于亡秦杜绝言路的教训,汉代儒士们不遗余力地一再提出要“除诽谤以招切言,开天下之口,广箴谏之路”[3]。既然权力集中掌握于皇帝之手,要使得政治尽可能减少过失,国家长治久安,就需要保障言路畅通,将社会中的各种批评意见尽可能有效地上达到最高统治者,使之警惕、戒备,及时觉察错漏,加以补救。有鉴于此,贾山强调:“古者圣王之制,史在前书过失,工诵箴谏,瞽诵诗谏,公卿比谏,士传言谏,庶人谤于道,商旅议于市,然后君得闻其过失也。闻其过失而改之,见义而从之,所以永有天下也。”[4]“人性非甚相远也,何殷周之君有道而长也,而秦无道之暴也”,在对这一痛切的历史教训的反思中,贾谊《新书·保傅》解释殷周

1 《春秋左传注》(修订本),第1118—1119页。
2 《汉书》卷五一《贾山传》,第2327、2333页。
3 《汉书》卷五一《路温舒传》,第2371页。
4 《汉书》卷五一《贾山传》,第2330页。

时代："于是有进善之旌，有诽谤之木，有敢谏之鼓，瞽史诵诗，工诵箴谏，大夫进谋，士传民语。"[1] 晚些时候，戴德在《大戴礼记·保傅》就此又予以重申[2]。《淮南鸿烈·主术》："古者天子听朝，公卿正谏，博士诵诗，瞽箴师诵，庶人传语，史书其过，宰彻其膳。犹以为未足也，故尧置敢谏之鼓，舜立诽谤之木，汤有司直之人，武王立戒慎之鞀，过若豪厘，而既已备之也。"[3] 对古代说法的这些引述，显然都有着强烈的当代出发点和现实针对性。这些古代资料之所以一再发出回响，无非是反映了其对眼下社会问题的呼应。无论是曾经存在过的制度，还是作为一种社会政治理想的表述[4]，都使现实中跻身于政治体制的汉代士大夫心向往之，并足以在精神上支持他们，成为他们政治文化建设的重要依据。

与周代宗法封建社会中借助于宗亲血缘关系来辅助政治救治不同，随着汉代士人越来越多地进入仕途，成为官僚士大夫，他们言辞激切地把对君主的批评、谏劝看作其当仁不让的责任。贾山表示："臣闻为人臣者，尽忠竭愚，以直谏主，不避死亡之诛者，臣山是也。"[5] 主父偃也说："臣闻明主不恶切谏以博观，忠臣不避重诛以直谏，是故事无遗策而功流万世。"[6]

既然对君主政治的批评被认为是士人重要的职责，就必然会发展出相应的规范要求。《荀子·大略》："为人臣下者，有谏而无讪。"[7] 在对君主规谏问题上，最能够显示汉代社会特色的，是所谓"五谏"的说法。"五谏"的名目稍有出入。《说苑·正谏》："是故谏有五：一曰正谏，二曰降谏，三曰忠谏，四曰戆谏，五曰讽谏。"[8]《白虎通·谏诤》："人怀五常，故知谏有五。其一曰讽谏，二曰顺谏，三曰窥谏，四曰指谏，五曰陷谏。"[9]《公羊

1 《新书校注》，第 184 页。又《汉书》卷四八《贾谊传》，第 2249 页。

2 《大戴礼记解诂》，第 52—53 页。

3 《淮南鸿烈集解》，第 310 页。

4 莽新伊始，作为改制的举措之一，"好古崇圣"的王莽设置了"诵诗工、彻膳宰，以司过"，"令王路设进善之旌，非谤之木，敢谏之鼓。谏大夫四人常坐王路门受言事者"。（《汉书》卷九九中《王莽传》，第 4103—4104 页。）

5 《汉书》卷五一《贾山传》，第 2327 页。

6 《汉书》卷六四上《主父偃传》，第 2799 页。

7 《荀子集解》，第 494 页。

8 《说苑校证》卷九，第 206 页。

9 《白虎通疏证》卷五，第 235 页。

传·庄公二十四年》"三谏不从"何休《解诂》"谏有五"则为讽谏、顺谏、直谏、争谏、赣谏。[1]《孔子家语·辩政》以孔子之口言有谲谏、戆谏、降谏、直谏、讽谏[2]。依照态度、时机、方式、程度的不同，区分出若干种对君主的批评，其中，与刚直、谦卑、直陈其事、舍生忘死的诸种批评相比较，"讽谏"显然是普遍为人推崇的进谏方式。《说苑》借孔子之口曰："吾其从讽谏矣乎！"[3]《白虎通》也说："孔子曰：'谏有五，吾从讽之谏。'"[4]《后汉书·李云列传》论曰："礼有五谏，讽为上。"[5]

所谓"讽谏"，按照《白虎通·谏诤》的解释："事君进思尽忠，退思补过，去而不讪，谏而不露。故《曲礼》曰：'为人臣，不显谏。'纤微未见于外，如《诗》所刺也。"[6]《孔子家语·辩政》王肃注"讽谏"曰："讽诵依违，远罪避害者也。"[7]约言之，与公开直接的"显谏"不同，"讽谏"乃是采用曲折、含蓄的言语，意思婉转、态度不直露的批评性规劝。"不显谏"，被视作人臣事君最恰当合礼的批评方式[8]。

"讽谏"这一种对君主及其政治特殊的批评方式，"如《诗》所刺也"，显然与《毛诗序》"主文而谲谏"的"风刺"相一致。《毛诗序》曰："上以风化下，下以风刺上，主文而谲谏，言之者无罪，闻之者足以戒，故曰风。"[9]"风"同"讽"，意为用"微言婉辞"，即含蓄、委婉的语言暗示、劝告，《甘泉赋序》李善注："不敢正言谓之讽。"[10]《郑笺》："风化、风刺，皆为譬喻不斥言也。……谲谏，咏歌依违，不直谏。"《孔疏》："臣下作诗，所以谏君……而依违谲谏，不直言君之过失。"[11]"讽谏"又与"诗教"相互发明。《礼记·经解》孔子曰："温柔敦厚，诗教也。"《孔疏》曰："温谓

---

1 《春秋公羊传注疏》卷八，《十三经注疏》，第2238页。
2 《孔子家语》卷三，第109页。
3 《说苑校证》，第206页。
4 《白虎通疏证》，第236页。
5 《后汉书》卷五七《李云列传》，第1853页。
6 《白虎通疏证》，第236—237页。
7 《孔子家语》卷三，第110页。
8 《礼记·曲礼》："为人臣之礼，不显谏。"《礼记正义》卷五孔颖达疏曰："凡谏，讽谏为上，赣谏为下。事君虽主谏争，亦当依微，纳进善言耳，不得显然明言君恶，以夺君之美也。"（《十三经注疏》，第1267页。）
9 《毛诗正义》卷一，《十三经注疏》，第271页。
10 《文选》卷七，第111页。
11 《毛诗正义》卷一，《十三经注疏》，第271页。

颜色温润，柔谓情性和柔。诗依违讽谏，不指切事情，故云温柔敦厚，是诗教也。”[1]郭绍虞阐释其在文学上的表现：“由温柔敦厚言，所以重在比兴，重在蕴蓄，重在反复唱叹，重在婉陈，重在主文谲谏。”[2]所谓“依违讽谏”，所谓“主文而谲谏”，《诗经》所被阐发出的“风刺”“讽谏”，乃在于称述事情、事物，尤其是表达批评看法时，其态度温和含蓄，意旨不显露、不切直；在具体表现方法上，以比兴等修辞为其必要手段。要之，以委婉、含蓄的语言，暗示性地讥刺君主的过失，臣下对君主这种特殊的政治批评，汉代普遍称作“讽谏”。得自于《诗经》的这一种婉转、含蓄的讽谏方式，显然在相当程度上利用了诗歌的文学特性。同时，“讽谏”也赋予了诗歌一种通过批评介入现实政治的能力和特权：它不仅做得到，而且有权利这样做。

作为臣下对君主的批评，“讽谏”的特殊性在于，可以使君主的过错不被张扬、暴露，从而既能尽为臣者的责任，又可保全君主的颜面和自尊，避免触怒他；从理论上讲，也容易保护谏劝者，使之免于因言获罪的危险境地。正如《毛诗序》所云：“主文而谲谏，言之者无罪，闻之者足以戒，故曰风。”《孔疏》：“依违谲谏，不直言君之过失；故言之者无罪，人君不怒其作主而罪戮之，闻之者足以自戒，人君自知其过而悔之。”[3]同时，“讽谏”还被士大夫认为体现出防微杜渐、察于未萌的政治智慧，“讽谏者，智也。知祸患之萌，深睹其事，未彰而讽告焉。此智之性也”[4]。“讽谏者，知祸患之萌而讽告也。”[5]这种肯定，清晰地体现了这一政治批评艺术的士大夫立场。

“讽谏”既构成了汉代诗学理论的重心之一，也是士大夫在政治批评中所主张的首选方式。士人们一方面胸怀匡济天下的责任理想，一方面又不能不为专制主义中央集权政治下的君臣之道所约束，批评君主和时政的现实风险，史不绝书。东方朔再三感慨“谈何容易”：“故直言其失，切谏其邪者，将以为君之荣，除主之祸也。今则不然，反以为诽谤君之行，无

1 《礼记正义》卷五十，《十三经注疏》，第1609页。
2 郭绍虞：《中国文学批评史》，百花文艺出版社，2008年，第620页。
3 《毛诗正义》卷一，《十三经注疏》，第271页。
4 《白虎通疏证》，第235页。
5 《后汉书》卷五七《李云列传》李贤注引《大戴礼记》，第1854页。

人臣之礼，果纷然伤于身，蒙不辜之名，戮及先人，为天下笑，故曰谈何容易！”[1]路温舒上书宣帝，直陈当时“正言者谓之诽谤，遏过者谓之妖言”[2]。梅福上书成帝：“今陛下既不纳天下之言，又加戮焉。……间者愚民上疏，多触不急之法，或下廷尉，而死者众。自阳朔以来，天下以言为讳，朝廷尤甚……天下以言为戒，最国家之大患也。”[3]西汉末，申屠刚在贤良方正对策中批评朝廷：“数下诏书，张设重法，抑断诽谤，禁割论议，罪之重者，乃至腰斩。伤忠臣之情，挫直士之锐，殆乖建进善之旌，悬敢谏之鼓，辟四门之路，明四目之义也。”[4]鉴于政治批评的责任良心和皇帝威严难犯的现实，同时也出于对入仕从政的巨大风险和生命压力的认识而来的谨慎，士大夫在严峻的仕宦处境中，总结出一套基于现实矛盾和利害法则的政治批评艺术。《说苑·正谏》：“《易》曰：‘王臣蹇蹇，匪躬之故。’人臣之所以蹇蹇为难而谏其君者，非为身也，将欲以匡君之过，矫君之失也。君有过失者，危亡之萌也；见君之过失而不谏，是轻君之危亡也。夫轻君之危亡者，忠臣不忍为也。三谏而不用则去，不去则亡身，亡身者，仁人所不为也。是故谏有五……夫不谏则危君，固谏则危身，与其危君宁危身。危身而终不用，则谏亦无功矣。智者度君权时，调其缓急，而处其宜，上不敢危君，下不以危身。故在国而国不危，在身而身不殆。”[5]根深蒂固的社会政治匡正和国家安危的责任意识、君主的权势与威严、自身的平安，对“五谏”中“讽谏”的推尊，不能不说是士人们在这三者之间所尽力寻求的一种平衡。

说到底，所谓“讽谏”，强调对皇帝及其政治的批评要采取委婉的态度，迂回、不直接的方式，无非基于对一个现实的承认：统治者至高无上的权威不能被轻易冒犯，他的尊严是绝对的，即便批评明显是善意的、有利于国家政治，也须得在君尊臣卑的人伦关系及规则的框架内进行，讽谏者唯有恪守其臣属者的立场和本分。

1 《汉书》卷六五《东方朔传》，第 2869—2870 页。
2 《汉书》卷五一《路温舒传》，第 2369 页。
3 《汉书》卷六七《梅福传》，第 2921—2922 页。
4 《后汉书》卷二九《申屠刚传》，第 1011—1012 页。
5 《说苑校证》卷九，第 206 页。

三、“诗谏”的式微

作为先前进谏系统中的一部分，作诗以讽谏这种特殊的语言运用方式，在汉代偶或一见。据《汉书·韦贤传》，韦贤的祖先韦孟通《诗经》，景帝时任楚王刘戊傅，“戊荒淫不遵道，孟作诗风谏”[1]。这首《讽谏诗》用了几章来批评刘戊的过失，犬马放逸、娱游享乐、亲近谄谀小人：“如何我王，不思守保，不惟履冰，以继祖考！邦事是废，逸游是娱，犬马繇繇，是放是驱。务彼鸟兽，忽此稼苗，烝民以匮，我王以媮。所弘非德，所亲非俊，唯囿是恢，唯谀是信。”整首诗具有上承《诗经》“大小雅”的明确意识，采用了《诗经》《尚书》中常见或类似的语汇和句式，所谓“匡谏之义，继轨周人”[2]，换言之，诗人有意将他当前的批评，纳入到西周的语言表达体系和风格之中，因而不得不在语辞和内容之间寻找相互的适应和平衡。就劝谏效果而言，“诗经”式的表达其实不如通常的奏疏明豁，后者可以清晰地条陈过失，并进而充分阐述事理。倒是诗歌特有的一些感慨语气，对于感化受谏者，或许多少可以增加一些情感因素。作诗讽谏这一现象，很可能与当时楚国王廷中特有的区域性文化气息有关。刘戊的祖父楚元王刘交，“好书，多材艺”，早年曾专门拜师学习《诗经》。汉初，他在其封国中招聚了一批“鲁诗”学者，“元王好《诗》，诸子皆读《诗》”，他还为《诗经》作传解，号“元王诗”，从而培养了一个《诗经》研读、传习的中心[3]。

在儒家意识形态的汉代社会里，“诗谏”这一士大夫们十分熟悉的古典行为，主要体现为发挥《诗经》中的义理来规劝。《汉书·武五子传》载，昌邑王刘贺在王国及即皇帝位期间，郎中令龚遂曾一再以《诗经》谏劝：“臣不敢隐忠，数言危亡之戒，大王不说。夫国之存亡，岂在臣言哉？愿王内自揆度。大王诵《诗》三百五篇，人事浃，王道备，王之所行中

1 《汉书》卷七三《韦贤传》，第3101页。

2 《文心雕龙注释·明诗》，第48页。

3 《汉书》卷三六《楚元王传》，第1921—1922页。

《诗》一篇何等也？”“陛下之《诗》不云乎？‘营营青蝇，至于藩；恺悌君子，毋信谗言。’陛下左侧谗人众多，如是青蝇恶矣。宜进先帝大臣子孙亲近以为左右。”[1]还是这位昌邑王，作为师傅的“鲁诗”学者王式，面对汉廷责问时如是自我辩解：“臣以《诗》三百五篇朝夕授王，至于忠臣孝子之篇，未尝不为王反复诵之也；至于危亡失道之君，未尝不流涕为王深陈之也。臣以三百五篇谏，是以亡谏书。”[2]引申、阐发《诗经》中的道理来谏劝，以上说法可谓将《诗经》等同于谏书。匡衡是西汉后期有名的《诗经》学者，他任职朝廷，“数上疏陈便宜，及朝廷有政议，傅经以对，言多法义”，其奏疏中尤多对《诗经》的援引和义理的发挥[3]。充分发掘《诗经》中的政教规训，赋予以深刻的思想内涵，进而用作现实批评的武器，《诗经》显然被政治经典化了。

尽管士大夫、学者们对“献诗以讽谏”的政治——文化现象一向津津乐道，却并未能将这一先秦美谈转化为汉代的社会事实，这不能不说是发人深省的。这或者要部分地归因于汉代国家行政管理的秩序化，以及士人入仕为官的逐步体制化。随着政府上下的各部门有了明确的职司及相应的规程，士大夫政治意见的发表变得越来越受制于一定的方式和环节。在士人言古訾今激怒秦始皇而卒获打击之后，通过意识形态的约束和选举标准的引导，汉代统治者在将明经之士逐渐纳入官僚体系的同时，也试图将政治议论、批评变成他们任职行事的责任，使这种当初较多民间、在野色彩的政治干预方式，规范为政权体系之内的表达。诗歌与讽谏的密切联系，虽然在士大夫的文化观念中长远以存，但是随着他们政见表达得越来越官职化，“诗谏”事实上就只能被保留为经典化的历史了，因为它找不到普遍对应、现实兑现的时代土壤。

---

1 《汉书》卷六三《武五子传》，第 2766 页。

2 《汉书》卷八八《儒林传》，第 3610 页。

3 如成帝即位，“衡上疏戒妃匹”曰：“孔子论《诗》以《关雎》为始，言太上者民之父母，后夫人之行不侔乎天地，则无以奉神灵之统而理万物之宜。故《诗》曰：‘窈窕淑女，君子好仇。’言能致其贞淑，不贰其操，情欲之感无介乎容仪，宴私之意不形乎动静，夫然后可以配至尊而为宗庙主。此纲纪之首，王教之端也，自上世已来，三代兴废，未有不由此者也。愿陛下详览得失盛衰之效以定大基，采有德，戒声色，近严敬，远技能。”（《汉书》卷八一《匡衡传》，第 3342 页。）

四、赋的发达和写作的赋化

将《诗经》等同于谏书，这并不是王式个人的偶然发挥。随着《诗经》充分的经典化，汉代学者们趋于把《诗经》看作一个完整的政治文化建构。《周礼·春官·大师》“六诗”郑玄注曰：“风，言圣贤治道之遗化也。赋之言铺，直铺陈今之政教善恶。比，见今之失，不敢斥言，取比类以言之。兴，见今之美，嫌于媚谀，取善事以喻劝之。雅，正也，言今之正者，以为后世法。颂之言诵也，容也，诵今之德，广以美之。”[1]风赋比兴雅颂，《诗》之“六义”全部被纳入政教框架，后来通常理解为分类概念和表达方式的这些术语，被尽其所能地赋予了政教善恶、美刺的含义。《诗经》变成了如此神圣和完美的制作，“诗者，天地之心，君德之祖，百福之宗，万物之户也”[2]。“诗者，天文之精，星辰之度，人心之操也。”[3]纬书的神秘化，更造就了《诗经》不可企及的高度。

与之相关，诗被看作是特定政治文化和历史阶段的必然产物。“昔成康没而《颂》声寝，王泽竭而《诗》不作。”[4]“周道始缺，怨刺之诗起。王泽始竭，而诗不能作。”[5]诗与其说是一种具有普遍意义的文体，不如说，它更被视作某一政治时代特有的表现形式和结果。而且，尽管《汉书·艺文志》“诗赋略”已将“诗”作为一个普通的类名使用，但事实上，在汉代相当长的时期里，人们无形中都会把《诗经》等同于“诗”这一种文体，谈到诗就往往意味着是《诗经》本身。因此，不难理解，《诗经》全面的政治经典化，其难以企及的崇高地位，它特定的时代定位和归属，它的不可被僭越，这一切，使得人们难以轻松、自在地采用经典四言体诗歌形式来表达生活中普通的欢乐和悲哀，进而压抑了对诗这一文体的选用。总之，将《诗经》充分的政治经典化，由此而来的“诗经学”的发达，不

1 《周礼正义》卷四五，第1842—1843页。
2 上海古籍出版社编《纬书集成·诗纬·含神雾》，上海古籍出版社，1994年，第749页。
3 《纬书集成·春秋纬·说题辞》，第995页。
4 班固《两都赋序》，《文选》卷一，第21页。
5 《汉书》卷二二《礼乐志》，第1042页。

能不导致诗歌创作实践的萎缩。

《诗经》的经典化以及与之相关的诗歌现实创作的弱化，再加上赋作为诗在汉代的流变的认知，成就了赋的发达。汉代文人“朝夕论思，日月献纳”，公卿大臣“时时间作”，“故孝成之世，论而录之，盖奏御者千有余篇，而后大汉之文章，炳焉与三代同风”[1]。在此形势下，诗歌反过来几乎成了赋这一主流文体的附庸。汉代文人常常在赋颂中附着一些模仿《诗经》《楚辞》体式的诗作，如崔骃《北巡颂》系以《歌》，班固《东都赋》系以《明堂》《辟雍》《灵台》《宝鼎》《白雉》等四言体和骚体诗。诗被用作赋颂中踵事增华的元素，却未免等于取消了诗独立自主的表现效果。

作为有汉一代抒情言志、体物图貌的流行体式，汉赋的源流颇为多元，其内部的分类也相当错综。《汉志·诗赋略》之赋分四类，分类的标准殊难揣测。不仅如此，“辞”与“赋”或“赋”与“颂”等若干指涉相关文体的词语的混用，无一不在表明当时文体类别意识的淆乱不清。屈原作品被编入《楚辞》，但《汉志·诗赋略》又以“屈原赋”为四类之首，已经显示辞、赋两者不分。《史记·屈原列传》：“乃作《怀沙》之赋。”[2]《汉书·地理志》：“楚贤臣屈原被谗放流，作《离骚》诸赋以自伤悼。”师古注曰：“诸赋，谓《九歌》《天问》《九章》之属。”[3]《汉书·扬雄传》：扬雄以为，“赋莫深于《离骚》，反而广之；辞莫丽于相如，作四赋”[4]，则直接以《离骚》为赋，将《甘泉》等四赋属之于辞。其实，辞、赋在这里很难说是作为明确的文体分类名称被使用。汉代，尤其是西汉时期，人们的文体意识尚是粗略的，除了行政文书，其他文章体式大都缺乏清晰的规定性，结构、行文、风格等涉及文章样貌的方面，并没有完全形成原则性共识，人们在写作实践中基本没有建立起稳固而普遍的文体自觉。某一文体的特性，是要在与其他文体的区别中才有存在的必要和意义，然而这一时期，无论文体的种类还是作品的数量，都尚未丰富到需要细分类别进行编集、研究的程度。因此，文体的准确命名、严格区分，都既不可能，也

1　班固《两都赋序》，《文选》卷一，第21页。
2　《史记》卷八四，第2486页。
3　《汉书》卷二八下，第1668页。
4　《汉书》卷八七下，第3583页。

非必需。综之，虽然时常约略地对辞、赋有所分别，但所谓“辞人之赋”的说法，实际上就大致通贯了两者，表明它们可以共置于同一文章大类之下。

一个明显的例子是《楚辞》与《汉志·诗赋略》中“屈原赋”类作者的对应。刘向编集《楚辞》，收录了自屈原、宋玉，至汉代贾谊、淮南小山、东方朔、严忌、王褒以及刘向本人的作品；而班固据刘向、刘歆父子的《七略》编定了《汉书·艺文志》，其中“诗赋略”中的“屈原赋”，所包括作者自屈原、宋玉以下，还有汉代的严忌、贾谊、枚乘、司马相如、淮南王及其群臣、吾丘寿王，以至刘向、王褒。这两份作者名单，除了后者人数更多，重合率很高。其中值得注意的是西汉前期最有名的两位赋家，枚乘与司马相如，并未被《楚辞》收录，或许是因为这两人没有与屈原作品内容、风调比较接近的作品；但同时也意味着，这两位乃是最集中体现了赋之特质的作者，换言之，他们鲜明的汉赋风格，明显拉开了与楚辞的距离。说到底，辞人与赋家，对汉代人来说，可以是二而一的，楚辞作者，大概率会被视作赋的作者；不过汉赋的作者，却不一定是楚辞作者。

相对于《诗经》的经典地位，从时代属性来说，楚辞、汉赋无疑属于“后诗经时代”的产物。《汉书·艺文志》：“学《诗》之士逸在布衣，而贤人失志之赋作矣。大儒孙卿及楚臣屈原离谗忧国，皆作赋以风，咸有恻隐古诗之义。其后宋玉、唐勒，汉兴枚乘、司马相如，下及扬子云，竞为侈丽闳衍之词，没其风谕之义。”[1]以后世的眼光来看，屈原、司马相如的作品固然是十分不同的，但对于尊崇经术的汉代学者文人来说，以古代经典为坐标参照，在此之外、之后的所有文化产品，如果不是事关经术，那么其差异化的意义是有限的。不过，《汉志》在“赋”的总名之下，对前后相继并相因的这若干辞赋作者及其作品，还是进行了阶段性区分。所谓其后赋家与屈原作品的差异，初看起来不过是产生的阶段有先后，与《诗经》的传统有远近，但更具有决定性的，乃在于语辞使用上的华丽、繁复程度有别，以及由此导致的思想义理上不同的偏重。

---

1 《汉书》卷三十，第1756页。

辞与赋的界限确实从一开始就未能分明，究其端要，在于语言审美和文字技巧上两者具有同一性。班固《离骚传序》："其文弘博丽雅，为辞赋宗。后世莫不斟酌其英华，则象其从容。自宋玉、唐勒、景差之徒，汉兴，枚乘、司马相如、刘向、扬雄，骋极文辞，好而悲之，自谓不能及也。"[1] 所谓"其文弘博丽雅，为辞赋宗"，正揭示了辞与赋在语言艺术上的共同特性，从屈原发端，经过宋玉，到枚乘、司马相如等人，前后显然一脉。不啻此，循着楚辞"弘博丽雅"的语言风格，赋"竞为侈丽闳衍之词"，进一步将这种华丽、繁复的语言使用推向了极端。扬雄所谓"诗人之赋丽以则，辞人之赋丽以淫"，区别的正是屈原之辞与宋玉以下赋作，在语言风格和运用上的变化，后出者在得其沾溉中又不断尝试更大的可能。《典论·论文》："或问屈原、相如之赋孰愈？"汉末发生的这种比较，无疑仍然基于视两人作品为同一文类的普遍意识。而曹丕回答："优游案衍，屈原之尚也；穷侈极妙，相如之长也。"[2] 则显然以语言极致性效果，作为司马相如赋表现出的最鲜明特征。挚虞《文章流别论》表达的其实也是类似见解："前世为赋者，有孙卿、屈原，尚颇有古诗之义，至宋玉则多淫浮之病矣。"[3] 春秋晚期以降，在社会大动荡和人员频繁的交往、交流中，口头与书面言辞空前大量地涌现，说客、辩士、诸子蜂起，在自由、不受拘束的语言实践中不断加深着对语言的认识，表达技巧的熟练掌握又进一步激发了他们探索语言无限可能的积极性。战国后期以来，穷形尽相、极尽想象之辞地描摹事物、渲染情境，成为游说之士、辞赋家等热衷于文辞者倾注热情、展示才华的手段，华美的文采之外，张大其辞地铺叙事物也为人所喜闻乐见。在汉语言文字中，铺陈式的手法事实上早已有之，随着语言文字的活跃和经验的积累，愈来愈丰富的语言技巧和表达手段，使得汉代写作者不仅可以有意识地加以选用，而且更自觉地予以强化。

不仅辞、赋，赋、颂也是同异相兼的两个概念。《史记·司马相如列传》一则曰"臣尝为《大人赋》……乃遂就《大人赋》"，一则曰"相如

1 《楚辞补注》，第 50 页。

2 《全三国文》卷八，《全上古三代秦汉三国六朝文》，第 1098 页。

3 《全晋文》卷七七，《全上古三代秦汉三国六朝文》，第 1905 页。

既奏《大人之颂》"[1]；王褒的《洞箫赋》《甘泉赋》,《汉书》称作"《甘泉》及《洞箫颂》"[2]；《汉书·扬雄传》所载录《甘泉赋》，王充《论衡》称之为《甘泉颂》[3]；《汉书·叙传》解释《司马相如传》的作意："蔚为辞宗，赋颂之首。"[4]《汉志·诗赋略》甚至将"李思《孝景皇帝颂》十五篇"列在"孙卿赋"之类[5]。王延寿《鲁灵光殿赋序》:"物以赋显，事以颂宣。匪赋匪颂，将何述焉。"[6]辞、赋、颂的这种种混用，一方面固然由于当时文体意识粗疏，辨体未严，另一方面也与汉代赋在体式上缺乏有效的规定性有关。挚虞《文章流别论》："若马融《广成》《上林》之属，纯为今赋之体，而谓之颂，失之远矣。"[7]刘勰也认为："马融之《广成》《上林》，雅而似赋，何弄文而失质乎？"[8]汉代赋的内部其实可分为若干细类，但事实上，即使在大的类别中，几乎也自始至终未能建立起确定、自觉的体制规范，这与章表奏议之类文章逐步趋向格式的严整，是十分不同的。总的说来，"赋"并不是一个外部边界清晰、内部分类稳定而有较明确体式规定性的概念，对于汉代人而言，"赋"这一名称本身，与其说是对文体的命名，不如说主要标识了特定的表达方式和效果。

汉代人对"赋"这种文体彼此心照，他们自有其约定俗成的直观性认识，本来这种弘博侈丽的铺陈写物，特征十分容易把握。正是由于在组织结构、行文格式、语言等体式方面缺乏足够稳定、明确的限定，赋作为一种文体，长期保持了开放性，不仅它自身时常变形，形制游移不固着，其特点鲜明的写作方法和风格更是泛化于多种写作形式中。作为最具有时代特质的文章样态，赋具有笼罩汉代各种写作物的影响力，其写作技艺、文字趣味渗透于诸多其他文类，如章表奏议、诸子论说、史传赞序等，从而使得一些文体，特别是相似文体之间的界限模糊，许多文章呈现出或多

1 《史记》卷一一七《司马相如列传》，第3056、3063页。
2 《汉书》卷六四下《王褒传》，第2829页。
3 《论衡校释·谴告》，第641页。
4 《汉书》卷一〇〇下，第4255页。
5 《汉书》卷三十《艺文志》，第1750页。
6 《文选》卷一一，第168页。
7 《全晋文》卷七七，《全上古三代秦汉三国六朝文》，第1905页。
8 《文心雕龙注释·颂赞》，第95—96页。

或少的“赋化”迹象。贾谊的《过秦论》固毋庸言[1]，扬雄的名文《剧秦美新》，作为一篇上给王莽的“封事”，赋化的特征十分典型。在著名的盐铁会议上，贤良文学与御史大夫等职官之间连日进行了一系列相互诘难。稍后至宣帝朝，“博通善属文”的桓宽“推衍盐铁之议，增广条目，极其论难，著数万言”[2]，成《盐铁论》一书。经过桓宽的修订、编撰，这些原本的口头辩难看起来已经相当书面化，例如《盐铁论·通有》中的一段：“荆、扬南有桂林之饶，内有江、湖之利，左陵扬之金，右蜀、汉之材，伐木而树谷，燔莱而播粟，火耕而水耨，地广而饶材；然民鮆窳偷生，好衣甘食，虽白屋草庐，歌讴鼓琴，日给月单，朝歌暮戚。赵、中山带大河，纂四通神衢，当天下之蹊，商贾错于路，诸侯交于道；然民淫好末，侈靡而不务本，田畴不修，男女矜饰，家无斗筲，鸣琴在室。是以楚、赵之民，均贫而寡富。宋、卫、韩、梁，好本稼穑，编户齐民，无不家衍人给。”[3]句式整齐，辞藻讲究，多排比、对句、骈偶，有一定的铺陈和夸张，俨然一篇汉赋的片段。两汉之际，功曹李熊劝说公孙述称帝，其中也可见赋化的特征：“今山东饥馑，人庶相食；兵所屠灭，城邑丘墟。蜀地沃野千里，土壤膏腴，果实所生，无谷而饱。女工之业，覆衣天下。名材竹干，器械之饶，不可胜用。又有鱼盐铜银之利，浮水转漕之便。北据汉中，杜褒、斜之险；东守巴郡，拒扞关之口；地方数千里，战士不下百万。”[4]即使一些作风质实、对“争著雕丽之文”的时代风气深致不满的写作者，其作品往往也难以摆脱赋化的写作方式和风格[5]。总之，汉代“赋”本身的文体界限既不甚分明，缺乏严格、清晰的规定，其写作方法、语言风貌、修辞手

1 钱锺书引前人之说，以贾谊《过秦论》为赋体，又说：“东方朔《非有先生论》、王褒《四子讲德论》之类，亦若是班。”[《管锥编》(三)，第1429页。]

2 《汉书》卷六六《公孙田刘王杨蔡陈郑传赞》，第2903页。

3 《盐铁论校注》(定本)，第41—42页。

4 《后汉书》卷一三《公孙述传》，第535页。

5 如《潜夫论》中不乏繁类铺陈的赋式写法：“富贵未必可重，贫贱未必可轻。人心不同好，度量相万亿。许由让其帝位，俗人有争县职，孟轲辞禄万钟，小夫贪于升食。故曰：鹑鷃群游，终日不休，乱举聚跱，不离蒿茆。鸿鹄高飞，双别乖离，通千达万，志在陂池。鸾凤翱翔黄历之上，徘徊太清之中，随景风而飘飖，时抑扬以从容，意犹未得，喈喈然长鸣，蹶号振翼，陵朱云，薄斗极，呼吸阳露，旷旬不食，其意尚犹嗛嗛如也。三者殊务，各安所为。是以伯夷采薇而不恨，巢父木栖而自愿。由斯观诸，士之志量，固难测度。”(《潜夫论笺校正·交际》，第343页。)

段又普遍侵入其他文类，泛化为有汉一代广泛呈现的语言文字特点，从而使文章普遍“赋化”了。

五、为新兴的赋体文学赋予意义

作为一种新兴的文学样式，人们对“赋”的兴趣和认识主要集中于其核心部分的华彩式铺陈上。就其表现形式来说，采用相对整齐的句式，对所要表现的事物或道理予以丰富、夸饰的描绘和叙述，从不同的方面，以尽可能华丽的修辞和语言风格，甚至还带点炫耀的态度，制造吸引人的生动效果。与周代礼乐文明下强调谨言、慎言的传统相比，战国以来充分意识到并开始流行的这样一种语言运用上的放纵，虽然足以给人深刻的印象，却无疑不属于庄重、雅正的文风，所以赋自兴起之初，大多是与娱乐、消遣性活动和场合相联系。宋玉或托名宋玉的若干赋作，《风赋》《高唐赋》《登徒子好色赋》《对楚王问》等，基本产生于陪侍楚王的情境之中，旨在消闲中的调笑、娱乐；甚至赋作本身就完全是语言游戏，如《大言赋》《小言赋》，极尽所能地发挥想象，兴致勃勃地铺陈、夸张，竭力进行语辞表现上的竞赛。间或，作者也会借助于这种语言娱乐形式，来寄托一些个人的兴感，使其思想内涵更有意义。

在此之后，枚乘《七发》分别描述音乐、饮食、车马、游宴、畋猎、观涛中的乐趣，一步步诱导生病的楚太子，最后要向他引见“方术之士有资略者”“使之论天下之精微，理万物之是非”，太子也因之霍然而愈。从赋作结构上来说，这一段打算论“天下之要言妙道”的结尾，看起来无疑是《七发》全篇的归结点，对声色滋味、观听游览的奢华享乐作结并加以超越，但是其篇幅的短小，表达的简括、空泛，只是衬托出前面那些被生动描述、大事铺陈的畋猎、观涛等世俗生活享受的盎然乐趣。很显然，那些极尽所能的享乐、奢华，才是《七发》的用力之处，因为欲望的奢乐、物产的丰赡、场景的壮观，最适合赋家调动华丽的辞藻来描绘，便于他们展示其文辞驾驭能力，“靡丽多夸”“侈靡过其实”，奢华、富足往往更容易引人遐想，适于尽情铺展；而他们也的确在铺陈描述、夸张渲染的时候，显现出津津乐道的热情和丰沛的想象力。甚至可以说，在呈现这些奢华、富丽生活景象时表现出语言华彩，正是作者的灵感根源或写作兴奋点。《七发》之后，文学史中嗣响久无，东汉初，傅毅以一篇《七激》，率先复活了枚乘始创的“七”这一独特体式，自此“作者继踵”。就现存完篇和接近完篇的“七体”来看，枚乘对太子病症的详细描述和判断、对病因的解释、对被说服者逐步变化过程的描写，这些继起的模拟之作，甚至将这一类非核心内容都尽可能简化或省略了，更直接地把描述“天下之逸豫，宴乐之至盘”[1]“槃游耽色，美室侈味”[2]作为文章主体。张衡《七辩》极写宫室、滋味、音乐、女色、舆服、神仙“之丽”[3]，王粲《七释》描写“五味之极”“宫室之美”“音乐之至”“游猎之娱”“美色之选”[4]。他们对隐逸之士的劝解并不那么合乎情理和逻辑，不妨认为，这些作品不过是借此以设定一个写作语境，以便赋家可以肆意描摹、形容，展开对那些人类想象中的华美奢丽生活景象的描绘，“观其大抵所归，莫不高谈宫馆，壮语畋猎，穷瑰奇之服馔，极蛊媚之声色；甘意摇骨髓，艳词洞魂识”[5]。质言之，赋家通过富有变化和表现力的语言形式，制造出了浓墨重彩的生活华美，这是令他们许多人充满写作热情的努力方向。

“枚乘摛艳，首制《七发》，腴辞云构，夸丽风骇。盖七窍所发，发乎嗜欲，始邪末正，所以戒膏粱之子也。”[6]至于《七发》最终在否定、超越生活享乐的基础上，启发太子以圣人、辩士的“要言妙道”，相当程度上不过是为其笔墨驰骋赋予意义，使之在极力描摹物象、铺陈物质之美的同时，还能够有一些看起来不那么浅薄的道理，有一些更深沉的内涵和思想，这不过是对常规的社会价值的一种自然顺应罢了。对于孔子以来以“志于道”为精神定位的士人说来，在文字写成物中寻求或赋予一定的意蕴或形而上的内容，使之不流于浅薄、低俗，乃是自然而然的。

《风赋》《七发》即使有所谓劝诫、讽谏之意，也还主要是针对诸侯、

---

1 崔骃《七依》，费振刚、仇仲谦、刘南平校注《全汉赋校注》，广东教育出版社，2005年，第455页。

2 王粲《七释》，《全汉赋校注》，第1075页。

3 《全汉赋校注》，第786—788页。

4 《全汉赋校注》，第1072—1074页。

5 《文心雕龙注释·杂文》，第148页。

6 《文心雕龙注释·杂文》，第147页。

贵胄个人生活的提醒。与之不同，与以皇帝为象征的专制主义政治制度的加强，以及士人向中央政权的靠拢相一致，司马相如以来，汉代赋家的预期读者上升到了皇帝，散体大赋也相应地投射到了国家政治的层面上。《史记·司马相如列传》:“上读《子虚赋》而善之……乃召问相如。相如曰:‘有是。然此乃诸侯之事，未足观也。请为天子游猎赋，赋成奏之。’”从司马相如本人来说，《上林赋》创作的出发点，毋宁说，是在盛推天子独尊的地位，及与之相称的苑囿广大、物质巨丽，一如《上林赋》开头所说的:“且夫齐楚之事又焉足道邪！君未睹夫巨丽也，独不闻天子之上林乎？”[1]前所未有的皇帝独尊和武帝的时代强盛，很自然地会令人推想一种与之相匹配的盛大、美好的物质世界和生活景观。而这显然为赋这一种以铺陈为重心的文体的创作者，提供了难得的写作空间，使之可以最大限度地展开想象、驱遣文辞，呈现出令人惊叹的文学景象和阅读效果。所谓“赋家之心，苞括宇宙，总览人物”[2]，透露出的便是赋作者这样的一种动机和努力。汉大赋的逐渐成形与流行，并不是赋家有意设计的结果，而是文字发展、修辞技艺积累到了一定程度，与时代的美学风尚刚好应和，司马相如这样的文字艺术家又生当其时，种种因素结合在一起，使这一种文体有了趁便兴起的时代机缘。

作为历史编纂者，司马迁有着比一般赋家更为开阔的社会视野和自觉的现实批判精神，他一再将辞赋或辞赋写作者与讽谏的政治行为联系在一起:“作辞以讽谏，连类以争义，《离骚》有之。”[3]“屈原既死之后，楚有宋玉、唐勒、景差之徒者，皆好辞而以赋见称；然皆祖屈原之从容辞令，终莫敢直谏。”[4]而在《史记·司马相如列传》中，司马迁更是引人注意地再三强调，相如赋作并不止于对天子和诸侯奢靡享乐的夸耀描述。其一，在载录赋作之前，司马迁总括赋中人物，抉发作者用意曰:“故空借此三人为辞，以推天子诸侯之苑囿。其卒章归之于节俭，因以风谏。”其二，在叙述相如奏赋之后曰:“无是公言天子上林广大，山谷水泉万物，及子虚

1 《史记》卷一一七《司马相如列传》，第3002、3016页。

2 王根林校点《西京杂记》，上海古籍出版社，2012年，第19页。

3 《史记》卷一三〇《太史公自序》，第3314页。

4 《史记》卷八四《屈原贾生列传》，第2491页。

言楚云梦所有甚众，侈靡过其实，且非义理所尚，故删取其要，归正道而论之。”其三，传末以“太史公”身份直接发表评论说：“相如虽多虚辞滥说，然其要归引之节俭，此与《诗》之风谏何异。”[1]其四，又在书末的《太史公自序》中总结曰：“《子虚》之事，《大人》赋说，靡丽多夸，然其指风谏，归于无为。”[2]尽管司马迁声称相如赋作的主体部分多是些“虚辞滥说”，只有最后几小节才算是归于义理正道，但是他仍然在列传中不厌其长地全文详录。

对于稍早的赋作者枚乘，司马迁在《史记》中甚至都不曾提及其作品，只把他视作梁孝王来朝时，从行者中的一位“游说之士”[3]。司马迁无疑十分喜爱司马相如的赋作，章学诚甚至认为，史家将赋作“长篇录入于全传，足见其人之极思”，属于“以文传人”[4]。从《史记》本传中所载录司马相如作品的整体状况来看，相如其实是有心以文字“有补于世”的，《子虚赋》《上林赋》外，《谕巴蜀檄》《难蜀父老》《谏猎疏》《哀二世赋》《大人赋》，以及“其遗札书言封禅事”等，都体现出他对国家事务、天子安危和作为的关切。“相如口吃而善著书。常有消渴疾。与卓氏婚，饶于财。其进仕宦，未尝肯与公卿国家之事，称病闲居，不慕官爵。”[5]由于天性、身体、经济等原因，司马相如对入仕参政不拒绝，但也不热衷。与此相一致，他对“非常之人”汉武帝欣赏有加，却也有自己的立场和保留，不过他的批评既不强烈，也不执着。华美、夸饰、热情洋溢的《上林赋》，最后的转折并非通过臣子的劝谏，而是由天子自行觉悟而改弦更张：“于是酒中乐酣，天子芒然而思，似若有亡。曰：‘嗟乎，此泰奢侈！’”[6]与《七发》的结尾类似，作者极其概括地罗列了一些礼乐王道政治的典型语汇，以示天子“与天下为始”，曲终奏雅，如颜师古所注：“此以上皆取经典之嘉辞，以代游猎之娱乐。”[7]

---

1 《史记》卷一一七《司马相如列传》，第 3002、3043、3073 页。
2 《史记》卷一三〇《太史公自序》，第 3317 页。
3 《史记》卷一一七《司马相如列传》，第 2999 页。
4 叶瑛：《文史通义校注·诗教下》，中华书局，2014 年，第 94 页。
5 《史记》卷一一七《司马相如列传》，第 3053 页。
6 《史记》卷一一七《司马相如列传》，第 3041 页。
7 《汉书》卷五七上《司马相如传》，第 2574 页。

说到底，即使司马相如的作品体现出一定的讽谏意图，单就其内容比重、篇幅分配而论，也很难说是作者试图以新兴的赋来积极、有效地践履士大夫的政教责任。子虚、乌有、亡是公，这种作为整体结构框架的对话人物命名上毫不掩饰的虚拟性，使文章似真还假，虚实参半，从而在极力铺陈、描绘的同时，又未免自我消解着其意义和价值的严肃性与真确性，似乎让读者毋需太当真。在继承宋玉等人游戏笔墨之遗意的同时，使赋作具有娱目游心的娱乐性效果；但显然作者又不满足于此，试图赋予其更深厚的价值内涵——毕竟这种耗费时日、精神的大篇幅制作，作者还是希望能被社会看重的吧！

对于一位眼光通透的史家来说，在史传中载录以“巨丽”之美、“劝百讽一”为标志性特征的赋作，又抉发其隐而不彰的文章归结，并将之上扬到与《诗经》这一经典同步的“讽谏”效用，而且不惮辞费地再三为之申说，司马迁的肯定式评价未免显得太用心良苦了。之所以一再为之赋予意义，或许我们多少可以理解为，这一方面源自司马迁对相如作品的个人喜爱；另一方面也未尝不是出于他对这类新型文体的善意——他本人有赋作八篇[1]，试图使人们不至于因为不了解或者误解而让它丧失了可能的未来；同时，这或许正是他对这种新文体所给予的期望。

无论如何，“与《诗》之风谏何异”，在此时还只是司马迁个人的阅读感受和评价，尚算不得是对汉赋明确的社会要求。讽谏此时并未成为赋这一种文体写作的自觉标准，甚至可以说，它不一定是必须的。

六、讽谏逐步成为汉赋明确的评价标准

随着社会意识形态影响的日益深入，一些具有深厚的经术学养的文人，对汉代社会中最为聚焦的这一文体，进行了自觉的思考，在对汉赋特性认识的同时，又在对赋的源流的追溯中，将它与《诗经》接续起来。扬雄区分“诗人之赋”和“辞人之赋”[2]，表明诗、赋不同却又相关。班固更明确地落实了这一判断，他在《汉书·艺文志》里说：春秋之后，“学《诗》

1 《汉书》卷三十《艺文志》，第1749页。

2 《法言义疏·吾子》，第49页。

之士逸在布衣，而贤人失志之赋作矣”[1]。《两都赋序》引用前人之说，表达得更直接：“赋者，古诗之流也。”[2]对诗、赋这一前后流变关系的确认，一方面意味着赋派生于诗，在价值上自然呈递减之势；另一方面也意味着赋以诗为渊源，诗的法则同样适于赋。这在上继《诗经》传统的同时，也为建构属于汉代辞赋的当代价值和标准，预留了余地。

对诗、赋关系的这一梳理，与《孟子》先前的一个著名说法同构：“王者之迹熄而诗亡，诗亡然后《春秋》作。”[3]与其说这是个事实判断，不如说更主要体现了对文化创造的阶段性及其各自社会背景的认识，以及这些不同形态之间的价值链接和功能上的继承性。西汉末以来，对文体演变历史的这种确认，相当程度上是为了便于强调或者赋予赋这一后出者，以《诗经》的著名的讽谕传统。《汉书·扬雄传》：“雄以为赋者，将以风也。”[4]班固《两都赋序》也在落实了赋上继诗的基础上，进而褒扬赋的政治、道德功用，“或以抒下情而通讽谕，或以宣上德而尽忠孝，雍容揄扬，著于后嗣，抑亦雅颂之亚也”[5]。被追认为“辞赋宗”的屈原，也一再被评论为，作《离骚》“以风”，“在野又作《九章》赋以讽谏”[6]，“独依诗人之义而作《离骚》，上以讽谏，下以自慰”[7]，《九歌》“托之以风谏”，屈原“作《九歌》、《九章》之颂，以讽谏怀王”[8]云云。《汉书·艺文志》也曰：“大儒孙卿及楚臣屈原离谗忧国，皆作赋以风，咸有恻隐古诗之义。”[9]“风”“讽谏”既是《诗经》的伟大传统，同时也构成了赋这一新兴文体所取法的榜样。因此，当《汉书·司马相如传赞》在引述司马迁“相如虽多虚辞滥说，然要其归引之于节俭，此亦《诗》之风谏何异”的评价之后，就又补缀了扬雄的意见：“扬雄以为靡丽之赋，劝百而风一，犹骋郑卫之声，曲终而奏

---

1 《汉书》卷三十，第1756页。
2 《文选》卷一，第21页。
3 《孟子正义·离娄章句下》，第572页。
4 《汉书》卷八七下《扬雄传》，第3575页。
5 《文选》卷一，第21—22页。
6 班固《离骚赞序》，《楚辞补注》，第51页。
7 王逸《楚辞章句序》，《楚辞补注》，第48页。
8 王逸《九歌序》《九辩序》，《楚辞补注》，第55、182页。
9 《汉书》卷三十，第1756页。

雅，不亦戏乎！”[1] 表示出对司马相如赋作讽谏不足的批评。两人意见虽概念不殊，但与扬雄的取向不同，司马迁在批评中实则要予以肯定。司马迁、扬雄对于相如赋评价的这一分歧，恰可用来说明汉赋评价尺度的演变，显示了西汉末年士大夫政教观念的深入。显然，两汉之际，以扬雄、班固为代表的著名文人，已经把讽谏作为衡量赋的明确标准，它不是可有可无的，它已经成为赋作批评的一个要素。

在文学充分发展和自觉之前，对后来被纳入文学范畴的那一类作品特征的一定认识，比如诗与个人心志的关系、诗与时代的关系、诗之于人的感化作用、诗文的语言修饰性等等，事实上早已经产生，只是这些认识都并不主要是从审美角度来观察文学的结果。同样，对文学的功能期待很早就有，所谓“主文而谲谏”的说法，强调诗是一种婉转、含蓄的政治讽谏方式，实际上就考虑到，并充分利用了诗歌内在具有的文学特性。汉代儒士汲取先秦文化遗产，在士大夫政治的立场上，从对社会现实积极参与的角度，抉发并弘扬了《诗经》的“讽谕”“讽谏”观念和功用，既要诗歌批评现实，又要尽可能温厚含蓄，采取对皇帝不冒犯、不挑战的方式。因此，当汉代赋家重提以赋来“讽谏”时，一方面，固然是基于诗赋这一类作品所特有的审美愉悦感，是对于其可能具有的感化人心的阅读效果的再度肯定和借助；另一方面，更是有意识地试图将古代经典的政治干预方式引入社会实践，借以表达他们新的政治诉求。

对赋的社会功用的期许，既是对儒家诗教观念的进一步光大，也是汉代士大夫政治批评意识借助于一种专门文体的独特发扬，似乎讽谕既是《诗经》的伟大传统，同时也构成了赋这一种文学样式的本质。汉代赋家力图对社会有所作为，他们是想真正有效并立竿见影地发挥作用。以扬雄、班固等著名文人为代表，由《诗经》的经典地位和重大社会影响力得到启发，并从汉代经学强调的“经世致用”出发，这种渴望以赋作来实现其用世之志，尽政治讽谏责任的热情，在西汉末、东汉前期表现得自觉而高涨。

1 《汉书》卷五七下《司马相如传》，第 2609 页。

七、赋的多层次性

汉赋的生态比后世所习知的要丰富得多。在“赋”这一总名之下，含括了从写作者身份、内容主题、语言风格、功用、使用场合，到目标受众、社会评价等若干方面差别极大的作品形态。

赋在汉初局限于地方性流行，与执政者个人的爱好关系密切，吴王濞招致枚乘、邹阳、严忌等人[1]，“梁客皆善属辞赋”[2]。同时，“景帝不好辞赋”[3]，“施及孝惠，迄于文景，经术颇兴，而辞人勿用”[4]。不过形势很快就开始改观，年轻而有才情的汉武帝刘彻“方好文词”“方好艺文”，即位后，他迅即召请枚乘、枚皋、司马相如等赋家，前后延揽的若干位士大夫也都有辞赋之才，对这种新兴文体表现出了极大的兴趣和切实的支持。

作为汉武帝以来朝廷中最引人注目的写作形式，赋并不限于单一的品类。就传世文献来考察，散体大赋名声固然响亮，更因成为以皇帝声威为主要表达内容的样式而备受尊崇，但在司马相如《子虚赋》《上林赋》这种文意博美、用精极思的大赋之外，在体式、规模、题材、旨趣、语言、风格等方面与之差别极大的赋作，也都广为流行，并受称赞。《汉书·枚皋传》将枚皋与司马相如加以比较：“为文疾，受诏辄成，故所赋者多。司马相如善为文而迟，故所作少而善于皋。皋赋辞中自言为赋不如相如。”[5]对两者持续的比较，无非表明作品风貌差别极大的这两位赋家，在生前及身后的相当长一段时间内都俱得声誉。《西京杂记》：“枚皋文章敏疾，长卿制作淹迟，皆尽一时之誉。而长卿首尾温丽，枚皋时有累句，故知疾行无善迹矣。扬子云曰：‘军旅之际，戎马之间，飞书驰檄，用枚皋；廊庙之下，朝廷之中，高文典册，用相如。’”[6]

---

1 《汉书》卷二八下《地理志》，第 1668 页。
2 《汉书》卷五一《枚乘传》，第 2365 页。
3 《史记》卷一一七《司马相如列传》，第 2999 页。
4 《文心雕龙注释·时序》，第 477 页。
5 《汉书》卷五一，第 2367 页。
6 《西京杂记》卷三，第 29 页。

枚皋赋今皆无存。按照班固的叙述，枚皋才思敏捷，从侍武帝左右，“上有所感，辄使赋之”，举凡皇子出生、皇帝巡狩、泰山封禅等国之大事，尤其是游观、弋猎、射驭、狗马、蹴鞠这类皇帝遣兴、娱乐的日常活动，无不成为其作品内容。虽然史传中说到“卫皇后立，皋奏赋以戒终”，但枚皋赋的总体面貌并不以劝诫为本色，“其文骫骳，曲随其事，皆得其意，颇诙笑，不甚闲靡。凡可读者百二十篇，其尤嫚戏不可读者尚数十篇”[1]。枚皋虽得武帝亲幸，但宫廷处境给予他的不过是倡优弄臣式的地位感受，只能“比东方朔、郭舍人等”，他因此不惜在自我丑化中宣泄不满，“又言为赋乃俳，见视如倡，自悔类倡也。故其赋有诋娸东方朔，又自诋娸”。所谓“俳倡”境遇，与其说根柢于赋家身份，不如说乃是由其本人“不通经术，诙笑类俳倡，为赋颂，好嫚戏”[2]的作风所决定。《汉书·严助传》:“朔、皋不根持论，上颇俳优畜之。”所谓“不根持论”，颜师古注曰：“论议委随，不能持正，如树木之无根柢也。”[3]亦如曹丕评论孔融，“然不能持论，理不胜词，以至乎杂以嘲戏”[4]，即不善于庄重、持正地说理，往往在语言的随意发挥中，夹杂着嘲讽戏谑的滑稽说法和科诨效果。综之，枚皋与东方朔都是有谈兴、善言辩、语言才能很高的人，之所以难以获得像公卿大臣、经生儒士那般来自皇帝和社会的尊重，很大程度上是其作为皇帝近臣，在陪侍中所展现的俳谐式语言所导致[5]。俳谐式语言风格通常不仅滑稽嘲谑，而且难免俚俗，蔡邕谈到鸿都门诸生，曾说“下则连偶俗语，有类俳优”[6]。这种语言风格虽然不得尊重，却是热衷作乐的汉武帝日常喜好的，《汉书·东方朔传》:“朔应声辄对，变诈锋出，莫能穷者，左右大惊。上以朔为常侍郎，遂得爱幸。”“自公卿在位，朔皆敖弄，无所为屈”，“上

---

1 《汉书》卷五一《枚皋传》，第 2367 页。

2 《汉书》卷五一《枚皋传》，第 2366 页。

3 《汉书》卷六四上《严助传》，第 2775—2776 页。

4 《文选》卷五二《典论·论文》，第 720 页。

5 俳优语常带有轻脱、戏弄意味，使人容易产生受辱感。《三国志》卷二一《魏书·吴质传》注引《质别传》，记载吴质与一众高官宴饮：“酒酣，质欲尽欢。时上将军曹真性肥，中领军朱铄性瘦，质召优，使说肥瘦。真负贵，耻见戏，怒谓质曰：‘卿欲以部曲将遇我邪？’骠骑将军曹洪、轻车将军王忠言：‘将军必欲使上将军服肥，即自宜为瘦。’真愈恚，拔刀瞋目，言：‘俳敢轻脱，吾斩尔。’遂骂坐。”（《三国志》，第 609 页。）

6 《后汉书》卷六十下《蔡邕列传》，第 1996 页。

以朔口谐辞给，好作问之”[1]。可见汉武帝不仅喜欢这种带些作弄人意味而又擅于因应变化的言辞，朝廷政事之余，还常常在宫廷中进行这类诙谐调笑、善于应对，又大胆、不循常规的通俗语言游戏。

由史传中有关枚皋为人及其作品的若干叙述基本可以推知，以“枚皋赋”为代表的这一类宫廷作品，在事关巡狩、封禅等国家重大仪典之外，至少就其日常赋作而言，与东方朔、郭舍人旨在供皇帝逗乐、遣兴的弄臣式语言表达类似，大致以调笑、滑稽为基本旨趣，很可能篇幅短小、语言浅近、风格轻松不拘，因而易于快速成文，有时不免流于粗率；内容谐谑有趣，或许不免口吻轻薄，有失雅驯，但应对机敏、表达有巧思，具有出人意表、令人愉悦的娱乐效果。

又如近些年出土的西汉俗赋，尹湾简中的《神乌赋》，语言通俗易懂，句式整齐，以四言为主；题材取自人们耳目所及的日常生活和家庭关系，有大量对话和具有一定传奇效果的故事情节，并采用了拟人化手法；具有一定的社会劝谕性，道理浅显明了；赋中所称引的典籍，以《孝经》《论语》《诗经》等学童初级教育阶段的读本为主。另外，赋中大量存在通假字、异体字，可能与俗文学的口诵性质有关，同时也可以视作社会通俗性文本的一个特征，儒士尹敏校图谶时曾判断：“其中多近鄙别字，颇类世俗之辞。”[2]总之，这类很可能出诸西汉下层读书人之手的通俗性赋作[3]，明显更适应社会大众的接受程度，为一般文化程度有限或者以消遣、娱乐为目的的受众所喜闻乐见。墓主师饶成帝时是东海郡的功曹史，虽秩级低卑，但作为郡守的主要佐吏，行政职掌广泛、重要。将其生前负责的本郡若干行政文书档案，以及术数占候手册等简牍郑重地随葬于地下，连同这篇赋一起，一定是出于十分珍视的感情。师饶特别看重与其职事有关的政府文书、簿籍，以及具有生活实用性的数术历谱，他看起来不像是性好风雅之士，但《神乌赋》想必是墓主生前喜爱的作品，出土简上很可能还附缀了

1 《汉书》卷六五《东方朔传》，第 2845、2860 页。

2 《后汉书》卷七九上《儒林列传》，第 2558 页。

3 裘锡圭《汉简中的俗文学资料》论《神乌赋》：“此赋的语言是相当通俗的，而且有些地方还显得相当笨拙。跟司马相如、扬雄、班固等名家的赋使用大量华丽瑰奇的辞藻而且句法比较灵活多变的情况相比，反差极为明显。显然作者是一个层次较低的知识分子，而且是在民间口头文学的强烈影响下创作此赋的。”（《中国出土古文献十讲》，第 420 页。）

作者或传抄者的姓名[1]，多少显示了这篇俗赋在大众传播过程中的受重视程度。在基础教育阶段结束后，有关基层官吏平时的阅读兴趣和文化习尚，由这些随葬简牍，尤其是其中的书籍、文章，可以约略窥知[2]。

不同社会阶层和群体的文化趣味有明显的分别。《汉书·东方朔传》赞曰："刘向言少时数问长老贤人通于事及朔时者，皆曰朔口谐倡辩，不能持论，喜为庸人诵说，故令后世多传闻者。而杨雄亦以为朔言不纯师，行不纯德，其流风遗书蔑如也。……其滑稽之雄乎！朔之诙谐，逢占射覆，其事浮浅，行于众庶，童儿牧竖莫不眩耀。而后世好事者因取奇言怪语附著之朔。"[3]就文人士大夫通常的趣味而言，东方朔那种滑稽诙谐，即使善于机变、巧对，也往往因为内容浅薄，被认为不合乎典正、优雅的文化和审美风范，因而不值得称道。这种被士大夫所排斥的风格，却恰好满足了社会下层民众的需要，很容易为其他各种奇谈异闻所附会，在广大的人群中流传。不识字或文化水平较低的广大民众，往往不受经典文化价值和标准的束缚，对于他们来说，作品的受欢迎程度首先在于其吸引人的直接与否，而令人惊奇的娱乐效果，比较容易使他们从平庸、有限的生活现实中暂时摆脱出来。王充对此有充分的认识，"蜚流之言，百传之语，出小人之口，驰闾巷之间"，《论衡》多处揭示了这些俗语传言对夸诞、惊悚、怪奇效果的喜好[4]。

总之，在汉赋的若干类别中，宏博精雅的文人大赋，宫廷嫚戏的俳谐之赋，故事性的民间俗赋，单就这几类已可以看出，题材、手法、风格、

1 "此墓出宽简二十枝，十八枝书写此赋正文，一枝书写标题；另一枝上部文字漫漶不清，下部有双行小字，所记疑为此赋作者或传写者的官职（乃少吏）和姓名。"（连云港市博物馆等编《尹湾汉墓简牍》，中华书局，1997年，第4页。）

2 牍十三正面之《君兄缯方缇中物疏》所载《记一卷》《六甲阴阳书一卷》《列女傅一卷》《恩泽诏书》《楚相内史对》《乌傅》《弟子职》（《尹湾汉墓简牍》，第131页），均不见出土。其中《乌傅》，疑即《神乌赋》。

3 《汉书》卷六五《东方朔传》，第2873—2874页。

4 "世俗所患，患言事增其实，著文垂辞，辞出溢其真，称美过其善，进恶过其罪。何则？俗人好奇，不奇，言不用也。故誉人不增其美，则闻者不快其意；毁人不益其恶，则听者不惬于心。闻一增以为十，见百益以为千，使夫纯朴之事，十剖百判；审然之语，千反万畔。"（《论衡校释·艺增》，第381页。）"世俗之性，好奇怪之语，说虚妄之文。何则？实事不能快意，而华虚惊耳动心也。是故才能之士，好谈论者，增益实事，为美盛之语；用笔墨者，造生空文，为虚妄之传。听者以为真然，说而不舍；览者以为实事，传而不绝。"（《论衡校释·对作》，第1179页。）

意趣、受众、功能差异很大的作品，在汉代呈现出多种样式并存、适用于不同场合、满足不同社会人群需要的多元局面。而且，这些品类不同的赋是平行存在的，赋家因其个人的成就和特色而有其特定的读者，很难认为有向某一主导性的体式靠近或被同化的趋势，也没有理由判断他们会被迫去适应、改造为某一正统的或流行的风格。因此，对赋的评价不能不考虑汉赋内部不同类别的这种明显差异性。

八、有关汉赋的不同社会意识

就传世作品来说，西汉武帝至东汉前期的文人，其赋作大多与宫廷经历和活动有关。因作诗歌颂功德被征至朝廷后，王褒虽然也以奉诏赋颂的言语侍从身份活跃于宫廷，但其学养、性格，与“不通经术，诙笑类俳倡”的枚皋异趣，作品风格、个人境遇和感受自然也就有所不同。

初入汉廷，王褒奉诏作《圣主得贤臣颂》。在对君臣相合这个传统话题的重申中，王褒不仅显示了其得体的斐然文采，而且在颂文的最后，还出人意料但却是有针对性地进行了“微讽”：“其得意若此，则胡禁不止，曷令不行？化溢四表，横被无穷，遐夷贡献，万祥毕溱。是以圣王不遍窥望而视已明，不单顷耳而听已聪；恩从祥风翱，德与和气游，太平之责塞，优游之望得；遵游自然之势，恬淡无为之场，休征自至，寿考无疆，雍容垂拱，永永万年，何必偃卬诎信若彭祖，呴嘘呼吸如侨、松，眇然绝俗离世哉！”[1]“是时，上颇好神仙，故褒对及之。”在颂赞性文章中，不失时机地表示了对当朝皇帝求仙的劝谏。虽然结尾的批评相当委婉、含蓄，但与整篇赋颂的主题相比，这几句文字依然不能掩饰其明显的转折语气，“何必偃卬诎信若彭祖，呴嘘呼吸如侨、松，眇然绝俗离世哉！”在盛称圣主贤臣的功业成就、德化流行之后，文章突然以这样的反问句结束，如此手笔，不可能不出自有意识的组织安排和别具匠心的设计。王褒看起来个性中和温雅，但是这并不影响他在接近权力中心的时候，用心良苦地尽其讽谏责任，以体行政治匡正的士大夫责任。后来，他被提拔为谏大夫。

---

1 《汉书》卷六四下《王褒传》，第 2827—2828 页。

《汉书》记载，“宣帝时修武帝故事，讲论六艺群书，博尽奇异之好”，广召才能之士。“上令褒与张子侨等并待诏，数从褒等放猎，所幸宫馆，辄为歌颂。”[1]“宣帝循武帝故事，招选名儒俊材置左右。更生以通达能属文辞，与王褒、张子侨等并进对，献赋颂凡数十篇。”[2]与武帝一样，汉宣帝也在朝廷里招揽了王褒、刘向、张子侨等一批善于写作辞赋的高才之士。宫廷文学的内容大致为两方面：对朝廷兴礼乐、陈符瑞、行德化的颂美；有关皇家生活中的游观、射猎、歌舞、宴乐、玩好等娱乐活动的描写。就前者来说，宣帝君臣上下配合，“上颇作歌诗，欲兴协律之事”，“于是益州刺史王襄欲宣风化于众庶”，令王褒作诗，又依《诗经》旧声入乐歌唱，宣帝闻之曰：“此盛德之事，吾何足以当之！”[3]并因此征王褒，“诏褒为圣主得贤臣颂其意”。由此可见，宣帝深契以文学行政治宣传之道，征之于周代的经验，用诗歌来赞颂统治者的威权和盛德，乃是最恰切并便于传播的方式。不过这并不是权力者对文学唯一的需求，在公开的社会意识形态宣传和对皇权的赞美之外，宣帝还希望从诗赋中获得其他的满足，所谓“讲论六艺群书，博尽奇异之好”，在经典圣训之外，皇帝们往往对各种“奇异”事物和活动有更多私人性的偏好。所以，不仅宣帝本人带着一群文人放猎、游观，为之赋颂，他还派遣王褒等人，以文学手段去帮助太子获得精神上的安适、愉悦。“其后太子体不安，苦忽忽善忘，不乐。诏使褒等皆之太子宫虞侍太子，朝夕诵读奇文及所自造作。疾平复，乃归。太子喜褒所为《甘泉》及《洞箫》颂，令后宫贵人左右皆诵读之。”[4]王褒的《洞箫赋》辞藻优美、精雅，在极力表现声色清幽之美的同时，又有意识地保持着“从容中道”的格调，为“多材艺”“柔仁好儒”[5]的宣帝太子所喜爱，用作病中颐养、放松精神的手段。总之，王褒的赋作，涉及了汉代宫廷文学活动的几乎所有方面。

就赋的一般接受态度和认识而言，王褒等赋家的创作所引发的汉宣帝一段著名的意见，真实地表露出当时普遍的社会意识。《汉书·王褒传》：

1 《汉书》卷六四下《王褒传》，第2821、2829页。

2 《汉书》卷三六《刘向传》，第1928页。

3 《汉书》卷六四下《王褒传》，第2821—2822页。

4 《汉书》卷六四下《王褒传》，第2829页。

5 《汉书》卷九《元帝纪》，第298、277页。

上令褒与张子侨等并待诏，数从褒等放猎，所幸宫馆，辄为歌颂，第其高下，以差赐帛。议者多以为淫靡不急，上曰：“‘不有博弈者乎，为之犹贤乎已！’辞赋大者与古诗同义，小者辩丽可喜。辟如女工有绮縠，音乐有郑卫，今世俗犹皆以此虞说耳目，辞赋比之，尚有仁义风谕，鸟兽草木多闻之观，贤于倡优博弈远矣。”[1]

同样是赋作，司马相如弘丽温雅的散体大赋，枚皋诙谐调笑的小赋，两者都围绕着汉武帝而发生，但在士大夫的评价体系中，它们分立于文学的两端，在政教讽谕与日常娱乐两者之间互不相能，以至于看起来就像是两个截然不同的品类。而照宣帝的说法，“与古诗同义”的“仁义风谕”，世俗用以“虞说耳目”的“辩丽可喜”，汉赋基本被看作是在这两个高低不同的文化价值层次之间摆荡，甚至可以认为，耳目感官的愉悦是赋作更常态、更普适的功效。汉宣帝“博尽奇异之好”，娱侍太子时“朝夕诵读奇文”，当辞赋被设置为获得新奇、特异体验的手段时，它在很大程度上就沦为了感官刺激、享乐的玩好。这种阅读体验很可能也是武帝喜爱司马相如赋作的真实原因之一：前所未有的大量稀有名物、奇文玮字的汇聚交叠，造就了一种富丽堂皇而又令人惊异的非常效果，赋家富有才学和热情的描述，再加上鲜明的帝国荣耀与强盛，都令年轻气盛、野心勃勃的皇帝领略到异想天开的乐趣和快感。说到底，汉宣帝，其实也包括那些认为“淫靡不急”的谏议大臣，他们趋向于把赋归结为一种令人喜爱的语言娱乐形式，娱耳目、乐心意者；而效法《诗经》的道德、政教规谏，虽然被视作赋的一个更高、更有意义的层面，所谓“辞赋大者”，但也更像是不期然而然的偶或之举，或者难能可贵的锦上添花，并不是非如此不可的。换言之，在当时普遍的社会文化观念中，从皇帝贵胄到中下层民众，赋被广泛地视作一种旨在游心悦目的娱乐性文学形式。

即使文学在相当程度上被主要用作一种简单的娱乐消遣手段，使用者从阅读中获得享乐性快感，这一种相对后起的生活方式，也应当是值得鼓励的。对于汉代和汉以前社会中的富贵人物来说，生活中的乐事，诸如金

1 《汉书》卷六四下《王褒传》，第 2829 页。

石丝竹的歌乐、土木雕镂的宫室、酒肉滋味的宴饮、美人曼姬的女色等，这些更直接地诉诸感官的享乐，乃是他们一直以来更熟悉的。因此，对诗赋这种娱乐性的接受，不妨视作文学逐步扩展其社会影响的一个途径和反映。

无论皇帝还是社会大众，他们对辞赋的喜好，一般只是作为生活中的日常愉悦。与此同时，以赋来自觉地行政治讽谏，与社会普遍的辞赋态度不尽相同的这种主张，看起来更像是文人们，尤其是一些著名文人有意识的选择。这当然是上承《诗经》、诗教的传统，并基于当代社会政治现实的一种行为反响，同时也与他们所特别属意的散体大赋这类作品的体式、题材、风格等特点密切相关。与“赋”之名目下所有其他品类相比，散体大赋具有明显的上层社会属性。司马相如最著名的作品《子虚赋》《上林赋》，显而易见地流露出对天子至尊的心悦诚服，从此，大赋的内容和情绪就表现出了明显的帝国化：以皇帝的活动、生活、环境为中心，描写皇帝居住的城市、宫殿、苑囿，描述皇帝的祭祀、狩猎、娱游、宴乐等；对皇帝表示赞美或者提出劝谏，把皇帝作为显化的或者潜在的大赋核心、中心来表现；而且往往以皇帝为目标读者，期望在皇帝那里完成最终的阅读过程。

同时，散体大赋篇幅长，内容含量大，可以容纳更厚重的题材，适宜展开有分量的话题。那些社会阶层比较高的文人士大夫，他们学识丰赡，有较广阔的历史文化视野，往往崇尚格调高、意旨深、辞藻典丽精雅的写作。由于这些作者、读者掌握更高的舆论话语权，在社会上影响大、传播广，他们的作品，或者他们认可的作品，相较容易受到关注，获得较高的社会名声，也得到了较多收集、保存的机会。《史记·司马相如列传》记述，相如死后，皇帝派人去“悉取其书”，其妻曰：“长卿固未尝有书也。时时著书，人又取去，即空居。”可见相如作品平常传播、流布速度之快。史家谈到对其文章、著作的采录情况：“相如他所著，若《遗平陵侯书》《与五公子相难》《草木书》篇不采，采其尤著公卿者云。”[1] 很显然，《史记》本传中载录的相如赋作，《子虚赋》《上林赋》《哀二世赋》《大人赋》，都

1 《史记》卷一一七《司马相如列传》，第 3063、3073 页。

属于“尤著公卿者”，在作者生前，这些作品就已经在公卿大臣中名声卓著，在社会上层拥有广泛的接受度。而那些政治身份尊贵的士大夫，借助权势的途径，他们很容易就把自己的阅读口味辐射到社会中去。

枚乘、司马相如、王褒以来，散体大赋正逐渐从赋的各种门类中显示出其不同凡响之处，被认为是最难撰作的文体，同时也是最能够赢取社会声誉的写作方式。“司马相如为《子虚》《上林》赋，意思萧散，不复与外事相关，控引天地，错综古今，忽然如睡，焕然而兴，几百日而后成。”[1]“司马长卿赋，时人皆称典而丽，虽诗人之作，不能加也。扬子云曰：‘长卿赋不似从人间来，其神化所至邪？’”[2]赋家写作时态度的专注、用思的精苦、时间的巨大耗费、知识才学的充分投入，都使得大赋具备一种庄重、高尚的特性，被认为足以配得上至高的权力和皇帝的声威。《西京杂记》卷二载，友人盛览曾经问作赋事，司马相如回答曰：“合綦组以成文，列锦绣而为质，一经一纬，一宫一商，此赋之迹也。赋家之心，苞括宇宙，总览人物，斯乃得之于内，不可得而传。”盛览于是“终身不复敢言作赋之心矣”[3]。尽管《诗经》的地位高，理论逻辑上普遍以赋为价值上低于诗的文体，但在写作实践中，人们又往往把作赋，特别是散体大赋，看作是对才学、知识、视野、文字水平诸方面要求很高的非同一般的技艺，不是轻易就可以掌握和尝试的。尔后，经过扬雄、班固、张衡等人的创作实践和主张，就将大赋提升、固定为汉代最显赫的文体，成为汉赋中最受尊重的、高端的写作样式，它也因而拥有了截然不同的地位和功能：大赋被上推到体国经野的高度，被自觉地用来对皇帝及其政治进行讽谏、颂美。

散体大赋，这一种汉代文学中规模最大、最能体现文字能力和知识水准、最有声誉的样式，逐步被选择为最适宜负载文人士大夫政治讽谏责任的文体，它被赋予了浓厚的政教意味和价值，赋家们将要用它来兑现其社会政治期望和文学主张。

---

1 《西京杂记》卷二，第 19 页。
2 《西京杂记》卷三，第 27 页。
3 《西京杂记》卷二，第 19 页。

九、扬雄以赋作讽谏皇帝的政教化努力

扬雄、班固，再到张衡，赋家们试图在现实中实践他们的诗赋主张，因而尝试了一系列以散体大赋劝谕、讽谏君主的努力。

扬雄与之前的赋作者，司马相如、王褒等的晋身方式基本类似，都是以善属文的知名度而经过皇帝近臣的推介，被征召至朝廷。“孝成帝时，客有荐雄文似相如者……召雄待诏承明之庭。”[1] 扬雄本人在《答刘歆书》中叙述得更清楚：“而雄始能草文，先作《县邸铭》、《王佴颂》、《阶闼铭》及《成都城四隅铭》。蜀人有杨庄者，为郎，诵之于成帝，成帝好之，以为似相如，雄遂以此得外见。”[2]

扬雄有关赋的观念和写作实践，显示出阶段性的明显变化。据《汉书·扬雄传》，尽管扬雄自称甘于淡泊，清静无为，无意邀誉于世，但他在以“待诏”身份和正式进入汉廷政治机构的过程中，还是将辞赋从主要寄托个人情感，主动调整为现实政治讽谕的工具。初入朝廷，他便迅速地以连续四篇赋作来有意识地对皇帝进行讽谏。值得注意的是，他的这一连串行为，分别发生在汉成帝元延二年正月、三月、十二月，以及元延三年秋，集中于短短的一年多时间里[3]。

成帝元延二年，“上方郊祠甘泉泰畤、汾阴后土，以求继嗣，召雄待诏承明之庭。正月，从上甘泉，还奏《甘泉赋》以风”。在跟随成帝去甘泉之后，他因宫殿的过于奢华、天子宠幸后妃而奏赋以讽[4]。

“其三月，将祭后土，上乃帅群臣横大河，凑汾阴。既祭，行游介山，回安邑，顾龙门，览盐池，登历观，陟西岳以望八荒，迹殷周之虚，眇然以思唐虞之风。雄以为临川羡鱼不如归而结罔，还，上《河东赋》以劝。”有鉴于成帝追观先代圣君贤王遗迹，扬雄建议他要主动兴建美好政治，上

1 《汉书》卷八十七上《扬雄传》，第 3522 页。

2 张震泽：《扬雄集校注》，上海古籍出版社，1993 年，第 264 页。

3 关于扬雄奏赋之年，详参王先谦的考订。（《汉书补注》卷八七上，第 1489 页。）

4 在赋之“屏玉女而却虙妃”句下，李善注曰：“乃悟好色之败德，故屏除玉女，而及虙妃，亦以此微谏也。”（《文选》卷七，第 114 页。）

赋以规劝。

“其十二月羽猎，雄从。以为昔在二帝三王，宫馆台榭沼池苑囿林麓薮泽财足以奉郊庙，御宾客，充庖厨而已，不夺百姓膏腴谷土桑柘之地。女有余布，男有余粟，国家殷富，上下交足……武帝广开上林……游观侈靡，穷妙极丽。虽颇割其三垂以赡齐民，然至羽猎田车戎马器械储偫禁御所营，尚泰奢丽夸诩，非尧、舜、成汤、文王三驱之意也。又恐后世复修前好，不折中以泉台，故聊因《校猎赋》以风。”

“明年，上将大夸胡人以多禽兽，秋，命右扶风发民入南山，西自褒斜，东至弘农，南驱汉中，张罗罔罝罘，捕熊罴豪猪虎豹狖玃狐兔麋鹿，载以槛车，输长杨射熊馆。以罔为周阹，纵禽兽其中，令胡人手搏之，自取其获，上亲临观焉。是时，农民不得收敛。雄从至射熊馆，还，上《长杨赋》，聊因笔墨之成文章，故借翰林以为主人，子墨为客卿以风。”[1]

扬雄有关赋的创作的这些叙述，非常值得注意。这四则普遍被作为赋序看待的文字，清晰地说明了写作的时间、缘起、意图。与《诗经》内容的不确定，以及后来《诗序》解题的多臆想之辞不同，这些赋序不仅把写作的内容固定了，而且使作品的针对性、指向性十分具体、明确。《甘泉赋》《河东赋》《校猎赋》《长杨赋》，是扬雄就当前刚刚发生或正在进行的政治事件和活动迅速做出的反应，他写的完全是真实事件，这些事件的主导人物无一例外是当朝皇帝。赋的明确指向性，既有助于读者理解其创作，也强化了作者本人的写作意识。与司马相如《子虚赋》《上林赋》那种广泛涉及苑囿、物产、狩猎、燕乐等多个方面、散点式的描述不同，扬雄赋的主题较为单一，描述集中，线索更加清晰。他完全以讽谏立意谋篇，讽谏的意图贯穿全篇，作者减少了先前那种物质性的大篇幅论列，使用了比司马相如明显增多的议论，夹叙夹议，不时穿插带有讽劝意味的语句，借以强化其文章立意[2]，同时也不断提醒汉成帝的醒觉。这一趋势在四篇赋中顺序递增，《校猎赋》在赋序，《长杨赋》在首段文字中，甚至就

1 《汉书》卷八七《扬雄传》，第 3522、3535、3540—3541、3557 页。

2 蓝旭详细论析了扬雄赋之以讽谏立意，并总结其意义说：“在于努力摆脱描写与讽意游离的格套，有意识地使铺陈描绘统属于议论讽谏的题旨，使作者所要表达的志意在赋中占据主导地位。”（蓝旭：《东汉士风与文学》，人民文学出版社，2004 年，第 54—55 页。）

已直接提出了批评性的看法。这四篇有关宫殿田猎的赋作，是专门针对皇帝、写给皇帝的，因为其描述的活动主角是成帝，其计划要说服、劝谏的对象也是成帝；而且，扬雄直接把成帝预设为唯一的读者，就像奏议的最终读者一样，这位政治权力的最高拥有者乃是他希望的唯一一位读者。

史称“成帝性宽而好文辞”[1]，然而，扬雄很快就发现，虽然“赋成奏之，天子异焉”，但其实赋根本不足以实现他的讽谏意图。《汉书·扬雄传》：“雄以为赋者，将以风也，必推类而言，极丽靡之辞，闳侈钜衍，竞于使人不能加也，既乃归之于正，然览者已过矣。往时武帝好神仙，相如上《大人赋》，欲以风，帝反缥缥有凌云之志。繇是言之，赋劝而不止，明矣。”[2]在他看来，大赋以精美、华丽语辞大篇幅铺陈、描绘事物的文章特点，使得不讽反劝，阻碍了赋的政教功用的实施。司马相如如此，他自己也是如此。

十、赋的体式特点与政教功用的矛盾性

没有另外一种文体如大赋一样，在作者的用意与读者的阅读之间，存在着如此大的错位的了。《汉书·扬雄传》在《甘泉赋》之后有一段说明，大意为，甘泉宫华丽奢泰，本承秦皇、汉武而来，非成帝所造，扬雄受诏作赋，“欲谏则非时，欲默则不能已，故遂推而隆之”，有意夸张宫室之美；又“聊盛言车骑之众，参丽之驾”“屏玉女，却虑妃”，以示微讽[3]。无论是之前的司马相如，还是扬雄自己；也无论是“必推类而言，极丽靡之辞，闳侈钜衍，竞于使人不能加也”，还是“遂推而隆之”，“聊盛言”之，“以微戒”之，他们其实都是按照赋本身的特点，顺应其文体特征来加以表达罢了。

赋被认为源出自诗，又被视为与诗分流异向，后世的文论家对其与诗不同的特点有清晰的认识，《文心雕龙·诠赋》：“赋自诗出，分歧异派。

1 《汉书》卷八五《谷永传》，第3465页。
2 《汉书》卷八七下《扬雄传》，第3575页。
3 《汉书》卷八七上《扬雄传》，第3535页。

写物图貌，蔚似雕画。”[1]华丽、精美的语言描述，汉代文人对这一特点业已十分了然。“诗人之赋丽以则，辞人之赋丽以淫”[2]，扬雄强调赋在文辞上极度的华美，这也是汉代对大赋最直观的普遍社会共识,《论衡·定贤》曰：“以敏于赋颂，为弘丽之文为贤乎？则夫司马长卿、杨子云是也。文丽而务巨，言眇而趋深。”[3]在“丽以则”“丽以淫”“极丽靡之辞”之外，扬雄还进一步断言：“文丽用寡，长卿也。”[4]即是说，大赋繁缛到无以复加的美丽文辞，乃是基本没有什么社会政治用途的。班固《典引序》论司马相如“但有浮华之辞，不周于用”[5]。《汉书·叙传》叙述《司马相如传》作意：“文艳用寡，子虚乌有，寓言淫丽，托风终始，多识博物，有可观采，蔚为辞宗，赋颂之首。”[6]《汉书·艺文志》：“其后宋玉、唐勒，汉兴枚乘、司马相如，下及扬子云，竞为侈丽宏衍之词，没其风谕之义。”[7]循着语辞上的精美华丽与政治有用性两相冲突的思路，班固继续批评不加节制的、过度的语言华美对政治讽谏的弱化。

“赋者，用一定文学上之形式而铺陈某种事物者也。”[8]自枚乘、司马相如开始，汉大赋确立了以美丽的语言形式来描述广大事物、繁富景象的独特体貌。汉赋对外在物质世界热情洋溢、不遗余力地铺陈，呈现出过去文学从未有过的广阔丰富的图景和宏伟壮丽的气势。对客观事物尽可能全面而广泛地论列，同类的物象大量排列起来，从而予人以琳琅满目的物质丰富感和盛大感，“相如上林，繁类以成艳”[9]。这种极尽所能的铺陈，再加上华丽的夸张、渲染，恰恰就是散体大赋这一种文体独特的美学效果所在。《文心雕龙·诠赋》：“述客主以首引，极声貌以穷文，斯盖别诗之原始，命赋之厥初也。”“赋者，铺也；铺采摛文，体物写志也。”[10]汉大赋既

1 《文心雕龙注释》，第 81 页。
2 《法言义疏·吾子》，第 49 页。
3 《论衡校释》，第 1117 页。
4 《法言义疏·君子》，第 507 页。
5 《文选》卷四八，第 682 页。
6 《汉书》卷一百下《叙传》，第 4255 页。
7 《汉书》卷三十《艺文志》，第 1756 页。
8 ［日］铃木虎雄：《赋史大要》，殷石臞译，山西人民出版社，2015 年，第 43 页。
9 《文心雕龙注释·诠赋》，第 81 页。
10 《文心雕龙注释·诠赋》，第 80 页。

以铺采摛文、宏衍巨丽为特色，在被穷形极相地描写之后，物质世界的繁盛华美，欲望生活的声色快乐，这些大赋尤善于腾挪笔墨的内容，因其生动、华彩，以及稠密的印象、叠加式的阅读效果，事实上就获得了足够的声势和独立的语言力量。因此，“劝百讽一”，或者如扬雄所不满的，“劝而不止”“既乃归之于正，然览者已过矣”，不能不说是赋这种文体的必然现象。就赋家的设想而言，理想的赋作，一方面具有铺陈繁类的描写、华美的语言艺术效果和文体特质，以此制造出诉诸人心的阅读吸引力；另一方面又能在预期读者那里产生所期望的劝谕、讽谏效果，以尽作者的政教责任。然而，赋的政教工具性与其美学特质之间的矛盾，看起来是难以协调的，挚虞《文章流别论》批评汉赋“丽靡过美”之“四过”，乃“所以背大体而害政教”[1]。换言之，赋是这样一种难以驾驭的文体：其体式内部的自然运行，已足以使其阅读效果背叛作者的责任初衷。

因此，以物质盛大、繁荣为主要素材，以铺陈扬厉为表现方法，以华丽之辞为语言风格的汉大赋，虽然适合于表现皇家气象和帝国声威，但事实上，它并不是文人实现讽谏责任的有效工具。扬雄在《甘泉》等四大赋的写作时，曾经怀抱了明确的讽谏皇帝的动机，也因而有着清晰的达成此动机的创作意识，所以，当他发现其政教实践在现实中基本没有什么效果可言的时候，他初入朝廷时的满腔热情，就使他尤觉幻灭。《法言·吾子》：

> 或问“吾子少而好赋”。曰:“然。童子雕虫篆刻。”俄而，曰:“壮夫不为也。”或曰:“赋可以讽乎？”曰:“讽乎！讽则已，不已，吾恐不免于劝也。”或曰:“雾縠之组丽。”曰:“女工之蠹矣。”[2]

“少而好赋”的扬雄后来对赋的轻视，对大赋创作的放弃，主要便是缘自其对赋之现实有用性的失望。这时，早先曾为他无比倾慕并引为榜样的司马相如，也显现出了与前不同的意义。那些曾被他努力效仿的“弘丽温雅”之作[3]，现在看起来不过是“劝百讽一”“文丽用寡”罢了。扬雄对汉大

1 《全晋文》卷七七,《全上古三代秦汉三国六朝文》，第 1905 页。
2 《法言义疏》，第 45 页。
3 《汉书》卷八七上《扬雄传》，第 3515 页。

赋价值的否定，不仅表现出他为政教意识所驱策，同时也暴露了其将赋这一文学样式强行纳入政教轨道努力的失败。总之，扬雄对于辞赋态度的转变，颇可见出文学在发达的政治文化的社会土壤中，因审美愉悦和政教功用的对立、僵持而难以消解的时代矛盾。

扬雄在四十多岁来到京师后，先"待诏"，继之为郎，并"给事黄门"[1]，接近政治中心，同时在这一段不到两年的时间里，连续奏上了《甘泉》等四篇大赋以讽谏。颇堪玩味的是，尽管扬雄后来悔赋，但在被班固采入其本传的扬雄《自序》中，正是他本人对这一系列作品的写作活动，给予了集中、充分的记叙和说明。可资比照的是，同一时期的其他事迹，如成帝追美将帅，"乃召黄门郎杨雄即充国图画而颂之"[2]，作《赵充国颂》，并未被扬雄载入《自序》。很显然，扬雄自始至终都把这些赋作的产生，看作他人生中的重要经历和成就。因此可以想见，他对赋的看起来态度激烈的否定，其实更主要是一种文化姿态。在对赋的实际影响力有了一连串亲身历验，并深感失望之后，扬雄决定"辍不复为"[3]，从而进行了他写作生涯中的又一个转向，开始其深奥、庄重的子书，《太玄》《法言》的著述。

十一、班固、张衡对大赋政教化效果的修正

与儒术意识形态影响社会之深入、全面，以及朝廷对经术的奖崇相一致，东汉前半期，文学与政治的关系更加自觉。在扬雄悔赋并进行了写作转向之后，班固、张衡等赋家对前人所作递相有所批评，并继续努力，设法在赋中增加更适于政教宣传的内容和手段。

东汉初，就建都于长安还是洛邑的问题，发生过持续了若干年的争论。这场争论涉及立国的指导思想、价值原则、国家典制等问题，在东汉初期意义重大。文人杜笃以赋作的形式参与了这场论争，"笃以关中表里山河，先帝旧京，不宜改营洛邑，乃上奏《论都赋》"。杜笃所上《论都赋》的奏章值得重视："臣闻知而复知，是为重知。臣所欲言，陛下已知，

---

1 《汉书》卷八七下《扬雄传》，第 3583 页。

2 《汉书》卷六九《赵充国传》，第 2994 页。

3 《汉书》卷八七下《扬雄传》，第 3575 页。

故略其梗概，不敢具陈。……窃见司马相如、杨子云作辞赋以讽主上，臣诚慕之，伏作书一篇，名曰《论都》，谨并封奏如左。”[1] 在这篇后来被视作《论都赋序》的奏章中，杜笃明确表示是要以赋来“讽主上”，有意识地把赋当作谏书使用，利用赋这一文体的特点和受欢迎度，文采斐然地对建都洛阳这一重大时政问题发表意见。他述说此举出自对前代赋家的倾慕和效仿，即是说，司马相如、扬雄为人诟病的“劝百讽一”或者其本人的“悔赋”，其实都并不影响他们赋作的声誉，甚至献赋以讽谏的行为也为文人们所普遍仰慕。

杜笃反对建都洛阳，主张返都长安，但是碍于皇帝的颜面，或者考虑自己的处境，抑或顺应赋的特性，不便说得太直接，他在赋中迂回式地表达。《论都赋》假借客言，以“客”之口表示不应当都洛。

> 客有为笃言：“彼坎井之潢污，固不容夫吞舟；且洛邑之渟潜，曷足以居乎万乘哉？咸阳守国利器，不可久虚，以示奸萌。”笃未甚然其言也，故因为述大汉之崇，世据雍州之利，而今国家未暇之故，以喻客意。[2]

主人杜笃则欲正先反地对“客”的说法不十分赞成。他解释说，汉朝历代以雝州为都，多年来一直得利于此，目前只是值莽新乱后，国家暂未能顾及。此后赋的主体部分，作者就对“传世十一，历载三百”的西汉皇帝的功业，以及长安周边的形胜，进行了连篇累牍的铺陈。这种对汉朝历史的宣扬，对长安地理形势物产的渲染，造成了非长安不宜为国都的强烈的阅读效果和舆论导向。更何况，“今国家躬修道德，吐惠含仁，湛恩沾洽，时风显宣。徒垂意于持平守实，务在爱育元元，苟有便于王政者，圣主纳焉。何则？物罔挹而不损，道无隆而不移，阳盛则运，阴满则亏，故存不忘亡，安不讳危，虽有仁义，犹设城池也”[3]。因此，即使天下新定，主上“未遑于论都而遗思雍州”，但应当建都何处的意思已经相当清楚，都

1 《后汉书》卷八十上《文苑列传·杜笃传》，第 2595—2596 页。
2 《后汉书》卷八十上《文苑列传·杜笃传》，第 2598 页。
3 《后汉书》卷八十上《文苑列传·杜笃传》，第 2607—2608 页。

长安、不应都洛邑的主张已呼之欲出，这正是大赋一向倡导的婉曲、含蓄的讽谕方式。据说，“杜笃奏上《论都赋》，欲令车驾迁都还长安。耆老闻者，皆动怀土之心，莫不眷然伫立西望。景以宫庙已立，恐人情疑惑，会时有神雀诸瑞，乃作《金人论》，颂洛邑之美，天人之符，文有可采”[1]。可见，《论都赋》不仅传播广泛、快速，而且无论赞同还是反对，赋中的含意都很容易为读者所领会。由此说来，所谓辞赋讽谏意图的难以实现，其根本原因其实并不完全在于写作者。

虽说杜笃是效法“司马相如、杨子云作辞赋以讽主上”，但他显然对专门谈论政事的章奏一类文书与辞赋的功能区别不以为意。杜笃不仅直接将自己作为赋中人物，一定程度上，他将赋几乎转换成了一篇具有强烈修辞效果的谏书，或者“赋化”的奏议，这与司马相如、扬雄之在赋中内寓讽谏之意所体现出来的文体意识，是有所不同的。

> 夫雍州本帝皇所以育业，霸王所以衍功，战士角难之场也。《禹贡》所载，厥田惟上。沃野千里，原隰弥望。保殖五谷，桑麻条畅。滨据南山，带以泾、渭，号曰陆海，蠢生万类。楩楠檀柘，蔬果成实。畎渎润淤，水泉灌溉，渐泽成川，粳稻陶遂。厥土之膏，亩价一金。田田相如，镭镬株林。火耕流种，功浅得深。既有蓄积，厄塞四临：西被陇、蜀，南通汉中，北据谷口，东阻嵚岩。关函守峣，山东道穷；置列汧、陇，雍偃西戎；拒守褒斜，岭南不通；杜口绝津，朔方无从。……斯固帝王之渊囿，而守国之利器也。[2]

因为是针对当时都城设置这一明确、具体的现实政治议题，所以《论都赋》总体趋于如实叙述，较少虚夸，难字奇字很少。赋作的铺陈也明显更有节制，即使在最能体现大赋特色的核心段落里，所运用的夸张、比喻仍然是适度的。这种趋于征实有据的写作思路和方式，无疑影响了后来的赋家。

接下来，都城设置议题中还有崔骃《反都赋》、傅毅《洛都赋》和《反都赋》等，班固《两都赋》是其中荦荦大者。《两都赋》作于汉明帝永

1 《后汉书》卷七六《循吏列传·王景传》，第2466页。
2 《后汉书》卷八十上《文苑列传·杜笃传》，第2603—2604页。

元中，班固在序中自述作赋缘起："臣窃见海内清平，朝廷无事，京师修宫室，浚城隍，起苑囿，以备制度。西土耆老，咸怀怨思，冀上之眷顾，而盛称长安旧制，有陋雒邑之议。故臣作《两都赋》，以极众人之所眩曜，折以今之法度。"[1]《后汉书·班固列传》据此说得更直接："自为郎后，遂见亲近。时京师修起宫室，浚缮城隍，而关中耆老犹望朝廷西顾。固感前世相如、寿王、东方之徒，造构文辞，终以讽劝，乃上《两都赋》，盛称洛邑制度之美，以折西宾淫侈之论。"[2]不过，相形于之前讽谏的具体指向，比如扬雄针对汉成帝宫殿畋猎之种种，杜笃因都城建置上奏光武帝，班固《两都赋》，以及后来张衡积十年"精思傅会"之功始成的《二京赋》，虽然看起来不乏讽谏之意，但所指向很难对象化，也难以明确其所设定的专门读者，倒更像是诉诸整个国家，或者是作为社会的公共性文本所进行的写作。

作为史家的班固无疑具有比别人更自觉的时代演进意识，"相如《封禅》，靡而不典；杨雄《美新》，典而亡实"[3]。而在对司马相如、扬雄等人作品一再的评价中，他认识到前代文人写作的历史意义和价值，并力图通过他自己的努力，对相如、扬雄作品的"缺失"加以弥补和修正，达到更为圆满的状态。从这个意义上说，班固之写作《两都赋》，乃是以汉代前辈作者和作品作为其潜在的对话对象和超越目标。其写作的自我意识如此之强，班固在《两都赋序》阐述赋史和赋的功能，既是为赋这一汉代流行的文体，也是为自己，在社会文化历史中定位。他宣称："或以抒下情而通讽谕，或以宣上德而尽忠孝，雍容揄扬，著于后嗣，抑亦雅颂之亚也。"[4]相较于专事讽谏的单一立意，《两都赋》对西都"通讽谕"，对东都"宣上德"，讽刺和颂美相俪互文，无疑就成为对《诗经》"美刺"传统并行不倚的实践。与西汉相比，东汉官僚系统表现出更为明显的士大夫化倾向，各级政权机构，尤其是朝廷，对文章作品有了更多的需求，明帝、章帝、窦宪幕府等，都嘉赏文章，鼓励颂美之作，同时设法吸纳、安置能文之士。

1 《文选》卷一，第 22 页。

2 《后汉书》卷四十上《班固列传》，第 1335 页。

3 班固《典引序》，《文选》卷四八，第 682 页。

4 《文选》卷一，第 21—22 页。

在此政治形势下，东汉文人希望能以自己的才华，更深地契入国家事务，更全面地配合政权的需要，以作品行使政教使命。《两都赋》之兼行讽谕与颂德，就自觉体现了这种社会文化思想[1]。

《两都赋》通过对西都长安和东都洛邑前后对比的写法，来呈现两种不同的治国理念和作风，西都代表奢淫，东都代表法度，并对两者分别表示了抑扬的态度。具体来说，在《西都赋》中，作者让西都宾盛称长安地理形胜之险要、宫室之华美、娱游之壮观，以夸张、铺陈的笔调，充分表现了西都天子奢淫、肆欲的生活和行为。作者在夸张的描述中不时流露出微婉的讽刺。与此相反，在《东都赋》中，作者通过东都主人之口，反驳西都宾的淫侈之论；更以典雅的语言，历述“建武之治，永平之事”，描述了光武拨乱反正、明帝礼乐兴盛的一系列作为，表现了东汉前期皇帝对儒术的极力推尊，以及所推行的制度建设。写洛都宫室，是“奢不可逾，俭不能侈”；即使写畋猎，作者也强调其顺时节、简车徒，“必临之以王制，考之以风雅”等合乎法度、礼义的做法，天下因而一派雍容和洽、彬彬儒雅的盛世气氛。

对于西汉以来大赋难以胜任讽谏之用的原因，人们已经逐步有所认识。作风质实的王充曾在《论衡·谴告》中明确指出：“孝武皇帝好仙，司马长卿献《大人赋》，上乃仙仙有凌云之气。孝成皇帝好广宫室，扬子云上《甘泉颂》，妙称神怪，若曰非人力所能为，鬼神力乃可成。皇帝不觉，为之不止。长卿之赋，如言仙无实效；子云之颂，言奢有害，孝武岂有仙仙之气者，孝成岂有不觉之惑哉？”[2] 因此，为了顺利实现其讽谏动机，防止“劝百讽一”“劝而不止”这类反向的阅读效果发生，作者就必须得使赋的语言表达具有充分的明确性。既然“竞为侈丽闳衍之词，没其风谕之义”，两者被认为有因果关系，为了使讽谏之意不被淹没，能够清楚、明白地显示出来，就要调整其华美的文辞风格和繁复的铺陈式写法。由班固《两都赋》、张衡《二京赋》可以看出，原先“劝百讽一”中“劝”与“讽”两者悬殊的结构模式改变了，史证、议论的篇幅显著增加，在正面

---

1 蓝旭对以班固为代表的东汉前期文人以歌功颂德为使命的文学主张和写作有详细论析，参见其《东汉士风与文学》，第 107—122 页。

2 《论衡校释》，第 641—642 页。

呈现声教、典章、制度之美的同时，作者都相应地采取了尽可能理性、平实、适度的笔法。

东汉赋家自觉追求写实尚用。班固在《西都赋》末曰：“若臣者，徒观迹乎旧墟，闻之乎故老，什分而未得其一端，故不能遍举也。”表示其内容有所依据，作为《汉书》的作者，班固对西汉的历史自然非常熟悉。《东都赋》着力铺叙“道德之富”，篇末借西都宾之口夸赞曰：“义正乎杨雄，事实乎相如。”李贤注曰：“杨雄作《长杨》、《羽猎赋》，司马相如作《子虚》、《上林赋》，并文虽藻丽，其事迂诞，不如主人之言义正事实也。”[1]张衡《西京赋》假设人物，声称“雅好博古，学乎旧史氏，是以多识前代之载”[2]。赋中所述也确实依凭史事，富商翁伯、浊氏、质氏、张里，豪侠张回、赵君都[3]、原涉、朱安世，以及丞相公孙贺父子与朱安世、阳石公主之事[4]，依次见诸《汉书·货殖传》《游侠传》《公孙敬声传》。赋家莫不试图借重事实的客观真实性来增加作品的说服力，司马相如的政治浪漫和不加拘束的热情洋溢、想象开阖，以及“靡丽多夸”、语言纵恣的文章倾向，此时已为经术影响下的谨严、典正风气所代替，以学力而非才思为主要成就的《两都赋》《二京赋》，有着显见的征实色彩。虽然作者像早先的司马相如等赋家一样，依然设拟对话人物并以之为结构框架，但除了这一明显沿袭性的虚构因素，几乎趋于把大赋当作信而有征的文本、真实不虚的表达。“今赋颂之徒，苟为饶辩屈蹇之辞，竞陈诬罔无然之事，以索见怪于世，愚夫戆士，从而奇之，此悖孩童之思，而长不诚之言者也。”[5]王符批评今之文章“好语虚无之事”，要求赋颂平实、真确，虽然借着“遂道术而崇德义”的名义，但其实也主要是基于文学应当描写真实存在的观念。有关辞赋要征实可信，这一思路由汉代迤逦而下，在左思的《三都赋序》中登峰造极：“余既思摹《二京》而赋《三都》，其山川城邑，则稽之

1 《后汉书》卷四十下《班固列传》，第1371页。

2 《文选》卷二，第36页。

3 《汉书》卷七六《王尊传》作“翦张禁、酒赵放”，第3234页。

4 《西京赋》：“若夫翁伯浊质，张里之家，击钟鼎食，连骑相过。东京公侯，壮何能加？都邑游侠，张赵之伦，齐志无忌，拟迹田文。轻死重气，结党连群。寔蕃有徒，其从如云。茂陵之原，阳陵之朱。趫悍虓豁，如虎如貙。睚眦虿芥，尸僵路隅。丞相欲以赎子罪，阳石污而公孙诛。”（《文选》卷二，第43页。）

5 《潜夫论笺校正·务本》，第19—20页。

地图；其鸟兽草木，则验之方志；风谣歌舞，各附其俗；魁梧长者，莫非其旧。何则？发言为诗者，咏其所志也；升高能赋者，颂其所见也。美物者贵依其本，赞事者宜本其实。匪本匪实，览者奚信。”[1]所谓有据可稽、可验证的真实，只能是曾经发生的、实有的存在，由此所反映出的文学与现实世界的关系，几乎与历史写作没有什么实质性的不同了。因此在《三都赋序》中，不仅相如、扬雄，班固、张衡也因描写“虚而无征”未能免于被左思指摘[2]。

回顾前述，诗教所主张的“讽谏”，无论“主文而谲谏”，还是“依违讽谏，不指切事情”，其关键乃在于叙述、指称事物，尤其是表达批评看法时，不确切、不直露，委婉含蓄，富于暗示性。如果大赋不以比兴、暗示所造成的隐约、含蓄效果为主，表意愈来愈直白、明豁，实际上就意味着“讽”“谲”之类的早期设想已经不可行。那么问题来了，既然赋在进行讽谏时，难以被读者充分意识到，有其文体上的天然缺陷，须得对它进行修正、改造，就只有两种可能：要么是尽可能减少“劝”的成分，改变其大篇幅铺陈、华词丽藻的描述方式，消解赋本身的审美特性；要么就是加大“讽”，即批评的分量和明确性，使谏劝不采取微言、婉辞的方式。

张衡的《二京赋》提供了有关这两种可能性的典型标本。“时天下承平日久，自王侯以下，莫不逾侈。衡乃拟班固《两都》，作《二京赋》，因以讽谏。”[3]出于自觉的社会批判动机的《二京赋》，篇幅巨大，它虽大量描述物质壮观情景，却显然已缺乏枚乘、司马相如当初对物质之美大事夸耀的冲动和激情。与司马相如的《子虚赋》《上林赋》较多描写自然景观、物类不同，扬雄、班固、张衡的大赋明显偏重于人文、人的活动、人的创作物，在宫室建筑、城市都邑、狩猎、歌舞等方面着笔更多。张衡在物象前的理性使他始终能以一种清醒的态度来坚持讽谏之任，他在《东京赋》中表示：“夫水所以载舟，亦所以覆舟。坚冰作于履霜，寻木起于蘖栽。

1 《文选》卷四，第 74 页。

2 《三都赋序》：“然相如赋上林，而引‘卢橘夏熟’；杨雄赋甘泉，而陈‘玉树青葱’；班固赋西都，而叹以出比目；张衡赋西京，而述以游海若。假称珍怪，以为润色，若斯之类，匪啻于兹。考之果木，则生非其壤；校之神物，则出非其所。于辞则易为藻饰，于义则虚而无征。且夫玉卮无当，虽宝非用；侈言无验，虽丽非经。”（《文选》卷四，第 74 页。）

3 《后汉书》卷五九《张衡列传》，第 1897 页。

昧旦丕显，后世犹怠。况初制于甚泰，服者焉能改裁？故相如壮《上林》之观，杨雄骋《羽猎》之辞，虽系以隤墙填堑，乱以收罝解罘，卒无补于风规，只以昭其愆尤。”[1] 于是他自觉改变了先前那种“劝百讽一”的结构形式，代之以长篇大段的道义德行的说教，讽谏之意不仅明确，而且分量重大，将近一半篇幅等同于议论说理文字或者谏书。其结果，无非是进一步消减了汉大赋原本有限的文学价值。有补于世道，以济于时弊，这一先前许多文人一再想要兑现的理想，不仅没能为汉赋增加什么，相反，政教意图的不断体行，只是使之丧失了所赖以成立的审美基础和文体特性，从而最终解析了赋之为赋的性质。

况且，大赋往往以畋猎、宴乐、宫殿、苑囿等华奢生活为主要描述内容，而这些不过是地位至尊的帝王普遍性的生活方式和状态，所以很难产生批评的具体针对性，自然也难以造成讽刺的敏感度。如果说，扬雄的《校猎赋》《长杨赋》对于成帝的大肆狩猎，《甘泉赋》之于成帝宫殿过于奢华、宠幸后妃，还不失为对皇帝当下弊政的及时反馈，具有比较明显的现实针对性，那么，班固、张衡的作品，就通过对历史和现实的综合、概括，将主题普泛化、抽象化了。《两都赋》《二京赋》在对西京长安、东京洛阳两个都城对比性的描述中，各有侧重，通过对制度和历史素材片面的选择和曲解，将两汉前后有所调整的政治路线和作风，刻意塑造为政治传统和价值观念中的两端，即贪图奢淫的生活腐化与推行礼义教化的法度之美。然而，即使这些生活享乐也不过是些社会政治中老生常谈的一般性话题，几乎适用于任何朝代、任何君主，不切于什么政治要害和时务，也因而不会干犯执政者。尤其是张衡“十年乃成”的写作，已经很难说是针对时效性问题。在明确讽谏意图、强化劝诫效力的同时，却又淡化了政治批评的具体指向性，如此只保留了政治批评姿态的写作，不能不令人怀疑汉大赋的“讽谏”之说在逐步失效。

整体说来，赋的审美特性和讽谏责任几乎是难以彼此成全的。与《两都赋》《二京赋》中涉及正面内容时的那种质实写法相反，较为华美、生动的夸饰与铺陈，这种汉大赋最具特色、最见华彩的表现方法，仿佛成了

1 《文选》卷三，第 66—67 页。

不道德的，主要用来描写那个被否定的京都，《二京赋》中，最有神采的依然是对西京天子游猎、宴乐、歌舞等场面的描写。大赋文辞华丽的铺陈现象有汉一代始终不曾消除。边让作《章华赋》，借楚灵王之事讽讽汉末皇帝的荒淫昏聩。楚灵王建造章华台，“穷土木之技，单珍府之实，举国营之，数年乃成。设长夜之淫宴，作北里之新声”，于是边让“乃作斯赋以讽之”。史家评述曰：“虽多淫丽之辞，而终之以正，亦如相如之讽也。”[1]典型的汉大赋既然是以铺采摛文、宏衍巨丽为其美学特质和基本风貌，倘若不是以对大赋审美价值的取消为代价，则“劝百讽一”“劝而不止”就只能是必然的现实。

十二、汉大赋政教化失败的文学意义

对于汉代的文人而言，以诗赋行讽谏，天经地义地合乎经典文化的价值主张。当着王褒、扬雄、杜笃、班固等人有机会接近皇帝的时候，这些被公认为最善于写赋的人，以为他们真的获得了践行经典价值理念的时机，表达批评意见，似乎是文人接近政治核心和权力人物时自然而来的使命要求。尤其是，扬雄、班固、张衡这几位以大赋自觉行讽谏责任的文章之士，不仅秩级有限，而且性情恬淡，对仕事并不十分热衷，无意于积极用世，甚至不打算把自己一生的价值主要寄托于实际的社会政治参与上，但这并不妨碍在人生的某个阶段，当他们认为时机适合时，希望通过所擅长的文章来对社会政治现实施加影响。

需要指出的是，汉大赋政教功用的赋予、倡导、实践，完全出诸赋家的自觉，而非来自官方的授意和号召。他们选择了这一种当时被看作是最恢宏、最需要才学的文体，试图将它提升为一种可靠、有效的政治参与方式，这当然反映了文人想要影响时政这一责任意识的内化和自觉。当天下的治理被看作是人类社会生活的核心要素，当尽责于政治被看作士人崇高的义务时，务为有益于治就必然成为衡量文人及其文化创造物的标尺。汉赋之走向政教化，汉代的著名文人、学者极力为赋寻找一套经典式的理

1 《后汉书》卷八十下《文苑列传·边让传》，第 2640 页。

论，赋予汉赋以《诗经》的政教精神和讽谕功用，绝不是因为他们对赋的文学特性缺乏感受、认识，而是缘自他们那以社会政治为核心的综合性的文化体系。优美的语言、动人的描述固然为人喜爱，但借此达到委婉、柔和地感化人、教育人的效果，乃是更有价值的。因此，对政教职能的重视不能不导致审美价值的第二位性和屈从性，当他们因为语言华丽妨碍了讽谏效果而责难大赋的时候，他们实际上就暂时取消了自己的文学立场。

从政治观念和伦理上来说，执政者并不否认臣下有批评的权利，甚至可以说，君主对谏劝的肯定和容纳，早已凝定为政治文化传统的一个有机部分。永平三年，日食，汉明帝诏曰："古者卿士献诗，百工箴谏。其言事者，靡有所讳。"[1] 对于皇帝而言，这种套话差不多已经固定为他们面临灾异时例行的自动反应。但是，观念的熟稔不等于现实的通行，政治生活中执政者拒谏的事例不胜枚举。因此，假使如班固所愿，赋作在审美特性和讽谏责任之间能达成平衡，从而得以明确传达出作者的讽谕之意，其对社会现实的实际影响也不容乐观。东汉中期，崔琦先"数引古今成败"以劝诫多行不轨的权臣梁冀，又作《外戚箴》，"琦以言不从，失意，复作《白鹄赋》以为风"。《白鹄赋》今已不传，看起来，这篇赋的批评性相当明确、有力，因为梁冀读了，责问崔琦曰："百官外内，各有司存，天下云云，岂独吾人之尤，君何激刺之过乎？"崔琦回答："昔管仲相齐，乐闻机谏之言；萧何佐汉，乃设书过之吏。"[2] 显然，他是自觉把赋作为一种谏劝手段的。然而，梁冀非但不曾有所改变，竟至千方百计将讽谏者崔琦捕杀。"诗人作刺"，批评的权力来自于对《诗经》的继承。但是汉代学者在将汉赋上继《诗经》的同时，无疑便认可了后者更为优越的经典地位。因此，尽管赋家力图加以效仿，但汉赋对政治干预性的讽谕、讽谏，并不曾具有先天的保障，《诗经》的"下以风刺上"，毋宁说，是由其经典地位而被追认的一种"特权"，但这并不曾成为文学普遍而广泛的权利。而且，"诗教"的温柔敦厚，那所谓的"言之者安全，听之者领悟"，不过反映了一种相当理想化的政治文化关系的憧憬或设计。

无论诗，还是赋，所谓用以"讽谏"的美谈，多半出自士人，尤其是

1 《后汉书》卷二《明帝纪》，第 106 页。

2 《后汉书》卷八十上《文苑列传·崔琦传》，第 2622 页。

接近权力中心的士人的一厢情愿。因为诗、赋其实都并没有什么政治特效，既不会令统治者更容易觉悟，也不可能使其便于接受。龚遂为昌邑王刘贺郎中令，“内谏争于王，外责傅相，引经义，陈祸福，至于涕泣，蹇蹇亡已。面刺王过，王至掩耳起走，曰‘郎中令善愧人’”。龚遂建议“选郎通经术有行义者与王起居，坐则诵《诗》《书》，立则习礼容，宜有益”，但结果也不过是在数日之后，昌邑王将他选来的十位陪侍之士尽皆逐去而已[1]。现实中几乎看不到诗赋讽谏真正成功的事例，并且在逻辑上也实在难以说通：最应该被谏劝的君主，无疑是政衰时弊、骄纵不法的统治者，但“贤圣不能正不食谏诤之君”[2]，恰恰是他们根本不可能接受批评意见，甚至其为政的坏乱，很可能正是言路不畅所导致。汉元帝时，“东平王以至亲骄奢不奉法度，傅相连坐”，王尊初为东平相，“致诏后，谒见王，太傅在前说《相鼠》之诗。尊曰：‘毋持布鼓过雷门！’王怒，起入后宫”[3]。行政作风强悍、质直的王尊，显然对这种委婉、柔和的“诗谏”方式十分不以为然，认为其如布做的鼓一样，根本不可能发出予人以震撼、足以影响人的声响。这固然是由于政治权力的不开放，但也未尝不是因为诗赋文体本身的力不从心。讽谏，就其实质而言，本是诉诸语言文字的政治行为，但汉代赋家们试图将它转化为语言艺术的责任。尽管他们抱持了明确的政治动机，但是“讽谏”特性与大赋体制，这两者所奠定的批评行为的非直接性，决定了其对政治的介入如果不是流于虚妄的话，至多只可能具有间接的效果。

汉代皇帝对赋确有超乎一般写作物的喜好。武帝召司马相如，宣帝征王褒，成帝召扬雄；侍中贾逵向和帝荐举李尤“有相如、杨雄之风，召诣东观，受诏作赋，拜兰台令史”[4]；善赋之士甚至因文才而得以“赐帛免刑”[5]。赋在各种写作物中，虽然尤具显示文才的作用和声誉，不过，赋才不属于政权选举的科目，赋家大多借着作品的名声，因获得皇帝的赏识而被特殊征召。但在接下来的官僚体制生涯中，如果他还是单靠了作赋的本领来立身，就一定难以胜任办理实际政务的职任要求，从而只能在喜欢辞赋

---

1 《汉书》卷八九《循吏传·龚遂传》，第 3637—3638 页。
2 《盐铁论校注·相刺》（定本），第 255 页。
3 《汉书》卷七六《王尊传》，第 3230 页。
4 《后汉书》卷八十上《文苑列传·李尤传》，第 2616 页。
5 《后汉书》卷八十上《文苑列传·杜笃传》，第 2595 页。

的皇帝身边，以为言语供奉，甚或“为赋乃俳，见视如倡”，如枚皋所怨愤的那样，“比东方朔、郭舍人等，而不得比严助等得尊官”[1]。班固将赋作者区分为“言语侍从之臣”和“公卿大臣”两大类[2]，前者在官僚体系中官小位低，权力有限，很少政治发言的门径；然而大赋的社会声誉高，作者名气大，他们难免会因之产生较高的自我期许，并期望能使赋这一种他们擅长的方式，成为契入政治核心、扩大其社会实际影响的途径。因此，对于一位善于作赋的文人来说，如果他别无其他行政实才，将要依靠什么本领长期立足于仕途，这不能不是他所面临的问题。他们对大赋政教价值的赋予，对大赋地位的提升，固然是为了兑现其得自经典教育的治平责任，但在一定程度上，也未始不是想要从皇帝的倡优、博弈之类娱乐性态度中摆脱出来，并使自己与那一类俳谐式的娱乐、供奉写作区隔开。扬雄所说的“颇似俳优淳于髡、优孟之徒”与“贤人君子诗赋之正”[3]，所对应的，也大致是上述这种二分的身份状态。

就对赋的接受而言，武帝对枚乘父子、司马相如等人作品的欣赏，宣帝对王褒的重视，以及为赋所作的辩护，甚至直到汉末灵帝开设的“鸿都门学”，都更集中于赋悦目娱心的审美愉悦效果，政教有用性不被看作赋必不可少的构成要素，他们也不会想要从文学性作品中接受些严肃的教训。与这种轻松、通脱的欣赏态度不同，反倒是文人自己，极力要验证赋在审美愉悦之上还具有更深刻、更庄重的社会政治功用和价值。因为很少有正当的职务渠道参知政治事务，文人们很容易滋生社会能量有限的自我意识。经典教育陶铸出的责任自觉，责任手段的现实匮乏，这两者构成的矛盾处境，使得他们当中具有较高自我期许者，一旦遇到机会，往往会试图有所突破：借助于他们擅长、皇帝喜爱的写作样式，参与朝廷政治和国家事务，进而拓展出一个能为他们所用的政治渠道和空间。以赋对皇帝和朝政进行讽谏，这是文人发表政治异议不多的合法途径和媒介。

后来，文人们就已经很少会进行这种大赋的政教化尝试了。随着各体文章的逐渐成型，文体之间形成了相对稳定的分工，各有其适宜的表达内

1 《汉书》卷五一《枚皋传》，第 2366 页。
2 《两都赋序》，《文选》卷一，第 21 页。
3 《汉书》卷八七下《扬雄传》，第 3575 页。

容、方式，以及场合、功用等。具体说来，谏劝、政议成为士大夫的专门职能，与官僚政治制度的建构相一致，他们用以表达时政意见的书面文字，汉代已经有了极为规范的文章体例和格式，蔡邕的《独断》清楚地表明，章表奏议这些隶属于社会政治生活的重要文体已经定型。抑不止此，章奏要循固定的渠道逐级上报，政见的表达受制于位阶、职任等身份秩序的规定，奉职奏事，上下相安。华阴县丞嘉上封事，荐举高名之士朱云为御史大夫，太子少傅匡衡向元帝汇报曰："今嘉从守丞而图大臣之位，欲以匹夫徒步之人而超九卿之右，非所以重国家而尊社稷也。"竟将嘉论罪处置[1]。梅福以去职的县尉身份从民间上书成帝曰："庙堂之议，非草茅所当言也。""臣闻'不在其位，不谋其政'。政者职也，位卑而言高者罪也。"[2]越职触罪，这并不是什么新说法，《论语·宪问》："子曰：'不在其位，不谋其政。'曾子曰：'君子思不出其位。'"[3]汉代儒士将孔子、孟子的言论组合在一起："故卑位而言高者，罪也；言不及而言者，傲也。"[4]一方面是作为臣民的本分，另一方面是以道自认的精神优越，官守的政治秩序与阶层的价值自尊之间的矛盾，甚至圣贤教诲自身的龃龉，构成了政治文化的多面性。随着社会生活的扩大和政治建构的复杂化，政事议论除了有批评的勇气，还需要诉诸比较专门的政治经验，对于一个视仕事为专业的官员说来，他不仅要在谏书中表明态度和倾向，很可能还希望借机充分地表现出自己在某些问题上的具体见解，或者让皇帝感觉到他通于世务、娴习政事的实际能力。

汉代文人之以赋讽谏，既不属于士大夫的职事规定，也不是普遍易行的士人爱好，作为一种政治——文化行为，它具有一定的实验性。当发现这种写作并不像他们通常的作品那样容易被自己掌控时，他们虽对大赋表示失望，但几乎迅速就放下了，并未有人对这一种写作实验表现出太多留恋。就写有《解嘲》的扬雄而言，意识到讽谏的难以奏效和这一举动的一厢情愿，应当并不困难。重要的是，对于他们来说，得自经典教育和价值

1 《汉书》卷六七《朱云传》，第 2913 页。

2 《汉书》卷六七《梅福传》，第 2919—2920、2924 页。

3 《论语集释》，第 1008 页。

4 《盐铁论校注·孝养》（定本），第 310 页。

传统的这一种政治——文化姿态，他们已经实践过了。

在汉代文人的写作观念和实践中，长期以来，文学还是一个有待定型的事物，它的边界模糊游移，它的现实功能混淆不清。赋在观念和创作上的政教化，固然反映了汉代文人根深蒂固的政治责任感和干预意识，但是，文学究竟有多大的力量，能在政治领域行使其权力，帮助实现社会的变革与政治秩序的改善？直接的政治诉求与文学的特性是不是相容的？汉大赋的盛衰流变提供了一个清晰的样本，使得文人们不能不反省文学与其他部类，尤其是与政治之间的复杂关系。汉大赋创作在政教实践上的最终失败意味着：写作是要受限于文体样式的，不同文体具有不同的功效、特点，大赋虽然看起来与政治中心较为接近，但仍是与章表奏议十分不同的写作形式，它不可能被“提升”为一种社会政治参与的直接工具而不被扭曲。在中国文学传统中，虽然文学与政治的关系始终盘根错节，但汉代这场大赋政教化“实验”的难尽人意，却使得文人士大夫此后较少再将“讽谏”的期待固着在诗赋上，从而也就更容易顺应各种文体的内在特性。

以“士”阶层为母体的文人，把对政治的表现和干预作为文学写作的崇高目标，这是中国古代社会文化和文人的特性所决定了的。不过，赋的审美特质与政治讽谏功能难以彼此成就，这一结果将使汉代文人们意识到：文学的功能、作用终归是有界限的，不是任何责任、内容都是它能够胜任和承载的，不能强行要求它担荷它力所不及的。在汉代文学多方面的探索中，文学功用的尝试是重要的一环，试错的结果有助于文人们明了文学的边界在哪里，它能够做什么，它不适合做什么。正是经过不断地摸索、纠正，文人们一方面在争取扩大文学的可能性和表现力，对文学既有的限定进行突围；另一方面则在挫折和失败中，确认文学之为文学的根本特性，因而懂得该从何处努力于文学的成功。

在汉赋的写作实践中，赋家的境遇体验和目标期望呈现出文学最极化的两端：与俳倡类似，对皇帝讽谏。不是单纯作为日常娱乐，甚至被归并与倡优俳谐般的消遣性活动；就是期望参与政治，承担经世致用的社会责任，当着文学这样极端性摆荡的时候，它是难以获得扎实、稳健的发展的。通过扩大写作的领域，开拓文字表现上丰富的可能性，汉代文人逐步尝试着确认文学最适宜的对象和用途。当他们从俳优式娱乐和讽谏君主这样宽泛而极端化的效用收缩，将文学聚拢至人本身，聚焦在个人自我抒情和内在世界表达的时候，他们发现，文学因为契合人生命体验和内心感受，而成为一种自如、自在的语言文字艺术，显然，这正是它适合承担并能够成就的。在历经尝试之后，为其目标、功能准确定位，这是文学在汉代最重要的进展。

扬雄的经历展现出文学在当时所可能具有的较为完整的意义。他曾经真诚地希望文学，至少是其中的重要样式，承载起政教使命。并因而批评司马相如的赋“文丽用寡”，即文辞的美感与作品的实用功能相冲突。不过这一说法也意味着，倘若文学的政治有用性不再被那么推崇，文学之丽自然就有了凸显的可能和存在的意义。在对大赋的政教效果失望之后，扬雄转而集中于子书的写作，将其经世致用之志寄托于《法言》，以为实践其社会理念更适宜的手段。这其中潜含着对不同文化形态和方式的分工，即肯定不同形式的写作物，有其适配的题材内容和相应的功用。同时，他似乎对赋中一些既不堂皇也不宏大的体式充满了兴趣，用以单纯抒发自己的心情，《解嘲》《逐贫赋》，当这些作品自然、真切地倾诉出其安于贫穷、寂寞生活的内心情志，与其后半生并不得意的生活状况密切相关，文学对于扬雄来说，就从当初崇高、煊赫的政教手段，成了真挚、贴己的人生安慰。这是对文学之用的另一种体认。

东汉后期，文学越来越趋向于表达人生日常中的自我，张衡在《二京赋》之后，写了才情优美的抒情小赋《归田赋》，一种更具诗意的文学形式。历史的复杂性在于，尽管扬雄、班固、张衡等人努力使汉赋政教化，但恰恰是他们，开启了文学的新方向，把文学写作这一种根本上说来无助于仕途的活动，看作人生——包括那些失意困穷的人生——重要的满足。这些了不起的文人，他们用自己诚实的智慧、不懈的作为，多方尝试、验证，有效地推动文学的演变。从这个意义上说，汉大赋政教实验的失败，未始不可以看作是向别一个方向转换的契机，因为，唯有认识到这一条道路是不通的，才会有对其他路径另行探求的内在热忱；只有充分意识到不同领域的独特性，从而淡化对政治有用性的强调，才能产生对文学的未来胜景殷勤探看的动力。在汉代文学演进的历史中，文人们正是这样一步步摸索、寻找适合的方向，开拓发展的可能性。

第五章　东汉后期士阶层文化及生活的新变

东汉后期，文学面貌和审美情趣开始发生明显变化，这与当时的社会文化转变直接相关。具体来说，社会政治形势的持续溃坏、意识形态的僵化，使得士人们在日益失望中，兼济之志或入仕的热情普遍减弱，政治消极情绪蔓延，不仕、拒仕之士大量出现。为了释放无处可去的生命能量，士人们将精力转向与仕事无关的一些活动，与他们的阶层文化相适应的闲逸生活趣味和方式因此得到了快速发展。士阶层文化的这种丰富和补充，对文人的审美风尚和文学写作产生了直接影响。

一、士阶层的扩大与不仕者的增多

东汉以来，社会上各类、各级教育持续发展，规模不断扩大。在短暂的儒学之衰后，据《后汉书·儒林列传》，顺帝扩建太学、增修房舍、增加员额、擢任儒士，又经过本初元年梁太后的兴学措施，“自是游学增盛，至三万余生”[1]。除了朝廷兴办太学，全国各地还分布着若干郡国、县级的官办学校。虽然郡县学校的设立与兴废并不固定，很大程度上取决于郡县守令的文教观念和行政作风，但这些地方学校有时规模也相当大，成都曾出现过学生达八百人的县学[2]。“东京学者猥众”[3]，东汉私学众多，私人讲学的规模远胜于前。号称“殿中无双”的丁鸿，门下昌盛，弟子“远方至者数千人”[4]；张兴“弟子自远至者，著录且万人”；“教授不倦，世称儒宗”的楼

1 《后汉书》卷七九上《儒林外传》，第 2547 页。

2 《华阳国志·蜀志》：刘颢为成都县令，“立文学，学徒八百人”。（刘琳：《华阳国志校注》，巴蜀书社，1984 年，第 238 页。）

3 《后汉书》卷七九上《儒林外传》，第 2548 页。

4 《后汉书》卷三七《丁鸿传》，第 1264 页。

望，诸生著录九千余人，仅参加其葬礼的门生便有数千人之多；学通五经的蔡玄，门徒常千人，据说其有著录的求学者多达一万六千人[1]。教育扩展的直接结果，就是有书面读写能力和经典人文知识的人群扩大，士阶层的人数相应地不断增加。作为社会通行的价值逻辑，“学而优则仕”，学以居位，通经入仕，渴望并且等待入仕的人群越来越庞大。

在以“经明行修”为原则的选官制度下，士人的经术水准成为做官为政的重要条件，经术观念和作风自然投射到汉代士大夫的政治理念和日常实践中。在汉代儒士们看来，儒学经典不仅“万事靡不毕载”，可用以解释天地自然和人类生活，而且是世间唯一颠扑不破的最高法则。匡衡上疏成帝：“臣闻《六经》者，圣人所以统天地之心，著善恶之归，明吉凶之分，通人道之正，使不悖于其本性者也。故审《六艺》之指，则人天之理可得而和，草木昆虫可得而育，此永永不易之道也。”[2]士大夫们以儒学义理、圣贤故事、祖宗旧制为判断是非得失的依据，在陈政议事、谏书对策中动辄称引古往，“于古有据”“先王”“古者”“孔子曰”云云，成了他们为执政者提供行动依据和支持的口实；相反，“不应古礼”“不案经艺”“不合于经传古制”，乃是社会政治事务中最有力的否定意见。经术作为确立的社会意识形态，在造就了尊学贵德、彬彬儒雅的浓厚社会风气的同时，也在一定程度上导致了思想意识的概念化和行为的教条主义。专制政治下的工具化，使经术所曾拥有的社会规范性和约束人心的力量逐步丧失，以经明行修为标准对士人的教育、选拔，以经术指导、干预社会政治，面临越来越严重的困境。儒学从社会意识形态的位置下落，向一般学术演化[3]。

经学本身的弊端也愈发明显。传统的经术学问以固守师说、循依章句为正统，“见太学试博士弟子，皆以意说，不修家法”，徐防于是向和帝建议：“博士及甲乙策试，宜从其家章句”，并且“解释多者为上第，引文明者为高说；若不依先师，义有相伐，皆正以为非”[4]。在谨守家法师说的前

1 《后汉书》卷七九下《儒林列传》，第 2552、2580—2581、2588 页。

2 《汉书》卷八一《匡衡传》，第 3343 页。

3 任继愈主编《中国哲学发展史》（秦汉）论述汉末经学的变化：在长期持续的社会政治危机的作用下，学者“纷纷脱离政治，转而从事学术性的经学活动”，“私学的吸引力远远超过了官学，学术性的经学活动比经世致用更为重要”。[任继愈主编《中国哲学发展史》（秦汉），人民出版社，1985 年，第 701—702 页。]

4 《后汉书》卷四四《徐防传》，第 1501 页。

提下，解释多即表示学问多，如此只能导致经说陈陈相因、浮辞繁冗：解释《尚书》篇目《尧典》这两个字，至十余万言；只说“曰若稽古”，用二三万言[1]；章句多者，至于百余万言[2]。刻板、琐碎、繁缛的学风，不仅使得经术学习负担沉重，而且因迂腐、形式主义引发了普遍的厌倦，“所以通人恶烦，羞学章句”[3]。

政权几乎毫不掩饰习经不过是一块敲门砖。质帝本初元年，“令郡国举明经，年五十以上、七十以下诣太学”[4]。灵帝熹平五年，“试太学生年六十以上百余人，除郎中、太子舍人至王家郎、郡国文学吏”[5]。初平四年，“试儒生四十余人，上第赐位郎中，次太子舍人，下第者罢之”，献帝又诏曰：“今耆儒年逾六十，去离本土，营求粮资，不得专业。结童入学，白首空归，长委农野，永绝荣望，朕甚愍焉。其依科罢者，听为太子舍人。”“时长安中为之谣曰：‘头白皓然，食不充粮。裹衣褰裳，当还故乡。圣主闵念，悉用补郎。舍是布衣，被服玄黄。’”[6]在政权飘摇之际，东汉最后几朝皇帝对功名空落的年老儒生，进行了一次次较大规模的除授。这种例行制度之外的恩赐，看似是对儒士的奖助、哀悯，却不过将经术沦为了赤裸裸的衣食功名手段，从一个侧面体现着经术价值的沦丧和庸俗化。

士阶层扩大，求仕者增多，但是与此同时，官吏的员额并不曾同步增长[7]，持续增多的士人因而不可能被充分、有效地吸纳进他们所期望的官僚队伍中。并且，由于官吏的选拔、任用腐败成风，选举不实、任人唯亲、权门请托，甚至卖官鬻爵等等，使得普通士人的入仕门径越来越狭窄。《大戴礼记·卫将军文子》：“君虽不量于臣，臣不可以不量于君。是故君

1 《新辑本桓谭新论·正经》，第 38 页。

2 《后汉书》卷三五《郑玄传》论曰：“而守文之徒，滞固所禀，异端纷纭，互相诡激，遂令经有数家，家有数说，章句多者或乃百余万言，学徒劳而少功，后生疑而莫正。”（《后汉书》，第 1212—1213 页。）

3 《文心雕龙注释·论说》，第 201 页。

4 《后汉书》卷六《质帝纪》，第 281 页。

5 《后汉书》卷八《灵帝纪》，第 338 页。

6 《后汉书》卷九《献帝纪》及注引刘艾《献帝纪》。（《后汉书》，第 374—375 页。）

7 《汉书》卷一九上《百官公卿表》：“吏员自佐史至丞相，十二万二百八十五人。”（《汉书》，第 743 页。）《潜夫论·本政》曰：“自成帝以降，至于莽，公卿列侯，下讫令尉，大小之官，且十万人。”（《潜夫论笺校正》，第 92 页。）而一岁所贡举，据《潜夫论·实贡》：“公卿刺史掾从事，茂才孝廉且二百员。”（《潜夫论笺校正》，第 152 页。）杜佑根据东汉史料，也认为：“推校当时户口，一岁所贡不过二百余人。”（《通典》卷一三《选举一》，第 316 页。）

择臣而使之，臣择君而事之。”[1]但是随着秦汉以来专制主义中央集权政治的稳固，战国时代那种择君而仕的可能已经无存，士人唯有仕或不仕的选择。在几百年的从政实践之后，士人们普遍清醒地认识到专制政治的严酷和入仕为官的风险，这类经验的大量累积，使他们对仕事很容易产生消极的想法和态度。“天之所废，不可支也”[2]，是东汉后期以来明智之士对天下大势的基本判断。面临社会政治现实无可挽救的颓势，面临作为社会意识形态的经术日趋僵化，士人中蔓延着悲观、厌倦的情绪，建树事功已经不像从前能够激起他们普遍而当然的热情。

对入仕为官的忧惧体验，十分容易唤起士人们心中退守自藏的潜在意识，而这个时期开始流行的道家人生理论，无疑又加剧了他们与官方或正统的不合作情绪。大较言之，汉代士人虽以儒术为基本教育背景，但其中一些性情恬淡者，在经术外往往还别有所习。《周易》《老子》《庄子》等著作，以其对人生吉凶祸福的辩证揭示，强化了他们恬退、超然的心性，有助于在政治浮沉中安顿自我。道家人生哲学的接受者大多秉持了与政权疏离的态度，东汉前期，为政严猛的樊晔，其子樊融却正相反，“有俊才，好黄老，不肯为吏”[3]。东汉后期，老庄思想开始广为传播，并逐渐与早已奠定意识形态地位的儒家学说相结合。儒道两派学说虽各有偏侧和归结，但儒家重义轻利、重道轻器的精神原则与道家清静自藏、不为物役的人生主张相互契合、共融，使士人更重视对精神愉悦的顺应、自我心性的满足，同时对物质欲望和现实利益相对持鄙薄态度。因此，在政治腐败、黑暗的社会形势下，士人们原先对政治参与的责任热情和对仕事的营求越来越成为有条件的。

总之，大量士人仕事失败，没有或丧失了入仕机会，但也有不少人拒绝入仕参政。东汉后期以来，随着社会政治形势的不断恶化，与士人的持续增多，“士多退身穷处”，失仕、拒仕，或者说，主动和被动的不仕之士的数量在明显扩大。

---

1 《大戴礼记解诂》，第 115 页。
2 《后汉书》卷六八《郭太传》，第 2225 页。
3 《后汉书》卷七七《酷吏列传》，第 2492 页。

二、出处进退之为人生互补性的两大分野

求仕从政固然被认为是人生活动的重心，获得高官厚禄是现实成功的最直接标志，但与此同时，士阶层的价值原则又特别强调个体道德品格的完善，以及内在满足基础上的精神超越。为保护和换取现实的政治、经济利益，为官者常常不免于对君主和权势顺从、屈服，以及在利益集团中苟且偷安，因此，仕事自来就具有与士人所崇奉的精神价值既顺应又冲突的矛盾性质。《论语·述而》："用之则行，舍之则藏。"[1]《周易·系辞上》："君子之道，或出或处，或默或语。"[2]用舍、行藏，以及出处、进退、显隐等，围绕着士人入仕这一人生选择，衍生出一连串相互对立的二元行为状态和价值取舍的语汇。"邦有道，则仕；邦无道，则可卷而怀之。"[3]"隐居以求其志，行义以达其道。"[4]入仕可以是有条件的，仕与不仕各有其行为主张，孟子将此意发挥得更充分："故士穷不失义，达不离道。穷不失义，故士得己焉；达不离道，故民不失望焉。古之人得志泽加于民，不得志修身见于世，穷则独善其身，达则兼善天下。"[5]穷与达、得志与失意、独善与兼济、自我与天下，这些极性的矛盾状态，几乎构成士人一生的抉择和命运，他们的活动和情感大致就在这两端中展开。

出处、穷达困扰着士人的人生，东方朔《答客难》、扬雄《解嘲》以下，崔骃、班固、张衡、蔡邕等著名文人，都以类似的文章和主题，对这个既传统又现实的问题做出回应。但是"独善"与"兼济"的关键节点在哪里？就士人本身而论，如何判定其"穷"或"达"？"居家则致千金，居官则至卿相，此布衣之极也。"[6]任职为官的通达，几乎是士人社会现实成

1 《论语集释·述而》，第 450 页。
2 《周易正义》，《十三经注疏》，第 79 页。
3 《论语集释·卫灵公》，第 1068 页。
4 《论语集释·季氏》，第 1162 页。
5 《孟子正义·尽心上》，第 890—891 页。
6 《史记》卷四一《越王勾践世家》，第 1752 页。

功始终如一的量度标准,“仕不至两千石，贾不至千万，安可比人乎！”[1]“凡学仕者，高则望宰相，下则希牧守。”[2]在汉代普遍的社会舆论看来，官至郡守二千石是宦成名立的基本标志。不过照此标准，则绝大多数仕士一生中都将处于“不得志”的境况，更何况那些求仕不得，或者索性就不入仕的人，他们似乎只能求得“独善”“得已”，在潦倒、落寞中，设法满足自己的生命需求。

在被国家体制化的过程中，汉代士人一方面获取、稳固了阶层的权益，同时也逐渐认识到自身政治力量的有限。为了保持足够的身心平衡，他们不断对自己与政治现实的关系加以调剂，这使得他们能够愈来愈相较容易地面对仕事的成功和失败。班固在《汉书·王贡两龚鲍传赞》中发挥前人说法:“《易》称‘君子之道，或出或处，或默或语’，言其各得道之一节，譬诸草木，区以别矣。故曰山林之士往而不能反，朝廷之士入而不能出，二者各有所短。”[3]他们确知，作为士人整体人生的两大不同分野，仕与不仕各有长短，也各有其成就标准和表现，士人可据所处时地的不同而自我调适，出入随时。“出处之事，人各有怀”，既然出与处可以是个人依据现实条件所做出的自主选择，那么从权力机构退出或者干脆自处其外，就很难等同于人生的失败，不如视作必要的社会反应和个体性调整与满足。不仅如此,“官升进者谓之善，位废退者谓之恶”[4]，这种据得意于当世与否来论定士人优劣的社会一般观念和世俗标准，不断受到智识之士的质疑和批判。“所谓贤人君子者，非必高位厚禄富贵荣华之谓也，此则君子之所宜有，而非其所以为君子者也。所谓小人者，非必贫贱冻馁辱厄穷之谓也，此则小人之所宜处，而非其所以为小人者也。”[5]王充、王符等人强调，论士须“定于志行”，也就是要按志意、德行以及才智学养等高尚脱俗的精神质素及表之于外的行操，来判定人的高下尊卑。这实际上是又一次呼应了孔子“士志于道”的价值要义。

对于在社会生活中逐步成熟起来的“士”阶层而言，出处进退之为观

1 《汉书》卷九十《酷吏传》，第3650页。
2 《后汉书》卷四五《袁安传》，第1518页。
3 《汉书》卷七二《王贡两龚鲍传》，第3097页。
4 《论衡校释·累害》，第12页。
5 《潜夫论笺校正·论荣》，第32页。

念和行为的两大基本方向，只有在互补的层面上结合起来，才能克服人生的单一和片面，从而通过自我与社会、个人性情与责任律令、内心生活与外部世界等一系列矛盾关系的组合，构成士人人生中丰富、完整的存在状态和意义[1]。顺帝时，有名的隐逸之士樊英为朝廷隆重征聘，却终未能表现出相应的政治功业和才见，张楷讥之曰："天下有二道，出与处也。吾前以子之出，能辅是君也，济斯人也。而子始以不訾之身，怒万乘之主；及其享受爵禄，又不闻匡救之术，进退无所据矣。"[2]也是针对于此，李固致书黄琼曰："盖君子谓伯夷隘，柳下惠不恭，故传曰'不夷不惠，可否之间'。盖圣贤居身之所珍也。诚遂欲枕山栖谷，拟迹巢、由，斯则可矣；若当辅政济民，今其时也。"[3]所谓"枕山栖谷"和"辅政济民"的出处二道，所谓"进退有据"，乃是充分认可士人仕与不仕的不同选择及其相应的人生方式和作为。既然在士大夫的通常见解中，仕与不仕已经被肯定为基本对等的人生价值，并且出处有道，两者各有其行为主张和规则，那么，作为士阶层两大人生畛域之一，作为与社会政治这一入世事业相对应的另一端，不仕的选择就获得了充分发育的合理性和舆论基础。而只有当"不仕"的人生变成一种生活状态，依凭丰富的生活细节在日常现实中具体实现，才能使之不流于观念价值的抽象空洞。因此，不仕之士们将不得不探寻普遍有效的方略，用一系列适宜的内容和方式，使这种本来在社会意义上消极的人生选择，演绎为尽可能充实、富有生趣的现实生活形态。

三、士的阶层优越和社会排斥

作为具有人生自觉和理想追求的一个社会阶层，"士"从崛起之初，就开始探讨人生的意义和价值：人应当怎样活着？如何获得历史上不朽的名声？"士志于道，而耻恶衣恶食者，未足与议也。""士不可以不弘

1 参见于迎春《秦汉士史》第十二章之二"儒术社会中的道家融渗以及退隐不仕的趋于日常化"。（于迎春：《秦汉士史》，北京大学出版社，2000年。）

2 《后汉书》卷八二上《方术列传》，第2724页。

3 《后汉书》卷六一《黄琼传》，第2032页。

毅，任重而道远。”“无恒产而有恒心者，唯士为能。”孔子、孟子的这些精策之语，无一不指向对远大、崇高境界的追求和精神满足，在日常生活的饱食暖衣之上，还有更值得勠力以求的超越性存在。“何如斯可谓之士矣？”[1]“士何事？”[2]如何成为士，士应当怎样行为，对这一问题的不断追问、反思，表明了士这个阶层空前自觉、自省的意识，在此基础上，形成了士林共同遵守的若干道德规范、价值准则，并因之与其他社会阶层区别开来。“士有一定之论。”[3]几百年的衍变中，不惮烦地界定着、重申着士的规则，其实就是在不懈地强调、维护士文化的相对独立性，并因此在相当程度上固化了与其他社会阶层、集团的区别。士人们普遍认为，这些区别不仅意味着其阶层的独特性，而且昭示出价值上的高下，正是他们才代表着文化传统中最经典、雅正的部分。出于强烈的文化优越感，这个高自标置的阶层在对社会的适应中，进一步发展起旨在自我纯化的生活限抑和社会排斥，直接导致了士人们至少在心理、精神上与其他阶层成员所可能有的相对区隔。

不仕之士需要在仕事之外寻找新的人生满足，但是总的说来，他们自成体系的阶层价值和以精英自视的优越感，使他们不可能轻易选择并致力于社会中现成的职事。《史记·李将军列传》：“广以良家子从军击胡。”《索隐》注“良家子”，引如淳说曰：“非医、巫、商贾、百工也。”[4]贡禹上书汉元帝曰：“孝文皇帝时，贵廉洁，贱贪污，贾人、赘婿及吏坐赃者皆禁锢不得为吏。”[5]有司上奏哀帝曰：“贾人皆不得名田、为吏，犯者以律论。”[6]“卜筮者贱业”[7]，“巫医卜祝之伍、下愚不齿之民也”[8]，这些专门职业和技术明显受到士大夫的轻视、排斥。《礼记·王制》早已表示：“凡执技以事上者，祝、史、射、御、医、卜及百工。凡执技以事上者，不贰事，不

1 《论语集释·子路》，第927页。
2 《孟子正义·尽心上》，第926页。
3 《淮南鸿烈集解·原道》，第39页。
4 《史记》卷一〇九《李将军列传》，第2867页。
5 《汉书》卷七二《贡禹传》，第3077页。
6 《汉书》卷十一《哀帝纪》，第336页。
7 《汉书》卷七二《王贡两龚鲍传》，第3056页。
8 《昌言校注·阙题九》，第388页。

移官，出乡不与士齿；仕于家者，出乡不与士齿。”[1]以巫医卜筮等专门技艺为君主效力者，被认为比士低贱。高凤拒仕，因担心不得免，只好自污，“自言本巫家，不应为吏”[2]。郎宗学《京氏易》，善风角、星筭等，能望气占候吉凶，安帝以博士征之，“宗耻以占验见知”，遁去不仕[3]。华佗，“然本作士人，以医见业，意常自悔”[4]。自孔子以来，儒学就不掩饰其轻视操作性专门技术的倾向，汉代儒士虽将阴阳五行等知识引入对社会政治秩序的解释，但在与作为正统学术的经学的结合中，他们不断表现出使这些专门知识尽可能人文义理化的趋向。在士文化后来的演变中，对义理和玄思的偏重有所加剧，天文历算、占星堪舆、卜筮医药等等，这些归属于方技数术的具体知识、专门技术，除非演化为生活中的雅趣，或者陶冶身心的闲情逸致，方为文人士大夫所乐于接受[5]。

士人也不可能主动选择为商贾、工匠、农民。崔寔“因穷困，以酤酿贩鬻为业。时人多以此讥之”[6]。王烈不欲为长史，“乃为商贾自秽，得免”[7]。《孔丛子·抗志》载：父祖世代为农夫的李音“贤而有实”，卫君对之却很不以为然：“寡人不好农，农夫之子，无所用之。且世臣之子未悉官之。”子思批评卫君“取士不以实”：“李音父祖虽善农，则音亦未必与之同也。”[8]虽是针对取贤用士的名、实问题生发的议论，并且还残存着贵族政治的遗响，但无论卫君还是子思，其实都表示出对农夫的轻贱。汉史中常见耕读

---

1 孙希旦曰：“此皆谓执技之贱人，非《周礼》大祝、大史、射人、大驭、医师、大卜等之官也。……出乡不与士齿者，德成而上，艺成而下，在乡党宗族之中，有不以贵贱计者；若出乡，则不得与士齿，贱之也。”（《礼记集解》卷十三《王制》，第 369 页。）篇首题解谓此篇作于汉代，见第 309 页。

2 《后汉书》卷八三《逸民列传·高凤传》，第 2769 页。

3 《后汉书》卷三十下《郎𫖮传》，第 1053 页。

4 《三国志》卷二九《方技传》，第 802 页。

5 葛兆光《〈中古异相〉序》：“汉代以后，中国知识人特别是儒家学者，在思想上渐渐聚焦社会伦理和政治秩序，论述上倾向人文精神和理性主义，使这些具体知识和技术在儒家的解释中渐渐被哲理化，所以，这些有关天地人的知识才在上层文人中渐渐边缘化，并渐渐在中古中国分化出若干支系，或者成为谶纬之学，即将具体的天文地理知识提升，攀附经典中的意义；或者成为注释训诂之学，即将这些草木鸟兽鱼虫之名，文本化为经典的附庸；或者产生出《博物志》这种著作，把这种本来合理的知识，渐渐转型为炫博、记异、志怪。”（余欣：《中古异相：写本时代的学术、信仰与社会》，上海古籍出版社，2015 年，第 4 页。）

6 《后汉书》卷五二《崔寔传》，第 1731 页。

7 《后汉书》卷八一《独行列传》，第 2697 页。

8 《孔丛子校释·抗志》，第 177 页。

者，在农耕的生活贫贱中努力读书习经，是下层民众得以社会升迁的主要人生路径。但这一为人赞许的方式几乎不可回逆，吴祐因丧父、家贫常牧豕于泽中，行吟经书，竟至为父亲故交所责难："卿二千石子而自业贱事，纵子无耻，柰先君何？"[1]"民之大事在农"[2]，不过这一无可置疑的古老观念，通常只适用于国计民生的纲领性政治原则。《荀子·荣辱》："故仁人在上，则农以力尽田，贾以察尽财，百工以巧尽械器，士大夫以上至于公侯，莫不以仁厚知能尽官职，夫是之谓至平。"[3]农工商各守本分，构成社会秩序广大的底层基础。"大儒者，天子三公也。小儒者，诸侯大夫士也。众人者，工农商贾也。"[4]被统括为大众、庶民的农工商，他们不仅是社会的被管理者，还被认为与志在治国理政的儒士，在志意、操行、才智诸方面，形成明显的反差："志不免于曲私而冀人之以己为公也，行不免于污漫而冀人之以己为修也，其愚陋沟瞀而冀人之以己为知也，是众人也。"[5]对人的价值等级、品类的这种区分，不能不影响着人才评价和选用的社会标准。

"士"固然是社会中最富于流动性的阶层，不过这种流动既不对等，更难以回逆，作为与农工商并列的"四民"之首，"士"具有明显的荣誉性，一旦厕身士列，就极少有人肯再保持所从来的阶层或群体的归属感，"士大夫不杂于工商"[6]。"我欲贱而贵，愚而智，贫而富，可乎？曰：其唯学乎。彼学者，行之，曰士也；敦慕焉，君子也；知之，圣人也。"[7]学习是改变人生命运的唯一出路，学习的重要性自来为人强调："昔之君子成德立行，身没而名不朽，其故何哉？学也。学也者，所以疏神达思，怡情理性，圣人之上务也。"[8]通过学习，不仅掌握知识，更开启智慧与道德，士人以此成为官吏的候选者，准备效力于社会。《汉书·食货志》曰："士农工商，四民有业。学以居位曰士，辟土殖谷曰农，作巧成器曰工，通财鬻

1 《后汉书》卷六四《吴祐传》，第2099页。
2 《国语·周语上》，第15页。
3 《荀子集解·荣辱》，第71页。
4 《荀子集解·儒效》，第145页。
5 《荀子集解·儒效》，第145页。
6 《逸周书汇校集注·程典解》，第185页。
7 《荀子集解·儒效》，第125页。
8 《中论·治学》，《建安七子集》，第261页。

货曰商。”[1]不过“学以居位”的士人之业，与农工商有着本质的不同。《潜夫论·释难》在“君子劳心，小人劳力”的前提下对耕与学加以分别：耕乃食之本，而士君子之学，“又耕之本”[2]。《昌言·损益篇》强调：“君子非自农桑以求衣食者也……彼君子居位为士民之长，固宜重肉累帛，朱轮四马。”[3]对于孔子“耕也，馁在其中矣；学也，禄在其中矣”的说法[4]，士大夫基于“学以居位”的汉代现实，做出了更明豁的解释与重申。

“劳心”“劳力”的社会身份及价值区分渊源有自，“君子劳心，小人劳力，先王之制也”[5]，《左传》表述的这一尊卑观念后来被不断发挥，越来越明确化。《孟子·滕文公上》：“故曰或劳心，或劳力。劳心者治人，劳力者治于人；治于人者食人，治人者食于人：天下之通义也。”[6]徐干《中论·逸文》：“士者劳心，工农商者劳力。劳心之谓君子，劳力之谓小人。君子者治人，小人者治于人，治于人者食人，治人者食于人，百王之达义也。”[7]准之于汉代社会，徐干无非强调士人的读书明经及因此而来的脑力劳动的优越性。而劳作性的体力消耗，即使是日常的家庭杂务，在徐干看来，也不应当是士人分内之所为。《中论·逸文》甚至为此提出具体建议：“今自斗食佐史以上，至诸侯王，皆治民人者也，宜畜奴婢。农工商及给趋走使令者，皆劳力躬作，治于人者也，宜不得畜。”[8]总之，徐干认为，所有国家各级正式官吏均当“不劳筋力”，无论是粗笨的耕田、夯筑等生产、生活劳作，还是辛勤劳苦的趋走奔波、日常侍奉，农工商赖以为生的体力劳动都是与士或士大夫身份不相合的。王充《论衡》甚至把士人“不劳筋力”的范围扩大到战事、武勇当中：“故叔孙通定仪，而高祖以尊；萧何造律，而汉室以宁。案仪、律之功，重于野战；斩首之力，不及尊主。故夫垦草殖谷，农夫之力也；勇猛攻战，士卒之力也；构架斫削，工匠之力也；治书定簿，佐史之力也；论道议政，贤儒之力也。人生莫不

1 《汉书》卷二四上《食货志》，第1117—1118页。
2 《潜夫论笺校正·释难》，第329页。
3 《昌言校注·损益篇》，第297页。
4 《论语集释·卫灵公下》，第1119页。
5 《春秋左传注·襄公九年》（修订本），第1063页。
6 《孟子正义》卷一一，第373页。
7 《建安七子集·附录》，第328页。
8 《建安七子集·附录》，第329页。

有力，所以为力者，或尊或卑。孔子能举北门之关，不以力自章，知夫筋骨之力，不如仁义之力荣也。”[1]将兵戎、军阵之事，与农夫、工匠的劳作相提并论，而与基于书面才学的政治管理和论议对立起来，并因此轻视、卑下“筋骨之力”及其相关事务。这种重文轻武的倾向虽然要到后来才显化，但其观念却仍然不外乎是基于“劳心”“劳力”的价值传统。

《论衡·命禄》:“世之论事者，以才高者当为将相，能下者宜为农商。”[2]《昌言·损益篇》:“以筋力用者谓之人”，而“以才智用者谓之士”[3]。劳力者不仅地位卑贱，还常被认为才智低下，与这类社会意识和舆论相并行，官署中低级吏员因为要从事一些勤苦辛劳、为人役使的繁杂公务，士人们对这类职事也逐渐形成了类似“劳力”般鄙薄的态度。司马迁《报任安书》“又迫贱事”，所谓“贱事”，孟康曰：“卑贱之事，苦烦劳也。”颜师古注也曰:“谓所供职事也。”[4]范式看到太学同学孔嵩不得已佣为街卒，深惜之，孔嵩也将其“处于卒伍”的境况，自比于古人的守于“贱业”[5]。对部分官职及相应事务的嫌弃，使得一些士人会设法去职不为吏役。《汉书·孙宝传》:“今两府高士俗不为主簿。”[6]西汉末，“(王)霸亦少为狱吏。常慷慨不乐吏职”[7]。逢萌“家贫，给事县为亭长。时尉行过亭，萌候迎拜谒，继而掷楯叹曰：‘大丈夫安能为人役哉！’”[8]卓茂，“以病免归郡，常为门下掾祭酒，不肯作职吏”[9]。几乎同时的李通，曾任五威将军从事、县丞等职，李通“世以货殖著姓”,“且居家富逸，为闾里雄，以此不乐为吏，乃自免归”[10]。李通之“不乐为吏”，部分原因在于其家境富足、生活安逸，但就多数情形而论，士人的嫌弃为“职吏”，乃是由于不甘担任为人驱使或者处理烦琐事务的低级吏员。

---

1 《论衡校释·效力》，第588—589页。
2 《论衡校释·命禄》，第22页。
3 《昌言校注·损益篇》，第294页。
4 《汉书》卷六二《司马迁传》，第2726页。
5 《后汉书》卷八一《独行列传·范式传》，第2678页。
6 《汉书》卷七七《孙宝传》，第3257页。
7 《后汉书》卷二十《王霸传》，第734页。
8 《后汉书》卷八三《逸民列传》，第2759页。
9 《后汉书》卷二五《卓茂传》，第871页。
10 《后汉书》卷一五《李通传》，第573页。

对吏事的拒绝，要以耻于“奉檄迎督邮”表现得最为激烈。东汉中期，南阳人冯良，“出于孤微，少作县吏。年三十，为尉从佐。奉檄迎督邮，即路慨然，耻在厮役，因坏车杀马，毁裂衣冠”，遁去求学[1]。会稽人赵晔与之经历颇相似，“少尝为县吏，奉檄迎督邮，晔耻于厮役，遂弃车马去”，也前往冯良求师处习经[2]。这些人因为家庭的贫寒，不得已而在整个官僚队伍的末端，充任最低级的少吏、随从，被上级呼来喝去、役使奔走，他们对带有侍奉性的送迎拜谒尤其抵触，仿佛遭受了仆役般的耻辱对待。作为最有效的改换身份及从业条件的出路，他们通常会选择学习经术，明经差不多是汉代社会下层成员寻求地位根本改变的必由之路。因为耻如仆役似的候迎上级，“给事县为亭长”的逢萌，“遂去之长安学，通《春秋经》”[3]。陈寔“少为县吏，常给厮役”[4]，因诵书不倦而为人奖拔，遣使诣太学。名士郭太，“家世贫贱。早孤，母欲使给事县廷。林宗曰：‘大丈夫焉能处斗筲之役乎？’遂辞”，就学，博通坟籍[5]。庾乘“少给事县廷为门士。林宗见而拔之，劝游学官”[6]。将“给事”县廷担任低级小吏[7]，视作无能之辈的碌碌平庸之举，郭太不仅本人辞官就学，而且奖拔士人，认为他们将会因为读书受学而获得更广大的前程。

对有些人来说，“不乐为吏”为的是有机会从事真正的人生爱好。《后汉书·郑玄传》：“少为乡啬夫，得休归，常诣学官，不乐为吏，父数怒之，不能禁。遂造太学受业。”成就了名儒事业的郑玄，后来在《诫子书》中回首这一段往事，把曾经在基层担任“掌听讼收赋税”的乡啬夫，说成“厮役之吏”，同样视办理繁杂事务、供事驱遣的小吏为贱役。人各有其才性、禀赋，即使在仕宦仍然为最主要人生出路的时代，那些对写作、学术始终抱有强烈热情的士人，难免会在对自己内心需求的正视和顺应中，背

1 《后汉书》卷五三《周燮传》，第 1743 页。
2 《后汉书》卷七九下《儒林列传》，第 2575 页。
3 《后汉书》卷八三《逸民列传》，第 2759 页。
4 《后汉纪·灵帝纪第二十三》，第 454 页。
5 《后汉书》卷六八《郭太传》，第 2225 页。
6 《后汉书》卷六八《郭太传》，第 2229 页。
7 张金龙：“‘给事’，就是为官府驱使，待成才后转迁定职。汉吏每通过‘给事’阶段以学知吏事并显出其办事能力进而转迁正式或高级吏员。……汉代低级吏员本亦执徒役贱事的。”（《秦制研究》，第 713—714 页。）

离常规的人生方向和安排。郑玄向儿子讲述自己之所以一再拒绝辟举征召："吾自忖度，无任于此，但念述先圣之元意，思整百家之不齐，亦庶几以竭吾才，故闻命罔从。"他之不仕，希望致力于学术研究和著述，"将闲居以安性，覃思以终业"[1]，乃是认清了毕生所好之后的主动选择。

"坐而论道，谓之王公。作而行之，谓之士大夫。"[2]《汉书·百官公卿表》："太师、太傅、太保，是为三公，盖参天子，坐而议政，无不总统，故不以一职为官名。"[3]高官显宦职在制定国家大政方针、总理全局，而非具体实行，《淮南子·诠言》云："故位愈尊而身愈佚，身愈大而事愈少。"[4]若干年后，葛洪如是总结："三台九列，坐而论道；州牧郡守，操纲举领。其官益大，其事愈优。烦剧所钟，其唯百里。"[5]就官僚体系内部的分工而言，办理一应政务，乃是掾属佐史等职吏的日常，然而，东汉前期，三府掾属"以不肯视事为高"[6]。随着士大夫越来越深入于政府行政管理，并对政权的运行方式及有关的行政技术有了相当的了解和掌握，逐步熟悉政务实践，他们的行政厌倦也开始有所表露。太守马援"任吏以职，但总大体而已"，每当诸曹向他汇报、请示日常工作，他就表示："此丞、掾之任，何足相烦。颇哀老子，使得遨游。"[7]郡守主政一方，固当以统御群下、抓大放小为要领，被认为"勤心物务"的陈宠任广汉太守，他回答和帝有关治理郡务的问询，也不过强调自己重在使吏尽其能："臣任功曹王涣以简贤选能，主簿镡显拾遗补阙，臣奉宣诏书而已。"[8]史家评述马援个性乃"外类倜傥简易，而内重礼"[9]，但是不管怎样，对于自身安闲来说，各种公务政事的繁杂已经令马援不胜其扰，比起来，他宁肯时时与日满其门的宾客故人欢饮。在时局衰乱、吏治废弛的汉末，士大夫交游风盛，无心职事。《中论·谴交》描述曰："桓、灵之世，其甚者也，自公卿大夫、州牧

1 《后汉书》卷三五《郑玄传》，第1207、1209、1210页。
2 《周礼注疏》卷三九《考工记》，《十三经注疏》，第905页。
3 《汉书》卷一九上《百官公卿表》，第722页。
4 《淮南鸿烈集解·诠言》，第482页。
5 杨明照：《抱朴子外篇校笺·百里》（下），中华书局，1997年，第49页。
6 《后汉书》卷四六《陈宠传》，第1548页。
7 《后汉书》卷二四《马援传》，第836页。
8 《后汉书》卷七六《循吏列传》，第2468页。
9 《东观汉记校注》卷十二，第427页。

郡守，王事不恤，宾客为务”，上下一体，送往迎来，以至“文书委于官曹，系囚积于囹圄，而不遑省也”[1]，日常政务的荒废更加严重。

总的说来，汉代官职并不像后世有明显的清浊之分，但也开始出现分化的趋势。王霸，“世好文法，父为郡决曹掾，霸亦少为狱吏。常慷慨不乐吏职，其父奇之，遣西学长安”[2]。符融，“少为都官吏，耻之，委去。后游太学”。所谓“都官吏”，为都官从事下属的吏员，李贤注：“《续汉志》曰：‘都官从事，主察举百官犯法者。’融耻为其吏而去。”[3]王霸不乐为狱吏、符融耻为都官吏，一方面固然是由于吏职低卑，但同时也很可能是出于对严苛而乏蕴藉的文法、监察一类职事的反感，他们此后都转而学习经术。符融在太学“幅巾奋袖，谈辞如云”的风致[4]，尤其可见其率意放达的性好。

皇亲国戚因着身份的便利，时常会占据一些优越的位置。东汉初，“时五校官显职闲，而府寺宽敞，舆服光丽，伎巧毕给，故多以宗室肺腑居之”[5]。士大夫对职任也逐渐有所拣择，一些没有经济压力的才能之士，出于个人性情或其他原因，会嫌弃事务繁冗的吏职，偏好清闲的职位。西汉末，贵胄出身的杜钦以才能称，“少好经书，家富而目偏盲，故不好为吏”，“时帝舅大将军王凤以外戚辅政，求贤知自助。……奏请钦为大将军军武库令。职闲无事，钦所好也”[6]。东汉以来，一些性格狂放不羁或自我高视、别有所好的士人，对一般的行政职事和常规的政务，流露出越来越明显的厌倦。隐士台佟对刺史说：“如明使君奉宣诏书，夕惕庶事，反不苦邪？”[7]梁竦“自负其才，郁郁不得意。尝登高远望，叹息言曰：‘大丈夫居世，生当封侯，死当庙食。如其不然，闲居可以养志，《诗》《书》足以自娱，州郡之职，徒劳人耳。’”[8]在梁竦看来，理想的人生要么是获得大功名、封

1 《建安七子集·附录》，第299页。
2 《后汉书》卷二十《王霸传》，第734页。
3 《后汉书》卷六八《符融传》，第2232页。
4 《后汉书》卷六八《符融传》，第2232页。谢沈《后汉书》：“融幅巾褐衣，振袖清谈，膺捧手高听，叹息不暇。”[《八家后汉书辑注》(修订本)，第608页。]
5 《后汉书》卷三九《刘般传》，第1304页。
6 《汉书》卷六十《杜钦传》，第2667页。
7 《后汉书》卷八三《逸民列传》，第2770页。
8 《后汉书》卷三四《梁竦传》，第1172页。

侯贵显，要么是闲居养志、自娱自在，从事劳烦人的实际政务最无足取。梁竦的看法多少可以表明，以具体职事为苦，尤其是以工作冗繁的低级官职为卑浊、辛劳，不肯以吏事累己的闲逸、清高态度，正在东汉士大夫中滋生。不只对官小秩低的役使性职事加以排斥，他们甚至已经开始酝酿一种普遍性的好恶态度。“重道轻器”“君子劳心”，在这些传统价值的持续塑造下，东汉士人们时常公开地表示对社会实务的轻视，对操作技术的轻蔑。如果任职为官的一些行政事务都使他们厌弃，那么士人们更不可能从任何劳力性的体力活动，或者别的现成职业和专业技术上获得满足。

四、士阶层文化的发展与闲逸生活趣味

出处行藏之为士阶层人生的两大基本分野，不只是需要从理论上探究的问题，更是体之于行的人生实践，需要一系列方法、形式的支持和细节的充实丰满。既然进退各有所据，不仕的人生应当怎样度过，其主张、设想须得具体化，方可成为现实的生活方式，具有普遍体行的可能。出仕的人生形态和轨迹较早发展起来，士人中已经积累起丰富的经验和应对之道。随着东汉后期不仕、拒仕之士的大量涌现，士阶层获得了将仕事之外的人生形态加以兑现的时代机缘。

早在西汉晚期，尤其是政治风云波谲云诡的两汉之际，一些士人或主动选择或不得不退隐后，往往居家读书、教授，颐养心志。朱云常居田野，教授诸生[1]。梅福“居家，常以读书养性为事”[2]。淳于恭“州郡连召，不应，遂幽居养志，潜于山泽”[3]。东汉初，崔篆辞归不仕，临终作《慰志赋》以自悼：“遂悬车以絷马兮，绝时俗之进取。叹暮春之成服兮，阖衡门以埽轨。聊优游以永日兮，守性命以尽齿。”[4]冯衍在《显志赋》中也表示退守之意：“游精神于大宅兮，抗玄妙之常操；处清静以养志兮，实吾心之所乐。”[5]博学好文的士大夫试图在仕途之外寻找到新的生活，能使他们清

1 《汉书》卷六七《朱云传》，第 2916 页。
2 《汉书》卷六七《梅福传》，第 2927 页。
3 《后汉书》卷三九《淳于恭传》，第 1301 页。
4 《后汉书》卷五二《崔骃列传》，第 1706 页。
5 《后汉书》卷二八下《冯衍传》，第 1001 页。

静安闲地优游度日。

无论如何，不仕的生活空缺需要填充。空闲下来的时光得有适当的去处，闲暇的生活要不枯燥无聊，就需得设法以与官府衙署职事不同的若干内容、方式去安置它。荀淑“弃官归，闲居养志”[1]。仲长统“常以为凡游帝王者，欲以立身扬名耳，而名不常存，人生易灭，优游偃仰，可以自娱”[2]。优游闲适的乐居生活，大多建立在对入仕为政态度淡漠、超然的基础上，因为只有在精神的轻松、闲适中，才容易发现并感受那些在忙碌的政务、紧张的仕宦生涯中，被忽略、遗忘了的事物和景象。汉初赋作《反淫》之简 24–26，描述了一段投竿垂钓的“天下至闲乐”：游洞庭之浦，“临石岸之上，荫樛杨之下；静居闲坐，观动静之变，顺风波之理，挟芦竿，垂芳饵，投与浮泛，以骛鲢鲤”[3]。随着私人可自由支配的闲暇时光增多，士人们逐渐发现在为官任职、在为入仕而白首通经之外，还有许多大好的生活乐趣，值得他们去体验、享受。东汉后期以来，拒仕、失仕、致仕的士人大量、快速地增加，无疑刺激、加速了他们对新的人生方式的开拓。正是基于对这种生活状态的充分肯定，人们才可能去积极、主动地体行、经营，同时激发了个体闲情逸致的增长。甚至还在仕的士大夫，他们在职务之余、职事之外的空闲中，也试图寻找一些与官署中不同的生活进行自我调剂，舒缓身心的焦虑和疲惫。

需要强调的是，虽然与不仕的人生密切相关，不过这种明显诉诸闲情逸致的生活并不是专属于隐逸之士的。扬雄《逐贫赋》：“扬子遁居，离俗独处。左邻崇山，右接旷野。”[4] 随着不仕的生活选择越来越多见，不仅“不仕之士”已经不足以类同于“隐士”，即使是隐逸者，如果他期望的主要是生活和精神的安宁，他也毋庸像传统那样，刻意采取避世离群的决绝方式。倘若不是出于对某种特别的人身利害和风险的考虑，或者修仙、采药一类的生活需要，他们不一定要隐绝于深山，中断与世俗世界的联系。汉末，申屠蟠拒征不仕，但其生活轨迹和方式看起来并不像个传统的

1 《后汉书》卷六二《荀淑传》，第 2049 页。
2 《后汉书》卷四九《仲长统传》，第 1644 页。
3 《北京大学藏西汉竹书》(四)，第 128 页。
4 《扬雄集校注》，第 146 页。

隐士，有人劝之曰："昔人之隐，遭时则放声灭迹，巢栖茹薇。其不遇也，则裸身大笑，被发狂歌。今先生处平壤，游人间，吟典籍，袭衣裳，事异昔人。"[1]在自娱自乐中自我安顿，在安闲适意中获得快慰，这种生活不仅基本不采取深山旷野中避世般的修行方式，它甚至并不刻意脱离现世的生活环境。曹操拒仕，"称疾归乡里"，裴松之注引王沈《魏书》曰："拜议郎，常托疾病，辄告归乡里；筑室城外，春夏习读书传，秋冬弋猎，以自娱乐。"[2]东汉后期大多数的不仕或暂时不仕之士，他们想要的其实主要是调整一下生活重心和节奏，以便能至少阶段性地舒缓精神、放松内心。他们发现，在熟悉的人世间，在日常的生活中，想要培植一种安逸自在、脱离了仕事纷争和责任羁绊的闲适生活，不是不可能的。

虽然闲逸生活一开始主要是作为入仕为官的人生主调之外的缓冲，为士人们提供了退守状态下的回旋余地，但用不了多久就会发现，这是他们在世俗世界中所可能拥有的陶冶性灵、安适自我的重要凭借。他们越来越乐于享受这种具有抚慰作用的生活，不断创造性地发掘其中的可能性，并使之具有一定的形式感，以至最终几乎成为世俗社会中的一门生活艺术。马融在《与谢伯世书》中谈到自己所憧憬的人生快乐："愦愦愁思，犹不解怀。思在竹间，放狗逐麋。晚秋涉冬，大苍出笼。黄棘下菟，芼以干葵。以送余日，兹乐而已。"[3]简单、平常的生活，因为放达、写意的情感体验而焕发出美感和诗意。蔡邕"闲居玩古，不交当世"[4]，日常生活中的闲情逸致，给予他不假外求的满足感。发现、欣赏日常中的美好，建立起具有艺术化色彩的人生体验方式，借此，闲暇的生活方可兑现为有声有色的生命情境。不啻此，它还需要有可阐释的意义和人生价值，或者便于士人们发现或赋予意义和价值，从而使得它具有超越其本身的意味。总之，为士人们所乐享的这种闲逸生活，需要在内容和形式上有足够的丰富性，可以满足他们的身心需要。

内在满足的追求，使他们在因仕事不成功或拒仕、退仕的时候，格外

1 《后汉书》卷五三《申屠蟠传》，第 1753 页。
2 《三国志》卷一《魏书·武帝纪》，第 4 页。
3 《全后汉文》卷十八，《全上古三代秦汉三国六朝文》，第 569 页。
4 《后汉书》卷六十下《蔡邕列传》，第 1980 页。

感觉有显示自己不同凡俗的精神高度的需要；而政治、经济等社会资源的有限，反过来又加剧了他们向内在的自我开掘的倾向。因此，这种正在兴起的闲逸生活，不仅要能够充填起士人不仕的时光，使他们在通常被视作失意的人生中不感到空虚无聊；它还要足够有内涵，足以支撑起他们退守、自藏的人生选择，即使不能完全与作为事业主流的入仕从政相抗衡，也依然可以从中体认到人生的意义和丰富性，感受精神的愉悦和慰藉，政治上的“穷”与“不得志”，并不能限制他们的人生充实、自在、富有情致。因此，所谓“闲逸”，就将不只是简单的日常消遣，不只是流水世俗中的等闲顺应，它是意识到超脱了常规的社会责任和政治负累之后的精神自觉，它包含了人们对这样一段有意味的私人时光相对清醒的认可，以及对这一种存在状态所具有的满足感和欣赏的态度，因而可以在放松的心态中，体验到自由、无拘束的乐趣和超然的人生境界。

“闲逸”强调的是一种基于人生自觉的生活品性，它源出“士”的阶层特点，同时也在进一步建构着其价值。士人们以读书论学、弹琴咏诗、山水游观、书画才艺等活动为基本内容，并生发出愈来愈精妙、丰富的日常细节，从而将“处”“退”的生活方式具体落实于现实中，它是自足而具有吸引力的。在对自己与政治现实的关系加以调剂，保持足够的身心平衡的同时，东汉士人试图建设起他们较为全面、弹性的人生，而闲逸生活形态在经过充分发育之后，终于可以与入仕为官的事业选择分庭抗礼。如此一来，无论是从士阶层整体还是士大夫个体来说，他们的人生就真正被组构成仕与不仕这样两个基本范畴，分别对应以官方职事和个人闲暇生活的领域。以此，“士”发展起完整的阶层文化：被概括为“出处进退”的人生两大状态为其基本分野；将儒、道的人生哲学进行大致分工，分别用作其观念标志；同时，它还获得了丰满的细节和形式上的具体支持。

“闲逸”固然是指在仕事之外、之余的私人时间范围内的生活状态，但无论闲暇、闲适、清闲、安闲，所谓“闲”，在这里并不主要指空余、不工作之类对物理时间无所事事的消耗。“闲”所描述的，不仅是人们非生产性地消耗时间和精力，即基本不从事于生产、生活资料的工作，而且更重要的是，意味着士人们摆脱或至少暂时摆脱了社会政治利害和复杂的人际关系的一种状态：从利益追逐、官场倾轧、人事纷争等公认的名利场中脱离出来，从制度规程、职事政务的约束和压力中解放出来，关系相对简单，环境比较宽松，没有什么非如此不可的紧张焦虑，在生活资料基本有保障的基础上，保持心境轻松安宁。虽然闲情逸致的生活表面上看起来是与日常吃穿住行一体的，但两者是不同的方式和层次，前者不是为了满足基本的生存需求，它是在此之上的一个不同的生活领域。所谓“闲逸”，指的是在对于有实际利害的现实，特别是社会政治现实能够忘怀得失之后，借助一些特定的外在方式以安顿自己，享受精神的自在与快慰，总之，它是花时间追求非生存必需品或生命感受的活动。

对于汉代士人来说，闲暇时光的适意生活代表了一种新的人生满足，而随着他们特有的文化价值及生活形态的日臻丰满，其逐渐发展的闲情逸致，使得这一生活艺术从整体上说来，与社会一般民众的区别愈来愈明显，甚至与权贵豪富的日常享乐和风气之间的不同也在扩大。周代金文嘏辞中频见祈祷“多福”“眉寿”，《尚书·洪范》以寿、富、康宁、攸好德、考终命为“五福”[1]。贯穿两汉终始，大众的幸福观念普遍表述为以寿、富、贵、安乐、子孙众多为主体的民生价值，也就是桓谭所谓之“五福”[2]，镜铭一类大众日用文字充分体现了这种民间心愿[3]。对于士而言，这些既代表了生活的基本需求及满足，同时也就不免意味着相对粗浅、庸常的人生欲求和层次，荀子曾阐论：“以从俗为善，以货财为宝，以养生为己至道，是民德也。”“不学问，无正义，以富利为隆，是俗人者也。”[4]一般说来，士与众庶、富贵者之间的人生价值取向和生活方式区别明显，农工商固然被认为是与士人不同的“劳力者”，王侯贵胄则常不免被视作不学无术又浮侈奢靡的骄横之辈。仲长统《昌言》曾论到士大夫世家望族对王侯的鄙

1 《尚书今古文注疏》，第 319 页。

2 《新辑本桓谭新论·离事篇》，第 45 页。

3 “与天相寿，与地相长，富贵无极，长乐未央。”“日有憙，幸酒食，服此镜，贵富昌，宜君卿，乐未央，毋相忘，久而长。”“吾作明竟（镜），幽湅三冈，巧工刻之成文章，上有四守（兽）辟不祥，服者万年，子孙益昌，夫妇相宜，其师命长，女当为主，男当为王，位至公侯，乐未央，富年益寿。”“建宁二年正月廿七丙午，三羊作明镜自有方，白同（铜）清明复多光，买者大利家富昌，十男五女为侯王，父妪相守寿命长，居一世间乐未央，宜侯王，乐未央。”（王纲怀编著《汉镜铭文图集》，中西书局，2016 年，第 96、152、408、570 页。）

4 《荀子集解·儒效》，第 129、138 页。

薄："然而生长于骄溢之处，自恣于色乐之中，不闻典籍之法言，不因师傅之良教，故使其心同于夷狄、其行比于禽兽也。长幼相效，子孙相袭，家以为风，世以为俗。故姓族之门不与王侯婚者，不以其五品不和睦、闺门不洁盛耶？"[1] 因此，对于以道德、学问相号召的士人来说，闲适中的安乐要能使人在自由、舒畅中获得精神愉悦和审美满足，绝不能是粗鄙、无节制的自我放纵。

朱熹如是解释孔子之"游于艺"："游者，玩物适情之谓。艺，则礼乐之文，射、御、书、数之法，皆至理所寓，而日用之不可阙者也。朝夕游焉，以博其义理之趣，则应务有余，而心亦无所放矣。……游艺，则小物不遗而动息有养。"[2] 相对于"志道""据德""依仁"这些更本质、更重要的修养功夫，即使日常"玩物适情"这类较为浅表、微末之事，也须得基于士人一定水准的道德人格和知识涵养之上，使其不至流于无知的沉溺、粗俗的享乐。因此，士人闲逸生活中的活动内容，不仅要具有一定的群体普适性，更重要的是，能够与其阶层价值相互阐发，含有或显示出士人所特有的文化、才能和品味。总之，其内涵和形式的丰富性，要使这一种生活不仅充实，而且能够达到优美的精神境界。

五、阅读与琴书自娱

知识学问既是士之所以为士的基础，读书、学术、教授生徒、文章著述，就自然成为他们首选的自我安寄之业，成为不仕之士填充空闲时间，并进而维系精神最直接的生活内容。成帝绥和年间，"福居家，常以读书养性为事"[3]。马融的老师、岳父挚恂，"好学善属文"，"以儒术教授，隐于南山，不应征辟"[4]。窦章在致友人书中，热切地谈到他与几个同好者一起谈论学理的快乐："过矫仲彦论升仙之道，从苏博文谈超世之高，适马季常讲坟典之妙。所谓乔松可与驰骛，何细疾之足患邪？"[5] 窦章、矫慎、苏章、

1 《昌言校注·阙题五》，第 357 页。
2 《论语集注·述而》，《四书章句集注》，第 94 页。
3 《汉书》卷六七《梅福传》，第 2927 页。
4 《后汉书》卷六十上《马融列传》及注引《三辅决录注》，第 1953 页。
5 《全后汉文》卷十六《移书劝葛龚》，《全上古三代秦汉三国六朝文》，第 557 页。

马融，这几位博学、善属文、有名于当时的同乡好友，各以其兴致、爱好，畅谈黄老隐逸、纵论儒学经籍，快意无穷。“文藻可观”的李尤曾写过一组铭文，据说多达“百二十铭”[1]，其中有一则《读书枕铭》，描述了闲暇读书的满足感：“听政理事，怠则览书，倾倚偃息，随体兴居，寤心起意，犹愈宴娱。”[2]在政事倦怠之后，读书被视为最有意义的娱悦，真正的赏心乐事；而且，阅读可以采取随心惬意、无拘无束的方式。正是能够以平易而非正襟危坐的态度为学为文，其中闲逸自适的乐趣开始源源不断地为人体验到。

就社会常规思维而言，读书明经本是准备求宦干进，一旦放弃了仕进打算，则读书习文、商讨学理，基本就摆脱了社会功利目标的牵掣。因此，在恬淡退守之士那里，读书可以只是自乐心性的事情，即使对于儒学经典，也不一定要寓托严肃、庄重的经世致用之志。梁竦主张“闲居可以养志，《诗》《书》足以自娱”，他在经历政治挫折后，还归本郡，“闭门自养，以经籍为娱”。[3]胡昭在汉末乱世中，“转居陆浑山中，躬耕乐道，以经籍自娱”[4]。读圣贤书的目的、方式、态度在发生改变，从阅读中所收获的也不能不有所变化。桓帝初，名臣延笃因触忤权臣，病免归家教授，他在一封拒绝太守荐拔的书信中，以动人的笔墨描述了自己闲居不仕中惬意的生活乐趣：

> 吾尝昧爽栉梳，坐于客堂，食赤乌之麰麦，饮化益之玄醴，折张骞大宛之蒜，歠晋国郇瑕氏之盐。朝则诵羲文之《易》，虞夏之《书》，历公旦之典礼，览孔丘之《春秋》。夕则消摇内阶，咏《诗》南轩。百家众氏，投间而作。洋洋乎其盈耳也，涣烂兮其溢目也，纷纷欣欣兮其独乐也。当此之时，不知天之为盖，地之为舆；不知世之有人，己之有躯也。虽渐离击筑，傍若无人，高凤读书，不知暴雨，方之于吾，未足况也。[5]

---

1 《华阳国志校注·先贤士女总赞（中）》，第750页。
2 《全后汉文》卷五十，《全上古三代秦汉三国六朝文》，第749页。
3 《后汉书》卷三四《梁竦传》，第1172、1171页。
4 《三国志》卷一一《魏书·胡昭传》，第362页。
5 《全后汉文》卷六一《与李文德书》，《全上古三代秦汉三国六朝文》，第810页。

正是汉末政争激烈、党人喧嚷之时，延笃之不肯再仕，一方面是出于急流勇退的心态，另一方面也是源自“道之将废”的时代认识。在但求自保其身的人生明哲中，延笃努力使自己的生活充实而美好。他的阅读虽仍以传统经典为主，但其悠闲、忘我的自娱性方式和态度，使得这些圣贤著作所带来的体验，仿佛只是契合自我心性的纯粹个人愉悦和精神满足。尽管在向朋友宣称自己的人生去取时，他不免夸大了读书之乐，但是这位名闻京师的博学能文人物，这位以其卓越的“志行文彩”而在当时被视为与屈原同列者，显然已经把逍遥博览、诗书流连看作闲逸生活的主要内容，并认为它能给予自己足够的日常满足。

“左琴右书，乐在其中矣。”“闭门静居，琴书自娱。”[1]更早的时候，一些才情之士曾经宣称过琴书自娱的生活方式。《淮南子·修务》：“若此而不能，闲居静思，鼓琴读书，追观上古，及贤大夫，学问讲辩，日以自娱。”[2]按照《淮南子》作者的说法，虽然比起“圣人游心”的至高境界，这算不上是一种最理想的生活状态，但也还是值得推许的。“鼓琴读书”其实正是淮南王本人现实生活的写照，《汉书·淮南王传》：“淮南王安为人好书，鼓琴，不喜弋猎狗马驰骋。”[3]琴一向被视作士君子德行的象征，被认为最适合士人日常操持。“乐之可密者，琴最宜焉。君子以其可修德，故近之。”[4]“古者圣贤，玩琴以养心，夫遭遇异时，穷则独善其身，而不失其操，故谓之‘操’。”[5]“然君子所常御者，琴最亲密，不离于身……虽在穷阎陋巷，深山幽谷，犹不失琴，以为琴之大小得中，而声音和，大声不喧哗而流漫，小声不湮灭而不闻，适足以和人意气，感人善心。故琴之为言禁也，雅之为言正也，言君子守正以自禁也。”[6]综之，这种不需要太多技艺性训练、相对容易掌握的乐器，被认为适于士人平素里寄托心志，而在遭遇困厄穷迫时，尤其适合他们用来抒发怨愤失意、坚持操守的内在自我。与单纯的阅读比起来，琴书之娱使闲居静处的生活不仅增加了声色，

1 洪适：《隶释》卷九《司隶校尉鲁峻碑》，上海古籍出版社，2021 年，第 391 页。
2 《淮南鸿烈集解·修务》，第 647 页。
3 《汉书》卷四四《淮南王传》，第 2145 页。
4 《说苑校证·修文》，第 506 页。
5 《新辑本桓谭新论·琴道》，第 65 页。
6 《风俗通义校注·声音》，第 293 页。

还更便于自遣情怀，调节精神平衡。刘歆遭受政治排挨，作《遂初赋》倾诉不得志的际遇，随后表达其达观的生活态度："反情素于寂漠兮，居华体之冥冥。玩书琴以条畅兮，考性命之变态。"[1]为了获得所向往的"长恬澹以欢娱"，"玩书琴"成为他力所能及的方式之一。"且从容兮自慰，玩琴书兮游戏。"[2]在失意、寂寞中借琴书来自我安慰，保持生活的从容和精神的愉悦，是士人自认为最惬当的方式，也是他们在想象中维护浪漫意趣的举动。

琴书自娱是汉代士人富于代表性的闲逸生活方式。两汉之际，一些士人开始使其闲居的日子，即使在孤寂、朴素中，也尽可能表现得充实、自得。汝南郑敬为了全神保生而由郡掾辞归，隐处精学于弋阳山中，连拒光武等权贵征辟。《谢沈书》描述郑敬"闲居不修人伦"的生活："同郡邓敬因折芰为坐，以荷荐肉，瓠瓢盈酒，言谈弥日，蓬庐荜门，琴书自娱。"[3]梁鸿与妻子"乃共入霸陵山中，以耕织为业，咏《诗》《书》，弹琴以自娱"[4]。早在汉武帝时期，东方朔《非有先生论》描写不肯仕进的隐遁之士，在简陋朴素的生活环境中弹琴咏诗："故养寿命之士莫肯进也，遂居深山之间，积土为室，编蓬为户，弹琴其中，以咏先王之风，亦可以乐而忘死矣。"[5]诗书弦琴中的乐趣，来自于超脱了物质压迫和社会责任束缚之后的自由、自适，是一种与艺术精神相通的愉悦体验。土阶茅屋的物质生活条件，琴、诗书所代表的精神追求和内在满足，两者形成的鲜明反差，成为文人后来在文学、艺术中习用的意象类型。

六、宴乐

都市经济富足、生活水平较高、文化教育相对发达、图书和人才聚集，更重要的是，那里往往是国家或地方的社会政治中心，所以对士人具有很大的吸引力。王充从会稽来到京师洛阳求学，"家贫无书，常游洛阳

1 《全汉赋校注》，第318页。
2 王逸《九思·伤时》，《楚辞补注》，第324页。
3 《后汉书》卷二九《郅恽传》注引《谢沈书》，第1031页。
4 《后汉书》卷八三《逸民列传·梁鸿传》，第2766页。
5 《汉书》卷六五《东方朔传》，第2870页。

市肆，阅所卖书，一见辄能诵忆，遂博通众流百家之言”[1]。若干年后，他在《论衡·别通》中所设的譬喻，反映了这一经历的深刻烙印：“人之游也，必欲入都，都多奇观也。入都必欲见市，市多异货也。百家之言，古今行事，其为奇异，非徒都邑大市也。游于都邑者心厌，观于大市者意饱，况游于道艺之际哉？”[2] 相反，交通不便的穷僻之地则往往与无知、鄙野联系在一起[3]。盐铁会议上，大夫讥讽文学儒生“穷巷多曲辩，而寡见者难喻”，并说：“世人有言：‘鄙儒不如都士。’[4] 文学皆出山东，希涉大论。”[5] 王褒应诏初入帝都，向宣帝自谦地表示：“今臣辟在西蜀，生于穷巷之中，长于蓬茨之下，无有游观广览之知，顾有至愚极陋之累。”[6] 因此，“宛为大都，士之渊薮”[7]，渴望更多、更大发展机会的士人，自然会往富裕、繁华、流通性强的城市辐辏。

但是乡村更安宁，对于大多数出身于乡村的士人来说，也更有归属感，同时，耕读生活的成本更低[8]。士大夫在告老致仕或者免官不仕之后，大多数会回到家乡，在亲朋故旧的陪伴中，享受闲散、安适的乡间生活。《汉书·爰盎传》：“盎病免家居，与闾里浮湛，相随行斗鸡走狗。”[9]《汉书·疏广传》：太子太傅疏广，“既归乡里，日令家共具设酒食，请族人故

1 《后汉书》卷四九《王充传》，第 1629 页。

2 《论衡校释·别通》，第 591—592 页。

3 《荀子·非相》杨倞注曰：“鄙人，郊野之人也。”《荀子·修身》：“庸众而野。”杨倞注曰：“庸，凡庸。众，众人。野，郊野之人。”郝懿行注曰：“雅对野言，则兼正也、娴也二义，野者反是。”《荀子·富国》郝懿行注曰：“荀书‘雅’字多对鄙野而言。”（《荀子集解》，第 73、23、198 页。）

4 杨树达在《汉书·司马相如传》“雍容闲雅，甚都”句下考按曰：“都鄙对文，都谓都邑，鄙谓乡邑也。由都邑引申之，则都训皆美义。……鄙为乡邑，引申之，鄙训皆恶义。”并广引文献，例举“都”之训释，有大、闲、雅、姣、美诸义，“鄙”则有小、狭、陋、贱、俚、猥、不通诸义。（杨树达：《汉书窥管》，上海古籍出版社，1984 年，第 441 页。）

5 《盐铁论校注·国疾》（定本），第 333 页。

6 《汉书》卷六四下《王褒传》，第 2822 页。

7 《后汉书》卷三四《梁冀传》，第 1183 页。

8 钱穆认为，西汉农村学者“大部分是由农村社会凭借中国北方大陆之农隙余暇，在半耕半读的淳朴生活中孕育茁长”，“他们的生活，多半是回到农村，半耕半读。公孙弘牧豕，朱买臣樵柴，西汉读书人大抵在农作余暇中，一年三个月的冬季，聪颖特达的，自己说三冬九个月的时间就够用了”。（钱穆：《国史新论》，生活·读书·新知三联书店，2018 年，第 17、143 页。）

9 《汉书》卷四九《爰盎传》，第 2275 页。

旧宾客，与相娱乐”[1]。成帝时，有掾属休假日独自在官署办理公务，其上司教导说：“曹虽有公职事，家亦望私恩意。掾宜从众，归对妻子，设酒肴，请邻里，壹笑相乐，斯亦可矣！”[2]也就是说，京城长安附近的一个基层官吏，例行休假的时候，回到乡间，通常会备办酒肉，一家人，或者也邀请亲朋邻里，在一起宴饮谈笑欢聚。西汉末，京兆尹孙宝因故吏侯文不肯仕，“宝以恩礼请文，欲为布衣友，日设酒食，妻子相对”[3]。西汉社会，尤其是乡村生活中，士民闲暇时这种酒食之会的和乐图景，带有敦厚、纯朴的传统气息。

会稽郑朋在一封给名臣的奏记中这样写道：“若管晏而休，则下走将归延陵之皋，修农圃之畴，畜鸡种黍，俟见二子，没齿而已矣。”[4]用公子季札、子路遇荷蓧丈人的典故，表示自己如果得不到机会从政，就将回到乡村，养鸡种田，耕作于农野。这是人们心目中隐士生活的典型，其实也是自耕农的生活常态。不过仕途失意之士并不一定真的会像一个农民那样生活。司马迁的外孙、少年得志的贵公子杨恽横遭政治祸端，《汉书·杨恽传》：“恽既失爵位，家居治产业，起室宅，以财自娱。”他在给朋友孙会宗的书信中说：“窃自思念，过已大矣，行已亏矣，长为农夫以没世矣。是故身率妻子，勠力耕桑，灌园治产，以给公上。”但是他所谓的打算一辈子“长为农夫”，却是如此一幅任性使气的豪奢生活图景：“田家作苦，岁时伏腊，亨羊炰羔，斗酒自劳。家本秦也，能为秦声。妇，赵女也，雅善鼓瑟。奴婢歌者数人，酒后耳热，仰天拊缶而呼乌乌。其诗曰：‘田彼南山，芜秽不治，种一顷豆，落而为萁。人生行乐耳，须富贵何时！’是日也，拂衣而喜，奋袖低卬，顿足起舞，诚淫荒无度，不知其不可也。”[5]在耕稼农桑等一应田家事务之外，节庆、闲暇时有酒肉宴饮的欢娱，还有庄园、家庭内部的音乐、歌舞，“以财自娱”的杨恽在富足生活中尽情享受人生的快意，并借以抒发自己的怨愤不平之气。

司马迁在《史记·货殖列传》开篇有一段感慨：“至若《诗》《书》所

---

1 《汉书》卷七一《疏广传》，第 3040 页。
2 《汉书》卷八三《薛宣传》，第 3390 页。
3 《汉书》卷七七《孙宝传》，第 3259 页。
4 《汉书》卷七八《萧望之传》，第 3285 页。
5 《汉书》卷六六《杨恽传》，第 2894、2895—2896 页。

述虞夏以来，耳目欲极声色之好，口欲穷刍豢之味，身安逸乐，而心夸矜执能之荣。使俗之渐民久矣，虽户说以眇论，终不能化。”[1]声色滋味这些耳目、口腹的感官享乐，早就是人们浸淫已久的生活习俗。汉代，尤其是西汉时期的士大夫们，他们闲时的消遣、欢娱，通常不过是酒肴宴乐，与一般民众似乎没有什么实质的不同。汉代社会中聚众饮酒是受限的[2]，但有些性情放纵不羁之士洵为例外，《汉书·游侠传》记载陈遵饮酒热闹非凡，“昼夜呼号，车骑满门，酒肉相属”，宾客不尽兴不得离去：“遵耆酒，每大饮，宾客满堂，辄关门，取客车辖投井中，虽有急，终不得去。”[3]权贵豪富之家往往还蓄养倡优歌伎，在樽前席间自行提供音乐歌舞的娱乐满足。鲁恭王“好治宫室苑囿狗马，季年好音，不喜辞”[4]。武帝时丞相田蚡自云：“所好音乐狗马田宅，所爱倡优巧匠之属。”[5]元帝时贡禹谏奏“豪富吏民畜歌者至数十人”[6]。西汉富贵人物的生活爱好，除了经营田地、宫室的不动产，其最平常习见的，不外乎就是酒宴、女乐的声色犬马之乐。史丹甚为皇帝亲信，多资财，“僮奴以百数，后房妻妾数十人，内奢淫，好饮酒，极滋味声色之乐”[7]。张禹经学精习，官居丞相，“禹为人谨厚，内殖货财，家以田为业。及富贵，多买田至四百顷，皆泾、渭溉灌，极膏腴上贾。它财物称是。禹性习知音声，内奢淫，身居大第，后堂理丝竹管弦”。张禹弟子中有彭宣、戴崇，“宣为人恭俭有法度，而崇恺弟多智，二人异行。禹心亲爱崇，敬宣而疏之。崇每候禹，常责师宜置酒设乐与弟子相娱。禹将崇入后堂饮食，妇女相对，优人管弦铿锵极乐，昏夜乃罢。而宣之来也，禹见之于便坐，讲论经义，日晏赐食，不过一肉卮酒相对”[8]。积累财富、享受财富在西汉名臣士大夫中颇不少见，而与一般豪富相当类似的

---

1 《史记》卷一二九《货殖列传》，第 3253 页。

2 《后汉书》卷二《明帝纪》：永平十五年，封众皇子为诸侯王，赏赐天下，其中“令天下大酺五日”，李贤注：“《前书音义》曰：‘《汉律》：“三人已上无故群饮，罚金四两。”’今恩诏横赐，得令聚会饮食五日。酺，布也。言天子布恩于天下。《史记》：‘赵惠文王三年，大赦，置酒大酺五日。’”（《后汉书》，第 119 页。）

3 《汉书》卷九二《游侠传·陈遵传》，第 3712、3710 页。

4 《汉书》卷五三《鲁恭王传》，第 2413 页。

5 《汉书》卷五二《窦田灌韩传》，第 2389 页。

6 《汉书》卷七二《贡禹传》，第 3071 页。

7 《汉书》卷八二《史丹传》，第 3379 页。

8 《汉书》卷八一《张禹传》，第 3349 页。

奢侈、纵恣的享乐方式，虽然多在官事之余，发生于深宅内院这些纯粹的私人生活时间和空间中，但“内奢淫”通常很难为社会舆论所肯定，这些奢乐者因而不能不有所避讳。

汉代文人描述酒宴的作品不少。枚乘《七发》：“列坐纵酒，荡乐娱心。景春佐酒，杜连理音。滋味杂陈，肴糅错该。练色娱目，流声悦耳。”[1]孔臧《杨柳赋》：“于是朋友同好，几筵列行。论道饮燕，流川浮觞。殽核纷杂，赋诗断章。各陈厥志，考以先王。赏恭罚慢，事有纪纲。洗觯酌樽，兕觥并扬。饮不至醉，乐不及荒。威仪抑抑，动合典常。退坐分别，其乐难忘。”[2]傅毅《舞赋》：“陈茵席而设坐兮，溢金罍而列玉觞。腾觚爵之斟酌兮，漫既醉其乐康。”[3]赋家们描写滋味声色的美好和置酒作乐的欢娱，与其说要为同时代人或雅正或华奢的享乐予以写照，不如说，作者更想要呈现想象中酒肴宴乐应当有的情形。

东汉后期以来，士大夫群体间酒宴频繁，孔融“及退闲职，宾客日盈其门。常叹曰：‘坐上客恒满，尊中酒不空，吾无忧矣。’”[4]阮瑀《杂诗》：“我行自凛秋，季冬乃来归。置酒高堂上，友朋集光辉。”[5]与之前重在声色滋味的享乐相比，这些酒宴的面貌、宗旨和气氛已经起了变化。桓彬“与左丞刘歆、右丞杜希同好交善，未尝与方共酒食之会，方深怨之，遂章言彬等为酒党”[6]，冯方因进入不了名士桓彬的核心朋友圈，无缘与之饮宴，竟至予以政治诬告。朋友间的酒食之会，被视作联络友好、缔结情谊的小团体的纽带和证明。在汉末艰危的社会政治形势下，名臣之子周勰屡拒征辟，“常隐处窜身，慕老聃清净，杜绝人事，巷生荆棘，十有余岁。至延熹二年，乃开门延宾，游谈宴乐”[7]。蔡邕《与袁公书》：“朝夕游谈，从学宴饮，酌麦醴，燔干鱼，欣欣焉乐在其中矣。”[8]“游谈”成了宴饮的主调，同道友好可以海阔天空，不拘话题也无论形式地畅谈，对于他们来说，酒食

1 《文选》卷三四，第481页。
2 《孔丛子校释·连丛子上》，第449页。
3 《文选》卷一七，第247页。
4 《后汉书》卷七十《孔融列传》，第2277页。
5 《建安七子集》，第160页。
6 《后汉书》卷三七《桓彬传》，第1261页。
7 《后汉书》卷六一《周勰传》，第2031页。
8 《全后汉文》卷七三，《全上古三代秦汉三国六朝文》，第872页。

歌乐本身已经不是目的，他们更看重的，是有机会聚在一起闲聊对日常生活的新感受，纵论天下家国的是非得失，或者探讨学问，辩论学理。《后汉书·郑玄传》：大将军袁绍大会宾客，郑玄最后至，他“身长八尺，饮酒一斛，秀眉明目，容仪温伟。绍客多豪俊，并有才说，见玄儒者，未以通人许之，竞设异端，百家互起。玄依方辩对，咸出问表，皆得所未闻，莫不嗟服”[1]。酒宴的规模有时相当大，魏太子曹丕为五官中郎将，“太子燕会，众宾百数十人”，宴会上，曹丕假设条件，提出救君还是救父的一个议题，结果“众人纷纭，或父或君”[2]。与汉末发达的人际交往结合在一起，一些宾客云集的酒会宴饮，成为士人学术文化交流活跃的社交场合。

不仅谈论时事、商量学问，酒宴还成了诗赋文章孵化、催生的场合。《后汉书·文苑列传》：“百官大会，祖饯于长乐观。议郎蔡邕等皆赋诗，彪乃独作箴……邕等甚美其文，以为莫尚也。”[3]“射时大会宾客，人有献鹦鹉者，射举卮于衡曰：‘愿先生赋之，以娱嘉宾。’衡揽笔而作，文无加点，辞采甚丽。”[4]与会者在酒酣耳热中感发兴会，刺激灵感，同时展示才华，彼此欣赏作品。应玚《公宴诗》：“开馆延群士，置酒于新堂。辨论释郁结，援笔兴文章。”[5]又其《侍五官中郎将建章台集诗》：“公子敬爱客，乐饮不知疲。和颜既以畅，乃肯顾细微。赠诗见存慰，小子非所宜。为且极欢情，不醉其无归。”[6]曹植《娱宾赋》：“遂衎宾而高会兮，丹帏晔以四张。办中厨之丰膳兮，作齐郑之妍倡。文人骋其妙说兮，飞轻翰而成章。谈在昔之清风兮，总贤圣之纪纲。”[7]曹丕《又与吴质书》追忆当年与建安诸子的相处：“每至觞酌流行，丝竹并奏，酒酣耳热，仰而赋诗。当此之时，忽然不自知乐也。”[8]士大夫的闲逸生活越来越结合以他们所擅长的内容和方式，带有士人鲜明的文化特色和气质。《后汉书·周举传》：顺帝永和六年三月上巳日，权臣梁商“大会宾客，讌于洛水。……商与亲昵酣饮

---

1 《后汉书》卷三五《郑玄传》，第1211页。

2 《三国志》卷十一《邴原传》注引《原别传》，第353页。

3 《后汉书》卷八十下《文苑列传·高彪传》，第2650页。

4 《后汉书》卷八十下《文苑列传·祢衡传》，第2657页。

5 《建安七子集》，第171—172页。

6 《建安七子集》，第172页。

7 《曹植集校注》，第70页。

8 《文选》卷四二，第591页。

极欢，及酒阑倡罢，继以《(上韭下非)露》之歌，坐中闻者，皆为掩涕”[1]。在酒酣乐欢之后，宴饮者们因人生短暂、脆弱的生命感伤而情不能已。《古诗十九首》：“今日良宴会，欢乐难具陈。弹筝奋逸响，新声妙入神。”[2]王粲《公谯诗》：“高会君子堂，并坐阴华榱。嘉肴充圆方，旨酒盈金罍。管弦发徽音，曲度清且悲。合坐同所乐，但愬杯行迟。常闻诗人语，不醉且无归。今日不极欢，含情欲待谁？”[3]即使酒会宴集中不曾谈学论理、赋诗作文，与会者呈现出来的情态、情调，也已经与西汉士大夫在乡间“设酒肴，请邻里，壹笑相乐”的敦朴爽朗作风明显异趣，表现出更精细、文雅的审美趣味和微妙敏感的内心体验。

七、对山水自然的态度

对山水风景之美的认识和欣赏是个历史的过程，但即使在文明的早期，人们对自然的特性也并不缺乏感受。先秦时期，就已捕捉到了山水内在蕴含的一些特质，并提取来比附人的性情、品格，或者比兴人的情感、情绪，如孔子“仁者乐山，智者乐水”的“比德”，《诗经·天保》“天保九如”中的“如山如阜，如冈如陵，如川之方至”等，取山之高大、川之不竭，表达祝福的美好心愿。风景描写还没有成为《诗经》作品的主题，《小雅·节南山》“节彼南山，维石岩岩”；《小雅·沔水》“沔彼流水，其流汤汤。鴥彼飞隼，载飞载扬”；《小雅·出车》第四章“昔我往矣，黍稷方华。今我来思，雨雪载涂”，第六章“春日迟迟，卉木萋萋。仓庚喈喈，采蘩祁祁”，这些对于山水岩石草木的描绘还只是有限的片段[4]。但即便如此，也显现出诗人们在面对常见的自然景象时，会不自觉地被触动，有所

1 《后汉书》卷六一《周举传》，第 2028 页。

2 《文选》卷二九，第 410 页。

3 《建安七子集》，第 89 页。

4 这个时期，“进入诗人意识的只是日常环境中的各种自然现象，通常作为‘自然引子’（兴）并以质朴的形式在诗的头两句中加以表现”。（［德］顾彬：《中国文人的自然观》，马树德译，上海人民出版社，1990 年，第 32 页。）清代王士禛总结得十分明晰：“《诗》三百五篇，于兴观群怨之旨，下逮鸟兽草木之名，无弗备矣，独无刻画山水者；间亦有之，亦不过数篇，篇不过数语，如‘汉之广矣’、‘终南何有’之类而止。汉魏间诗人之作，亦与山水了不相及。”（王士禛：《带经堂诗话》卷五之三，人民文学出版社，1982 年，第 115 页。）

感怀和兴发。

这一时期，就诗歌作品而言，山水主要是作为人类生产、生活的客观环境、自然背景而存在，登山涉水基本发生在行旅、差役、渔猎樵采等活动过程中，如“陟彼北山，言采其杞”“淇水汤汤，渐车帷裳”。在人们野外生存能力、条件有限的情况下，山之高危、水之深广，不能不意味着生活空间上的极大阻隔和障碍，《诗经·渐渐之石》“渐渐之石，维其高矣。山川悠远，维其劳矣”，《诗经·汉广》“汉之广矣，不可泳思。江之永矣，不可方思”。如此，自然山水很容易就成为阻碍、隔绝的常用象征，用来比况人生存的艰难处境。在对自然的描写中，早期诗人往往突出山水间的艰危险恶，以显示其非宜人的状态。《九章·涉江》：“入溆浦余儃佪兮，迷不知吾所如。深林杳以冥冥兮，猿狖之所居。山峻高以蔽日兮，下幽晦以多雨。霰雪纷其无垠兮，云霏霏而承宇。哀吾生之无乐兮，幽独处乎山中。吾不能变心而从俗兮，固将愁苦而终穷。”[1] 诗中的山水林薮作为流放、弃逐之地，与贫苦、哀愁、潦倒的情绪和气氛相联系，“是令人恐怖的生活场所，是欢乐的消解之地”[2]。“楚辞”中的山水描写虽然增多，并更加连贯，但仍然不是诗歌表现的对象，它只是诗人情感的比兴、比喻，是诗人内心世界展开的背景、场所，以屈原为代表的诗人对这些自然景象的使用基本笼罩着感伤、哀怨的情调[3]。

西汉淮南小山在《招隐士》中，以赋的铺陈，将“楚辞”描写自然的视角和态度进一步强化了。“桂树丛生兮山之幽，偃蹇连蜷兮枝相缭。山气巃嵸兮石嵯峨，溪谷崭岩兮水曾波。猿狖群啸兮虎豹嗥，攀援桂枝兮聊淹留。王孙游兮不归，春草生兮萋萋。岁暮兮不自聊，蟪蛄鸣兮啾啾。坱兮轧，山曲岪，心淹留兮恫慌忽。罔兮沕，憭兮栗，虎豹穴，丛薄深林兮人上慄。嵚岑埼礒兮，碅磳磈硊，树轮相纠兮林木茷骫。青莎杂树兮薠草靃靡，白鹿麏麚兮或腾或倚。状貌崟崟兮峨峨，凄凄兮漇漇。猕猴兮熊

1 《楚辞补注》，第 130—131 页。

2 侯文学《先秦两汉魏晋时期都邑文化的兴衰与山水之趣的演变》，《汉代都邑与文学》，上海古籍出版社，2019 年，第 321 页。

3 “感伤地眺望自然，以楚辞为始。在把自然作为抒发情志的手段来利用这一点上，楚辞和《诗经》没有什么不同，只不过楚辞更富于抒情性。”（［日］小尾郊一：《中国文学中所表现的自然与自然观》，邵毅平译，上海古籍出版社，2014 年，第 9 页。）

罴，慕类兮以悲。攀援桂枝兮聊淹留，虎豹斗兮熊罴咆，禽兽骇兮亡其曹。王孙兮归来！山中兮不可以久留。”[1] 这些生动的集中描绘，不是为了把自然呈现为安适美好的可居、可赏空间，一个可以优游盘桓的怡人场所，相反，山水对于诗人和赋家来说并不是亲和的所在，而是需要克服的艰困险阻，甚至是应当逃避的危恐之境。“山中兮不可以久留”，即使对于那些决意避世的隐遁、高蹈之士，山泽水林间似乎也过于险恶、荒寒了。司马相如作《大人赋》，甚至认为“列仙之传居山泽间，形容甚臞，此非帝王之仙意也”[2]。需要指出的是，这些诗赋所写到的山水景象，大多是设拟性的[3]，它们不是对眼前所见的真实摹写，更不是带给作者审美愉悦和满足感的观赏对象。

但这决不意味着诗人们没有感受自然之美的能力。“山林与！皋壤与！使我欣欣然而乐与！”[4]《庄子·知北游》所描述的正是人从山林原野所获得的内心欢欣。虽然《九歌·湘夫人》整首作品并非意在歌咏自然之美，但“袅袅兮秋风，洞庭波兮木叶下”两句，流露出屈原对自然敏锐的观察，并传达出相当的诗意。需要特别提及宋玉，在《高唐赋》《风赋》对山、水、风等景象的夸张描绘之外，最为人称道的莫过于他在《九辩》中集中描写的一段秋景：“悲哉秋之为气也！萧瑟兮草木摇落而变衰，憭栗兮若在远行，登山临水兮送将归，泬寥兮天高而气清，寂寥兮收潦而水清，憯凄增欷兮薄寒之中人……燕翩翩其辞归兮，蝉寂漠而无声。雁廱廱而南游兮，鹍鸡啁哳而悲鸣。独申旦而不寐兮，哀蟋蟀之宵征。时亹亹而过中兮，蹇淹留而无成。”[5] 这一段情景交融的描写，显示出对自然景象的特征极为敏锐的感受力，以及非同寻常的捕捉和表现能力，使令人感伤的秋景具有浓郁的现实人间的真实感和现场感。尽管景物的选择和罗列显得松散，但宋玉风景观察的客观性，情绪和气氛表达的整体性，在文学发展的历史上非常值得肯定[6]。

1 《楚辞补注》，第 232—234 页。
2 《史记》卷一一七《司马相如列传》，第 3056 页。
3 “楚辞中所描写的，则是梦想的自然。”（《中国文学中所表现的自然与自然观》，第 10 页。）
4 《庄子集释·知北游》，第 765 页。
5 《楚辞补注》，第 182—184 页。
6 “尽管景物设置看上去漫不经心”，但《九辩》“对秋天的描写导致了后世对四季景象有意识的观察”。（《中国文人的自然观》，第 50 页。）

山水自来与隐逸之士关联密切，山深水远之处，被认为是避世的适宜场所。《庄子·让王》：善卷不受舜让天下，“于是去而入深山，莫知其处”。石户之农为拒绝舜，“于是夫负妻戴，携子以入于海，终身不反也”[1]。《庄子·刻意》描写了两种隐逸之士：“刻意尚行，离世异俗，高论怨诽，为亢而已矣；此山谷之士，非世之人，枯槁赴渊者之所好也。……就薮泽，处闲旷，钓鱼闲处，无为而已矣；此江海之士，避世之人，闲暇者之所好也。”[2]成玄英疏：前者是“亢志林籁之中，削迹岩崖之下。斯乃隐处山谷之士，非毁时世之人”；后者则是“栖隐山薮，放旷皋泽”的“从容闲暇之人”。《庄子》所描述的这些隐士，尽管类型不同、隐逸的动机各异，但都不外乎隐处山谷、避世江海。相较于愤世嫉俗而刻意隐处的“非世之人”，后一种无为自在的“从容闲暇之人”，由于他们心境闲适恬淡，归隐又出自其内在性好，山水自然与他们之间要更容易亲和。

东汉后半期，“隐处山泽，不应征辟”[3]的不仕者大量出现，以至向“山泽隐滞”中选求特异人才成了士大夫流行的思路[4]。东汉一代，典型的隐逸之士仍然被刻画为登山临海的远逝遁形。《后汉书·逸民列传》载：向长隐居不仕，游于五岳名山，不知所终。逢萌，将家属浮海。梁鸿，与妻子共入霸陵山中。高恢，隐于华阴山中。台佟，隐于武安山，凿穴为居，采药自业。矫慎，隐遁山谷，因穴为室。戴良，逃入江夏山中。法真，深自隐绝。庞公，携妻子登鹿门山，采药不反。而一些隐身埋名者，如野王二老、汉阴老父、陈留老父，竟至皆“不知何许人也”。《逸民列传》固然有意识地“录其绝尘不反，同夫作者”[5]，而这类刻意藏身绝迹的隐者作风，与前述《庄子》中隐处山谷的“非世”之人大致一脉相承。《后汉书·逸民列传》撮述种种隐士动机曰：“或隐居以求其志，或回避以全其道，或静己以镇其躁，或去危以图其安，或垢俗以动其概，或疵物以激其清。然观其甘心畎亩之中，憔悴江海之上，岂必亲鱼鸟乐林草哉，亦云性分所至而

---

1 《庄子集释》，第966页。

2 《庄子集释》，第535页。

3 《后汉书》卷八二上《方术列传》，第2718页。

4 《后汉书》卷五六《种暠传》，第1826页。

5 《后汉书》卷八三《逸民列传》，第2757页。

已。”[1]即是说，遁迹于山海林野，并不一定是出自对自然山水的喜爱，他们首先是为了便于彻底地与社会隔绝，不交关人间事务。因此，隐逸于山林，主要是保全生命、颐养精神的存在方式，而非为山水美学所促发的生活实践。尽管如此，山林隐逸生活的增多，都必然会对人类与自然的关系造成一些影响：隐逸者在与山岩、水泉、林木等环境的逐日相处中，在与自然熟悉、亲近的基础上，其中那些“就薮泽，处闲旷，钓鱼闲处，无为而已”的所谓“闲暇者”，进而发展出对山水玩赏性的态度，不是不可想象的。

八、游观

在山水风景中观览、游乐，这种休闲、娱乐并非晚出。不过西汉时代的娱游场所，还基本限于宫廷的苑囿、富贵人家的庭院，或者城市郊外的胜地。司马相如、扬雄等人的著名赋作，描述皇家苑囿中进行的游猎、歌舞、宴饮等活动；尊宠、富厚的梁孝王带领着一班游士宾客，在自己豪奢的园林中游乐、弋钓、比赛作赋。《史记·梁孝王世家》：“于是孝王筑东苑，方三百余里。”[2]《西京杂记》：“梁孝王好营宫室园囿之乐，作曜华之宫，筑兔园。”兔园中有山岩、水池，“其诸宫观相连，延亘数十里，奇果异树，瑰禽怪兽毕备”[3]。西汉的私人林苑有些相当广大、奢侈，梁孝王之外，茂陵富人袁广汉的园林尤其令人惊叹[4]。汉成帝永始四年诏书指斥“公卿列侯亲属近臣”之“奢侈逸豫”，其中特别列举了“务广第宅，治园池”等，以至“吏民慕效，浸以成俗”[5]。东汉后期，权贵建造私家园林的风气未见收束，《后汉书》描述权臣梁冀夫妻殚极土木：“又广开园囿，采土筑山，十里九坂，以像二崤，深林绝涧，有若自然，奇禽驯兽，飞走其间。冀寿

1 《后汉书》卷八三《逸民列传》，第2755页。

2 《史记》卷五八《梁孝王世家》，第2083页。

3 《西京杂记》卷二，第22页。

4 《西京杂记》卷三“袁广汉园林之侈”：“于北邙山下筑园，东西四里，南北五里，激流水注其内。构石为山，高十余丈，连延数里。养白鹦鹉、紫鸳鸯、牦牛、青兕，奇禽怪兽，委积其间。积沙为洲屿，激水为波潮，其中致江鸥海鹤，孕雏产鷇，延漫林池。奇树异草，靡不具植。屋皆徘徊连属，重阁修廊，行之，移晷不能遍也。”（《西京杂记》，第25页。）

5 《汉书》卷十《成帝纪》，第324—325页。

共乘辇车，张羽盖，饰以金银，游观第内，多从倡伎，鸣钟吹管，酣呕竟路。或连继日夜，以骋娱恣。……又多拓林苑，禁同王家，西至弘农，东界荥阳，南极鲁阳，北达河、淇，包含山薮，远带丘荒，周旋封域，殆将千里。”[1] 这些规模巨大的园林，大都采用人工手段构建山峦、坡涧、树林、沙洲，极力模仿山水真实景观，“有若自然”。不过，所有这些苑囿似乎都把奇树异草、珍禽怪兽的栽植、畜养作为其根本目的，对于游观者，那里与其说有集中的山水奇景，不如说主要是以奢侈逸豫取胜的游乐空间。

与这些豪富权贵不同，士人们开始把山水风景作为直接亲历、游览的对象，在娱游的过程中，逐渐以审美的眼光来观赏自然。孔臧《蓼虫赋》：“季夏既望，暑往凉还。逍遥讽诵，遂历东园。周旋览观，憩乎南藩。睹兹茂蓼，结葩吐荣。猗那随风，绿叶紫茎。”[2] 从身边平日熟悉的庭园、田园开始，文人游观、描述的对象扩大到更为广阔的自然。班固《终南山赋》：“傍吐飞濑，上挺修竹，玄泉落落，密荫沉沉。荣期绮季，此焉恬心。三春之际，孟夏之初，天气肃清，周览八隅。”[3] 这一段对自然景观的摹绘，具有明显的写实性，很像得自对终南山的实地观看。东汉中期，张衡在《归田赋》中栩栩如生地写下了自然中的美景流连：“于是仲春令月，时和气清。原隰郁茂，百草滋荣。王雎鼓翼，仓庚哀鸣；交颈颉颃，关关嘤嘤。于焉逍遥，聊以娱情。尔乃龙吟方泽，虎啸山丘。仰飞纤缴，俯钓长流。……极般游之至乐，虽日夕而忘劬。”[4] 张衡的田园之乐还是一种有节制的游览，因为作者最后强调“感老氏之遗诫，将回驾乎蓬庐。弹五弦之妙指，咏周、孔之图书”，尚不脱儒道圣贤教训的“雅正”风范。即便如此，这种“超埃尘以遐逝，与世事乎长辞”的人生活动，充满了个人意趣，人在自然美景中至少暂时地超脱利害得失、忘却烦恼。它不啻描绘出一个富足的士大夫在乡间的惬意闲情，而且充分体现了文人对于自然的审美趣味，原隰、水流、林草、风物，张衡写出了这些寻常景象中的诗意和美感；没有机心和人事的繁杂，没有什么社会目的性和政治教育意义，无

1 《后汉书》卷三四《梁冀传》，第 1182 页。
2 《孔丛子校释 · 连丛子上》，第 450 页。
3 《全汉赋校注》，第 534 页。
4 《文选》卷十五，第 223 页。

关乎人生实用，也不是孔子“仁者乐山，智者乐水”的“比德”之物。要之，张衡使得自然景色本身，以及个体对风景的欣赏，成为无功利的、单纯的审美和快乐，其适性自得的生活状态，成为自由、宁静的象征。这种对优美的自然景象的诗意描述，将会影响后来者的审美取向，塑造着后人们看待自然、发现自然的眼光。

汉末社会政治形势的恶化，激发了士人们向山水中寻求安寄之道的自觉意识。荀爽“知以直道不容于时，悦山乐水，家于阳城”，为了劝李膺“屈节以全乱世”，写信愿他“怡神无事，偃息衡门，任其飞沈，与时抑扬”[1]。郭林宗不肯出仕，因为天之所废，不可支也[2]，“未若岩岫颐神，娱心彭、老，优哉游哉，聊以卒岁”[3]。这种清醒的人生调整，这种经过审慎判断的去取，使得在山水优游中获得心灵安宁和愉悦的闲逸生活，看起来是对腐败、混乱的政治局势的屏蔽和抗衡，因此有了更多时代意义和社会号召力。“山水方滋，当在汉季。荀以‘悦山乐水’，缘‘不容于时’；统以‘背山临流’，换‘不受时责’。又可窥山水之好，初不尽出于逸兴野趣，逸致闲情，而为不得已之慰藉。达官失意，穷士失职，乃倡幽寻胜赏，聊用乱思遗老，遂开风气耳。”[4]当时品评人物也常常以山水作比，“叔度汪汪如万顷之陂”[5]，李元礼“谡谡如劲松下风”[6]，这类比喻的频繁使用和流行，一方面体现出时人对风物景象的欣赏态度，同时又进一步强化了人们对山水美感的体会和再发现。

西汉文学中缺乏对山水风景写实性的完整描绘，与之相关，登临山水、游赏自然之美，也少有人记述。《七发》写游览：“既登景夷之台，南望荆山，北望汝海，左江右湖，其乐无有。于是使博辩之士，原本山川，极命草木；比物属事，离辞连类。浮游览观，乃下置酒于虞怀之宫。”[7]游览的活动虽然早有了，但在文人的作品中只读到粗略的概述，人们面对山

1 《后汉书》卷六七《党锢列传》，第2195—2196页。
2 《后汉书》卷六八《郭太传》，第2225页。
3 杨明照：《抱朴子外篇校笺·正郭》（下），中华书局，1997年，第457页。
4 《管锥编》（三），第1642页。
5 余嘉锡：《世说新语笺疏·德行》，上海古籍出版社，1993年，第4页。
6 《世说新语笺疏·赏誉》，第415页。
7 《文选》卷三四，第480页。

川草木的具体观感还未成为诗赋描述的主要内容,《反淫》之简 19，以“眺望直径，目极千里”[1]，就写完了登临游观。在以若干平行单元组合而成的常见赋体结构中，即使有一些对风景、风物的描写，也只是片段的。后来以述行、序志或宫观、都邑为主题的赋作，作者时常把周边或路途中的风景写入，但基本都是从属性的。张衡《南都赋》:“此乃游观之好，耳目之娱，未睹其美者，焉足称举。”[2]也不过是把风物景象点缀为赞美南都“既丽且康”的一般性素材。

到了汉末，在闲暇时游观风景并以之为赏心乐事，成了诗赋中连篇累牍的内容或主题。陈琳《游览诗》其二：“节运时气舒，秋风凉且清。闲居心不娱，驾言从友生。翱翔戏长流，逍遥登高城。东望看畴野，回顾览园庭。嘉木凋绿叶，芳草纤红荣。”[3]王粲《杂诗》其二：“吉日简清时，从君出西园。方轨策良马，并驱厉中原。北临清漳水，西看柏杨山。回翔游广囿，逍遥波水间。”其三：“列车息众驾，相伴绿水湄。幽兰吐芳烈，芙蓉发红晖。百鸟何缤翻，振翼群相追。投网引潜鱼，强弩下高飞。白日已西迈，欢乐忽忘归。”[4]杨修《节游赋》:“尔乃息偃暇豫，携手同征。游乎北园，以娱以逞。……于是回旋详观，目周意倦。御于方舟，载笑载言。”[5]曹植《游观赋》:“静闲居而无事，将游目以自娱。登北观而启路，涉云际之飞除。”[6]在闲居的晴好时日里，他们独自，或者与同道友好一起，驱车驰骋，游目远望，在山水中逍遥，在园囿中嬉戏，他们观览池木鱼鸟感受到欢乐，因欣赏绿叶红花而忘却了烦恼。曹植《赠王粲》:“端坐苦愁思，揽衣起西游。树木发春华，清池激长流。”[7]王粲《登楼赋》:“登兹楼以四望兮，聊暇日以销忧。”[8]刘桢《杂诗》写自己从繁杂的政务中暂时脱身：“释此出西城，登高且游观。方塘含白水，中有凫与雁。安得肃肃羽，

1 《北京大学藏西汉竹书》(四)，第 126 页。
2 《文选》卷四，第 72 页。
3 《建安七子集》，第 34 页。
4 《建安七子集》，第 85 页。
5 《全后汉文》卷五一，《全上古三代秦汉三国六朝文》，第 757 页。
6 《曹植集校注》，第 98 页。
7 《曹植集校注》，第 44 页。
8 《建安七子集》，第 104 页。

从尔浮波澜。”[1]游观成了他们排解平日忧愁或者官衙职事烦闷的方法。

陈琳《游览诗》其一：“投觞罢欢坐，逍遥步长林。”[2]游览时常被作为宴饮的余兴，尤其是在公宴诗里，游观和对园林美景的描写，往往与公侯贵重人物的酒宴盛会相联系。枚乘《七发》已经写到“游宴”，将宫中的酒宴与林池园囿的游观结合在一起，以为“靡丽皓侈广博之乐”的一部分。曹植《公宴》在“公子敬爱客，终宴不知疲”之后，详写“清夜游西园”的月下美景，以及“飘飖放志意”的游园之乐[3]。宴罢继而在园林中遣兴，不免令人感到这些美丽的景象和快慰不过是宴会的附属品，或者多少成了展现公侯宴饮、园邸富丽华贵的组成部分。刘桢《公讌诗》：“永日行游戏，欢乐犹未央。遗思在玄夜，相与复翱翔。辇车飞素盖，从者盈路傍。月出照园中，珍木郁苍苍。清川过石渠，流波为鱼防。芙蓉散其华，菡萏溢金塘。灵鸟宿水裔，仁兽游飞梁。华馆寄流波，豁达来风凉。生平未始闻，歌之安能详？投翰长叹息，绮丽不可忘。”[4]诗中描写的眼前景物，不仅是真切、具体的自然之物，而且美丽宜人，完全不像战国末西汉初辞赋中设拟出的那样光怪陆离，甚至惊骇、险恶。诗人们努力描绘他们看到、游历过的景象和事物，极力摹绘出它们的动静声色，这些真实存在而又令人叹赏的“绮丽”给他们留下了深刻的印象。

在汉末建安文人的游观活动及相关写作中，曹丕、曹植无疑是其中的中心人物。曹丕《又与吴质书》：“徐陈应刘，一时俱逝，痛可言邪！昔日游处，行则同舆，止则接席，何曾须臾相失！”[5]曹氏兄弟不吝笔墨地描述与文人朋友们的这类活动。曹丕《与朝歌令吴质书》对曾经的游观之乐有饱含感情的生动追述：

> 每念昔日南皮之游，诚不可忘。既妙思六经，逍遥百氏，弹棋间设，终以六博，高谈娱心，哀筝顺耳。驰骋北场，旅食南馆，浮甘瓜于清泉，沈朱李于寒水。白日既匿，继以朗月，同乘并载，以游后

1 《建安七子集》，第 193 页。
2 《建安七子集》，第 34 页。
3 《曹植集校注》，第 72—73 页。
4 《建安七子集》，第 188 页。
5 《文选》卷四二，第 591 页。

园。舆轮徐动，参从无声，清风夜起，悲笳微吟，乐往哀来，怆然伤怀。……方今蕤宾纪时，景风扇物，天气和暖，众果具繁。时驾而游，北遵河曲，从者鸣笳以启路，文学托乘于后车，节同时异，物是人非，我劳如何！[1]

这些贵公子“命友生，携同俦”，与朋友们骑马乘车，在城郊、园囿的林野驰骋奔逐，不分白天黑夜地登山临水。他们最常去的，是所谓的“西园”“北园”“后园”[2]，他们在园中的水边、林间逍遥，除了观赏景物，还伴以谈论、音乐、游戏，佐以瓜果、酒食，总之，尽兴地游乐。他们往往成群结队地“驾言出游”“同乘并载”“同舆接席”，比起后来士人们热衷的探奇访幽，专注地寻山问水，对自然本身细致、宁静的欣赏和发现，此时的游观者们更喜欢在山水园林中喧闹地聚集、放纵地驰骛。“遨游快心意”“飘颻放志意”“翱翔以写忧”，曹氏兄弟带着他们志同道合的文人朋友和属臣，以其权豪贵要和文人相结合的方式，将时代乱离中的悲凉哀愤和个人的愁怨尽情释放，快慰身心。“日暮游西园，冀写忧思情。”[3]悦目的自然美景和风景中的驰骋、游赏，纾解了他们压抑的情绪，使“驾言出游，以写我忧”的所谓“风人之叹”[4]，成了有声有色的人生乐趣。

“乘辇夜行游，逍遥步西园。”[5]在这些大多驱车驰骋，并时常于夜晚进行的群体性活动中，出游者对自然，无论是山水林沼，还是花草鸟兽，似乎都还是，也只能是总览式的。与后世相比，他们大多数人在诗赋文章中写下的，还偏于整体性的印象、较粗线条的景物刻画。《文心雕龙》评价

1 《文选》卷四二，第590—591页。

2 俞绍初认为，此三园实为一处：“邺下文士的诗文中西园往往指铜雀园。……铜雀园因铜雀台而得名，以其在邺城西北隅，故曹丕有时又称其为北园或后园。”（俞绍初：《“南皮之游”与建安诗歌创作——读〈文选〉曹丕〈与朝歌令吴质书〉》，《文学遗产》2007年第5期，第14—15页。）

3 王粲《杂诗五首》其一，《建安七子集》，第85页。

4 语见《诗经·邶风·泉水》《卫风·竹竿》。曹植《节游赋》：“于是仲春之月，百卉丛生，萋萋蔼蔼，翠叶朱茎。竹林青葱，珍果含荣。凯风发而时鸟欢，微波动而水虫鸣。感气运之和润，乐时泽之有成。遂乃浮素盖，御骅骝，命友生，携同俦，诵风人之所叹，遂驾言而出游。步北园而驰骛，庶翱翔以写忧。望洪池之滉瀁，遂降集乎轻舟。沈浮蚁于金罍，行觞爵于好仇。丝竹发而响厉，悲风激于中流。且容与以尽观，聊永日而忘愁。”（《曹植集校注》，第271页。）

5 曹丕《芙蓉池作》，《文选》卷二二，第311页。

建安文人的五言诗，“造怀指事，不求纤密之巧，驱辞逐貌，唯取昭晰之能”[1]，描写事物的状貌清楚明晰，但并不“极貌写物”式地力求纤巧细密，这固然与时代的美学风尚有关，但也未始不是由他们观看自然的态度和方式所决定的。班彪《北征赋》：“隮高平而周览，望山谷之嵯峨。野萧条以莽荡，迴千里而无家。”[2]李尤《函谷关赋》：“乃周览以汛观兮，历众关以游目。”[3]蔡邕《汉津赋》：“于是游目骋观。”[4]边让《章华赋》：“延目广望，骋观终日。”[5]汉代文人习惯于登高泛观、纵目远望，获得广阔的、全景式的观览效果。

汉代文字记录中的游观，早先多发生在皇家苑囿中，属于天子贵胄豪华生活的一部分。后来，进入诗赋文章的往往是富贵人物兴建的园林，它们位于城市或城市近郊，是人工化了的自然，园林使优美的景致更集中，也就更容易吸引人，如曹丕兄弟和建安文人多次写到的“西园”。与此同时或稍后，真正的自然，那种不经修饰的、荒野般的山林，在继隐逸之士避世遁迹之后，逐渐成了中下层普通文人游观，甚至栖息之地。秦宓在书信中描述其简朴的生活：“仆得曝背乎陇亩之中，诵颜氏之箪瓢，咏原宪之蓬户，时翱翔于林泽，与沮、溺之等俦，听玄猿之悲吟，察鹤鸣于九皋，安神为乐，无忧为福……斯乃仆得志之秋也，何困苦之戚焉！”[6]在时人看来，这种接近自然状态的生活难免是困苦的。

游观并亲近自然，山水游乐之为士人闲暇生活中令人愉悦的活动，在诗文中也逐步得到了表现。借助于此，不仅开辟、扩大了文学的题材，更重要的，士人们拓展了生活的领域，从面向社会扩大至面对广阔的自然。在对静穆、无纷扰的风景的游赏中，毫无人事纷争和世俗欲念的大自然无疑予人以启示，使得他们在怡悦身心的同时，又省视自我，寻求精神的净化和陶冶。随着道家人生学理的流行，为了摆脱“人为物役”的异化状态，体悟自然之道，士人们后来赋予山水更深厚的精神内涵和寄托。如此

1 《文心雕龙注释·明诗》，第 49 页。
2 《文选》卷九，第 144 页。
3 《全汉赋校注》，第 568 页。
4 《全汉赋校注》，第 921 页。
5 《后汉书》卷八十下《文苑列传》，第 2640 页。
6 《三国志》卷三八《蜀书·秦宓传》，第 973 页。

一来，他们对山水林泉的亲近，就与纯洁情操、澡雪精神，与安贫乐道、超脱世俗这些形而上的修养和满足进一步相关联，也从而与农夫渔樵在劳作中与自然的接触有了根本的区分。

九、书艺与鸿都门学

东汉，尤其是中后期以降，与士人内在生活的日趋丰富、活跃相表里，他们多方面的才能、技艺都有了长足进展，并愈来愈普遍地融入其人生日常之中。比如音乐这种古老的贵族修养，周代与“礼”密切结合并集中体现德化政教原则，此时在个人用乐层面上，与古老的价值规范已经相脱离，成为纯粹自我抒情和内心满足的艺术形式，在文人的综合技艺和生活爱好中占据一定的位置。桓谭《新论·琴道》：“余兄弟颇好音，尝至洛，听音终日而心足。”[1]《后汉书》本传记载他博学多通、能文章，而且“好音律，善鼓琴”[2]。马融“善鼓琴，好吹笛”[3]，“融既博览典雅，精核数术，又性好音，能鼓琴吹笛”。其《长笛赋序》记叙，某日，他在政事余暇，猛然听到客舍中的笛声，“甚悲而乐之。追慕王子渊、枚乘、刘伯康、傅武仲等萧、琴、笙颂，唯笛独无，故聊复备数，作《长笛赋》”[4]。蔡邕也善鼓琴，“妙操音律”[5]。兹就其荦荦大者而举之。张华《博物志》叙述曹操多才艺：“汉世，安平崔瑗、瑗子寔、弘农张芝、芝弟昶并善草书，而太祖亚之。桓谭、蔡邕善音乐，冯翊山子道、王九真、郭凯等善围棋，太祖皆与埒能。”[6]东汉文人有才艺者多，音乐、棋艺之外，书写艺术尤其与士人的政事、学术、文学、社交关系密切。

西汉中晚期以来，“善书”者史不绝载。陈遵“略涉传记，赡于文辞。性善书”[7]。北海敬王刘睦“放心音乐。然性好读书，常为爱玩”，“睦能属

1 《新辑本桓谭新论》，第 71 页。
2 《后汉书》卷二八上《桓谭列传》，第 955 页。
3 《后汉书》卷六十上《马融列传》，第 1972 页。
4 《文选》卷一八，第 249 页。
5 《后汉书》卷六十下《蔡邕列传》，第 1980 页。
6 《三国志》卷一《魏书·武帝纪》裴松之注引，第 54 页。
7 《汉书》卷九二《游侠传·陈遵传》，第 3711 页。

文，作《春秋旨义终始论》及赋颂数十篇。又善《史书》，当世以为楷则”[1]。《后汉书·文苑列传》载，刘桢的祖父刘梁，因孤贫而“卖书于市以自资”；张超“有文才”“又善于草书，妙绝时人”[2]。至于严延年、张敞、杜林、卫宏、班固、曹喜、杜度、许慎、崔瑗、崔寔、蔡邕、张芝、张昶、邯郸淳、张纮等人，更是后世书法史中常常表彰的名家[3]。王愔在汉代书家名录中，还枚举了司马相如、刘向、扬雄、贾逵等人[4]。汉代善于书艺者中多有善属文之士，两者都以文字为传达媒介，以书写为基本手段和方式，因此这一现象——尤其是在书法史发生、发展的早期阶段——并不难理解。

在推行文书行政的汉代各级官署中，除了主文书的史吏，其选任须要熟练掌握官文书中以隶书为主的通行书体和写法，并形之以谨饬、工稳的书写风貌，一般来说，文字书写水平，并不作为衡量士大夫才能高下的普遍标准。汉初萧何曾拟定律令：“吏民上书，字或不正，辄举劾。”[5]东汉光武帝在“四科取士诏”中又申明：“书疏不端正”是官吏选举中务须杜绝的现象[6]。正式文书，尤其是上行文书要书写得端正工整，文字不出错讹，除此之外，士大夫群体中似乎并没有对书写的额外要求。

汉代文书吏员规定性的考课书体，有“八体”“六体”说，先后见于张家山汉墓竹简《二年律令》和《汉志》、《说文解字叙》。[7]由出土简牍可以

---

1 《后汉书》卷一四《宗室四王三侯列传》，第556、557页。

2 《后汉书》卷八十下《文苑列传》，第2635、2652页。

3 参见张怀瓘《书断》神、妙、能三品的书家名录。（上海书画出版社、华东师范大学古籍整理研究室选编校点《历代书法论文选》，上海书画出版社，2014年，第171—174页。）

4 王愔《古今文字志目》，《历代书法论文选》，第40—41页。关于司马相如的书写，除了他在文字研究和字书编纂方面的成就，《华阳国志·蜀志》载其轶事曰：“城北十里有升仙桥，有送客观。司马相如初入长安，题其门曰‘不乘赤车驷马，不过汝下’也。”（刘琳《华阳国志校注》，第227页。）并不以书艺闻名的桓谭，自叙曾在宫殿墙壁上题写自作赋，其书写大约也有可观之处。桓谭《新论·道赋》：“余少时为奉车郎，孝成帝出祠甘泉河东郡，先置华阴集灵宫，武帝所造门曰望仙，殿曰存仙，欲书壁为之赋，以颂美二仙之行。余户此焉，窃有乐高眇之志，即书壁为小赋。”（《新辑本桓谭新论》，第52—53页。）桓谭《仙赋序》文字略异。见《全汉赋校注》，第341页。

5 《汉书》卷三十《艺文志》，第1721页。

6 应劭：《汉官仪》卷上《汉官六种》，第125页。

7 《汉书》卷三十《艺文志》：“六体者，古文、奇字、篆书、隶书、缪篆、虫书。”（《汉书》，第1721页。）《说文解字叙》：“自尔秦书有八体，一曰大篆，二曰小篆，三曰刻符，四曰虫书，五曰摹印，六曰署书，七曰殳书，八曰隶书。”（《说文解字注》十五卷上，第758页。）

看出，在以大量公、私文书所代表的汉代日常书写中，隶书、小篆之外，其余几种书体或是施于幡信、题榜、印鉴之类专门用途，或是只见于东周古籍和文物，应用范围有限。倒是不在“八体”“六体”内的草书，实际使用广泛、频繁，不过其社会地位不高，或者说不被视作正规书体，它从未能入围用来课试史吏的书写体式。本来，草书以“临时从宜”、匆匆草就为宗旨，以简易、快捷为能事，通常用于级别较低或者非正式的文本，尤其是文书草稿[1]。所以长期以来，因为苟简约易被认为不够严肃、庄重，不为社会所看重。草写这一种明显缺乏官方地位的书写形式，不仅发展为书体之草书，而且流行于世。当它在汉末士人中大受欢迎，便不可避免地引发了社会争议，同时也成为耐人寻味的文化、艺术事件。赵壹《非草书》认为，对草书的广泛热忱“背经趋俗”，“非所以弘道兴世”，善写草书无益于政治，“且草书之人，盖技艺之细耳。乡邑不以此较能，朝廷不以此科吏，博士不以此讲试，四科不以此求备，征聘不问此意，考绩不课此字。徒善字既不达于政，而拙草亦无损于治”[2]。也就是说，这种书写热情既不合乎经术崇高雅正的观念价值，也无补于政治人才选任、考评的现实作为，总之，在赵壹看来，“趣急速，示简易”的草书洵“非圣人之业也”，不值得士人花费精力去专门研习。

“汉兴有草书。”[3] 据20世纪以来出土的简牍文献，西汉后期，章草逐步成熟，写法在约定俗成中趋于规则化[4]，也渐次成为士人赢得社会声誉的才

---

1 陈梦家《由实物所见汉代简册制度》：草书“用于低级的官文书和一般奏牍草稿”。(《汉简缀述》，第310页。) 于豪亮《释汉简中的草书》：“草书是草稿所用书体的意思。在居延汉简中，文书的草稿一般用草书。”(于豪亮：《于豪亮学术论集》，上海古籍出版社，2015年，第177页。) 李均明、刘军《简牍文书学》：“写草书当为快捷，故简牍所见草书多用于公文草稿及私人信件。”(《简牍文书学》，第37页。)

2 《全后汉文》卷八二，《全上古三代秦汉三国六朝文》，第916页。

3 《说文解字叙》，《说文解字注》十五卷上，第758页。

4 于豪亮《释汉简中的草书》：“云梦秦简没有草书。安徽阜阳汉简有比较潦草的隶书，可以算是草书的滥觞，所谓‘汉兴有草书’，大约是指此言。从居延汉简和敦煌汉简来看，昭、宣时期草书已经流行。”“居延汉简中的草书有些写得很好”。(《于豪亮学术论集》，第176、177页。)“草书从不规则而趋于规则化当经历较长的约定俗成的过程。从出土简牍考察：秦简及汉初简牍中草书尚少见，西汉中期简才增多，至西汉末、新莽及东汉简中则多见通册以草书写就之公文及私信……将西北出土的居延、敦煌汉简与沿海连云港出土的简牍草书做一比较，两地虽隔万水千山，但其草书的字体结构基本一致，说明草书已有通行全国的规则写法，已相对独立于篆书、隶书之外而自成一体。”(李均明、刘军《简牍文书学》，第37页。)

艺。东汉初，刘睦以善写草书闻名，之后又有杜度、崔瑗和崔寔父子、张芝和张昶兄弟、张超等书家名世。《后汉书》载，张芝与弟弟张昶“并善草书”，王愔《文志》曰：“芝少持高操，以名臣子勤学……尤好草书，学崔、杜之法。”[1]《后汉书·赵岐传》注引《决录注》：“先是杜伯度、崔子玉以工草书称于前代，袭与罗晖拙书，见蚩于张伯英。英颇自矜高，与朱赐书云‘上比崔、杜不足，下方罗、赵有余’。”[2]卫恒《四体书势》总结草书在汉代的历史，在称许杜度和崔瑗父子后，顺次谈到汉末的若干位书家：“弘农张伯英者，因而转精甚巧。……韦仲将谓之草圣。伯英弟文舒者，次伯英。又有姜孟颖、梁孔达、田彦和及韦仲将之徒，皆伯英弟子，有名于世，然殊不及文舒也。罗叔景、赵元嗣者，与伯英并时，见称于西州，而矜巧自与，众颇惑之。故英自称‘上比崔杜不足，下方罗赵有余’。”[3]张伯英即张芝，其弟张昶，字文舒，又有姜孟颖、梁孔达、田彦和、韦仲将等众弟子，张芝书艺名冠当世，被弟子誉为“草圣”。当时，另两位有地方声誉的书家罗叔景（晖）、赵元嗣（袭），也颇自我矜夸。张芝致书朱赐[4]，以讥嘲口吻表示，自己虽然比不上前辈杜度、崔瑗，但足可藐视罗、赵二人[5]。汉末草书蔚然风行，众多书家一时并出，在书艺及相关声名的评骘上不免互有高下，这一方面体现出人们在书艺优劣上的潜在较量和对社会评价的在意，另一方面也意味着这些社会品评尚未来得及凝为定论。《决录注》《四体书势》上述两条材料涉及同一事件，张芝书信中自负的一句评议，孰料想，会引发如此大的舆论效应！赵壹看过此信，对其中“褒杜、崔，沮罗、赵，昕昕有自臧之意者”，殊不以为然；又有感于同乡梁孔达、姜孟颖对其老师张芝的极度仰慕及在当地煽炽的草书风气，于是借着替罗、赵二人鸣不平，这位“恃才倨傲”的文人写下《非草书》，对这一种新兴艺术毫不客气地加以非难。

1 《后汉书》卷六五《张奂传》及注，第 2144 页。

2 《后汉书》卷六四《赵岐传》，第 2122—2123 页。

3 房玄龄等：《晋书》卷三六《卫恒传》，中华书局，1974 年，第 1065 页。

4 朱赐，或作朱宽，赵壹集称“朱使君”。张怀瓘《书断》则曰：太仆朱赐，杜陵人，时称工书。（王先谦：《后汉书集解》，中华书局，1984 年，第 743 页。）

5 罗晖、赵袭“并以能草见重关西”，张怀瓘《书断》以二人入“能品”；并说赵袭“与张芝素相亲善”。（《历代书法论文选》，第 195 页。）

恰恰是这一篇批判性名文，生动地、无可置疑地展现了草书为时人热衷的程度：“余郡士有梁孔达、姜孟颖者，皆当世之彦哲也，然慕张生之草书，过于希颜、孔焉。孔达写书以示孟颖，皆口诵其文，手楷其篇，无怠倦焉。于是后生之徒，竞慕二贤，守令作篇，人撰一卷，以为秘玩。”以张芝为代表的草书艺术，吸引了社会中有才能的年青一代；而年轻人的喜爱，早已超过甚至取代了对传统主流教育科目的兴趣，“龀齿以上，苟任涉学，皆废《苍颉》《史籀》，竞以杜、崔为楷”。正是在这股巨大的热情驱动下，习草书者废寝忘食地刻苦钻研，聚精会神地磨炼技艺：“钻坚仰高，忘其罢劳；夕惕不息，仄不暇食。十日一笔，月数丸墨；领袖如皂，唇齿常黑。虽处众座，不遑谈戏；展指画地，以草刿壁；臂穿皮刮，指爪摧折；见鳃出血，犹不休辍。”[1] 至于张芝本人，“凡家之衣帛，必书而后练之。临池学书，池水尽黑。下笔必为楷则，号匆匆不暇草书”[2]。无论是“以杜、崔为楷”，还是“下笔必为楷则”，凡此说法都表明，草书已经在笔法、结体方面积累了相对复杂、精密的技巧，形成了一套系统性的章法、规则可资遵循、效仿，要之，它已经不再是以简率、急就为目的的“临时从宜”的草写了。怎样写，怎样运笔，怎样结构布局，其间自有值得学习和进一步探寻的律则，汉末的习书者们用心揣摩、勤勉练习，不是为了把字写得准确、端正，以便可以训练有素地完成一篇合乎官方规范的文书；他们如此之竭尽所能，乃是想要写出超乎文字之上或者文字之后的神采和意蕴，成就既合乎名家树立的“楷则”，又显示出个人面目的书写艺术。由此而言，人们对草书的热忱以及期望达到的高度，已经超出了社会在日常实用书写方面的常规要求和普遍水准，尤其是在这一种技艺无益于政治进取的情况下，这种执着的热情就愈发体现出对书写艺术本身的强烈兴趣。虽然草书当初务从约易、急就的原则，潦草苟简的面貌，影响了它的社会地位和评价，不过正是这种价值轻视，使得它毋庸负担政教责任期许和道德约束，反而便于后来的书写者无所拘束地尽兴发挥。

社会中早已存在收藏书作墨迹的现象。西汉末，陈遵“性善书，与

1 《全后汉文》卷八二《非草书》,《全上古三代秦汉三国六朝文》, 第 916 页。

2 《晋书》卷三六《卫恒传》, 第 1065 页。

人尺牍，主皆藏去以为荣”[1]。东汉初，汉明帝专门派人催促病卧中的刘睦，“令作草书尺牍十首”[2]。汉末风气不替，“人撰一卷，以为秘玩”，收藏的范围和程度都更甚，张芝草书至“寸纸不见遗，至今世尤宝其书”[3]。在文人士大夫中，不断往还的私人手写信件成了彼此欣赏书艺的一个途径。汉末，张纮学问、文章和书艺俱善，“纮著诗赋铭诔十余篇”，“纮既好文学，又善楷篆，与孔融书，自书”。他亲自致书名士孔融，孔融回复到：“前劳手笔，多篆书。每举篇见字，欣然独笑，如复睹其人也。”[4]篆书作为一种古典书体，日常生活中已经很少使用，但是在学问、修养相当的老朋友那里，它很容易唤起对致书者彬彬儒雅的直观感受和亲切感。书信传达情谊，这种日常交际文字，在内容令人亲近之外，显然已时常被作为具有视觉欣赏价值的书写艺术作品。更早些时候，马融《与窦伯向书》：“孟陵奴来，赐书，见手迹，欢喜何量，见于面也。书虽两纸，纸八行，行七字。”[5]延笃《答张奂书》：“离别三年，梦想言念，何日有违！伯英来，惠书盈四纸，读之三复，喜不可言。”[6]张奂《与阴氏书》：“笃念既密，文章灿烂，名实相副，奉读周旋，纸弊墨渝，不离于手。”[7]这不仅是见字如面的故旧诚挚，字里行间还透露着对致书人文辞的会心，以及对于墨书手迹的喜爱和愉悦感，他们获得的是情感与审美的双重愉悦。

汉末草书之盛固然由其自身的内在特质所决定，因为它契合了时代的风尚和人们的精神需求，“盖草书之任意挥洒，不拘形踪，最与士大夫之人生观相合，亦最能见个性之发挥也”（参见《汉晋之际士之新自觉与新思潮》）。徐复观阐论书法的“美的自觉”，也强调此期草书艺术的引领作用：“这依然是开始于东汉之末，而确立于魏晋时代。其引发此一自觉的，恐怕和草书的出现有关系。因为草书虽然是适应简便的要求，但因体势的流走变化，易于发挥书写者的个性，便于不知不觉之中，成为把文字由实

---

1 《汉书》卷九二《游侠传·陈遵传》，第 3711 页。
2 《后汉书》卷一四《宗室四王三侯列传》，第 557 页。
3 《晋书》卷三六《卫恒传》，第 1065 页。
4 《三国志》卷五三《吴书·张纮传》及注引《吴书》，第 1247 页。
5 《后汉书》卷二三《窦章传》李贤注引《马融集》，第 821 页。
6 《全后汉文》卷六一《全上古三代秦汉三国六朝文》，第 810 页。
7 《全后汉文》卷六四《全上古三代秦汉三国六朝文》，第 823 页。

用带到含有游戏性质的艺术领域的桥梁。”[1]东汉，尤其东汉后期，是中国文学艺术史中一个非常关键的阶段，许多潜在的变化在这一时期浮现，甚至明朗起来。“东汉是中国艺术史上的一个重要转折时期，在这期间一些文人学者开始以独立艺术家的身份出现。”[2]“到东汉后期，书法已成为一门独立的艺术，书法进入了自觉时代。”[3]《汉晋之际士之新自觉与新思潮》中有更为综合性的论述：“东汉中叶以后士大夫之个体自觉既随政治、社会、经济各方面之发展而日趋成熟，而多数士大夫个人生活之优闲，又使彼等能逐渐减淡其对政治之兴趣与大群体之意识，转求自我内在人生之享受，文学之独立，音乐之修养，自然之欣赏，与书法之美化遂得平流并进，成为寄托性情之所在。”[4]正是基于这样一股时代社会文化潮流，汉灵帝主持兴办了新兴教育机构“鸿都门学”。

在政治秩序严重坏乱的社会形势下，作为汉末政权和宫廷多方势力残酷争斗的结果，桓帝、灵帝都是在法定继位者无法正常产生的局面下，以侯爵身份不得已被临时筛选出的皇帝。这两位分别以十五岁、十二岁即位的少年，史家显然不认为他们是合格的统治人选，《后汉书·桓帝纪》赞曰：“桓自宗支，越跻天禄。”[5]《后汉书·灵帝纪》赞曰：“灵帝负乘，委体宦孽。”李贤注曰：“言帝以小人而乘君子之器。”[6]作为腐败政治的被决定者，他们不可谓不是这其中的牺牲品；作为政治黑暗破例的胜出者，他们无疑又以其变本加厉的贪婪、苟且，应和并加剧了这种黑暗。桓灵之世，社会持续

1 徐复观：《中国艺术精神》，春风文艺出版社，1987 年，第 126 页。

2 ［美］巫鸿：《武梁祠：中国古代画像艺术的思想性》，柳扬等译，生活·读书·新知三联书店，2015 年，第 241 页。书中第 230 页举例说：“历史记载表明，汉代是文人开始直接参与艺术活动的时期。刘向制作了烈女义士传记的插图；张衡（公元 78—139）在宫殿上绘制了神怪壁画；蔡邕（公元 132—192）曾画《小烈女》、孔子和弟子像，以及一幅名为《讲学图》的画；刘褒在公元 147—167 年间画了表现《诗经》的《北风图》和《云汉图》；生活于公元 2 世纪后半期的赵岐设计了自己的墓葬的壁画。”

3 黄惇：《秦汉魏晋南北朝书法史》，江苏凤凰美术出版社，2008 年，第 53 页。第 52—53 页论到：“到东汉后期，朝野重视书法的风气，使文人书法家登上了历史舞台。在这种氛围中，风格开始形成，流派开始孳生，笔法得到研究和加工，并促使书法艺术审美从实用书写审美中分离出来，书法的理论也肇端于此时。”

4 《士与中国文化》，第 349 页。

5 《后汉书》卷七《桓帝纪》，第 321 页。

6 《后汉书》卷八《灵帝纪》，第 360 页。

动荡、混乱，纲纪衰颓，官非其人，民不聊生。作为前后两次“党锢之祸”的直接制造者，桓、灵二帝与宫廷宦官势力联手，给予士大夫群体以重创，不能不最大程度上失去了士阶层的舆论和情感支持。

灵帝在汉代皇帝中是趣味十分独特的一位。“灵帝好胡服、胡帐、胡床、胡坐、胡饭、胡空侯、胡笛、胡舞，京都贵戚皆竞为之。”[1]西汉武帝朝野，也曾经对异域事物和娱乐表现出强烈的猎奇[2]。除了喜好殊方异物，年轻的汉灵帝更是想方设法、别出心裁地追逐感官享乐和刺激，光和四年，“是岁，帝作列肆于后宫，使诸采女贩卖，更相盗窃争斗。帝著商贾服，饮宴为乐。又于西园弄狗，著进贤冠，带绶。又驾四驴，帝躬自操辔，驱驰周旋，京师转相放效”[3]。不受传统生活方式和正统美学趣味的约束，但这并不意味着他是意识形态的叛逆者。尽管桓帝“设华盖以祠浮图、老子”[4]，以皇帝的势位加速着汉末经术的衰落，灵帝却一再表示出对儒术的奖掖。“灵帝颇好学艺，每引见宽，常令讲经。”[5]“熹平四年，灵帝乃诏诸儒正定《五经》，刊于石碑，为古文、篆、隶三体书法以相参检，树之学门，使天下咸取则焉。”[6]熹平五年，“试太学生年六十以上百余人”，授任以官职。光和三年，“诏公卿举能通《古文尚书》、《毛诗》、《左氏》、《穀梁春秋》各一人，悉除议郎”[7]。几年之间灵帝这一连串的举动，或许试图借助振兴意识形态来端正政治纲纪，但事实上，至多只能是对儒士们一时的鼓励和安抚。

更能够显示时代文化色彩的，倒是桓、灵两位皇帝之颇具才艺。此前，“柔仁好儒”的汉元帝“多材艺，善史书。鼓琴瑟，吹洞箫，自度曲，

---

1 《后汉书·五行志一》，第3272页。

2 参见《汉书》卷六一《李广利传》，第2696—2697页；《汉书》卷九六下《西域传》，第3928页。

3 《后汉书》卷八《灵帝纪》，第346页。

4 《后汉书》卷七《桓帝纪》，第320页。

5 《后汉书》卷二五《刘宽传》，第887页。

6 《后汉书》卷七九上《儒林列传》，第2547页。熹平石经所书非三体，应当只有隶书一体，已为发现的石经残石所证实。史家之讹误，早就有学者指出，《后汉书集解》引杭世骏曰：“按赵明诚《金石录》云：《儒林传序》云‘为古文篆隶三体者’，非也。蔡邕所书乃八分，而三体石经乃魏时所建。”（《后汉书》，第891页。）

7 《后汉书》卷八《灵帝纪》，第338、344页。

被歌声，分刌节度，穷极幼眇”[1]。《东观汉记》称，“桓帝好音乐，善琴瑟”[2]。谢承《后汉书》曰：“灵帝善鼓琴，吹洞箫。”[3]汉灵帝还喜好并擅长写作和书艺，他“好学，自造《皇羲篇》五十章”[4]，“作《追德赋》、《令仪颂》”[5]，“灵帝好书”[6]。士大夫也认为灵帝富于文学艺术修养和造诣，灵帝曾询问“朕何如桓帝”，弘农世家的杨震后人杨奇答曰：“陛下躬秉艺文，圣才雅藻，有优先帝。”[7]皇帝个人的兴趣爱好很容易就投射到政治举措当中。刊刻熹平石经之后的第三年，光和元年春，《灵帝纪》：“始置鸿都门学生。”李贤注曰：“鸿都，门名也，于内置学。时其中诸生，皆敕州、郡、三公举召能为尺牍辞赋及工书鸟篆者相课试，至千人焉。”[8]鸿都门在洛阳皇城中的确切位置，史无详载[9]，“鸿都”也是东汉宫廷藏书场所之一[10]。《后汉书·蔡邕列传》：“光和元年，遂置鸿都门学，画孔子及七十二弟子像。其诸生皆敕州郡三公举用辟召，或出为刺史、太守，入为尚书、侍中，乃有封侯赐爵者，士君子皆耻与为列焉。”[11]综之，鸿都门学以“能为尺牍辞赋及工书鸟篆”为主要招生科目，开设的规格很高，一时规模也不小。在汉灵帝的直接命令之下，鸿都学士所可能被授任的官职不仅员额多，仕业有保障，而且与国家最高教育机构太学中的博士弟子员这些正式的毕业生相比，他们的仕途出身尊显，待遇相当优厚。

---

1 《汉书》卷九《元帝纪》，第 298 页。“建昭之间，元帝被疾，不亲政事，留好音乐。或置鼙鼓殿下，天子自临轩槛上，隤铜丸以擿鼓，声中严鼓之节。后宫及左右习知音者莫能为，而定陶王亦能之，上数称其才。”（《汉书》卷八二《史丹传》，第 3376 页。）元帝子定陶共王康，“长多材艺，习知音声，上奇器之”。（《汉书》卷八十《宣元六王传》，第 3327 页。）

2 《后汉书》卷七《桓帝纪》，第 320 页。

3 谢承《后汉书》卷一，《八家后汉书辑注》（修订本），第 1 页。

4 《后汉书》卷六十下《蔡邕列传》，第 1991 页。

5 《后汉书》卷十下《皇后纪》，第 450 页。

6 卫恒《四体书势》，《晋书》卷三六《卫恒传》，第 1064 页。

7 谢承《后汉书》卷四，《八家后汉书辑注》（修订本），第 90 页。

8 《后汉书》卷八《灵帝纪》，第 340—341 页。

9 顾祖禹认为在洛阳南宫端门附近：“南宫正门即端门，旁有鸿都、盛德、九龙及金商、青琐诸门。”（顾祖禹：《读史方舆纪要》卷四八《河南三》，贺次君、施和金点校，中华书局，2005 年，第 2234 页。）

10 “及董卓移都之际，吏民扰乱，自辟雍、东观、兰台、石室、宣明、鸿都诸藏典策文章，竞共剖散，其缣帛图书，大则连为帷盖，小乃制为縢囊。”（《后汉书·儒林列传上》，第 2548 页。）

11 《后汉书》卷六十下《蔡邕列传》，第 1998 页。

鸿都门学在光和元年正式设置之前，灵帝似乎就已经着手安排此事。《后汉书·蔡邕列传》："初，帝好学，自造《皇羲篇》五十章，因引诸生能为文赋者。本颇以经学相招，后诸为尺牍及工书鸟篆者，皆加引召，遂至数十人。侍中祭酒乐松、贾护，多引无行趣执之徒，并待制鸿都门下，憙陈方俗闾里小事，帝甚悦之，待以不次之位。"[1]所谓"因引诸生能为文赋者。本颇以经学相招"，也就是最初的招生设想，是要选拔具备经术学养的文章辞赋之士。但在鸿都门学的筹备中，看起来并没有成型的办学体制和明确、一贯的招生主张，大致随顺太学的思路，同时又带着灵帝本人随心所欲的行事风格，不断发生调整、变化。但即使被视为"教化之所由兴"的太学，此时恐怕也难以提供有力的教育支持，东汉中期以来，它正在不可挽回地败落下去："自安帝览政，薄于艺文，博士倚席不讲，朋徒相视怠散"，虽经短暂的复兴，"然章句渐疏，而多以浮华相尚，儒者之风盖衰矣"[2]。熹平六年，鸿都门学正式开办的前一年，蔡邕在上奏灵帝的封事中谈到他被派去选录应试者："诸生竞利，作者鼎沸。其高者颇引经训风喻之言；下则连偶俗语，有类俳优；或窃成文，虚冒名氏。臣每受诏于盛化门，差次录第，其未及者，亦复随辈皆见拜擢。"[3]从最开始的以经学、文赋为选拔范围，继而扩大至尺牍、虫篆书艺，直至演变为将热衷于街谈巷语的俚俗之士都招纳进来，甚至还混杂了一些剽窃、滥竽充数、冒名顶替的"无行趣执之徒"，以至从最初的几十人扩大到千人的规模。总之，鸿都门学入学者的招录，从一开始就显示出标准的多歧不定，以及选拔、录取的粗滥无度，几乎面临失控的局面。

十、士大夫对艺术的矛盾态度

灵帝执意开办的"鸿都门学"是轰动当时的事情，吸引了许多擅长才艺之士。然而，这一所官学在士大夫中引发巨大争议，"士君子皆耻与为列焉"，其中，笃守经术、在社会中地位较高的士大夫反应尤其强烈。

1 《后汉书》卷六十下《蔡邕列传》，第 1992 页。
2 《后汉书》卷七九上《儒林列传》，第 2547 页。
3 《后汉书》卷六十下《蔡邕列传》，第 1996 页。

在对鸿都门学的舆论批评中，最激烈的抨击首先是基于对鸿都文学、诸生在品行人格、出身阶层上的轻视。光禄大夫杨赐，“少传家学，笃志博文”，于灵帝有师傅之谊，他在办学伊始就上书反对：“又鸿都门下，招会群小，造作赋说，以虫篆小技见宠于时，如驩兜、共工更相荐说，旬月之间，并各拔擢，乐松处常伯，任芝居纳言。郄俭、梁鹄俱以便辟之性，佞辩之心，各受丰爵不次之宠，而令搢绅之徒委伏畎亩，口诵尧舜之言，身蹈绝俗之行，弃捐沟壑，不见逮及。冠履倒易，陵谷代处，从小人之邪意，顺无知之私欲。”[1] 鸿都之学成了仕进的便捷之路，对于以经明行修为学养的士大夫来说，他们感觉其得自圣贤之教的文化正统及尊严受到了冒犯和亵渎，其政治利益受到威胁和侵犯。尚书令阳球则直接奏请取缔“鸿都之选”：“伏承有诏敕中尚方为鸿都文学乐松、江览等三十二人图象立赞，以劝学者。臣闻《传》曰：‘君举必书。书而不法，后嗣何观！’案松、览等皆出于微蔑，斗筲小人，依凭世戚，附托权豪，俯眉承睫，徼进明时。或献赋一篇，或鸟篆盈简，而位升郎中，形图丹青。亦有笔不点牍，辞不辩心，假手请字，妖伪百品，莫不被蒙殊恩，蝉蜕滓浊。是以有识掩口，天下嗟叹。臣闻图象之设，以昭劝戒，欲令人君动鉴得失。未闻竖子小人，诈作文颂，而可妄窃天官，垂象图素者也。今太学、东观足以宣明圣化。愿罢鸿都之选，以消天下之谤。”[2] 阳球家世大姓冠盖，“皆出于微蔑，斗筲小人”“竖子小人，诈作文颂”，他对鸿都诸生低贱的出身和品性痛加诋诃：既缺乏深厚典雅的经术修养，又没有道德行品可言；以文颂赋说、鸟虫书篆这种“小文”“小技”攫取政治地位；出身卑微的鸿都学士，为了寻求发展，投靠、依附权豪贵戚等社会政治势力和资源。所有这一切，都成了鸿都诸生被上层士大夫排斥的理由，后者在此表现出道德、学养、出身全方位的优越感。即使后来，鸿都之士也几乎一概被视为获得昏庸君主宠幸的佞巧、无行小人，“灵帝宠用便嬖子弟，永乐宾客、鸿都群小，传相汲引，公卿牧守，比肩是也”[3]，灵帝“官非其人，政以贿成，内

---

1 《后汉书》卷五四《杨赐传》，第 1780 页。

2 《后汉书》卷七七《酷吏列传・阳球传》，第 2499 页。

3 《后汉书・五行志一》，第 3272 页。

嬖鸿都，并受封爵”[1]。

蔡邕的意见相对要更为平和。熹平六年，蔡邕上封事陈政要，其中第五条明确反对鸿都选士：“孝武之世，郡举孝廉，又有贤良、文学之选，于是名臣辈出，文武并兴。汉之得人，数路而已。夫书画辞赋，才之小者，匡国理政，未有其能。陛下即位之初，先涉经术，听政余日，观省篇章，聊以游意，当代博弈，非以教化取士之本。……既加之恩，难复收改，但守奉禄，于义已弘，不可复使理人及仕州郡。昔孝宣会诸儒于石渠，章帝集学士于白虎，通经释义，其事优大，文武之道，所宜从之。若乃小能小善，虽有可观，孔子以为‘致远则泥’，君子故当志其大者。”蔡邕的意见显然未被采纳，第二年灵帝还是正式开办了鸿都门学。不久，光和元年七月，蔡邕又皂囊奏事曰：“又尚方工技之作，鸿都篇赋之文，可且消息，以示惟忧。……而今并以小文超取选举，开请托之门，违明王之典，众心不厌，莫之敢言。”[2]所谓“志其大者”，即致力于精深渊博的经术，在当时的正统观念看来，明经入仕，以经义理事治民，才是参政、为政的正途。明经善政既是士人所宜为，蔡邕强调，文赋虫篆、书画辞赋这些小能末技，只可供私下里、闲暇时的娱乐罢了，不应让它们在社会政治的公开生活中占据位置。

鸿都门学之所以受到著名士大夫的强烈反对，最根本之处乃在于书画辞赋陡然成为选官入仕的门径。在他们看来，“书画辞赋”只是些价值、功用有限的才能，单凭这些才艺选拔出的所谓人才，不适合在官僚体系内承担“匡国理政”的职责。既没有政能，又无德无行，还不具备士大夫深厚的经典人文知识素养，其辞赋文章也不及上层文人的深鸿博雅，如此，这些带着伧俗喧腾气的下层士人，他们对官职不循常规的占据，就尤其被视作不可容忍的。梁鹄善写隶篆，又“勤书自效”，卫恒《四体书势》云：“鹄卒以书至选部尚书。”[3]因为书艺而在负责官吏选任的重要部门获得职位，后来还出任凉州刺史[4]。灵帝欲筑造苑囿，大臣杨赐谏止，从鸿都学

---

1 《后汉书·五行志二》，第 3297 页。

2 《后汉书》卷六十下《蔡邕列传》，第 1996—1997、1999 页。

3 《晋书》卷三六《卫恒传》，第 1064 页。又《后汉书·百官志三》注引蔡质《汉仪》，第 3597 页。

4 《后汉书》卷五八《盖勋传》，第 1879 页。

选擢的侍中任芝、中常侍乐松则阿顺上意[1]。鸿都之士当时擢用者多，但后来名行可考者很少[2]，其政治行迹就更鲜见，大约确如刘勰所云之“浅陋”[3]，乏善可陈。“鸿都门学”的设置，很大程度上缘自灵帝个人的兴趣、爱好，不过，他想把文学、才艺之士招选进官僚体系的做法，与汉武帝当年延揽司马相如、东方朔等以为内廷之士，多少可以有所类比，两者都是在选官制度之外自出机杼。但与武帝时期选举制度尚未全面建立不同，在官吏的选用规范已经延续了几百年之后，灵帝对于选官基本标准的打破，显然为士大夫所难以接受。

从鸿都诸生，以及汉末五言诗等作品可以真切地认识到，在蔡邕等尊显、有身份的著名文人之外，社会中还存在着一大批中下层文人，他们很难有入仕机会和成名可能。在整个社会持续的动乱不安中，他们不仅对江山社稷丧失希望，对经术和社会正统价值缺乏热情，他们甚至对自己也没有信心，几乎不抱持高远的理想和长期的人生规划。这些不得意而又无所事事者，他们较少约束和顾忌，不甘心也不肯忍耐贫贱，他们要的是急切而直接的当下生活，酒宴、娱乐、游戏、音乐、社交，他们毫不掩饰从这些热闹中获得感官和精神的快意，“斗酒相娱乐，聊厚不为薄。驱车策驽马，游戏宛与洛。……极宴娱心意，戚戚何所迫？”“荡涤放情志，何为自结束？”“昼短苦夜长，何不秉烛游？为乐当及时，何能待来兹！”[4]这些中下层文人在《古诗十九首》中呈现了这样一幅颓废、浪漫，而又世俗化的末世享乐景象。《政论·阙题三》：“夫人之情，莫不乐富贵荣华、美服丽饰、铿锵眩耀、芬芳嘉味者也。昼则思之，夜则梦焉，唯斯之务，无须臾不存于心。”[5]东汉后期以来，社会中越来越发展起放纵不拘的行为表现和快乐当前的生活态度，即使太学里，也难免“多以浮华相尚，儒者之风

1 《后汉书》卷五四《杨赐传》，第 1782—1783 页。

2 如以书艺名的师宜官、梁鹄，《书断》：“灵帝好书，征天下工书于鸿都门，至数百人，八分称宜官为最。”梁鹄“少好书，受法于师宜官，以善八分知名。举孝廉为郎，灵帝重之，亦在鸿都门下。迁幽州刺史”。（《历代书法论文选》，第 182 页。）以绘画名的刘旦、杨鲁，“并光和中画手，待诏尚方，画于鸿都学”。（许逸民：《历代名画记校笺》，中华书局，2021 年，第 309 页。）

3 《文心雕龙注释·时序》：“而乐松之徒，招集浅陋。”（《文心雕龙注释》，第 477 页。）

4 《文选》卷二九，第 409—412 页。

5 孙启治：《政论校注》，中华书局，2012 年，第 78 页。

盖衰矣"[1]。在浮侈、享乐成风的形势下，不仕之士中渐次兴起的闲逸生活，或许在一定程度上应和了，甚至构成了社会风气的一部分。

"何不策高足，先据要路津？无为守贫贱，辖轲长苦辛。"[2]既然政治积弊丛生，仕途难通，士人们，特别是缺乏入仕门径又没有荣誉负担和身份顾忌的下层士人，很容易选择向那些被轻视的、缺乏传统支持的娱乐和技艺上寄托心性，寻求可能性。与经术无关，于治平无补的自娱性艺术，这时期发展很快，鸿都门学招生时，照蔡邕的说法，"诸生竞利，作者鼎沸"，看起来汉末娴习书画辞赋者为数不少，卫恒《四体书势》说："至灵帝好书，世多能者。"[3]这也是以张芝及其弟子和崇拜者为代表的草书风行的时期。由此背景来观察，灵帝与士大夫冲突严重的这番一意孤行，一定程度上正反映了社会文化潮流的走向。不仅鸿都诸生是汉末社会文化新变中的产物，灵帝自己也是被历史所决定的。或者说，树立熹平石经，同时又兴办鸿都门学的汉灵帝，他身上集中了末世统治者所可能具有的多重因素，既体现着汉家制度和传统的惯性，也不乏他个人的兴趣；既是政治腐朽、混乱的产物，也反映着时代的新兴潮流[4]。甚至招录标准的多变与混乱，在直接显示着灵帝和相关执行者对于鸿都门学定位不明确的同时，还反映了他们有关文学艺术的意识之不清晰。文学艺术虽在蓬勃发展，但这一时期尚未能独立为一个门类，其界限、范畴还都比较含混，有待进一步明豁。

这一时期，文学艺术中的社会流行元素不断发生变化。文学中的政教意识越来越弱化，先前那种旨在讽谕劝上的典重、巨丽的大赋已经从写作中心明显后移，文学整体上正变得清丽、晓畅。抒情性、娱乐性较强的短篇赋作风行，其中一部分的题材、风格，与故事性、谐谑性的口头娱乐形式较为接近。前述所谓"憙陈方俗闾里小事""连偶俗语，有类俳优"，不仅与枚皋、东方朔当年的宫廷俳谐滑稽一脉相承，还洋溢着大众娱乐中的低卑浅俗和市井气息。这种文字趣味不仅醒目地表现于鸿都诸生的写作，同时向社会上层蔓延，蔡邕《短人赋》的取材和旨意多少可见一斑。戴良

1 《后汉书》卷七九上《儒林列传》，第2547页。
2 《古诗十九首》，《文选》卷二九，第410页。
3 《晋书》卷三六《卫恒传》，第1064页。
4 蓝旭有洞见地指出，鸿都门学这一现象，"系由政治腐败、文学同政治分离的观念合力而成"。（《东汉士风与文学》，第243页。）

《失父零丁》是个更明显的例子，文中向路人广而告之，为寻走失的父亲重币悬赏，“请为诸君说事状，我父躯体与众异”[1]，接下来极力铺陈、刻画父亲形貌的怪诞丑恶，“鸱头鹄颈獦狗啄，眼泪鼻涕相追逐”云云。戴良固然“论议尚奇，多骇流俗”[2]，但他在史传中却是以孝称名的，因此，这些看起来有悖伦理的污谩之语，其极度漫画化而产生的诞妄不经，就消解了作者表达的真诚性，使之明显不过是一篇戏谑性的逞才笔墨而已[3]。

与此同时，尽管草书盛行，并上升为书写艺术，但直到汉末，这种书体在社会中的地位也还是有限的。在秦汉的上层政治、文化生活中，书体一直存在着明显的价值区分[4]。“在秦代，小篆是主要字体，隶书只是一种新兴的辅助字体，社会地位很低。”[5]汉代，简易省便的隶书终于成为上下通行的书体，普遍用于公私文书、律令、典籍等。《四体书势》说汉代“独符、印玺、幡信、题署用篆”[6]，由于“篆字难成”，小篆的应用范围和场合日益萎缩、狭窄，愈来愈被视作典重、古雅，带有象征意味的书体，为满足一些重要或特殊的社会需要而有限度地使用[7]。至于善写“鸟篆”“虫篆”，即鸟虫书，不仅不是士大夫从事政治、经术等重要活动所必备的才能，甚至被轻视为细巧烦琐，或者低俗无聊的技艺，扬雄在对“少而好赋”自嘲

---

1 《全后汉文》卷六八，《全上古三代秦汉三国六朝文》，第 849 页。

2 《后汉书》卷八三《逸民列传·戴良传》，第 2773 页。

3 钱锺书《管锥编》（三）：“通篇词气嘲诙，于老人丑态，言之津津，窃疑俳谐之作，侪辈弄笔相戏。”（《管锥编》，第 1611 页。）

4 陈梦家《由实物所见汉代简册制度》由出土简牍观察汉代通行书体的使用：一是篆书，“用于高级的官文书和重要仪典的书写，如天子策命诸侯王，如武威磨咀子其他墓出土的柩铭，如官铸铜器上的铭刻，如汉碑题额，以及《说文解字》大部分的正文”。二是隶书，“用于中级的官文书和一般经籍的书写，如天子尺一诏书，如武威简本《仪礼》和王杖十简，如熹平石经”。三是草书，“即解散了形体更为省易较为潦草的字体。用于低级的官文书和一般奏牍草稿”。（《汉简缀述》，第 310 页。）

5 裘锡圭：《文字学概要》（修订本），第 78 页。何琳仪《战国文字通论》（订补）：“秦始皇统一天下之后，改良后的秦篆——小篆成为政府的正规字体，在庄重场合使用。秦隶则成为辅助性的非正规字体。泰山石刻、诏版属前者，云梦秦简《编年记》属后者。”［《战国文字通论》（订补），第 243 页。］

6 《晋书》卷三六《卫恒传》，第 1064 页。

7 陈梦家《文字学甲编》：“后汉以后，小篆始而尚为少数几种庙堂重要典册所尊用，渐渐变为几种特殊器物上的古字了，《唐六典》说‘篆书印玺幡碣所用’‘隶书典籍表奏公私文书所用’，而碑碣上的篆字只限于题额了。”（《中国文字学》，第 167 页。）《简牍文书学》：“西汉中晚后，篆体在简牍文书中较少见，但在印章、旗幡上仍普遍使用，而且在人们心目中的艺术价值不断提高。但此时篆刻及简本中的篆书多少已受隶书或草书结构的影响，不再是秦篆的原貌。”（《简牍文书学》，第 33 页。）

时，所采用的著名比喻“童子雕虫篆刻，壮夫不为”[1]，便基于这样的心理。

一般说来，社会文化的新变化大都容易被精英人物轻视，认为是浅薄轻浮的。在新旧风尚转变的时势下，士大夫往往囿于正统文化的深厚濡染，并且得益于传统价值带来的一些现世便利，对正在发生的新变常持滞后、保守的态度。蔡邕声称“书画辞赋，才之小者”，固然反映了士大夫的普遍立场，但是值得玩味的是，他本人“善属文，解音声伎艺并术数之事，无不精综”[2]；“好辞章、数术、天文，妙操音律”[3]；“工书画，善鼓琴”，“书、画与赞，皆擅名于代，时称‘三美’”[4]，他却未曾因善才艺而被讥诮，相反，他获得的是正面的赞誉。因此，由鸿都门学引发的这一场激烈的舆论之争，就不啻于文化新与旧、传统与潮流的冲突，毋宁说，这是经术与技艺、道与器、形而上与形而下这些中国文化中的基本矛盾，在汉代最醒目的一场对抗。

西汉定陶王有音乐才艺，颇得元帝赞赏，甚至有危及太子地位之虞。史丹进言曰：“凡所谓材者，敏而好学，温故知新，皇太子是也。若乃器人于丝竹鼓鼙之间，则是陈惠、李微高于匡衡，可相国也。”[5]匡衡是以经术名世的大臣，陈惠、李微则是黄门鼓吹的音乐人，史丹明确表示，匡衡在人才价值上优于陈、李，这是毋庸争辩的事实；同理，音乐并非国家政治所倚重的才能，它不值得被如此赞赏。专精的技艺，在对具体事物详细、深入了解和掌握的同时，被认为不免将视野框限在个别、狭小的范围里；而“道”作为世间的最高存在和普遍法则，涵括了具有各自特异规定性的万事万物。士既然以“志于道”为价值理想，他就应当努力突破局限，不把自己定位在成为专业技术性人才的目标，“非特为一才一艺而已”[6]。“形而上者谓之道，形而下者谓之器。”“君子不器。”《周易》《论语》中这些精警的教训，强化着习经之士对专门才艺和技能轻视的态度，他们也

---

1 汪荣宝疏曰：“言文章之有赋，犹书体之有虫书、刻符，为之者劳力甚多，而施于实用者甚寡，可以为小技，不可以为大道也。”（《法言义疏·吾子》，第46页。）

2 《后汉纪·献帝纪》，第518页。

3 《后汉书》卷六十下《蔡邕列传》，第1980页。

4 《历代名画记校笺》，第302页。

5 《汉书》卷八二《史丹传》及注，第3376—3377页。

6 《论语集注·为政》，《四书章句集注》，第57页。

因此养成了力求避免的自觉意识。窦融上疏曰："有子年十五，质性顽钝。臣融朝夕教导以经艺，不得令观天文，见谶记。诚欲令恭肃畏事，恂恂循道，不愿其有才能。"[1]正如鸿都学之被指斥为"小文""小技""小能""小才"，专业性技能经常被蔑称为"小""贱""鄙"，王充称巧习而能之事，"人不贵者也，小贱之能，非尊大之职"，"大道未足，而小伎过多"[2]。他又引用《论语》中孔子的现身说法，"吾不试，故艺"，"吾少也贱，故多能鄙事"，并得出结论曰："人之贱不用于大者，类多伎能。"[3]学习、掌握各种技艺，被看作是没有机会为国家所用、无缘任职为官的不得已。赵壹非难新兴艺术草书，是无益于政治、背离经术的小技艺，"草书之人，盖技艺之细耳"，正是承自传统的社会文化观念。"推斯言之，岂不细哉？夫务内者必阙外，志小者必忽大。俯而扪虱，不暇见天地。"如果能集中心思、精神钻研经术的大道至理，则"穷可以守身遗名，达可以尊主致平，以兹命世，永监后生，不亦渊乎？"[4]说到底，以通行的圣哲学说追求立德、立功、立言的名声不朽，才是值得士人们努力的人生方向。

艺术并非不可为，对于士大夫而言，适宜的方式乃是在闲暇时间里，以一种业余的态度来对待，就如蔡邕向汉灵帝所建议的："陛下即位之初，先涉经术，听政余日，观省篇章，聊以游意，当代博弈。"在经术前提之下，在政事之余，这种文艺观固然意味着对书画辞赋在价值上的看轻，但与此同时，实际上就将它们与经术、政事分离开来。既然文学艺术是与经术和政治不同的，属于在此之外从事的不那么崇高、庄重的活动和形式，那么，它们主要用来游意、娱心、悦目，得出这样的结论就是势所必至的了。书画辞赋被认为是低于经术、无助于政事的才能，对于文学艺术，这看起来是消极的，事实上却在顺应传统观念价值的现实条件下，有助于文学艺术独立性的发育。赵壹起意责难草书，缘由之一是对张芝书信之"近于矜伎"有所不满，但与蔡邕的立场一致，他对杜度、崔瑗、张芝整体上持肯定态度："夫杜、崔、张子，皆有超俗绝世之才，博学余暇，游手于

1 《后汉书》卷二三《窦融传》，第 807 页。
2 《论衡校释·量知》，第 552 页。
3 《论衡校释·自然》，第 785 页。
4 《全后汉文》卷八二《非草书》，《全上古三代秦汉三国六朝文》，第 916—917 页。

斯。后世慕焉，专用为务。”如果肯定他们闲暇生活中的业余所为，那么与其说赵壹反对草书，不如说他反对的是草书的专业化态度和方式，即“专用为务”。他强调字写得工拙好坏，主要取决于人的自然天性，恐怕也主要是源自这种不应专门致力的观念意识，“凡人各殊气血，异筋骨；心有疏密，手有巧拙。书之好丑，在心与手，可强为哉？若人颜有美恶，岂可学有相若耶？”[1]赵壹不止非难草书，其《刺世疾邪赋》情感激烈、文字热辣；与之不同，文人张超“善于草书”，却作赋讥诮蔡邕刻画美丽婢女的《青衣赋》“文则可嘉，志鄙意微”[2]，指责其有违君子的道德纲纪。因此，文人士大夫对草书的正反态度，并不能简单地被等同于他们文学艺术观念之保守与否。

徐干的看法角度稍有不同，“盛德之士，文艺必众”，在对文艺明确肯定的同时，他在《中论·艺纪》中表示了“兼行”的态度：“事者，有司之职也；道者，君子之业也。先王之贱艺者，盖贱有司也。君子兼之则贵也。”[3]才艺、技能，本来被视作“道”细碎、局部的表现，不过当士君子在明经善政的基础上，作为若干才学、才能之一，非专业地兼习并行，就避免了这种缺陷、不足，甚至成为值得赞许的。后来颜之推概括得更简明，他谈到书、画等艺事曰：“然可以兼明，不可以专业。”[4]这是对前述蔡邕、赵壹意见扼要的正面申述。在阐论中国书法“不仅反映而且同时也培育了文人阶层的社会同一性”这一观点时，雷德侯说道：“文人们通过开拓与发展书法的审美维度来增强其亲和力。……他们不仅使得精通书法成为跻身士林的必备素质，而且专断地主张写字作书即为艺术。这是支撑特定阶级同一性的一种方式。”[5]这自然是精辟之见，但其前提在于，在普遍学习之后，文人需要在其以士大夫为主体的复合性社会身份的语境下，能将这些技艺纳入“君子不器”的综合性价值系统中。

※※

清晰、自觉的阶层意识使“士”有一种趋向，就是在不断成长、扩大

---

1 《全后汉文》卷八二《非草书》，《全上古三代秦汉三国六朝文》，第916页。
2 《后汉书》卷八十下《文苑列传》，第2652页。《全汉赋校注》，第959页。
3 《建安七子集》，第284页。
4 《颜氏家训集解·杂艺》，第524—525页。
5 《万物：中国艺术中的模件化和规模生产》，第263页。

的过程中，将其阶层或集群的独特属性尽可能予以强化。更为丰富、活跃的生活方式，不同凡俗的人生趣味和审美格调，不仅标志了士人的阶层身份和特性，使他们的存在更具优越感，同时也是对于社会势力的一种抵抗，以保护其阶层和个体免于被政治权力所吞噬，不被社会平庸化，不被日常干枯化。

从经世致用所经历的困乏感中解脱出来，从对社会政治的关切和参与的单一性中解放出来，正视并设法开辟入仕从政之外的生活天地。换言之，当士阶层一方面自认为是当然的政治参与者，另一方面又对自身的政治有用性不断产生消极性认识的时候，他们意识到并进而开发出另一种创造力，在多元的、非社会化的生活领域中发展、满足自我。如此兴起的个体性闲逸生活，逐渐具有了丰富的内容和有意味的形式，在摆脱了社会政治的实际功用的同时，这种自我娱悦的生活变得艺术化起来。《后汉书·仲长统传》："每州郡命召，辄称疾不就。常以为凡游帝王者，欲以立身扬名耳，而名不常存，人生易灭，优游偃仰，可以自娱，欲卜居清旷，以乐其志。"其《乐志论》非常有代表性地表达了汉代士人闲逸生活的理想：

> 使居有良田广宅，背山临流，沟池环匝，竹木周布，场圃筑前，果园树后。舟车足以代步涉之艰，使令足以息四体之役。养亲有兼珍之膳，妻孥无苦身之劳。良朋萃止，则陈酒肴以娱之；嘉时吉日，则烹羔豚以奉之。蹰躇畦苑，游戏平林，濯清水，追凉风，钓游鲤，弋高鸿。讽于舞雩之下，咏归高堂之上。安神闺房，思老氏之玄虚；呼吸精和，求至人之仿佛。与达者数子，论道讲书，俯仰二仪，错综人物。弹《南风》之雅操，发清商之妙曲。消摇一世之上，睥睨天地之间。不受当时之责，永保性命之期。如是，则可以陵霄汉，出宇宙之外矣。岂羡夫入帝王之门哉！[1]

园林嬉戏、风景游观、琴书讽咏、论道讲书与酒食宴乐汇集在一起，在富足、安逸的前提下，这种混合着儒、道语汇的山水田园乐趣，综合体现了

---

1 《后汉书》卷四九《仲长统传》，第1644页。

张衡、曹氏兄弟与建安文人诗赋所描绘的现实与理想。

与后世相比，仲长统对山水田园生活的喜好，重点有所不同，“统之此文，局于‘可居’，尚是田园安隐之意多，景物流连之韵少”[1]。虽然就其精致、风雅来说，仲长统的表述与后来所能有的闲逸生活状态尚有距离，但士人特有的生活方式和趣味，其在汉末的发展，仍然是十分值得重视的。自由、适意的人生愉悦中，潜含着相当的诗意和美感，在日常生活、自然景观中的潜心体会和意象捕捉，训练、增强了人们的审美敏锐性；而这种审美经验和感受能力的积累，反过来，使得他们能够进一步深化、拓展对自然之美的发现，或赋予平凡的日常生活以诗意。生活空间的扩大，生活方式的丰富，不仅使得对自我的关注、探寻有了更多的可能性，而且使人的内在世界有了更宽裕、立体的发展余地。由此，士人的生活方式，整体来说，越来越呈现出与一般民众的农耕生活不同的风貌。而且，这也是文人文学能够自成一体的根柢之一，是文人形象得以显现并长期保持的重要基础。

1 《管锥编》(三)，第1644页。钱锺书论《乐志论》，引前人之说，视仲长统为富贵逸乐之人，异于饭疏饮水枕肱者。

第六章　汉代文人对文学的选择和探索

文学不是天然的存在物，这一种语言文字艺术在被人们不断造就的过程中，逐步呈现出其可能的形状、样貌。汉代是中国文学的观念和写作实践普遍成型的关键时期，经过成功、不成功的若干尝试、摸索，文学的范围、功用，被渐次清晰地认识到；而寻找到文学最适宜的题材对象、语言形式、表达机制，这是确立文学面貌、性质的关键所在。

汉代文人长期以来努力以诗文辞赋来实践经世致用的儒学理念，尤其是在四言诗、散体大赋和章表奏议的写作上。但在政荒主谬、意识形态持续瓦解的东汉后期，与逐步兴起的闲逸生活相表里，文人们的人生取向和作风在进行着调整。与之相应，文学的政教责任淡化，越来越普遍地被作为自我表达和抒情的形式，全面显示文人生活和精神独特性的文人文学逐渐发展起来。文学写作获得了发展的新机缘。

一、主动选择以文章成名

闲暇的人生更需要文化创造活动的填充。《抱朴子·重言》记载一位饱学的玄泊先生“终日弥夕，或无一言”，门人向他发问：“先生默然，小子胡述？且与庸夫无殊焉。”[1]在不仕的闲居生活中，没有官职爵禄、属吏役从、冠冕服饰等外在的标志物，一个人将如何证明自身的价值，显示出他不是庸碌无能之辈？如何才可以将自己与一般人群区分开来，不至泯然于众？东汉末，侯瑾“徙入山中，覃思著述。以莫知于世，故作《应宾

1 《抱朴子外篇校笺》（下），第 636 页。

难》以自寄”[1]。写作固然需要阶段性的安宁环境和心态，但却不能终其一生接受名声的湮灭不闻，故而文人会假设难问来先行自我慰喻、开解。王符隐居著书，“不欲章显其名，故号曰《潜夫论》”[2]。即使对于显性的世俗名号不甚在意，王符依然对立德、立功、立言的不朽事业心有戚戚，他在《潜夫论·叙录》中表示：“夫生于当世，贵能成大功，太上有立德，其下有立言。阘茸而不才，先器能当官，未尝服斯役，无所效其勋。中心时有感，援笔纪数文，字以缀愚情，财令不忽忘。”[3]既然不能或者不愿为官，而社会现象又时时触动、激发着自己，从事写作就不仅是才能之士间接参与社会批评和救治的方式，亦是出于自我宣泄的内在必然。

就写作之发生而言，在对诸子著述的缘起和行为进行描述时，史传等文献通常归结于作者现实政治参与的不得志，其著作事实上几乎等同于政治失败的产物或副产品。《史记·孟子荀卿列传》：“而孟轲乃述唐、虞、三代之德，是以所如者不合。退而与万章之徒序《诗》《书》，述仲尼之意，作《孟子》七篇。”[4]说到《虞氏春秋》的作者，司马迁认为：“然虞卿非穷愁，亦不能著书以自见于后世云。”[5]司马迁本人曾以《报任安书》痛切地表达了士人在丧失了政治功业的现实可能性之后，不得已以文章写作来求取社会名声和历史地位的激愤。对于士人来说，“立名者行之极也”，但是与参政为官相比，写作已是他们人生成就的最后机会，“所以隐忍苟活，函粪土之中而不辞者，恨私心有所不尽，鄙没世而文采不表于后也”[6]。与作为人生首选的仕事相比，以写作求不朽，由于是没有选择的选择，就未免带有几分在失败中退守的抑郁和逼迫感，以及为了抗衡这种现实失败而产生的焦虑和骄傲。

> 古者富贵而名摩灭，不可胜记，唯俶傥非常之人称焉。盖西伯拘

1 《后汉书》卷八十下《文苑列传》，第2649页。

2 《后汉书》卷四九《王符传》，第1630页。

3 《潜夫论笺校正》，第465页。

4 《史记》卷七四《孟子荀卿列传》，第2343页。卷末司马贞之“索隐述赞”则进一步将荀子、邹衍也纳入事功难成之列：“六国之末，战胜相雄。轲游齐、魏，其说不通。退而著述，称吾道穷。兰陵事楚，驺衍谈空。康庄虽列，莫见收功。”（《史记》，第2350页。）

5 《史记》卷七六《虞卿列传》，第2376页。

6 《汉书》卷六二《司马迁传》，第2727、2733页。

而演《周易》；仲尼厄而作《春秋》；屈原放逐，乃赋《离骚》；左丘失明，厥有《国语》；孙子髌脚，《兵法》修列；不韦迁蜀，世传《吕览》；韩非囚秦，《说难》、《孤愤》。《诗》三百篇，大氐贤圣发愤之所为作也。此人皆意有所郁结，不得通其道，故述往事，思来者。及如左丘明无目，孙子断足，终不可用，退论书策以舒其愤，思垂空文以自见。[1]

这段铺排式的人物举例对于经历坎坷、遭遇深创的司马迁来说一定具有深意，《报任安书》之外，他在《太史公自序》中以类似的文字再次表述了这一说法[2]。司马迁将著书立说者视作卓荦非常的人物，其中尤其赞赏那些在逆境中以著述来抗争命运的人。虽然如此，这种成就却始终带有人生末路的孤绝感和悲剧气息，它不是首发的人生选择，甚至都不能被视作主动的选择。“贾谊不左迁失志，则文彩不发”；“杨雄不贫，则不能作《玄言》”[3]。因人生失意退而著书自见于后世，这种将写作与社会政治境遇密切关联的看法，固然可以说是战国迄汉，甚至长期以来中国古代文化中的部分真实写照，但在一定程度上，也不妨认为是对与文章著述相关的观念价值的反映和建构，同时，这种关系联结和认定，反过来又对古代文学传统产生了塑造之功[4]。

以文章立身成名不仅被看作非常遭遇下的人生应对和补偿，而且先秦时代通常关联着一些重要的社会人物。不过，与司马迁慷慨、悲壮的叙述基调不同，汉代写作活动的发生及相关叙述越来越平和、淡然。“周公制礼乐，名垂而不灭；孔子作《春秋》，闻传而不绝。周公、孔子，难以论言。汉世文章之徒，陆贾、司马迁、刘子政、杨子云，其材能若奇，其称不由人。”[5]在周公、孔子声名超卓的经典性制作之后，汉代的写作者终归

1 《汉书》卷六二《司马迁传》，第2735页。

2 《史记》卷一三〇《太史公自序》，第3300页。

3 《新辑本桓谭新论·王霸》，第2页。

4 钱锺书《管锥编》：“马迁始以此专论文词之才，遂成惯论。撰述每出于侘傺困穷，抒情言志尤甚，汉以来之所共谈。”文中征引广博，莫不滥觞于马迁“《诗》三百篇大抵发愤所作”一语。至于“谓己之不遇正缘多才”“诗能穷人”等，不过是后来“穷士强颜自慰”而已。详参《管锥编》(三)，第1489—1495页。

5 《论衡校释·书解》，第1151页。

不可能再拥有那么崇高的文化地位。归于平常的人生活动，这并不会使王充感觉沮丧，因为他意识到，文人可以不借助于别人，不用依赖别的手段，单单通过自己的作品而留名后世，“其称不由人”“以业自显”，换言之，文人成名的方式是自由、个体化的，具有明显的自主性。“高士所贵，不与俗均，故其名称不与世同。身与草木俱朽，声与日月并彰，行与孔子比穷，文与杨雄为双，吾荣之。身通而知困，官大而德细，于彼为荣，于我为累。偶合容说，身尊体佚，百载之后，与物俱殁，名不流于一嗣，文不遗于一札，官虽倾仓，文德不丰，非吾所臧。德汪濊而渊懿，知滂沛而盈溢，笔泷漉而雨集，言溶（潏）瀄而泉出，富材羡知，贵行尊志，体列于一世，名传于千载，乃吾所谓异也。”[1]王充在《论衡·自纪》中宣称，与其获得现世的尊荣、富贵，不如在历史中赢得身后不朽的名声；基于道德、智慧的文章著述，乃是士人最适合、最值得的人生成就和选择。

《论衡·自纪》是汉代著述、写作历史中一篇重要的文献。在这篇相当于该书后序的传记性文章中，王充大致综合了秦汉书序的两种不同写法。《吕氏春秋·序意》《淮南鸿烈·要略》《法言·序》，以及后于《论衡》的《说文解字·叙》《潜夫论·叙录》等，这一类以自述作书之意为主，对书的写作缘起、旨意和篇章大略予以说明；另外也有些著作，如《释名》《汉纪》《风俗通义》，作者在序中仅只总叙撰作意图。还有一类书序，除了部次条别地逐卷述其作意，还顺便传述作者本人生平，如《史记·太史公自序》《汉书·叙传》的史传色彩尤其明显。王充《自纪》显然是《淮南鸿烈》一类书序与史传的结合体，既比较详细地自陈家世、生平，又就写作的缘起、意图，对一些相关问题进行解释。值得注意的是，与几乎所有书序只就书中内容予以提要式说明不同，《自纪》集中于《论衡》一书的若干外部话题，诸如语言雅俗、表达深浅、风格华实、篇幅大小、作者著作资格等方面，对这类不属于著作内容旨意，但与其成书紧密相关的写作问题进行了详细阐释。王充设想了人们的各种疑问、批评，试图预先为自己和自己的著作做出辩解。可以想见，东汉初的读者已经不只于单纯内容上的接受，即使对于说理著作，他们也开始在文字、风格等艺术水平和

1 《论衡校释·自纪》，第 1205 页。

表达方式上加以挑剔。这是一篇聚焦于王充及其写作活动的答疑与自辩。

作为偏重于写作活动的作者自传，与扬雄《自序》一样,《论衡·自纪》当之无愧是一篇汉代文人传记。“案古俊乂著作辞说，自用其业，自明于世。”[1]本来，借文章以“名传于千载”就是王充所推重的写作价值，当他在著作中直接自我传述，使书序等同于个人的史传，这就使得《论衡》事实上成为对不朽的“双重”追求和实践。为了免于被遗忘，凭借自己的文章才能、写作之便，汉代文人备述行事，自作传记性文章者不在少数，司马迁、班固之外，司马相如、东方朔、扬雄、冯衍、马融、郑玄诸人皆有“自叙”类作品，为史家程度不同地采撷、录载入本传[2]。

《汉书·扬雄传》的主体部分采自扬雄的《自序》[3]，下面这一段无疑是扬雄本人的自我描述：“为人简易佚荡，口吃不能剧谈，默而好深湛之思，清静亡为，少耆欲，不汲汲于富贵，不戚戚于贫贱，不修廉隅以徼名当世。家产不过十金，乏无儋石之储，晏如也。”[4]强调自己生性、为人的超脱、淡泊、不慕荣利。这种人物描述十分多见，无论源自本人自叙，抑或出自史家传写，两汉文人整体而言，表现出一种与士大夫通常的仕宦态度所不同的淡静，对入仕或升迁既不拒斥，更不刻意营求。司马相如“仕宦，未尝肯与公卿国家之事，常称疾闲居，不慕官爵”[5]。扬雄“三世不徙官”“恬于势利乃如是”[6]。王充“仕数不耦，而徒著书自纪”[7]。班固“专笃志于博学，以著述为业。或讥以无功”[8]。崔骃善属文，“常以典籍为业，未遑

1 《论衡校释·书解》，第 1151 页。

2 《管锥编》(一)，第 574—575 页。杨树达推论，汉世续撰《史记》者多，刘向、歆父子“于其先世必有记述”，班固《汉书·楚元王传》很可能即承用其文；韦孟及韦玄成传，大约也本乎韦氏后人之辞；冯奉世传，承用自其曾孙冯衍《自序》。参见《汉书窥管》卷四，第 286 页；卷八，第 573 页；卷八，第 615 页。

3 《汉书》卷八七下《扬雄传》赞曰：“雄之自序云尔。”第 3583 页。颜师古注谓：“自《法言》目之前，皆是雄本自序之文也。”杨树达非其说：“李详云：《法言序目》亦雄《自序》原文。《自序》本放史公而作,《史记自序》入《史记》诸篇序目，故雄亦效之。”(《汉书窥管》卷九，第 679 页。)

4 《汉书》卷八七上《扬雄传》，第 3514 页。

5 《汉书》卷五七下《司马相如传》，第 2589 页。

6 《汉书》卷八七下《扬雄传》，第 3583 页。

7 《论衡校释·自纪》，第 1204 页。

8 《汉书》卷一〇〇上《叙传》，第 4225 页。

仕进之事。时人或讥其太玄静"[1]。张衡"常从容淡静""不慕当世，所居之官，辄积年不徙"[2]。这些著名文人在仕途上基本取顺应态度，同时又对文章写作保持着显而易见的热爱、积极和坚持。如果在功名与文章之间必须要有所选择，扬雄在《解嘲》中表示"默然独守吾《太玄》"[3]，班固《答宾戏》要"密尔自娱于斯文"[4]。张衡在《应间》中自认无能于立德、立功，唯欲立言而已；《思玄赋》再次明确了其人生去取："文章焕以粲烂兮，美纷纭以从风。御六艺之珍驾兮，游道德之平林。结典籍而为罟兮，驱儒、墨而为禽。玩阴阳之变化兮，咏《雅》《颂》之徽音。嘉曾氏之《归耕》兮，慕历陵之钦崟。"[5]致力于典籍、文章著述，张衡表示，甘愿为此过着清贫、淡泊的生活。

实际上，无论是《答客难》《解嘲》《答宾戏》《应间》这类设论文，还是刘歆《遂初》、班彪《北征》、冯衍《显志》、张衡《思玄》等抒情性强的述行序志赋，这些文章的产生几乎基于作者类似的政治遭遇和体验，仕运蹭蹬、仕途困顿，在主流社会价值中不免被认为身穷志沮。善于文章之士共同的人生经历和感受，成为他们叙述遭际、抒发情志的写作背景和动因，甚而累积为类型化的主题。在个体无力把控的政治困境下，秉承"既明且哲"的前贤训诫，当作者以文章来宣寄情志，都会在表白自己仕不为禄、不以官职升迁为目标的同时，无例外地主张安贫乐道、清净恬淡的人生哲学，这既是对失意中的自我的维护，也是他们向别的人生方向转换的思想基础和依据。既然在政治事功中不能得志，既然赢取不到俗世的利禄荣华，他们便不妨放下这些追逐，转向所擅长的学术与写作以安顿自己。"夫子固穷，游艺文兮。乐以忘忧，惟圣贤兮"[6]，不但有孔子退而从事的圣贤榜样，著述这一行为天然具有的内心宣泄和精神抚慰，以及文章所造就的社会声誉，尤其是当它还可以带来历史上不朽的名声，这一切显然给予他们充分的现实鼓励和精神满足，使得他们确信这是最终可以从中寻

1 《后汉书》卷五二《崔骃列传》，第 1708 页。
2 《后汉书》卷五九《张衡列传》，第 1898 页。
3 《汉书》卷八七下《扬雄传》，第 3573 页。
4 《汉书》卷一〇〇上《叙传》，第 4231 页。
5 《后汉书》卷五九《张衡列传》，第 1908、1937—1938 页。
6 班彪《北征赋》，《文选》卷九，第 144 页。

求寄托的人生活动。

如上所述，扬雄、班固、张衡等著名文人性情往往比较恬淡，对功名不十分热衷，同时对退守、自藏的道家人生哲学有自觉的认识和汲取。天性“恬于势利”，再经过学理上的强化，使得他们对现实政治参与很容易持无可无不可的态度，与其在吉凶倚伏中争名夺利，不如在清寂的写作中“保身遗名”。就《汉书》本传所采录部分而言，扬雄《自序》除了介绍自己的为人，几乎全为文章著述方面的详细记叙，很少述及仕宦经历。班固称其“实好古而乐道，其意欲求文章成名于后世”，他本人对此也确实持有强烈的自信，面对别人的质疑，他在《解难》中宣称：“是以声之眇者不可同于众人之耳，形之美者不可棍于世俗之目，辞之衍者不可齐于庸人之听。”[1]扬雄所呈现的这个自我形象，可以说是他希望历史接受并记住的形象。说到底，文人们还是可以别有作为的。虽然他们也顺应社会常规，像绝大多数士人一样以入仕从政为人生的必要经历，但比起来，文章写作是更加合乎其天性，为他们所喜爱，也为他们所擅长的事情。所以，如果不能自然而然地在仕途中升进，与其去积极谋求，他们宁可接受现状，尽管沉滞下僚的局面免不了会令他们感觉有几分难堪，但这不是心理上不能克服的。以文章成名，即使这种成功之感在社会中尚是有限的，但对文章写作非同一般的热情，对自己才能的巨大自信，以及对历史中“立言”事迹的耳熟能详，都足以给他们坚实的支持。

因此，几乎所有文人在向写作倾斜的时候，都伴随着他们对仕途蹉跎的接受和淡然于仕进的声称；史传中的若干事例都呈现着，写作的现实发生与文人政治退守行为之间的关联。《论衡·对作》：“故夫贤人之在世也，进则尽忠宣化，以明朝廷；退则称论贬说，以觉失俗。”[2]入仕为官就宣扬教化，显扬朝廷的恩德；不仕就著书、发表言论，评论社会风气和是非。《文心雕龙·程器》：“穷则独善以垂文，达则奉时以骋绩。”[3]虽然惯常的说法还会把写作当作政治参与失败而来的行为模式，但是在东汉中后期士人的仕进热情消退、政治疏离姿态明显的社会背景上，能文之士已经开始

1 《汉书》卷八七下《扬雄传》，第3583、3578页。
2 《论衡校释·对作》，第1178页。
3 《文心雕龙注释》，第526页。

显示出将文章写作作为明智、可靠的人生选择的趋势，一些天性恬淡的文人，甚至主动视之为自己最重要的人生活动。张衡在《应间》中声称："人各有能，因艺授任"，既然"进不能参名于二立"[1]，立德、立功之外，他更愿意根据自己的才能而立言，对他来说，事功已不再意味着当然的、首要的人生选择。人非不欲兼擅，但现实中大多难以诸材尽备，史家注意到韦玄成父子、张敞祖孙才能各不相继："玄成为相七年，守正持重不及父贤，而文采过之。"[2] 即使祖父是有"任治烦乱"之称的能吏张敞，张竦也不过"博学文雅过于敞，然政事不及也"[3]。三不朽这一综合性的人生理想，更多地保留为完满的价值追求，对于现实中的士人来说，在才之所能的方面寻求自我实现，才是可行的[4]。

总之，文人大多仕事不济，官秩低卑，与之相关，他们所表现或宣称的对仕事不甚热衷，无论出于主动还是被动，入仕为政上的淡化态度，都是与文学的发展相伴生的明显现象。一方面，这固然在相当程度上是由于文人们常常缺乏政治实才；另一方面，只有相对疏离于行政职事担负，或者至少处于较为闲散的职任，有写作之好、写作之能的文人，方才有充分的时间保障，只有脱出来自仕业的责任压力和官场拘束，他们才有向文学领域倾注精力的余裕。

二、写作是一项需要花费时间、精力的专门活动

对于具有文章爱好和能力的一般士大夫来说，写作最常见的态度和方式，乃是被作为仕事之余、之外的人生补充，一种文雅的消遣、方便的排解。而对于扬雄、王充、班固、张衡这样一些善属文之士，文章写作不仅是当下的热爱和满足，更是他们的人生寄托和最可靠的价值实现方式，甚至还要借此以成就历史名声，如此一来，他们必然会把它当成一项郑重的事业而勠力从事。

---

1 《后汉书》卷五九《张衡列传》，第 1908 页。

2 《汉书》卷七三《韦玄成传》，第 3115 页。

3 《汉书》卷七六《张敞传》，第 3226 页。

4 堂谿典《开母庙石阙叙》："于惟我君，明允广渊。学兼游夏，德配臧文。殁而不朽，实有立言。"（《上古三代秦汉三国六朝文》，第 795 页。）

汉代著名的文人在文学创作中常常倾注了极大的心血，付出了坚执的努力。《西京杂记》载，司马相如作《上林赋》《子虚赋》，“意思萧散，不复与外事相关”“忽然如睡，焕然而兴，几百日而后成”[1]。《新论》记载扬雄之语：“每上甘泉，诏使作赋，一首始成，卒暴倦卧，梦五藏出地，以手收内之，及觉，大少气，病一年。”桓谭还自述：“余少时见扬子云丽文高论，不自量年少新进，猥欲逮及，尝激一事而作小赋，用精思太剧，而立感动致疾病。”他因而总结说：“由此言之，尽思虑，伤精神也。”[2]这些有关司马相如、扬雄的说法或许不免夸张，还带些神秘色彩，但赋，尤其是大赋的创作，是项艰辛的脑力，甚至体力劳动，却是不言而喻的。这类写作时常为期较长，张衡作《二京赋》，谢绝辟举为官，长期专心致志于此，“精思傅会，十年乃成”[3]。文章写作倘若不只是作为闲散的游戏和风雅的点缀，是需要耗费精力、心血、时间来专门从事、刻苦经营的。赋家的努力除了表明其对文学之事的珍重，对作品完美性的追求，还意味着写作有必要，也有可能发展成一项专门学问和技能。

写作必然要有精力、时间的投入，对于士大夫来说，这与他们的政务工作不能不形成一定的冲突。有人问桓谭为什么不作赋颂，他回答：“久为大司空掾，见使兼领众事，典定大议，汲汲不暇，以夜继昼，安能复作赋颂耶？”[4]日常政事繁忙，以至没有闲暇时间和心情来从事写作。王充也自道其州郡职事与写作之两相妨碍：“后入为治中，材小任大，职在刺割，笔札之思，历年寝废。”[5]蔡邕上书自陈罪徙边塞后，因值守烽燧而无心写作的情状：“臣既到徙所，乘塞守烽，职在候望，忧怖焦灼，无心能复操笔成草，致章阙廷。”[6]《论衡·书解》将有关社会看法总结为“著作者，思虑闲也”，这种观点相当有普遍性：“居不幽，思不至。使著作之人，总众事之凡，典国境之职，汲汲忙忙，或（何）暇著作？……文王日昃不暇

---

1 《西京杂记》卷二，第 19 页。

2 《新辑本桓谭新论·道赋》，第 52 页。

3 《后汉书》卷五九《张衡列传》，第 1897 页。

4 《新辑本桓谭新论·闵友》，第 62 页。

5 《论衡校释·自纪》，第 1207—1208 页。

6 《后汉书》卷六十下《蔡邕列传》注引《邕别传》，第 2004 页。“候望”之为边塞戍卒、吏员日常职守之一，居延、敦煌汉代简牍中常可见“甚苦候望事”的叙述。

食，周公一沐三握发，何暇优游为丽美之文于笔札？孔子作《春秋》，不用于周也；司马长卿不预公卿之事，故能作《子虚》之赋；杨子云存中郎之官，故能成《太玄经》，就《法言》。使孔子得王，《春秋》不作；长卿、子云为相，《赋》《玄》不工籍。”文章写作需要安闲的心思和时间，这不单是为史事所一再证实了的现象，社会一般舆论业已认识到：“凡作者精思已极，居位不能领职。盖人思有所倚着，则精有所尽索。著作之人，书言通奇，其材已极，其知已罢。案古作书者，多位布散槃解；辅倾宁危，非著作之人所能为也。”[1]即是说，文章写作是与居官任职、行政管理不同的活动，文人不一定具备后者所要求的实际才干；不仅才能有别，人的精力也有限，常常难以兼顾政事和文章。这在承认了文学活动需要专门的才能和技巧的同时，还意味着，它需要相对集中的注意力和有保障的自由时间。

前述文人们对事功追求的淡化和舍弃，不能不说，对文学的发展是充分必要的，因为客观上，立功与立言毕竟是不同的人生领域，需要不同的才能和实现方式，也各自需要相应的精力和时间，不容易兼顾或并行。“夫有长于彼，安能不短于此？深于作文，安能不浅于政治？”[2]“昼长则宵短，日南则景北。天且不堪兼，况以人该之。”[3]人各有能，事不并济，这些说法表明，人们愈来愈有意识地将文章写作与为官任职区分对待。

事实上，文章著述大多也的确发生在去职、不仕的人生状态中。《汉书·董仲舒传》：“及去位归居，终不问家产业，以修学著书为事。”“仲舒所著，皆明经术之意，及上疏条教，凡百二十三篇。而说《春秋》事得失，《闻举》、《玉杯》、《蕃露》、《清明》、《竹林》之属，复数十篇，十余万言。”[4]薛方不应王莽征召，“居家以经教授，喜属文，著诗赋数十篇”[5]。扬雄在《答刘歆书》中讲述，他任郎官时，上疏自称“少不得学，而心好沈博绝丽之文，愿不受三岁之奉，且休脱直事之徭，得肆心广意，以自克

1 《论衡校释·书解》，第1152、1154—1155页。
2 《论衡校释·书解》，第1155页。
3 《后汉书》卷五九《张衡列传》，第1903页。
4 《汉书》卷五六《董仲舒传》，第2525—2526页。
5 《汉书》卷七二《王贡两龚鲍传》，第3096页。

就。有诏可，不夺奉，令尚书赐笔墨钱六万，得观书于石室”[1]。因为成帝喜欢他的诗赋，遂带薪脱产，如愿以偿地在皇家藏书处读书三年，并习练写作技能。

东汉以来，士人在不仕、拒仕之后专事写作的事例更其多见。两汉之际，周党“隐居黾池，著书上下篇而终”[2]。“梁鸿常闭户吟咏书记，遂潜思著书十余篇。”[3]梁竦受政事牵连，遂“闭门自养，以经籍自娱，著书数篇，名曰《七序》”[4]。文章既是士人在不仕的境况里便当易行的遣兴、寄托方式，而这种“闭门”潜隐的生活状态，也最便于他们全身心地投入写作。唐羌、唐檀弃官后先后著有《唐子》。南海献龙眼、荔枝诸生鲜，唐羌因此举劳民伤财而上书谏和帝，“章报，羌即弃官还家，不应征召，著《唐子》三十余篇”[5]。唐檀“因上便宜三事，陈其咎征。书奏，弃官去。著书二十八篇，名为《唐子》”[6]。对官职、政务的舍弃，以及因此而来的放松的精神、自由的时间，这一切虽然不会是著述最内在的动力，却毕竟是不可或缺的保障条件。荀爽“后遭党锢，隐于海上，又南遁汉滨，积十余年，以著述为事，遂称为硕儒”。他长期集中精力于著述，成果相当可观，“著《礼》、《易传》、《诗传》、《尚书正经》、《春秋条例》，又集汉事成败可为鉴戒者，谓之《汉语》。又作《公羊问》及《辩谶》，并它所论叙，题为《新书》。凡百余篇”[7]。其侄子荀悦著述也颇丰，先后有《申鉴》五篇、《汉纪》三十篇，以及《崇德》《正论》及诸论数十篇。荀悦“志在献替”，虽然不像叔父荀爽一样不得已隐遁，但在史家的记述中，他要么“清虚沈静，善于著述”[8]，要么“性沈静”“尤好著述”，在“士多退身穷处”的汉末“托疾隐居，时人莫之识”[9]，如此性情和生活方式，以及他后来任职秘书监[10]，都对

1 《扬雄集校注》，第264页。
2 《后汉书》卷八三《逸民列传·周党传》，第2762页。
3 《东观汉记校注》卷十八，第863页。
4 《后汉书》卷二四《梁竦传》，第1171页。
5 《后汉书》卷四《和帝纪》注引《谢承书》，第194—195页。
6 《后汉书》卷八二下《方术列传·唐檀传》，第2729页。
7 《后汉书》卷六二《荀爽传》，第2056—2057页。
8 《八家后汉书辑注·张璠后汉纪》(修订本)，第721页。
9 《后汉书》卷六二《荀悦传》，第2058页。
10 《东观汉记校注》卷三《桓帝纪》:“初置秘书监，掌典图书，古今文字，考合异同。”(《东观汉记校注》，第126页。)

其著述具有支持性。

《论衡·书解》中曾有“居不幽，思不至”的说法，那些规模较大、篇卷较繁的著述，尤多产生于清寂的“闲居”，或者与世相对隔绝的“潜闭”、隐居状态中。王充“乃闭门潜思，绝庆吊之礼，户牖墙壁各置刀笔。著《论衡》八十五篇，二十余万言”[1]。“充升擢在位之时，众人蚁附；废退穷居，旧故叛去。志俗人之寡恩，故闲居作《讥俗》《节义》十二篇。”[2]王符“乃隐居著书三十余篇，以讥当时失得，不欲章显其名，故号曰《潜夫论》”[3]。如前所述，这种“号曰潜夫”的“隐居著书”，很难理解为真正的隐姓埋名；汉末侯瑾的举动，更明显地曝露了写作者之于名声、社会存在感的复杂态度。侯瑾称疾不应征召，“作《矫世论》以讥切当时。而徙入山中，覃思著述”，先后为《皇德传》三十篇、杂文数十篇[4]。隐遁山中以潜心写作，不过侯瑾并不想因而切断与社会的舆论联系，“以莫知于世，故作《应宾难》以自寄”，他固然把与社会现实保持一定距离，视作不受干扰、安心著述的必要条件，但在对社会有所抗拒、批评的同时，他看起来又不免因担心被世人遗忘而预做辩解。这是文人时常会面临的境遇。

虽然这些人当初闭门写作的动机并不一律，但是当他们或主动或被动地疏离于社会政治职事，甚至索性不仕，由此而来的时间和精神上较多的闲暇，无疑为他们致力于写作提供了保障，尤其是当写作规模较大时，就更需要可自由支配的充裕的私人时间。不过东汉晚期以来，随着诗文辞赋向短小篇什上归结，写作发生得越来越日常化，文学在私人生活中就更普遍易行了。

三、汉赋所体现的帝国美学

汉代赋颂为史家所乐载，在史家眼里，这类作品几乎与章表奏疏一样具有社会意义和历史影响。见于史传的赋，尤其是大赋，其写作缘由、内

1 《后汉书》卷四九《王充传》，第1629页。
2 《论衡校释·自纪》，第1192页。
3 《后汉书》卷四九《王符传》，第1630页。
4 《后汉书》卷八十下《文苑列传·侯瑾传》，第2649页。

容素材、主旨取向，大都事关政治、朝廷和上层人物。“若司马相如、吾丘寿王、东方朔、枚皋、王褒、刘向之属，朝夕论思，日月献纳”，《两都赋序》说到的这些经常性写作的“言语侍从之臣”，他们的作品被当作皇帝映象和国家意志的公开表达，或者被纳入官方仪典、宫廷娱乐活动。司马相如的大赋确乎具有明显的帝国化内容和情绪，它们以天子华贵、壮观的生活景象为描写中心，以天子无以复加的“巨丽”为表现基调。此外，严助随侍武帝，“有奇异，辄使为文，及作赋颂数十篇”[1]；枚皋，“上有所感，辄使赋之”[2]，这些赋颂作为陪侍武帝的直接产物，为了满足皇帝的个人欲望而对事物尽可能加以描摹与形容。西汉后半期的赋家王褒、刘向、扬雄等，他们的主要作品也都带着帝国的意识形态和帝王生活的烙印。东汉前期，随着文人与政权关系的更加体制化，以及社会中经术儒雅作风的深入，文人虽然很少被要求诙笑谐谑地以赋作娱乐皇帝，但“或以抒下情而通讽谕，或以宣上德而尽忠孝”，班固所主张的，不过是以“雍容揄扬”的风格继续把皇帝作为文学的主题和中心。对于杜笃、班固、崔骃、贾逵、傅毅等人来说，其大部分赋颂之作的目标读者，都仍然无外乎是皇帝；而最高权力者的欣赏、肯定，往往直接决定着作品的产生和传播，影响着作者声誉的进一步扩大。

东汉中期之前，以汉代最为流行的赋作而论，无论主动撰作，还是奉诏行事；无论风格庄重雅正，还是诙谐调笑；无论讽谕劝谏，还是颂美宣德；无论用来娱悦君主、权贵，还是邀取社会声誉，文人写作的出发点和预期读者目标常常针对着社会政治上层。本来，在早期文明中，文字的学习、使用、保存都意味着权力、地位。铸之于青铜盘盂，永保用之；书之于史籍典册，立言不朽，只有社会地位高的人物的言语、行事，方才有可能被记载、保存，借助文字流传下来。甲骨卜辞、钟鼎铭文、《尚书》诰命之外，对《诗经》历史主义的诗学阐释，常常也是与周之文武、幽厉，以及周公、尹吉甫等重要政治人物发生关联，把诗解释为因他们而产生，甚至就是他们的制作。可以说，文字的传统主要是由上而下发生影响的。汉赋，就其主要形式而言，大致可以说是一种社会中上阶层的写作体式，

1 《汉书》卷六四上《严助传》，第 2789—2790 页。
2 《汉书》卷五一《枚皋传》，第 2367 页。

不仅因为这一体式对知识、文字门槛的要求高，而且在素材、内容上，除了文人的述行言志之类作品，社会中名声显赫的赋作大都是在对皇帝诸侯的活动及环境的描述中展开。

不只是以皇帝为作品的核心，汉赋还集中体现着帝国的美学观念和理想。秦汉以来，在具有开创性的现世功业的激励下，新兴的大一统专制政权对于时间恒久、空间广阔颇予体认。秦朝大臣廷议帝号曰："今陛下兴义兵，诛残贼，平定天下，海内为郡县，法令由一统，自上古以来未尝有，五帝所不及。"秦始皇自己声称："朕为始皇帝。后世以计数，二世三世至于万世，传之无穷。"[1]其琅邪台刻石之辞曰："六合之内，皇帝之土。西涉流沙，南尽北户。东有东海，北过大夏。人迹所至，无不臣者。功盖五帝，泽及牛马。"[2]在对暴秦革命之后，汉代君臣以对秦皇罪重德薄的激烈舆论声讨，自认为清算了亡秦的倒行逆施，自然就更有信心屹立于世。"德侔往初，功无与二。""盖世必有非常之人，然后有非常之事；有非常之事，然后有非常之功。非常者，固常人之所异也。"[3]"夫大汉之开元也，奋布衣以登皇位，由数期而创万代，盖六籍所不能谈，前圣靡得言焉。"[4]崭新的制度，前所未有的时势，针对前代弊端自觉地改弦更张而来的进步意识，所有这一切都会予人以非同寻常的时代感受，进而由衷产生一种自豪感，并相信汉代国家政权及其代表者皇帝，具有独步历史的声威和压倒一切的力量，故此应当在外部形式上也有相应的体现。《礼记·礼器》："有以大为贵者：宫室之量，器皿之度，棺椁之厚，丘封之大，此以大为贵也。"[5]因此，丞相萧何营作未央宫，壮观无比，他对汉高祖说："且夫天子以四海为家，非壮丽无以重威，且无令后世有以加也。"[6]公孙弘"常称以为人主病不广大，人臣病不俭节"[7]。《西京赋》也拟想西汉立场曰："方今圣上，同天号于帝皇，掩四海而为家。富有之业，莫我大也。徒恨不能以靡

1 《史记》卷六《秦始皇本纪》，第236页。
2 《史记》卷六《秦始皇本纪》，第245页。
3 《史记》卷一一七《司马相如列传》，第3067、3050页。
4 《东都赋》，《文选》卷一，第30页。
5 《礼记集解》卷二三《礼器》，第637页。
6 《史记》卷八《高祖本纪》，第386页。
7 《汉书》卷五八《公孙弘传》，第2619页。

丽为国华，独俭啬以龌龊。”[1]总之，极尽所能的盛大、壮丽、华奢，才是与汉帝国和皇帝匹配，并足以彰显其威势和尊贵的质性[2]。《西都赋》：“图皇基于亿载，度宏规而大起。肇自高而终平，世增饰以崇丽；历十二之延祚，故穷泰而极侈。”[3]赋中充斥着表示极致性程度的词汇，洋溢着自豪、自信的社会情绪。“神灵扶其栋宇，历千载而弥坚。永安宁以祉福，长与大汉而久存。实至尊之所御，保延寿而宜子孙。”[4]甚至到了大厦将倾的汉末，年轻的王延寿还在《鲁灵光殿赋》中表达神灵庇佑下大汉千载永安的祈愿。

希望人生以及人生中的福祉、欢乐是无尽头的，这也是一般民众的普遍向往，汉代镜铭中不断重复类似的语句：“与天相寿，与地相长，富贵无极，长乐未央。”“与天毋极如日光，千秋万岁乐未央。”[5]阴阳五行轮廓下的宇宙观，再结合以天人关系、谶纬数术等学说和知识，这种富有特色的汉代思潮在确立自然和社会的构架及秩序法则的同时，也造就了趋向广大、扩张的思维意识。与这种上下一体的社会心理相应，汉代，尤其自国力强盛的武帝朝以来，与帝国力图显示的煊赫声威和繁荣气象相表里[6]，宏大、繁盛、华美就成为展现皇帝形象和国家意志的美学基调，这一基调反映在汉赋语言艺术上，集中表现为扬雄所谓的“必推类而言，极丽靡之辞，闳侈巨衍，竞于使人不能加”[7]。具体来说，就是大赋作者在对物类百科全书式的全面罗列和不厌其烦的描摹中，通过繁复的铺陈和华丽的语言使用，并尽可能将这些手法推至极端，造成一种夺人耳目、登峰造极的“巨

1 《文选》卷二，第 50 页。

2 文帝时，宦者中行说因不满汉廷而降匈奴单于，并因此报复性地刻意辱没汉朝：“汉遗单于书，牍以尺一寸，辞曰‘皇帝敬问匈奴大单于无恙’，所遗物及言语云云。中行说令单于遗汉书以尺二寸牍，及印封皆令广大长，倨傲其辞曰‘天地所生日月所置匈奴大单于敬问汉皇帝无恙’，所以遗物言语亦云云。”（《史记》卷一〇一《匈奴列传》，第 2899 页。）在回复汉皇帝的书牍、印封、言辞等若干方面，中行说故意让匈奴单于都针锋相对地更加“广大长”，在自我夸耀的同时灭汉朝的威风，正是出于此等心理。

3 《文选》卷一，第 23 页。

4 《文选》卷一一《鲁灵光殿赋》，第 172 页。

5 《汉镜铭文图集》（上册），第 96、255 页。

6 《汉书》卷六一《李广利传》记载武帝时：“是时，上方数巡狩海上，乃悉从外国客，大都多人则过之，散财帛赏赐，厚具饶给之，以览视汉富厚焉。……行赏赐，酒池肉林，令外国客遍观各仓库府臧之积，欲以见汉广大，倾骇之。”（《汉书》，第 2697 页。）

7 《汉书》卷八七下《扬雄传》，第 3575 页。

丽”效果，在令人惊叹中，唤起阅读者的崇仰之情。尽管这种实践了帝国美学的文字艺术，很容易在堆砌中，流于呆板、滞重，但正是汉大赋这种穷形尽相的铺陈描写、无以复加的繁丽言辞，使得这种缺乏社会实际功效而又“侈丽闳衍”的文体，以其醒目的特征和夸张、强烈的阅读效果，被充分注意到，并因而带动了对其他文章类别的关注和意识，进一步使文学得以整体上与其他文化门类区别开来。

与此同时，文人士大夫的写作在观念意识上愈来愈趋整齐。随着官方与民间教育逐步统一于经术，国家政权在人才选用、言事议政中以经义为指导原则和衡量标准，士人思想、行为的意识形态化势在必然。班固批评屈原《离骚》“皆非法度之政，经义所载”[1]，批评《史记》“是非颇缪于圣人”[2]，又在《典引序》中评骘司马迁、司马相如、扬雄的为人和作品，表示“缘事断谊，动有规矩”[3]，典型地反映了意识形态建设下汉代思想文化规范化的趋势。在普遍趋同的社会思维下，士人们的精神世界越来越整齐、统一，诗赋自然也趋于表现一般性的或者被公开的价值原则认可的事物和情感。出自《诗经》学者韦玄成之手的《自劾诗》《戒子孙诗》[4]，在西汉为数有限的诗作中具有代表性，诗人的自我劾责和对子孙的训诫，表现了合乎经典教义的道德约束和行为抑制。孔臧《杨柳赋》在描述“朋友同好”的宴饮时写道：“各陈厥志，考以先王。赏恭罚慢，事有纪纲。……饮不至醉，乐不及荒。威仪抑抑，动合典章。”[5]文人士大夫在诗赋中所极力呈现的，与其说是自己独特的生活，不如说是他们生活中相当社会化的方面。或者说，他们更像是要用诗赋来验证，或者强化其思想情感中那些打上了经典烙印的普遍共通的性质。

文学的内容、主题和着眼点，并非简单地取决于写作者的语言艺术能力，从根本上来说，是由写作的目的和观念所决定。以汉大赋为例，如果文学的功能在于讽谏、颂美，在于宣扬政治教化，维护社会意识形态，那么赋家所设定的标准和努力的方向必定首先是，恪守严正的政治规范和普

1 《离骚序》，《楚辞补注》，第 49—50 页。
2 《汉书》卷六二《司马迁传》，第 2737—2738 页。
3 《文选》卷四八，第 682 页。
4 《汉书》卷七三《韦玄成传》，第 3110—3114 页。
5 《孔丛子校释 · 连丛子上》，第 449 页。

遍的道德原则，合乎社会正统的、公共性的价值；其所着力表现的，也更可能是事物常规性的、人们概念中应该如此的样子，而非其在某一特定时空中具体的、个性化的状态。概而言之，主题性的文学为了最大程度地契合主流价值，通常呈现时代的一般意义和理念，很容易蜕化成社会的公共符号。

四、尝试触摸到语言表现力的边际

文学从来不是现成之物，诗文赋颂不是天然地采取或自动地形成了某种样式，以供文人选用。对于后来被称作“文”或者“文学”的写作形态，人们需得采用若干组合、搭配，以及对某一方面的强化和新因素的随时介入，使各种成分融会、生长为一个有机体，并在不断的尝试、反馈中积累起经验，经过反复调适，完善成适当的形式。文学也绝非预设的，尤其是在文学的早期阶段，它是很多个人无组织地、无秩序地自发摸索、创造的结果，他们甚至很难说会有一种预想的、先定的成品模式。与后来的文学样式相比，汉代文人对赋几乎没有什么自觉的主动干预，因为在汉代，人们还没有获得后来熟稔的那种对“文学”清晰的整体感知和理解，也缺乏足够丰富的文体知识和写作经验，自然不可能基于后世才总结、概括出的文学普遍特性，去先验地设想某一文体当然的模式。

就对赋的认识而言，汉代人基本缺乏全面省察的自觉意识。从一开始，他们就没有表现出对这一新体式足够的敏感性，即使后来赋流行为有汉之一代文体，他们也不曾对其特性进行系统性总结，并确立相对稳定的体制界限。这一方面与汉代文体意识发育不充分有关，另一方面则无疑是文学整体观念尚未建构起来的结果。尽管章学诚声称“后世之文其体皆备于战国”[1]，但是这种基于文学史的后见之明而来的追溯性看法，对于汉代人来说，乃是隐而不彰的。除了《诗经》《楚辞》这些前代经典所代表的诗歌形式，文学史上大多数的文章样式即或萌芽，此时也并未显示出清晰、完整的样态，更不曾自动组构成一个范围明确的门类，以其集约、共通的

1 《文史通义校注·诗教上》，第72—73页。

性质，向他们传递文学、文章的观念。在文体各自萌蘖、成长，写作样式彼此散发、分立而未能有效集合的情形下，人们的文学意识往往局限于具体的个别作品，或者至多是一组具有相似性的作品，因而难免是孤立、片段的。如果不能从整体上把握“文学”的特质，就难以归纳出写作的理想状态，也自然不容易确定文本应当呈现的根本价值和特性是什么，无法预知写作应当往什么方向发展，作者应当在何处用力、加强或避免什么，诸如此类。在现实的创作中，他们只能依据当时的需要和可能，在文体自身已有惯性的带动下，加入自己喜爱并擅长或者社会约定俗成的因素，组合成一篇篇具体的作品。继《诗经》以行讽谏、颂美，固然是一条相较明晰的路径，但在《诗经》高度经典化之后，这不仅成为一项难以达成的崇高目标，而且也不可能给予政治地位有限的文人以现实的情绪满足。秦汉以来，新兴的大一统中央集权政治及其相关的社会组织结构、意识形态、思想文化，无疑使士人们产生与以往相当不同的时代感受。与以口头语言为主要表达媒介的先秦时期相比，对于汉代文人来说，单是要以较多精力和时间致力于书面写作，就已经是今昔不同的了；更何况还要在这个崭新的制度、社会中，着手一些因应时代的主题、样式的文章。以赋为代表的汉代文学，是新的社会文化体系内的产物，很难说有多少可以直接参照的现成样本，可供文人借鉴的既有经验实在有限。他们如果不满足于只是重复《诗经》《楚辞》，就不得不自行尝试，逐步探索出一条不断向前演进的文学自觉之路。

文章写作不能不借助于对语言的技术性应用。战国时代，在社会失序、动荡之中，百家异说，言语腾涌，社会中语词量大增，“今天下之士君子之书，不可胜载，言语不可尽计，上说诸侯，下说列士”[1]，“行说语众，以明其道”[2]。诸子为了建树其思想学说，游说之士为了纵横辩说，都竞相骋辞。为了更好地宣传自己、说服别人，他们有意识地追求并调动一切手段来增加语言的感染力和表达效果，譬喻、寓言、夸张、排比、对偶等语言技巧和修辞手法大张旗鼓地广泛使用，“今世之谈也，皆道辩说文辞之

---

1 《墨子间诂·天志上》，第 122 页。

2 《吕氏春秋集释·禁塞》，第 166 页。

言”[1]。社会对言语的束缚极少，在不加限制的使用中，语言的潜力被激活、挖掘、拓展。历史的积累、民间的智慧，尤其再加上战国士人为时代激发出的创造力，使得语言的表达技巧进展空前，造就了言辩文辞的多种不同风格和艺术效果[2]，极大地丰富了语言的可能性。

经验的增多促使了对语言本身的反思，战国之士对语言的实践和认识快速增长。庄子以其非凡的直觉思维，认识到语言本身根深蒂固的局限性，“可以言论者，物之粗也；可以意致者，物之精也”[3]，力求要“得意而忘言”[4]；公孙龙“析言剖辞，务折曲之言”[5]，以其反常识的逻辑推演和辨析，揭示了语言日常使用中的矛盾。《吕氏春秋》载有两则利用语言的名实错位来制造情节矛盾的故事。

> 齐、晋相与战，平阿之余子亡戟得矛，却而去，不自快，谓路之人曰：“亡戟得矛，可以归乎？”路之人曰：“戟亦兵也，矛亦兵也，亡兵得兵，何为不可以归？”去行，心犹不自快，遇高唐之孤叔无孙，当其马前曰：“今者战，亡戟得矛，可以归乎？”叔无孙曰：“矛非戟也，戟非矛也，亡戟得矛，岂亢责也哉？”[6]
>
> 相剑者曰：“白所以为坚也，黄所以为牣也，黄白杂则坚且牣，良剑也。”难者曰：“白所以为不牣也，黄所以为不坚也，黄白杂则不坚且不牣也。又柔则锩，坚则折，剑折且锩，焉得为利剑？”剑之情未革，而或以为良，或以为恶，说使之也。[7]

这种由语辞、概念的指称不同而引发的辩难，固然体现了思维方向的差异所导致的语意矛盾，同时也成为一种语言操练，启发人们对语言常识和日常使用进行重新思考，从而深化着对语言的感知和运用。不消说，这种语

1 《韩非子集解·外储说左上》，第266页。
2 《韩非子集解·难言》，第20—22页。
3 《庄子集释·秋水》，第572页。
4 《庄子集释·外物》，第944页。
5 《论衡校释·案书》，第1166页。
6 《吕氏春秋集释·离俗览》，第512页。
7 《吕氏春秋集释·别类》，第662页。

言磨炼极大地激发了人们的语言兴趣，玩味文辞，开展言语游戏，极尽所能地充分尝试语言的可能性及其效果。

在孔子“言以足志，文以足言”的语言信任和信心之后，汉代人对《周易·系辞上》“言不尽意”，特别是庄子“得意忘言”的语言认识，几乎采取了完全忽略的态度。他们相信人类的这一工具手段，自信能在语言与意义之间建立起平衡，以充分展示自己的内在心志和对世界的认知。战国语言文字长足的自由发展，对于汉代文人来说，无疑是一份丰厚的遗产，但是这份遗产并不能简单地继承。怎样驾驭语言文字，以何种方式、在什么程度上将语言修辞化，使文辞与生活保持多大的距离，这一切在既有的语言经验中并没有明确、现成的答案。不过无论如何，以壮大、繁盛、华美为特征的汉代帝国美学，战国以来空前活跃、蓬勃发展的语言实践和自信，当两者挽手，便联合缔造了极力驱遣文辞、以“巨丽”相尚的汉赋语言艺术。

在汉赋，尤其是散体大赋中，给读者印象最深的首先是，作者极力描摹、铺陈事物的品类和状态，以呈现丰富、壮观的景象，相关的描写被推到极端，达到其经验和想象所能允许的最大程度和可能。譬如司马相如《上林赋》描绘宫馆、植物、歌乐：“离宫别馆，弥山跨谷，高廊四注，重坐曲阁……俛杳眇而无见，仰攀橑而扪天”；“旋环后宫，杂遝累辑，被山缘谷，循阪下隰，视之无端，究之无穷”；“置酒乎昊天之台，张乐乎轇輵之宇；撞千石之钟，立万石之钜；建翠华之旗，树灵鼍之鼓。奏陶唐氏之舞，听葛天氏之歌，千人唱，万人和，山陵为之震动，川谷为之荡波。”[1]扬雄《甘泉赋》描写甘泉宫之高峻华美，媲美天帝、神仙的居所：“配帝居之县圃兮，象泰壹之威神。洪台掘其独出兮，㨖北极之嶟嶟，列宿乃施于上荣兮，日月才经于柍桭，雷郁律而岩突兮，电倏忽于墙藩。鬼魅不能自还兮，半长途而下颠。历倒景而绝飞梁兮，浮蔑蠓而撇天。”[2]为了突出宫殿非同一般的高大奢华，扬雄有意进行了夸饰：“故遂推而隆之，乃上比于帝室紫宫，若曰此非人力之所为，党鬼神可也。”[3]班固《西都赋》中，

---

1 《史记》卷一一七《司马相如列传》，第 3026、3029、3038 页。

2 《汉书》卷八七上《扬雄传》，第 3526—3527 页。

3 《汉书》卷八七上《扬雄传》，第 3535 页。

西都宾为了“极众人之所眩曜”，极力铺述长安的“穷泰而极侈”：“建金城而万雉，呀周池而成渊，披三条之广路，立十二之通门。内则街衢洞达，闾阎且千，九市开场，货别隧分，人不得顾，车不得旋，阗城溢郭，旁流百廛，红尘四合，烟云相连。于是既庶且富，娱乐无疆，都人士女，殊异乎五方，游士拟于公侯，列肆侈于姬姜。”“尔乃盛娱游之壮观，奋泰武乎上囿。”[1] 所有这一切描述，都旨在使笔下的事物达到登峰造极的地步[2]，为此，赋家不遗余力地描绘其中琳琅满目的物类，并极尽所能地强化其无可复制和超越的极限式状貌。

汉赋写作上的一个基本思路，是认为凭借赋家深湛的语言知识和修养，可以充分发挥文字修辞性艺术的优势，比如选用异常丰富的词汇，尤其是调动、编排大量双声叠韵词、重言叠字、形声字，以及生僻字，制造出不一般的书面阅读体验。就其夸饰、致密、生涩诘屈的文字效果而言，汉赋可以说是中国古代文人文学中达到极致的一种文体。不妨以司马相如《上林赋》描写水中生物和高山险峻的两段文字为例：“于是乎蛟龙赤螭，䱭䲛渐离，鰅鳙鰬魠，禺禺魼鳎，揵鳍擢尾，振鳞奋翼，潜处于深岩；鱼鳖讙声，万物众夥，明月珠子，玓瓅江靡，蜀石黄碝，水玉磊砢，磷磷烂烂，采色澔汗，丛积乎其中。鸿鹔鹄鸨，䴐鹅属玉，交精旋目，烦鹜鷛𪆟，䴋䴋鵁鶄，群浮乎其上。汎淫泛滥，随风澹淡，与波摇荡，掩薄草渚，唼喋菁藻，咀嚼菱藕。”“于是乎崇山矗矗，巃嵸崔巍，深林钜木，崭岩参嵯，九嵕、嶻嶭，南山峨峨，岩陁甗锜，摧崣崛崎，振溪通谷，蹇产沟渎，谽呀豁閜，阜陵别岛，崴磈嵔瘣，丘虚堀礨，隐辚郁㠑，登降施靡，陂池貏豸，沇溶淫鬻，散涣夷陆，亭皋千里，靡不被筑。”[3] 此后，张衡《南都赋》描摹山势的高峻，进一步发挥了司马相如以来文字的“联边”效果：“其山则崆岘嶱嵑，嵣㟐嶚刺。岝崿嶵嵬，嶮巇屹㠔。幽谷嶜

1 《文选》卷一，第 23、28 页。

2 《文心雕龙·通变》综述汉代的“夸张声貌”曰：“枚乘七发云：‘通望兮东海，虹洞兮苍天。’相如上林云：‘视之无端，察之无涯，日出东沼，月生西陂。’马融广成云：‘天地虹洞，固无端涯，大明出东，月生西陂。’扬雄校猎云：‘出入日月，天与地沓。’张衡西京云：‘日月于是乎出入，象扶桑于濛汜。’此并广寓极状，而五家如一。”（《文心雕龙注释》，第 331 页。）

3 《史记》卷一一七《司马相如列传》，第 3017—3018、3022 页。

岑，夏含霜雪。或嵔嶙而缅连，或豁尔而中绝。鞠巍巍其隐天，俯而观乎云霓。”[1]为了尽可能丰富地罗列事物，全面刻画、形容不同状态，赋家大量堆垛辞藻，密集地排列各种实词，并为避免出现语辞的重复，以至好用僻字难字，在文字上炫博耀奇，这不能不导致语言手段之臻于极端。“诗人之赋丽以则，辞人之赋丽以淫。”“事胜辞则伉，辞胜事则赋。”[2]这些对比性说法所强调的，“丽以淫”或“辞胜事”，都是赋这种文体过度使用修饰性辞语而产生的现象。佐藤一郎在《中国文章论》总结说：“辞赋是一种炫耀才能的倾向很强的余裕文学、智慧文学。可以说，在穷极中国语的特性这一写作手段上首先是产生了辞赋，其次是骈文。”[3]这种“炫耀”式、极端化的文体特性，自然反映了汉代赋家知识水平、语言能力的普遍提高，在战国汉字发生剧烈变革之后，与前人相比较，汉代文人对文字特点和技巧的掌握明显广泛、深厚，字词知识丰赡。

汉代赋家好用生僻字、难字奇字，也就是“玮字”。汉初，在社会文化以书面为主要承载方式之始，人们对文字的掌握还普遍有限，但是赋家不仅开始“多赋京苑，假借形声”，而且连篇累牍地使用人多不识的玮字，可以想见，司马相如《子虚赋》《上林赋》一类作品当年一定产生了令人震撼、叹为观止的阅读体验。《大人赋》：“驾应龙象舆之蠖略逶丽兮，骖赤螭青虬之蚴蟉蜿蜒。低卬夭蟜据以骄骜兮，诎折隆穷蠼以连卷。沛艾赳螑仡以佁儗兮，放散畔岸骧以孱颜。跮踱輵辖容以委丽兮，绸缪偃蹇怵臭以梁倚。纠蓼叫奡蹋以艐路兮，蔑蒙踊跃腾而狂趡。莅飒卉翕熛至电过兮，焕然雾除，霍然云消。”这是相当陌生化的文字使用和组合！“相如既奏《大人之颂》，天子大说，飘飘有凌云之气”[4]，对于喜欢文辞而又慨然自负的汉武帝来说，他的阅读快感究竟有多少来自所谓“仙意”，又有多少来自这种辞藻宏丽、奇特，焕然一新的文章写法？[5]创造性的新作品必

1 《文选》卷四，第 69 页。

2 《法言义疏·吾子》，第 49、60 页。

3 ［日］佐藤一郎：《中国文章论》，赵善嘉译，上海古籍出版社，1996 年，第 10 页。

4 《史记》卷一一七《司马相如列传》，第 3057、3063 页。

5 鲁迅《汉文学史纲要》：“盖汉兴好楚声，武帝左右亲信，如朱买臣等，多以楚辞进，而相如独变其体，益以玮奇之意，饰以绮丽之辞，句之短长，亦不拘成法，与当时甚不同。”司马相如“不师故辙，自摅妙才，广博闳丽，卓绝汉代”。（《鲁迅全集》第 9 册，第 418 页。）

定会产生陌生化，这种新文体不仅带来了新的审美，无疑还带有非日常的，绝不流于通俗，甚至未免艰涩的阅读体验。《文心雕龙·练字》：“是以前汉小学，率多玮字，非独制异，乃共晓难也。……及魏代缀藻，则字有常检，追观汉作，翻成阻奥，故陈思称：‘扬马之作，趣幽旨深，读者非师传不能析其辞，非博学不能综其理。’岂直才悬，抑亦字隐。”[1] 刘师培亦曰：“西汉文人，若杨、马之流，咸能洞明字学，（故相如作《凡将篇》，而子云亦作《方言》。）故选词遣字，亦能古训是式，（所用古文奇字甚多，非明六书假借之用者，不能通其词也。）非浅学所能窥。（故必待后儒之训释也。）”[2] 赋作的内容大多并不复杂深奥，但是由于大量使用难字僻字，因其不易认读及生涩感，使读者的阅读出现顿挫，滞留于字词本身，难以顺利、流畅地进入意义层面，以至汉魏之际，就已经被批评“翻成阻奥”，是读解作品的障碍。汉末魏郡太守国渊曾说：“《二京赋》，博物之书也，世人忽略，少有其师，可求能读者从受之。”[3] 由此或可想见大赋在社会基层的阅读状况。

旨在呈现广阔丰富的世界图景和宏伟壮丽的帝国气势的汉大赋，似乎有一种要用文字来穷尽世间所有，特别是最高等级生活的雄心。与《反淫》连篇累牍地描述“此天下至忧悲也”“此天下至康乐也”等达到极致的生活状态相同，枚乘《七发》依次表现“天下之至悲”“天下之至美”“天下之至骏”“天下之靡丽皓侈广博之乐”，傅毅《七激》则畅论“天下之妙音”“天下之骏马”“天下之至娱”“天下之欢”等所谓“天下之至妙”[4]。挚虞《文章流别论》认为，枚乘《七发》虽有“甚泰之辞”，然“七体”的继踵之作，“率有辞人淫丽之尤”[5]，对声色逸乐的奢华描写后来更过甚其辞。论到汉赋，人们历来会以“穷”“极”“泰”“尽”“甚”等字眼来强调其语言表达力图登峰造极的效果，如扬雄所谓之“极丽靡之

1 《文心雕龙注释》，第 420 页。

2 《论文杂记》之九，第 117 页。

3 《三国志》卷十一《国渊传》，第 340 页。国渊之语是针对当时的一起匿名谤书而发，因为“其书多引《二京赋》”，但恰恰是这种冷门学问成了破案的线索。

4 《全汉赋校注》，第 427 页。

5 《全晋文》卷七七，《全上古三代秦汉三国六朝文》，第 1906 页。

辞，闳侈巨衍，竞于使人不能加也”，以及刘勰所说“极声貌以穷文”[1]。这种极端化既体现在词汇量的聚集上，也表现在词义的选取上。在文学写作的历史中，汉赋因此产生了重要的影响，至少就表现事物的程度而言，这种极端性意味着赋家在对语言可能性的探索中，试图触摸到其表现力的最大限度[2]。然而，这种尝试的局限也十分明显。为了呈现物质世界缤纷的声色、繁盛的状貌，倘若必须如此张大其辞、炫博耀奇地来铺排文字，最终只能表明语言正在成为一种吃力的工具手段。与之相关，外在物质世界及其中林林总总的事物和景象，究竟是不是语言艺术最适当的表现对象，这不能不成为一个问题。在评述《文心雕龙·物色》“诗人丽则而约言，辞人丽淫而繁句”的观点时[3]，宇文所安指出：“《楚辞》和汉赋的铺张扬厉似乎让人格外注意到语言的无能为力，它做不到‘穷形’。此外，赋所使用的大量描写语言似乎不过是一种感官上的放纵，是对语言的一种有害的陶醉。”[4]这里揭示了颇为矛盾的两个方面，即赋家意识到描摹、形容等语言的状物功能，并极力强化其表现效果，拓展这种表现力的边际；但对语言竭尽所能地叠加式使用，恰恰又表明这种表达手段不能以少胜多，因为缺乏丰富的可意会性而显得华美却笨重。

从先秦文学传统来看，汉赋显示了一种不同的文字艺术风格和体制，这种以密实、华饰为特征的语言美学，与战国纵横家说辞、楚辞前后承继关系明显；但即使有“赋者，古诗之流也”的关系追认，却与《诗经》颇异其趣。《诗经》中的语言诗化，或者说当时诗歌语言与一般语言的显著

1 《文心雕龙注释·诠赋》，第 80 页。

2 曹道衡《汉魏六朝辞赋》：“这一时代的所谓纯文学作品，其实只有辞赋一体，所以文学语言的丰富和发展，基本上依靠这些辞赋家的努力，而这些辞赋家也确实作出了他们的贡献。刘勰在《文心雕龙·夸饰篇》中曾谈到这些辞赋的长处：‘至如气貌山海，体势宫殿，嵯峨揭业，熠耀焜煌之状，光采炜炜而欲然，声貌岌岌其将动矣。’这个评价也许过高了一些，但这些辞赋家对丰富文学语言及描写技巧，确实有着不可忽视的贡献。”（曹道衡：《汉魏六朝辞赋》，上海古籍出版社，2011 年，第 196—197 页。）

3 《淮南鸿烈·要略》的一段，多少涉及运用繁辞的意图：“夫道论至深，故多为之辞以抒其情；万物至众，故博为之说以通其意。辞虽坛卷连漫，绞纷远缓，所以洮汰涤荡至意，使之无凝竭底滞，卷握而不散也。”（《淮南鸿烈集解》，第 707 页。）

4 《中国文论：英译与评论》，第 294 页。

差异，一个重要方面是众多虚字的频繁使用[1]。“薄言采之”“日之夕矣”“云谁之思”，言、薄、之、云、矣、于、以、为、与、而、则、且、也、乎等，这些虚字基本不表示什么实际内容，其主要作用是用来凑足音节，以便于进一步组成四字句。与虚词的这种使用相关，《诗经》疏朗、朴素的语言风格，既反映了诗歌早期阶段的历史面貌，也提示着一种令人不能忽视的语言艺术特色和成就。所有的文学经验都会退出历史舞台的中心，以不同的变体继续存活。东汉后期，随着士人闲逸生活趣味兴起，堂皇、强势的帝国美学逐渐退场，汉代以大赋为体现的华彩的文章风貌，也逐渐为文人对自然、清丽、个性化的审美偏好所取代。

经历了辞赋兴衰的汉代文人很可能会认识到，语言的表现力其实并不主要取决于词汇的丰富密集、词义的艰深鸿重，语词的数量规模，词的雅俗生熟程度与高级与否，与语言的艺术效果不一定成正比。一味地铺张扬厉，一味地致密、华缛，这种语言技术和艺术是比较粗浅、表面的。对于他们来说，在此之外还另有方法和可能，足以传达更微妙、动人的语言美感，创造更丰富的意义想象空间。

五、汉赋所体现的文学尝试

东汉，随着主导性文风普遍趋于典雅，赋中夸饰的成分和铺排难字生僻字的现象逐渐减少，但引用经典成辞、历史故实的现象变得突出。冯衍《显志赋》描述精神的游历过程，串联起众多的历史人物及事迹；班固《幽通赋》密集地援引《诗》、《书》、诸子和史事；梁竦《悼骚赋》铺陈了一系列君臣遇合与否的事例：“屈平濯德兮，絜显芬香。句践罪种兮，越嗣不长。重耳忽推兮，六卿卒强。赵殒鸣犊兮，秦人入疆。乐毅奔赵兮，燕亦是丧。武安赐命兮，昭以不王。蒙宗不幸兮，长平颠荒。范父乞身兮，楚项不昌。何尔生不先后兮，推洪勋以遐迈。”[2]与司马相如在赋中铺

1 葛晓音《论四言体的形成及其与辞赋的关系》，《先秦汉魏六朝诗歌体式研究》，北京大学出版社，2012 年，第 25—32 页；孙力平:《中国古典诗歌句法流变史略》，浙江大学出版社，2011 年，第 97—109 页。

2 《后汉书》卷三四《梁竦传》注引《东观记》，第 1171 页。

排名物、罗列物产类似，汉代文人动辄胪列尧舜禹汤、周公孔子、伊尹管晏、齐桓晋文等著名历史人物，尤以政治人物为多，其中充斥着类型化的道德善恶、国家兴废的赞美和讥刺，以及定型的人物评价。

"诵古今以散思兮，览圣贤以自镇。"[1] 西汉晚期以来，文人中兴起的述行一类赋作，如刘歆的《遂初赋》、冯衍的《显志赋》，以行旅的结构框架来抒写内心情怀，作品以个人情感为核心，与旅途中的人文资料、自然因素相交织，编联为丰富的内容，这种写作题材和形式特别适合文人。对于有历史知识的文人来说，所可能行经的任何都邑都不乏借以感兴、援引的典故。在对至少是夏商周三代以来的相关史事、人物的引述中，不仅适于展示作者学识的渊博，营造出古雅的书卷气和文章格调，还极便于他们表达其政治挫败之感，抒发在社会现实中的怨愤不平。这些历史事件和人物所引发的政治兴衰成败和道德教训，是古今学说和言论中的常见主题，对这些典故的征引，既显示了文人的政治关怀和识见，一定程度上满足了他的社会担当，还可以补偿他在现实中的无能为力之感。同时，对彪炳史册的圣君贤臣的援引，与赋家个人遭际的陈述、内心感伤的倾诉相结合，不仅淡化了作者当下不遇的牢骚中所难以掩饰的功利色彩，还在不知不觉间，使他似乎厕身于那些前代圣贤的行列，或者具有连类而及的名誉效应。总之，通过暗示、联想的作用，在作者和典故中的人物及事迹之间，引发一种隐约的关联性，使其抒情、感慨在史事旧闻的印证中，增加了历史的厚重感和纵深感，而且由于著名人物及其经典地位的加持，就使作者的倾诉、不满获得了不证自明的正当性，即使潦倒、失败的人生也显出一些不同凡响，至少是获得了一定的历史辩护。依凭古典资源，确实能有效地丰富、深化文章意旨，使作者及其经历与典故中的人物和故事相互交织，在共同构建主题的同时，最大限度地发挥典故的互文效果。既然作者个人的经历和感受可以方便地与古今名人的间接经验嫁接在一起，典故的使用，实际上就已经超越了单纯的语言修辞功效。

作为文学写作中愈来愈常见的一种语言修辞形式，密集地、大量地使用典故，因为字面背后隐藏着复杂、曲折的历史、思想背景，虽然有益于

1 《显志赋》，《后汉书》卷二八下《冯衍传》，第 1001 页。

丰富、延展文句的意涵，却不一定便于阅读者直接把握文章的内容。“深覆典雅，指意难睹，唯赋颂耳。”[1]赋颂不像章奏、司法文书一样旨意分明、确定，王充的说法，既是对现状的陈述，也未尝不是对赋颂特点的一种认可。作为汉代盛行的文体，赋颂之“深覆典雅，指意难睹”，原因非一，就文字艺术而言，典故是比玮字更具影响效果的因素，广引史事、博征经诰，在增加复调性的同时，也容易造成文意的纷歧不定。《东观汉记》载：东平王刘苍“因上《世祖受命中兴颂》。上甚善之，以问校书郎，此与谁等，皆言类相如、扬雄，前代史岑比之”[2]。关于刘苍的这篇颂，《后汉书》曰：“帝甚善之，以其文典雅，特令校书郎贾逵为之训诂。”[3]这篇写作水平被认为媲美司马相如、扬雄的作品，刚一问世就需要为之注释，可见其文风之有意识地追求典重、深奥。文章旨意的隐晦、不明确，虽说部分原因在于典故使用得多，但也可能与典故素材的选取和提炼有关。如果故事生僻，如果对史事概括失当，或者容易引发歧义，都难免使读者不得要领。但另一方面，当作者赋予旧典以新的理解角度和语言锤炼，甚至自行化用史事故实，未始不可以看作他试图摆脱文学语言中的陈腐腔调、别开写作面貌的努力。

对于演进着的汉代文学来说，用典的写作风气中不乏尝试性。文学是否应当，或者在什么程度上可以成为学问的萃集？表达曲折，具有延展性，以至文意隐约、纷歧、不分明也不确定，这是不是文学值得赞赏的优长和特点？或者更直接的，用典究竟是不是一种有效而美好的语言艺术方法？在何种程度上用典才是恰当的？汉代文人如果想要在缺乏可直接倚傍的资源之下，在缺乏丰富的前代样板的条件下，发展起具有独创性的文学，只能在不断试错中寻找具有建设性的启示和现实可行性。与此同时，作为一项文化使命，他们正逐步建构起一套在士阶层内部，在文人中具有共通性的、稳定的文学语言系统和修辞方式，带有他们的偏好，满足他们的审美趣味，符合他们的价值理想和文化修养，经过相当程度的读写训练才能够熟悉和掌握。

---

1 《论衡校释·自纪》，第 1196 页。

2 《东观汉记校注》卷七《东平宪王苍传》，第 242 页。

3 《后汉书》卷四二《东平宪王苍传》，第 1436 页。

不仅语言文字的使用经受筛汰，一些题材也令人怀疑是否适合用辞赋一类文体来表现。贾谊在自我伤悼中，作《鹏鸟赋》“以自广”：“万物变化兮，固无休息。斡流而迁兮，或推而还。形气转续兮，变化而嬗。沕穆无穷兮，胡可胜言！祸兮福所倚，福兮祸所伏；忧喜聚门兮，吉凶同域。”[1]长篇敷衍同死生、等祸福的人生哲学。刘歆《遂初赋》抒发其遭朝臣排摈的愤慨，开篇即叙述他的一系列官职更迭及相关的职事变迁：“昔遂初之显禄兮，遭阊阖之开通。跖三台而上征兮，入北辰之紫宫。备列宿于钩陈兮，拥大常之枢极。总六龙于驷房兮，奉华盖于帝侧。”[2]尽管贾谊采用了整齐的句式，并尽可能将语言诗化；刘歆以借代、比喻等修辞手法，极力使叙述避免枯燥，但根本上说来，上述哲理、官制方面的内容，对于抒情言志作品来说，如果不是使阅读效果枯燥、呆板，至少是不容易唤起生动、鲜活的情绪共鸣。因此，这些内容是不是辞赋适宜的题材，已然是个问题。

有所意识的作者尽可能采取了一些弥补性手段。为了赞颂东汉以来的“文德”“武节”之美，张衡在《东京赋》中以不小的篇幅正面描述礼仪、制度等政治建构和施设。

于是观礼，礼举仪具。经始勿亟，成之不日。犹谓为之者劳，居之者逸。慕唐虞之茅茨，思夏后之卑室。乃营三宫，布教颁常。复庙重屋，八达九房。规天矩地，授时顺乡。造舟清池，惟水泱泱。左制辟雍，右立灵台。因进距衰，表贤简能。冯相观祲，祈禠禳灾。

于是孟春元日，群后旁戾。百僚师师，于斯胥洎。藩国奉聘，要荒来质。具惟帝臣，献琛执贽。当觐乎殿下者，盖数万以二。尔乃九宾重，胪人列，崇牙张，镛鼓设。郎将司阶，虎戟交铩。龙辂充庭，云旗拂霓。夏正三朝，庭燎晢晢。撞洪钟，伐灵鼓，旁震八鄙，軯礚隐訇，若疾霆转雷而激迅风也。

是时称警跸已，下雕辇于东厢。冠通天，佩玉玺，纡皇组，要干将，负斧扆，次席纷纯，左右玉几，而南面以听矣。然后百辟乃入，

1 《史记》卷八四《贾生列传》，第2498页。

2 《全汉赋校注》，第317页。

司仪辨等，尊卑以班，璧羔皮帛之贽既奠，天子乃以三揖之礼礼之。穆穆焉，皇皇焉，济济焉，将将焉，信天下之壮观也。[1]

明堂、辟雍、灵台这些政教设施的建设、建制，诸侯、臣子朝聘天子，以及天子出行，如何将这些具有严格规定性的礼仪、制度写得政治正确又具有美感，对于张衡来说，无疑是个相当具有挑战性的任务。因为《东京赋》整体要保持文风平实、克制，在对大赋习用的夸张、铺陈手法节制使用的同时，如果还想显示出文字艺术的一定水准，最现实的办法就是在如实叙述、刻画的同时，尽可能使用优美、考究，具有历史文化内涵的语汇，单就语言来说，张衡确可谓“熔式经诰，方轨儒门”[2]。除此之外，作者一定感觉到其中可供发掘的内在审美空间相当有限，所以，他在前引段落的最后，几乎是附着性地加上了修饰性的结句，“轩礚隐訇，若疾霆转雷而激迅风也”，“穆穆焉，皇皇焉，济济焉，将将焉，信天下之壮观也”，借助比喻、夸张、排比、形容、重言叠字等手法，并萃取经典中的文辞，使之成为这一段中最具文采的句子，人为地强化其文学效果。这表明，张衡很可能已经察觉到，对礼文制度的描述，存在着内容枯燥、难以从对象中抽绎审美意趣的天然局限，因此，为了增加文字的神采和生动性，也就是提高其可读性，需要从外部增添修饰性，弥补因内容本身的概念化而难以避免的阅读效果的乏味。

都城的规划营造、天子的祭祀典礼、朝廷的典章名物和国家制度，在对这些高规格的政治建制翔实有据的描述中，即使赋家施展了多种语言技巧，也难以赋予其打动人心的感染力，难以使一整篇精美考究却不免抽象枯燥的语言制作发生根本性改观。这究竟意味着文学的失败还是文人素材选择的失当？是否应当承认，文学的表现对象应当具有一定的选择性，有些内容天然地不具备或比较少具备感染、触动人心的效果？从汉末文学的变化中可以看出，文人们逐渐认识到，“文学”固然以优美的文字艺术为所长，但它并没有点铁成金的本领，可以把任何内容都表现得优美生动。在文学得以充分保持其本身特性的前提下，不仅怎样写，写什么也成为作

1 《文选》卷三《东京赋》，第 56—57 页。

2 《文心雕龙注释·体性》，第 308 页。

者需要考量并有所拣择的问题。至于哪些素材适合成为文学性文本表现的内容，人们将从写作实践中逐步积累起足够的经验。

另外尚需指出，考虑到“赋”不啻是一大类边界不清晰的文体，甚至还是侵夺了当时几乎所有文章领地的写作方法，造成不同写作样式的普遍“赋化”，因此可以认为，汉代文学的进一步演进、更新，须得以“赋”的弱化为前提：只有当赋收缩为具有明显边界的专门文体时，新的文章体式才有生长、发育的充分空间。汉末，以语言清新通脱的五言诗为代表的文人文学兴起。

六、写作的学习与模仿的意义

汉代，尤其是西汉晚期以来，“能文章”“善属文”之士络绎于史，不过受教育者通常从何时开始、如何学习文章写作，我们对此所知有限。洛阳人贾谊“年十八，以能诵诗书属文称于郡中”[1]。济南人终军“少好学，以辩博能属文闻于郡中。年十八，选为博士弟子”[2]。他们都是在十八岁前，在家乡即娴熟于写作技能，并以此在当地获得了声誉。按照常规的教育进程，汉代学童在掌握了基本的文字读写之后，开始学习基础性经典，进而学习专经[3]。王充自述其求学经历：“八岁出于书馆……手书既成，辞师受《论语》、《尚书》，日讽千字。经明德就，谢师而专门，援笔而众奇。所读文书，亦日博多。”[4]虽然王充天性“聪朗”，很可能在求学过程中就已具备了文章结撰能力，所谓“援笔而众奇”，但“才高而不尚苟作，口辩而不好谈对……以笔著文，亦如此焉；操行事上，亦如此焉”[5]，文章写作看起来像是他相对年长时才活跃起来的才能[6]。

---

1 《汉书》卷四八《贾谊传》，第 2221 页。

2 《汉书》卷六四下《终军传》，第 2814 页。

3 崔寔《四民月令》：正月，“农事未起，命成童以上入大学，学《五经》；师法求备，勿读书传。研冻释，命幼童入小学，学篇章”；十一月，“研水冻，命幼童读《孝经》、《论语》篇章，入小学”。（石声汉：《四民月令校注》，中华书局，2013 年，第 9、71 页。）

4 《论衡校释·自纪》，第 1188 页。

5 《论衡校释·自纪》，第 1188—1189 页。

6 《后汉书》卷四九《王充传》注引《袁山松书》：“充幼聪朗。诣太学，观天子临辟雍，作《六儒论》。”（《后汉书》，第 1629 页。）《王充年谱》将这篇《六儒论》系于王充 32 岁时，见《论衡校释》第 1223 页。

史传中颇有些年少善属文的记载。班固“年九岁，能属文诵诗赋”[1]。崔骃“年十三能诵《诗》、《易》、《春秋》，博学有伟才，尽通古今训诂百家之言，善属文”[2]。曹植“年十岁余，诵读《诗》《论》及辞赋数十万言，善属文”，曹操疑其请人代笔，曹植请求面试，“时邺铜爵台新成，太祖悉将诸子登台，使各为赋。植援笔立成，可观，太祖甚异之”[3]。这些有关文章能力的记述，重点在于展示传主本人的早慧，不过，由这些颇为错杂的记述大略可以推想，这类写作技能的获得，主要取决于个人的兴趣、天分，以及得天独厚的学习机会，很难来自基础教育中按部就班的培养。桓谭《新论·道赋》中几次谈到他学赋、写赋的少时经历：“余少时学，好《离骚》，博观他书，辄欲反学。”“杨子云工于赋，王君大晓习万剑之名……余欲从二子学。”“余少时见扬子云丽文高论，不自量年少新进，猥欲逮及。”[4]喜欢辞赋的少年或者自己揣摩、练习，或者请教有成就者，因为以父任而年少为郎，桓谭在京城得以向扬雄等人学习。虽然史称桓谭博学多通、“能文章”，并有向赋作名家当面求教的难得机会，但写赋对于他似乎终归都不是件轻松的事情[5]，他本人对其作品水平颇有自知之明：“观吾小时二赋，亦足以揆其能否。”[6]文论家的评价也很明确：“而集灵诸赋，偏浅无才，故知长于讽论，不及丽文也。”[7]这或许能使人意识到，以美文丽辞为特色的赋与诸子论说，这两种文章形式所对应的写作才情是不同的，从而提示他们在文章著述内部进一步产生细化的认识。

由桓谭的经历来看，诗赋写作似乎并非常规教育中必修的内容和科目，学习辞赋更像是纯粹个人的爱好和写作尝试，需要在以文字读写和儒家经典授受为基本内容的社会普通教育之外，去另寻途径。边韶“以文章

1 《后汉书》卷四十上《班固传》，第 1330 页。

2 《后汉书》卷五二《崔骃列传》，第 1708 页。

3 《三国志》卷一九《魏书·陈思王植传》，第 557 页。

4 《新辑本桓谭新论》，第 51—52 页。

5 《新论·道赋》：“尝激一事而作小赋，用精思太剧，而立感动致疾病。”（《新辑本桓谭新论》，第 52 页。）谢承《后汉书》卷二：桓谭“年七十，补六安郡丞，感而作赋，因思大道，遂发病”。[《八家后汉书辑注》（修订本），第 24 页。]

6 《新辑本桓谭新论》，第 53 页。

7 《文心雕龙注释·才略》，第 503 页。

知名，教授数百人”[1]。蔡邕以“才学显著”而闻名，其同郡后辈阮瑀、路粹据说“少受学于蔡邕”[2]。作为才学相兼的著名文人，边韶、蔡邕在经术之外，是否还兼授文章，并不容易确定。诗赋写作大抵在社会普遍需求和规模性讲学之外，王充比较传习经术的经师博士和以著作为务的“文儒”，前者“门徒聚众，招会千里”，后者门庭冷落，没有什么弟子门徒追随，“文儒为华淫之说，于世无补，故无常官，弟子门徒不见一人”[3]，从一个独特视角显示了有关写作的社会状况：与经学教育的繁荣相比，写作的专门教学极为罕见。当然，就文学本身的特点来说，它恐怕也不一定适合讲学式授受，如《新论》所言：“惟人心之所独晓，父不能以禅子，兄不能以教弟也。”[4]

由于缺乏文章写作方面的具体习授和培训，写作爱好者通常会在广泛阅读的基础上，通过对前人范本的悉心揣摩、模仿来作为自我教育和训练的手段。“能读千赋，则善赋。”[5]扬雄的这一经验之谈流传较广[6]，可谓契合了比较普遍的社会心理。“景、武间，文翁为蜀守，教民读书法令，未能笃信道德，反以好文刺讥，贵慕权势。及司马相如游宦京师诸侯，以文辞显于世，乡党慕循其迹。后有王褒、严遵、扬雄之徒，文章冠天下。繇文翁倡其教，相如为之师。”[7]司马相如以文章写作而成就功名，这一事实至少在当地带来直接的示范效应，其赋作也很快在社会中建立起了典范性[8]，尤其是在类似题材上作为相对稳定的样板，成为文人取法的模范。“先是时，蜀

---

1 《后汉书》卷八十上《文苑列传·边韶传》，第 2623 页。

2 《三国志》卷二七《魏书·徐干陈琳阮瑀应瑒刘桢传》，第 600 页；《后汉书》卷七十《孔融传》注引《典略》，第 2278 页。

3 《论衡校释·书解》，第 1151 页。

4 《新辑本桓谭新论·启寤》，第 28 页。

5 《新辑本桓谭新论》，第 52 页。郭绍虞就此论曰：这些话“很能说明作赋的工夫之甘苦”，“盖其所谓‘读千首赋乃能作赋’云者，即是火候到时莫知其然而然的境界，是指学力言者”。（《中国文学批评史》，第 40—41 页。）

6 《西京杂记》卷二：“或问扬雄为赋，雄曰：‘读千首赋，乃能为之。’”（《西京杂记》，第 19 页。）扬雄《答桓谭书》：“长卿赋不似从人间来，其神化所至邪？大谛能读千赋，则能为之。谚云：‘伏习众神，巧者不过习者之门。’”（《全汉文》卷五二，《全上古三代秦汉三国六朝文》，第 411 页。）

7 《汉书》卷二八下《地理志》，第 1645 页。

8 《西京杂记》卷三：“司马长卿赋，时人皆称典而丽，虽诗人之作，不能加也。”（《西京杂记》，第 27 页。）

有司马相如，作赋甚弘丽温雅，雄心壮之，每作赋，常拟之以为式。”[1] 按照其《自序》，对赋这一流行体式异常感兴趣的扬雄，在学习写作的初期阶段，以可嘉的勇气和抱负选择以司马相如的作品为摹本，通过模拟来掌握样式、结构和表现方法上的种种要领，以磨炼出自我表达的实用技巧。对典范性作品的模拟行为，反映出有意将文章写得美好的追求。对于扬雄来说，这无疑是一条行之有效的学习、训练途径，他借此完成了文学学徒的生涯，入京之后，他接连献上的“四大赋”，不仅笔法娴熟，而且明显树立起了个人风格。与桓谭的机会便利不同，当年轻的扬雄偏在蜀地时，只能以模拟乡贤司马相如的赋作作为实现其写作梦想的入门手段。要之，对于想要掌握文章技能的汉代人来说，或者直接向擅长者、有所成的作者寻求指点，或者在对经典作品的模仿中，自行揣摩、体会写作的诀窍和经验。

不仅模仿司马相如，扬雄自述还效法屈原：“乃作书，往往摭《离骚》文而反之，自岷山投诸江流以吊屈原，名曰《反离骚》；又旁《离骚》作重一篇，名曰《广骚》；又旁《惜诵》以下至《怀沙》一卷，名曰《畔牢愁》。”[2] 班固在《汉书·扬雄传》中如是评述其著述行为和成果：“实好古而乐道，其意欲求文章成名于后世，以为经莫大于《易》，故作《太玄》；传莫大于《论语》，作《法言》；史篇莫善于《仓颉》，作《训纂》；箴莫善于《虞箴》，作《州箴》；赋莫深于《离骚》，反而广之；辞莫丽于相如，作四赋；皆斟酌其本，相与放依而驰骋云。”[3] 勇于挑战的扬雄选择了最著名的模拟对象，不过他的这些“模拟”，已经不是临帖式的亦步亦趋，所谓“反而广之”，所谓“斟酌其本，相与放依而驰骋”，乃表示在模仿基础上，或者以模拟对象为出发点而发挥得更远，或者在相反的观念方向上扩大了表现内容。对于一个公开表示以相如为榜样学习作赋的赋家，尤其是对于一个“其意欲求文章成名于后世”的有野心的文人来说，扬雄有勇气也有能力超越前人的藩篱，从模拟出发，最终形成自我的面貌。

汉代对司马相如、扬雄等人的赋作不断推崇有加，所谓“文如相如”“有相如、扬雄之风”，这使他们的作品有了无可取代的摹本效应，而

1 《汉书》卷八七上《扬雄传》，第 3515 页。

2 《汉书》卷八七上《扬雄传》，第 3515 页。

3 《汉书》卷八七下《扬雄传》，第 3583 页。

文章名篇的一再传播和被学习，自然就建立起了基于典范作品的潮流趋向和影响脉络。效仿并追步前人之作[1]，甚至成为激发文人写作的动机，如桓谭读了扬雄的“丽文高论”，遂“不自量年少新进，猥欲逮及”。除了与两汉相终始的拟骚之作，自枚乘《七发》以来，“七体”之作不断有人摹写：“及傅毅七激，会清要之工；崔骃七依，入博雅之巧；张衡七辨，结采绵靡；崔瑗七厉，植义纯正；陈思七启，取美于宏壮；仲宣七释，致辨于事理。自桓麟七说以下，左思七讽以上，枝附影从，十有余家。”[2]“七体”演变为明显程式化的写作形式，基本是以靡丽的物质生活享乐和超越的道义与德化之治所组构的七个部分，在大同小异的场景和人物关系中，驰骋辩言，铺排辞藻。在有意识的模拟中检验自己能否达到范本的水准，并在有限的空间中，尝试究竟可以有多少新作为，这种写作方式就像一场与先贤看齐的荣誉游戏或竞赛。有感于枚乘、傅毅、张衡、崔骃这些前代著名文人的类似写作，曹植在《七启序》中写道：“辞各美丽，余有慕之焉！遂作《七启》，并命王粲作焉。”[3]曹植的《七启》和王粲的《七释》为并时之作，相对固定的结构模式、现成的主题和内容，两位作者通过苦心孤诣的构思，以别出心裁的素材选择、语辞运用，精心描绘出属于他们自己的场面和景象。仿佛是对前辈充满仰慕又不乏自信的挑战，在效仿或者再度演绎的过程中，既致敬前辈，又跃跃欲试地有所修正和新创。通过写作形式的呼应，不仅尝试与所喜爱和敬佩的前贤比肩，还使他们之间超越代际的同一性得以显现和加强，这令文人们乐此不疲。

设论难问一体，作者也前后相继。先是东方朔著《答客难》，“设客难己，用位卑以自慰谕”[4]；之后扬雄为《解嘲》，自此文人纷纷效仿；班固“感东方朔、杨雄自论，以不遭苏、张、范、蔡之时，作《宾戏》以自通

1 东汉前期，鲍彦向孔子丰称赞诸子书“才辞莫过《淮南》”，并举例《说林》中“君子有酒，小人鼓缶。虽不可好，亦不可丑”，认为乃“最工不可及者”，并要子丰“效作此语”。子丰模拟而作曰：“‘君子乐宴，小人击抃。虽不足贵，亦不可贱。君子舞象，小人击壤。上化使然，又何足赏’，吾能作数十曲，但无益于世，故不为尔。”（《孔丛子校释·连丛子上》，第455页。）

2 《文心雕龙注释·杂文》，第148页。

3 《曹植集校注》，第8页。

4 《汉书》卷六四《东方朔传》，第2864页。

焉”[1]；蔡邕“感东方朔《客难》及杨雄、班固、崔骃之徒设疑以自通，乃斟酌群言，韪其是而矫其非，作《释诲》以戒厉云尔”[2]。模仿的出现，通常意味着经典性作品或公共性写作范本的确立；而典范的确立，表明已经聚合起一定的群体共识，或者说文学相对一致的社会标准渐次形成，大家有了学习和取法的具体对象。在作品层出不穷的持续累积中，在书斋、案头获取灵感来源将逐渐成为文人写作的重要方式之一。也就是说，不仅从对前人作品的阅读、学习，以及模仿性练习中领悟写作，还在熟能生巧的基础上，通过对文章传统的融会和再创造，获得表达己意的底本或契机。

汉末文人常以成文速度快捷著称，王粲“善属文，举笔便成，无所改定，时人常以为宿构”[3]。“太祖尝使瑀作书与韩遂，时太祖适近出，瑀随从，因于马上具草，书成呈之。太祖揽笔欲有所定，而竟不能增损。”[4]除了文章体式、风格、写作方式等因素的时代转变，这也与他们阅读广泛、博闻强记的能力有关，祢衡据说“目所一见，辄诵于口，耳所瞥闻，不忘于心”，一览而能默记蔡邕碑文[5]，王粲也以“强记默识”称。对存世作品的大量阅读，使他们记忆中储存有丰富的文本信息，可以从中获得启发、提示，并方便随时调动相关成分，进行系统性的重新组合与再造。杨修赞美曹植的文章才能：“又尝亲见执事，握牍持笔，有所造作，若成诵在心，借书于手，曾不斯须，少留思虑。”[6]丰富的阅读经验拓宽了文人的视野，并有相当一部分积淀为文化和知识记忆，潜移默化地对他们的写作持久产生影响，帮助他们从既存文字成品中吸收汲取，甚至挪用、转化，这在创制新文本时不失为行之有效的方法。

汉代，诗赋文章还不够格称为专门之“学”，除了章表奏议，还没有形成对文章特性、规则、技艺的系统性研究和全面总结，有关文学的知识尚未丰富到足以建立一门学问。尽管如此，随着写作成果的不断积累，对大多数文人而言，几乎很难再有纯粹自创性的写作。成于不同人之手、个

1 《后汉书》卷四十下《班固列传》，第 1373 页。
2 《后汉书》卷六十下《蔡邕列传》，第 1980 页。
3 《三国志》卷二一《魏书·王粲传》，第 599 页。
4 《三国志》卷二一《魏书·阮瑀传》注引《典略》，第 601 页。
5 《后汉书》卷八十下《文苑列传》，第 2653、2657 页。
6 《文选》卷四〇《答临淄侯笺》，第 564 页。

性不同的诗赋文章大量涌现，但各自成篇的同时，无论内容还是形式，其同质性也越来越明显。基本相同的教育，统一的社会意识形态及价值取向，无疑造就了文人写作内容及思想观念的一致性；生活方式和趣味上日益强化的阶层认同，导致他们的写作在审美追求上具有明显的趋同性。抑不止此，那些公认的典范之作，在带来模仿效应的同时，很容易使得同一题材、同一文体样式之内，形成较为固定的模式，习见辞汇、句式，似曾相识的意象、情境日渐增多，甚至情绪方向和反应方式都雷同化。文学新创越来越结合以各种层面的化用、借鉴，虽然诗赋首先意味着作者在现实生活中的自主表现，但是他将难以逃脱经典范本、文学传统的牵系和笼罩。对既有作品程度不同的接受，无论诵读、默记还是其他阅读形式，作为文人写作经验的有机构成，都会在自我表达中随时发挥作用。时下的个人新体验和创造力结合以隐显不同的既往影响，这种稳妥可靠的混合文本形态易于被接纳，因为大多数时候，可被辨识和界定的风格，确保了作者所经营的当下文字，能够轻而易举地被归类于现成的写作谱系当中，也便于他自己加入这个谱系。对范本的追仿，无形中与前作之间建立起内在的关联，便于使新形成的文本被纳入普遍认可的解读脉络和认知坐标。经过历代经典不断的模铸，形成相对稳定的阅读习惯和审美共识，并由此出发评判、阐释作品，可以说，书面形态所代表的文化传统权威在逐渐加强。

七、文学个人性的增强

在自觉地“通讽谕”“宣上德”或奉诏应制之外，就作品的题材、功用而言，汉代始终存在着另一类文人辞赋的写作，以自我情感的抒发、境遇的表现为主题。《汉书·贾谊传》：“谊追伤之，因以自谕”，“谊自伤悼，以为寿不得长，乃为赋以自广”[1]。大略言之，如贾谊《吊屈原赋》《鹏鸟赋》，董仲舒《士不遇赋》，司马迁《悲士不遇赋》，以及东方朔《答客难》《非有先生论》，扬雄《解嘲》等，基本情绪是在专制集权政治下，因仕事失意而产生的个人哀怨、忧愤，来自作者对政治利害的直接体验。后来如

1 《汉书》卷四八《贾谊传》，第 2222、2226 页。

刘歆《遂初赋》，班彪《北征赋》《览海赋》，崔篆《慰志赋》，冯衍《显志赋》，班固《东征赋》《幽通赋》，张衡《思玄赋》等一批颇具自叙传成分的述行、言志赋作，尽管表达的情绪更丰富、错综，依然源自作者在仕宦中的不得志和对当今社会现实的失望，在明显的政治背景中；显示出赋家关注个体感受、向内在世界倾侧的趋势。总体而言，汉代文学中个体抒情色彩比较淡薄，但即使如此，也并不意味着文人情感匮乏或在社会现实中缺乏感受力。是否采用文学的方式来表达，主要与时代的需求、文学的目的和功用有关，而不取决于写作者自身的敏感度和表现能力，更不取决于文学的技术因素。

东汉中后期，文人作品的内容、指向性开始发生明显转变。写有《二京赋》的张衡，可以被看作是一个重要的节点和标志，他的作品几乎涵盖了汉赋的基本体式、主题和功能。张衡先是“拟班固《两都》，作《二京赋》，因以讽谏”；因“所居之官，辄积年不徙。……乃设客问，作《应间》以见其志”；又在皇帝身边“讽议左右”而遭宦官谗毁，“乃作《思玄赋》，以宣寄情志”[1]；在此之后，张衡写下了《归田赋》，描述充满个人意趣的自然美景和田园游乐。“仲春令月”里令人心旷神怡的田园景色，“聊以娱情”、长辞“世事”的人生超脱，看起来更像是一种轻松惬意的日常生活状态。“用世之情歇，而适己之愿张。不供庙堂作颂，乃为自我抒郁。”[2]清新隽永的《归田赋》不表达激烈的情感，没有庄重的社会政治责任意识，无关乎重大的历史事件或时代背景，只是一位士大夫在平常的时日里，置身风光优美的田园环境所可能感受的闲适、宁静心情。但正是如此平凡简单的个体生命愉悦，在这篇短小的赋作中被表现得自然、动人，充满诗意。

东汉诗赋中的个人意味明显增多。还在东汉前期，梁鸿思念友人高恢而作诗：“鸟嚶嚶兮友之期，念高子兮仆怀思，想念恢兮爰集兹。”[3]私人情谊的表达直接畅快。汉末，才性卓然不群的王延寿，将自己的个性极大地实现于作品中。他少游鲁国，作《鲁灵光殿赋》，又因“曾有异梦，意恶

---

1 《后汉书》卷五九《张衡传》，第1897、1898、1914页。

2 钱穆《读〈文选〉》，《中国学术思想史论丛》（三），第110页。

3 《后汉书》卷八三《逸民列传》，第2768页。

之，乃作《梦赋》以自厉”[1]。《梦赋》写“鬼神之变怪”，不仅风格、气息独特，还显示了十分个人化的写作动机和自我满足目的。道德和政治教化的本质就是通过既定的社会规范来约束社会成员，使之整齐划一，放弃特殊性，从而使个体成为尽可能符合并体现普遍性价值的社会存在。而当教化观念、意识形态等正统思想丧失羁縻人们精神的力量，个人性的情感和主张，个性化的人物和言行就往往自然涌现。与前述韦玄成的《自劾诗》《戒子孙诗》这类重视合乎经典规训、展示社会普遍原则的诗歌相比，东汉后期，在新兴的社会文化潮流中，士人们不仅再度转向个性化的自我[2]，而且涉及了更加广泛的个体生活，呈现了更加内向的个人领域。先前那种占据了汉赋重心位置的显赫题材，那与皇帝和帝国声威密切相关的宫殿、苑囿、狩猎等内容的铺陈，那以皇帝为主要角色，或者娱悦皇帝本人的赋作，都明显变少了；文学从原先大张旗鼓地讽谕、颂美天子的庄重，从关乎朝廷、君主、天下的宏大，开始为士人们个人性的日常生活题材所簇挤。如果以个体的自我表现为主，那么文学的评价就有赖于作者和读者个人的满足感，其标准就相应地趋于个性化、私人性、趣味性。那些事关个人动机、感受和独特经历的题材内容，显现个人趣味和性情、令人耳目一新的诗文风格，就会不断产生并受到关注和赞赏。

借由汉末一个生动的例子，来观察文人与文学及日常生活之间的关系。秦嘉，陇西人，桓帝时仕郡，被选任为上计掾，行将到都城洛阳去汇报郡中行政管理、财政经济等年度情况。这一趟公务路远时长，因为妻子徐淑归母家养病，秦嘉不及面辞，遂在临行前一再写诗作文与妻子互诉离情。

先是秦嘉《与妻徐淑书》：“不能养志，当给郡使，随俗顺时，黾勉当

1 《后汉书》卷八十上《文苑列传》，第 2618 页。

2 巫鸿《武梁祠：中国古代画像艺术的思想性》：“‘个性’（individualism）一词在这里意味着显现个人动机的艺术形式（主要指题材）。对汉以前艺术的研究表明，青铜器、玉器、陶器和漆器基本上是根据当时流行的艺术和思想潮流来制作的，缺少表现个人思维的明确标记。甚至在汉代和汉以后的时期内，习俗和共性仍然是艺术创造中最起作用的因素，在礼仪和宗教艺术中尤其如此。从这个角度看，武梁祠画像的宇宙结构可以被看作是东汉祠堂装饰中的程式化的表现。这个结构支持着一座祠堂在葬礼仪式中的基本功能和象征意义，但并不表现赞助人或艺术家的个人趣味。武梁祠画像的个性首先表现在对题材的选择和组合上。这些题材既作为构筑宇宙结构的材料，也反映了设计者对政治和道德问题的特殊考虑。”（《武梁祠：中国古代画像艺术的思想性》，第 242 页。）

去。知所苦故尔，未有瘳损，想念悒悒，劳心无已。当涉远路，趋走风尘，非志所慕，惨惨少乐。又计往还，将弥时节。念发同怨，意有迟迟。欲暂相见，有所属托。今遣车往，想必自力。”[1]在赴都城上计之前，秦嘉写信给妻子，告知并抱怨出行远别一事，诉说折磨着他的想念之情。“不能养志”“非志所慕”，看起来他对趋使奔走的郡府属吏兴趣有限，所以就格外容易感觉吏事辛苦、缺少乐趣。更重要的是此番得长时间与家人分离。他派了一辆车去接妻子，希望能够面别，不巧徐淑因病况不能随车而还，秦嘉接到了下面这封回信。

徐淑《答夫秦嘉书》：“知屈珪璋，应奉藏使，策名王府，观国之光。虽失高素皓然之业，亦是仲尼执鞭之操也。自初承问，心愿东还，迫疾惟宜，抱叹而已。日月已尽，行有伴例，想严庄已办，发迈在近。谁谓宋远，企予望之，室迩人遐，我劳如何。深谷逶迤，而君是涉；高山岩岩，而君是越。斯亦难矣！长路悠悠，而君是践；冰霜惨烈，而君是履。身非形影，何得动而辄俱？体非比目，何得同而不离？于是咏萱草之喻，以消两家之恩；割今者之恨，以待将来之欢。今适乐土，优游京邑，观王都之壮丽，察天下之珍妙，得无目玩意移，往而不能出耶？”[2]与秦嘉来信中辞气郁悒的情绪不同，徐淑宽和、爽朗地勉励、安慰丈夫出外行使公职。但在信末，聪慧的妇人禁不住流露了她的小心思，含蓄而用意明确地特地提醒丈夫，在繁华的京城不要因美丽的诱惑而意乱神迷。

因为无法见到妻子，秦嘉又特意写诗相赠，“不获面别，赠诗云尔”（《赠妇诗序》）[3]。秦嘉《赠妇诗》其一：“人生譬朝露，居世多屯蹇。忧艰常早至，欢会常苦晚。念当奉时役，去尔日遥远。遣车迎子还，空往复空返。省书情凄怆，临食不能饭。独坐空房中，谁与相劝勉？长夜不能眠，伏枕独展转。忧来如寻环，匪席不可卷。”[4]抒写了不能与妻子见面的孤寂、忧伤。《赠妇诗》其二的最后两句，“贞士笃终始，恩义不可属”[5]，或许是对《答夫秦嘉书》中妻子内心隐忧的回应。

---

1 《全后汉文》卷六六，第834页。
2 《全后汉文》卷九六，第990—991页。
3 吴兆宜、程琰：《玉台新咏笺注》，中华书局，1985年，第30页。
4 《玉台新咏笺注》，第30页。
5 《玉台新咏笺注》，第31页。

相爱但无缘相见的两个人，其“不别之恨”因秦嘉行前的举动而达到高潮。秦嘉《重报妻书》：“车还空反，甚失所望，兼叙远别，恨恨之情，顾有怅然。间得此镜，既明且好，形观文彩，世所希有，意甚爱之，故以相与。并致宝钗一双，价值千金；龙虎组履一緉；好香四种，各一斤；素琴一张，常所自弹也。明镜可以镜形，宝钗可以耀首，芳香可以馥身去秽，麝香可以辟恶气，素琴可以娱耳。”[1]与此信内容直接相关的，除了礼物，还有下面这首诗。《赠妇诗》其三：“肃肃仆夫征，锵锵扬和铃。清晨当引迈，束带待鸡鸣。顾看空室中，仿佛想姿形。一别怀万恨，起坐为不宁。何用叙我心？遗思致款诚。宝钗可耀首，明镜可鉴形。芳香去垢秽，素琴有清声。诗人感木瓜，乃欲答瑶琼。愧彼赠我厚，惭此往物轻。虽知未足报，贵用叙我情。”[2]照诗中所言，“清晨当引迈，束带待鸡鸣”，诗人似乎是在行将启程前，几乎是在最后的时刻，寄送了这些书信、诗篇和礼物。所谓“愧彼赠我厚，惭此往物轻”，看起来是对徐淑此前所寄赠礼物的回馈。

较之前封答书，当别离最终到来，徐淑给出的回复情感浓烈。《又报秦嘉书》：“既惠音令，兼赐诸物，厚顾殷勤，出于非望。镜有文彩之丽，钗有殊异之观，芳香既珍，素琴益好。惠异物于鄙陋，割所珍以相赐，非丰恩之厚，孰肯若斯！览镜执钗，情想仿佛；操琴咏诗，思心成结。敕以芳香馥身，喻以明镜鉴形，此言过矣，未获我心也。昔诗人有飞蓬之感，班婕妤有谁荣之叹。素琴之作，当须君归；明镜之鉴，当待君还。未奉光仪，则宝钗不列也；未侍帷帐，则芳香不发也。”[3]她毫不矜持地呼应了丈夫的“款诚”。其《答诗》则涉及了分别的全过程：“妾身兮不令，婴疾兮来归。沈滞兮家门，历时兮不差。旷废兮侍觐，情敬兮有违。君今兮奉命，远适兮京师。悠悠兮离别，无因兮叙怀。瞻望兮踊跃，伫立兮徘徊。思君兮感结，梦想兮容辉。君发兮引迈，去我兮日乖。恨无兮羽翼，高飞兮相追。长吟兮永叹，泪下兮沾衣。”[4]就秦嘉夫妇“一别万恨”的分离来

---

1 《全后汉文》卷六六，第 834 页。
2 《玉台新咏笺注》，第 31 页。
3 《全后汉文》卷九六，第 991 页。
4 《玉台新咏笺注》，第 32 页。

说，这些传世文献呈现得可算清楚、完整。

不过，两人的往还文字原本可能更多，姑毋论上计前后或平时生活中所会有的交流，单是这次就上计而产生的诗文，就已非全帙。经《艺文类聚》辑存，后为严可均编入《全后汉文》的秦嘉夫妇四通书信，起首、结尾的格式套语失载，当皆为选录。《俄藏敦煌文献》第十六册有一件敦煌藏经洞出土的北朝写卷，编号 12213，命名为《后汉秦嘉徐淑夫妻往还书》，虽有残缺，但存文较完整。这件往还书是秦嘉夫妇第二回往来书信的合卷，其主体部分与前引秦嘉《重报妻书》、徐淑《又报秦嘉书》基本相同，但总字数要多出若干。往还书中提到两人随信还有诗寄赠。秦嘉在"素琴一枚，常吾所弹者"句后，有"歌诗十首，是吾所作"数字；徐淑回书在"素琴益好"之后，也对应有"歌诗宛转，妙□新声"。因写卷残断，徐淑书信的末行文句不全，但她随信也有赠诗，则大致可辨[1]。

"念当远离别，思念叙款曲。"[2] 秦嘉夫妇的这一番诗书往还，表达了自然真挚的儿女情长和平凡细琐的生活感受，是夫妻日常中毫无矫饰的情感交流。围绕着他们看重的生活事件反复抒写、一再赠答，似乎要把思念、憾恨、渴望、惆怅，把他们在生活变故中经受的一切倾力表达出来，把急切地要向对方诉说的言语都写下来。比起当面的诉说，书面文辞所具有的效力其实要更强大，那些微妙、飘忽、深邃的情思尤其适合诉诸文学，它们在文学中拥有比世俗世界中更普遍的合法性，也拥有更多被正视、被理解的机会。至于能够如此贴切地自我表达，把写作作为互通情意的日常交流工具，并使用得如此娴熟，表明诗文不仅已经成为他们生活中不可分割的部分，在有些人生关节，甚至成了生活本身的证明[3]。秦嘉是一名秩级不高的郡吏，又生活于经济、文化相对落后的陇西地区，由此或可对当时社会普遍的写作水平、诗文爱好，做一个大致的推想。或者说，这种善于诗文写作、有文学情愫之士，社会中应当已经有相当数量了。上述几篇诗与

---

1 俄罗斯科学院东方研究所圣彼得堡分所、俄罗斯科学出版社东方文学部、上海古籍出版社编《俄藏敦煌文献》(16 册)，上海古籍出版社、俄罗斯科学出版社东方文学部，2001 年，第 67 页。

2 《玉台新咏笺注》卷一《赠妇诗（其二）》，第 30 页。

3 《诗薮·内编（卷二）》："秦嘉夫妇往还曲折，具载诗中，真事真情，千秋如在。"（《诗薮》，第 26 页。）

文的内容一致，甚至不少词语都相同或类似，良可注意的是，诗与文章在其间的交替使用，体现出作者对诗、文功能区别性对待的意识。书信当然可以表达情感，但与诗歌抒情言志的集中优势相比，前者以其长短、整散不拘的散文句式，表达的方面更广泛，也更擅长清晰、明确地叙事。所以，在要叙述、交代具体事情的时候，他们选择书信；当纯然表达内心情意的时候，他们用诗。将日常琐细的生活情绪、场景、物象，即便信中已经写到的内容，他们也不避重复地重新提炼，组织成诗歌的形式，在诗和文之间转换如此得当、自如，显示出他们已经掌握了两者的自然分工。

夫妇二人的诗文中有一系列具体的生活细节，真实、不乏个人色彩、带些私密性，如“省书情凄怆，临食不能饭。独坐空房中，谁与相劝勉？长夜不能眠，伏枕独展转”“顾看空室中，仿佛想姿形。一别怀万恨，起坐为不宁”“览镜执钗，情想仿佛；操琴咏诗，思心成结。敕以芳香馥身，喻以明镜鉴形……[1]素琴之作，当须君归；明镜之鉴，当待君还。未奉光仪，则宝钗不列也；未侍帷帐，则芳香不发也”。这正是秦嘉夫妇生活和关系中最具特色的面貌！这一段暂时的分离，仿佛成了夫妻间的一个大事件，人生中其他的都无关紧要了，这些全然无关于政教美刺、皇帝声威、经典教训的欢会与别恨，才是最令他们牵挂的生活。对于汉代的上计掾吏来说，上计这件公务直接关系到他们的仕途，这不仅是因为他们代表地方去向朝廷汇报政绩事关重大，还因为在这一过程中他们有可能获得赏识，被中央选留为郎[2]，甚至被直接选用为长吏，如王逸“元初中，举上计吏，为校书郎”[3]。秦嘉应当是具有一定行政工作能力的，因为上计后，他被朝廷除为黄门郎。然而，在秦嘉与徐淑的诗文中，尤其是在秦嘉方面，人生中那些通常被认为重要的价值，比如职务、仕事，所有这些都抵不上夫妇欢聚。这对夫妇通过自身生活中若干特有细节的具体描述，通过真挚的反复倾诉，在哀婉、幽怨中不乏甜蜜，不仅加深了彼此的爱恋和理解，也触动了读者幽微的内心感受。这使本来平凡的世俗生活感情获得了聚焦式的表

1　在“素琴之作”前，《俄藏敦煌文献》之《后汉秦嘉徐淑夫妻往还书》中还有“览镜将欲何施？去秽将欲谁为？”文意因此更为周全。

2　《后汉书》卷五四《杨秉传》：“时郡国计吏多留拜为郎。”（《后汉书》，第1772页。）

3　《后汉书》卷八十上《文苑列传》，第2618页。

达，并因而被放大为醒目的内容，令人感同身受。秦嘉、徐淑化用了《诗经》中的若干语汇，采用了当时社会上流行或乐府歌词中常见的一些诗句，就现代的文学标准来说，他们的作品算不得保持了个人原创写作的纯粹性。即便如此，以如此浅近平易、明白如家常话的语言，传达出令人印象深刻的情真意切、哀婉缠绵，这至少可以让很多人意识到，以简单的语言形式，也可以抒写深挚、动人的情感。

对于汉赋作者而言，由于赋是政权愿意接纳的文体，又被文人提升来上继《诗经》的美刺传统，因此，作为一种被认为具有社会政治效用的文章手段，他们本来希望的是将赋作本身，连带着其社会政治关切，以及赋家的个人诉求，上达于统治者，以权力的顶端作为作品的终结点和归宿。如此设想的文学运动必然是单向的。与之不同，随着诗文写作成为汉末士人生活中常见的方式，大量作品在这个阶层中产生、传播，既然写作者与阅读者的文化程度、思想观念、人生轨迹大致相同，那么作者便无须揣摩受众及其阅读趣味，他可以以自己为基准来设定读者，或者说，他直接表达自我就可以了。同样的，读者熟悉作品中的内容，对作者表达的感受和经历易于共鸣，对涉及或引用的知识和典故有足够的理解。总之，文人基本是为了同他一样的阅读者而写作，读写双方很容易彼此应和、互动，因此，就像秦嘉和徐淑一样，文学有理由成为一种活跃的双向交流形式。

从“润色鸿业”、铺张揄扬的散体大赋到抒情言志的短篇诗文辞赋，盛衰之变不仅表现在体式、篇幅和题材上，更重要的，乃是文人的文学价值及追求的转变。从先前事关君主、朝廷、政教、美刺这类崇高、严肃的重大主题，文学正转向日常生活中的平常事情和经历；从强调体国经野、治事莅民的宏大外在铺叙，转向个体真实自然的内心世界和自我愉悦的生活情调。没有庄严的创作意图，也基本不担荷沉重的责任要求，与之相关，那些遥远、空洞的政治理念和道德教训，都逐渐弱化。文学的目的、功用，文学中的角色形象、题材场景，诗赋的风格、调式，在发生全方位的变化。现在，文人们开始专注个人性的经历和感受，呈现自己最日常的生命体验，诗文更加贴近个性化的自我和呼吸与共的生活，唯其如此，文学才有可能成为广泛、持续的人生需要。

八、写作的日常化和题材的扩大

当人们意识到文学可以表现日常生活中自由、自在的自我，写作的发生就会变得十分平易，也因而影响到题材内容。东汉中后期以降，文人写作的题材，尤其是赋，明显趋向多样化。除了《二京赋》《思玄赋》《归田赋》《应间》，张衡还写有《髑髅赋》《冢赋》《舞赋》《定情赋》，以及《同声歌》等。马融在《广成颂》外，还有《长笛赋》《围棋赋》《樗蒲赋》《琴赋》等。在百多篇诸体文章中，蔡邕的赋作题材范围更加广泛，《述行赋》《释诲》等汉代文人相沿成习的主题和形式外，亦有《笔赋》《蝉赋》《弹琴赋》《弹棋赋》《团扇赋》《伤胡栗赋》《短人赋》《瞽师赋》等若干咏物、写人之作，还有《青衣赋》《检逸赋》《协初赋》《协和婚赋》《静情赋》一类关涉男女之情的作品。借助于文学这一种富于修饰性的语言艺术，文人士大夫乐于表现他们个人的生活情趣、爱好和身边事物，这不能不导致题材的扩大和文学内容的平凡化。

蔡邕的《青衣赋》描述了士大夫与地位微贱的美女间感伤、悱恻的爱情经历："金生沙砾，珠出蚌泥。叹兹窈窕，生于卑微。盼倩淑丽，皓齿蛾眉。玄发光润，领如蝤蛴。纵横接发，叶如低葵。修长冉冉，硕人其颀。绮袖丹裳，蹑蹈丝扉。盘跚蹴蹀，坐起低昂。和畅善笑，动扬朱唇。都冶妩媚，卓跞多姿。……明月昭昭，当我户扉。条风狎猎，吹子床帷。河上逍摇，徙倚庭阶。南瞻井柳，仰察斗机。非彼牛女，隔于河维。思尔念尔，惄焉且饥。"[1]作者尽情描绘身份低卑的婢女的美貌，毫不掩饰地倾诉对她的爱恋和思念。同样值得关注的是，蔡邕这篇或许带有自传成分的赋作，很快获得了批评性回应，有文才、善草书的张超[2]，作《诮青衣赋》予以指责："彼何人斯，悦此艳姿。丽辞美誉，雅句斐斐，文则可嘉，志

1 《全汉赋校注》，第 923 页。个别字句从龚克昌等《两汉赋评注》，山东大学出版社，2011 年，第 884 页。

2 《后汉书》卷八十下《文苑列传》，第 2652 页。

鄙意微。”[1]同时代的读者及时做出了意见反馈，并且将这种批评形之于文学的方式。尽管张超的意见并不主要基于文学本身，但由此表现出的文本关注和舆论评价，对于文学的活跃、发展，却不能不说是具有积极意义和刺激作用的。

这类关涉男女之情的作品，虽然被张超批评为“文则可嘉，志鄙意微”，但与后来以风流名世的文人不同，后者往往在男欢女爱、青楼冶游中获得感性的快乐和生命的放纵，在艳遇、幽会之类带有自叙传色彩或者纯然设拟的场景、情节中，寻求某种情愫的释放和抚慰。东汉末年固然世俗享乐情绪蔓延，但与后世相比，浮浪、狎邪的生活趣味和方式似乎尚未在文人中间流行。使用华辞丽藻、富于美感和情韵地描写耳目之好、声色之娱，早已见诸汉代赋作，除了一些歌舞题材的作品，以“七”命名的体式中最为易见。枚乘《七发》之下，就现存文本而论，傅毅《七激》、崔骃《七依》、张衡《七辩》、崔琦《七蠲》、王粲《七释》等，赋中铺排一系列世俗生活享乐的美好，如宫馆、饮食、歌乐、女色等。赋家驰骋想象、施展才情，不遗余力地描写美女的姿态、情致，呈现其动人的魅力，但是他们自己并不厕身其中，成为与美女有亲密关系的男主人公。即使如《古诗十九首》歌唱“燕赵多佳人，美者颜如玉”，主张人生要“荡涤放情志”，其中也实在说不上有什么艳冶、轻薄的风情。

文人在生活中的敏感性和表达意识明显增强了。抒写人生中那些切己的欢欣与伤痛令他们得到安慰，他们开始习惯于通过文字媒介把自己袒露出来，不惮于在作品中接二连三地呈现自己的生活和感情。文学比任何其他文字形式都更适合真实、生动地呈现内在的自我，只有在文学的语境里，抒情言志才是自然的，即使表露隐秘的私人生活和细致具体的内心感受，也不至于被认为唐突、矫揉、无病呻吟。就对自我的全面表达来说，文学具有最当然的合法性，真实在这里仿佛获得了无可辩驳的正当性。对于乐于表达的文人，平常生活中给他们以触动和满足的，即使细微、短暂，也是值得写下来的；即使不那么雅驯、背离了圣贤教训，他们也不加回避。“荡涤放情志，何为自结束？”“不如饮美酒，被服纨与素。”“人

1 《全汉赋校注》，第959页。

生寄一世，奄忽若飙尘；何不策高足，先据要路津？无为守贫贱，坎坷长苦辛。”“昼短苦夜长，何不秉烛游？为乐当及时，何能待来兹？”《古诗十九首》中这些率性、颓废的诗句，显然不合于正统的人生价值观和社会意识形态，但是这些出自毫不掩饰的人性，坦率、赤裸裸的声音，它们是多么容易引起人们的共鸣！这些不知姓名的下层文人们一定是被抛出了既定的生活、利益轨道，在经历了人生的磨难、挫折之后，触及了生命的严酷、看透了生活的真相、偏离了思想的正轨，从而以对自身内在体验的正视，撕开了古老的教义规训与鲜活的生命存在之间的隔膜。他们这些因为离经叛道，初听起来不免显得放肆，甚至粗野的感慨和主张，经过后来数代文人的消化、吸收，最终积淀为经典性的生命意识和生存感受。当他们直率地歌唱自己的情感，无论是游子的忧伤和放浪，失志者的怅惘和不羁，还是生命的快意和幻灭，在以《古诗十九首》为代表的汉末作品中，这一切都显得那么贴切、真挚。诗歌，这一种最能够体现文学的美感，同时在汉代被充分经典化、抽象化了的写作形式，再一次变得与人的生命体验、生活感受息息相关。

记录生活的点滴，呈现内心的波动，文学写作正越来越深刻地契入文人的生命历程，成为他们直接生活的产物。随着文学渐次聚拢向短篇散什，风格趋于清丽晓畅，就更便于不择时地地进行写作。有人折了蔡氏祠堂前的栗树，蔡邕作《伤胡栗赋》[1]。太子曹丕求得大臣钟繇的玉玦，兴奋地致书后者，并“奉赋一篇，以赞扬丽质”[2]。酒宴上，在欢聚、谈笑之间，与会者当场赋诗作文成为风气，“百官大会，祖饯于长乐观。议郎蔡邕等皆赋诗”[3]。章陵太守黄射大会宾客，人有献鹦鹉者，请祢衡赋之，“衡揽笔而作，文无加点，辞采甚丽”[4]。刘桢“在曹植坐，厨人进瓜，植命为赋，促立成”[5]。写作经常发生得非常平易，成文也相当迅速，在那些士大夫聚集的社交场合，它看起来像是已经被默认为一项多数人都可能具备的常规技艺，

1 《全汉赋校注》，第 934 页。
2 曹丕《与钟繇谢玉玦书》，林久贵、胡涛编著《曹丕全集：汇校汇注汇评》，崇文书局，2021 年，第 174 页。
3 《后汉书》卷八十下《文苑列传》，第 2650 页。
4 《后汉书》卷八十下《文苑列传》，第 2657 页。
5 刘桢《瓜赋序》，《建安七子集》，第 205 页。

至少他们被认为应当是有阅读兴趣和欣赏能力的。原先见之于汉武帝的“上有所感，辄使赋之”，那种由个别言语侍从之臣奉诏完成的快捷写作，在士人的社会活动中已相当普遍，成为他们共同遣兴中所常采用的方式。

写作成了朋友间日常问询的话题，新太子曹丕致书友人吴质：“顷何以自娱？颇复有所述造不？”[1]文人时常互赠诗文，或者就用为文雅的私人交际工具，以之问候酬对，文学已成为士人日常表达和人际关系维系的一般方式。蔡邕《答卜元嗣诗》：“斌斌硕人，贻我以文。辱此休辞，非余所希。敢不酬答，赋颂以归。”[2]徐干《答刘桢诗》：“与子别无几，所经未一旬。我思一何笃，其愁如三春。”[3]王粲《赠蔡子笃诗》：“及子同寮，生死固之。何以赠行？言授斯诗。”[4]与士人人际交往的活跃相一致，书信的使用频率明显增加，私人书札最可见出文人生活的艺术化倾向，并体现日常写作的广泛程度。张奂《与延笃书》：“唯别三年，无一日之忘。京师禁急，不敢相闻。岂不怀归？畏此简书。”[5]蔡邕《书》：“侍中执事，相见无期。惟是笔疏，可以当面。”[6]孔融《与曹公论盛孝章书》：“岁月不居，时节如流。五十之年，忽焉已至。公为始满，融又过二。海内知识，零落殆尽，惟会稽盛孝章尚存。其人困于孙氏，妻孥湮没，单孑独立，孤危愁苦。若使忧能伤人，此子不得复永年矣。”[7]曹丕《又与吴质书》：“岁月易得，别来行复四年。三年不见，《东山》犹叹其远，况乃过之，思何可支？虽书疏往返，未足解其劳结。”[8]他们借着书信互通声气、联络感情，就像孔融《与韦休甫书》中所说的“遣书通心”[9]。曹植与杨修书信往来甚数，《与杨德祖书》：“数日不见，思子为劳，想同之也。”[10]他们在书信中商量学问、谈论文章、品评人物，表达彼此的欣赏和赞美。孔融《答虞仲翔书》：“示

---

1 《文选》卷四二《又与吴质书》，第 592 页。
2 《汉诗》卷七，逯钦立辑校《先秦汉魏晋南北朝诗》，中华书局，1983 年，第 193 页。
3 《建安七子集》，第 144 页。
4 《建安七子集》，第 80 页。
5 《全后汉文》卷六四，第 822 页。
6 《全后汉文》卷七三，第 872 页。
7 《建安七子集》，第 22 页。
8 《文选》卷四二，第 591 页。
9 《建安七子集》，第 19 页。
10 《文选》卷四二，第 593 页。

所著《易传》，自商瞿以来，舛错多矣。……曩闻延陵之理乐，今睹吾子之治《易》，乃知东南之美者，非但会稽之竹箭焉。"[1] 曹植《与吴季重书》："得所来讯，文采委曲，晔若春荣，浏若清风，申咏反复，旷若复面。"[2] 吴质《答东阿王书》："信到，奉所惠贶，发函伸纸，是何文采之巨丽，而慰喻之绸缪乎！"[3] "此等尤属眼前景色，口边谈吐，极平常，极真率"，钱穆在《读〈文选〉》中高度称赏建安书札："至是而文章与生活与心情，三者融浃合一。"[4] 总之，他们使用优美的文辞来抒写日常生活中的离愁和思念，以至于将书信在交流音讯的实用功能基础上，提升为展示文字艺术和才情的形式，使自然、平常的人际情意，因为审美愉悦而焕发出格外动人的感染力。

写作的日常化，使得这一种技能在士人中越来越习见，也因此拥有了更广泛学习、更普遍掌握的社会土壤。只有不依附政治权力而能充分显示自身的特性，并因而具有众多的从事者，文学才是真正获得了独立的地位和广阔的可能。只有当平淡、平凡的日常经验，成为文人写作稳定的灵感来源，才可以认为他们是对生命具有了真正的兴趣和表现的能力。东汉后期以来，闲逸生活所培植起来的人生方式和情趣，拓宽了文学的空间，也造就了特有的审美爱好和风尚。文人的活动、情感和趣味在诗赋文章中日益增多地显示，逐渐发展成文人的文学。"文人文学"并不仅仅意味着是文人写出来的作品，而是强调，在以士阶层相对完整的人生形态、生活方式的成型为基本前提之下，采用了文人熟悉的语言和修辞方式，体现了文人自身的审美标准，表现了他们的价值理想、人生经历和心态感受。随着文人表达自己生活和情感的作品增多，文学中的人物形象明显不同了。除了章表奏议这类政治性文体，以皇帝为代表的权势者在文字写成物中所占份额逐渐缩小，诗文中有关文人自身的形象在扩大和显化。具体地说，文学作品中的人物形象已经很少是《尚书》和汉大赋中君主、皇帝这类最高政治人物；也几乎不再是《诗经》里谏劝天子、指斥同僚的卿大夫，敦睦

---

1 《建安七子集》，第 18 页。
2 《文选》卷四二，第 595 页。
3 《文选》卷四二，第 595 页。
4 《中国学术思想史论丛》(三)，第 111 页。

亲族的贵族君子，或者久戍不归的征夫和乡野间的农夫；即使先前宫廷中与君主调笑、戏谑的言语侍从之臣，此时也隐没了。宋玉，尤其是东方朔、枚皋等，这些文人因为渍染了俳优弄臣式的身份标记，在历史中不得已发生了形象扭曲与丑化。虽然权利有限的文人遭受皇帝君王调笑的事情历代不绝，但文人开始成为文学中主要的、正面的角色形象，乃是明显的事实。东汉晚期以来，诗赋文章愈来愈多地描写士大夫文人的平常生活，抒发他们的人生感受，作品中的人物形象也因此而更加整齐。简言之，文人文学中的人物角色或者内在的情感形象，越来越成为文人自己。

文人文学既然普遍、全面地显示了文人生活和精神的独特性，就必然要反映以出处进退为概括的人生分野及其矛盾统一。需要指出的是，闲逸状态中的个人生命体验和日常感受，抒写这些仕事之外、之余的生活内容，并不是对诗赋已经奠定的政教传统的代替和覆盖，毋宁说，这是对原先的文学领域和功能的拓展、补充。与穷与达、失意与得志的两大人生状态相对应，文人文学既包括那些以社会政治参与和经邦济世的伟大志向为内容的公开表达，将文学用作追求政治理想、践履社会责任的工具；也包括他们相对私人性的，以落拓或闲适的日常生活和放达逍遥的人生体验为基调的作品。前者代表了传统的经典文学价值，后者则是新兴的写作趣味。从根本上来说，正是通过这两方面的综合，文学在庄严、宏大中能够不失人性的温暖、真挚，在个体的日常中依然能够深化人生的意义。由此，文人不仅树立起文学的自信，还得以维持自身的特质和价值，并在长期的历史中不断塑造着“文人”这个人物形象的丰富性。

九、文学之趋向写实性

汉赋，尤其是散体大赋，往往采用普遍性的态度来表现事物，注重描写事物的一般特性和状况。这些描述有许多基于想象和知识的理之当然。淮南小山《招隐士》的山水之状，是显而易见的拟设之境。《七发》极力描摹琴音、饮食、游观、校猎等感官美好，将各种相宜的词汇、比喻、典故集结在一起，以呈现人们心目中最典型的效果，表现普遍完美性状态。“龙门之桐，高百尺而无枝，中郁结之轮菌，根扶疏以分离。上有千仞之峰，下临百丈之谿。湍流溯波，又澹淡之。其根半死半生，冬则烈风漂霰飞雪之所激也，夏则雷霆霹雳之所感也。朝则鹂黄鳱鴠鸣焉，暮则羁雌迷鸟宿焉。独鹄晨号乎其上，鹍鸡哀鸣翔乎其下。”[1] 其中写到用来制琴的桐木，以夸张的对句，着意刻画其生长环境的不同寻常。此后乐器类的赋作大抵沿袭这种对器木非凡特性的描述，王褒《洞箫赋》进一步铺张扬厉，马融《长笛赋》也仍然骋辞摛藻。按照《长笛赋序》的说法，此作起于作者在公务余暇，卧闻客游子的笛音有感而发，不过创作缘起的真实经历，并不改变整篇赋作在普遍完美性的写作方向上，对竹笛极尽形容、夸饰、渲染之能事，竹子生长环境的孤危险峻，制作之不易，笛音的美妙以及“穷妙极巧”的多种风格，当作者将各种所能想象到的相关描述集中组织在一起，其所呈现的无外乎是概念中应当如此的总合式印象。

在大赋“推类而言”的铺陈中，这种普遍性、一般性描述，不仅依靠赋家的语言能力，还要调动其博物知识、生活经验和丰富的想象。《上林赋》有一段对水流的著名描写：“君未睹夫巨丽也，独不闻天子之上林乎？左苍梧，右西极，丹水更其南，紫渊径其北；终始霸浐，出入泾渭；酆鄗潦潏，纡余委蛇，经营乎其内。荡荡兮八川分流，相背而异态。”至此基本是对上林苑中“八川分流”景象的写实性叙述，接下来就以想象之辞，对各种水势进行了穷形尽相的刻画、形容：“汩乎浑流，顺阿而下，赴隘陕之口。触穹石，激堆埼，沸乎暴怒，汹涌滂濞，泌沸宓汩，湢测泌瀄，横流逆折，转腾潎洌，澎濞沆瀣，穹隆云挠，蜿灗胶戾，逾波趋浥，莅莅下濑，批巖衝壅，奔扬滞沛，临坻注壑，瀺灂霣坠，湛湛隐隐，砰磅訇礚，潏潏淈淈，湁潗鼎沸，驰波跳沫，汩急漂疾，悠远长怀，寂漻无声，肆乎永归。然后灏溔潢漾，安翔徐徊，翯乎滈滈，东注大湖，衍溢陂池。”[2] 赋中水流经过或曲折或平缓的不同地势、地域，其声音、状貌从湍急、激荡到浩漾、汹涌，呈现出长流程中所可能具有的多种变化。赋家描绘的不是眼前的实景，不是限于某一特定时空中的具体景象，而是基于对江河湖泊川流状态的普遍认知和全方位的悬想，他的描写是超时空的。

《子虚赋》《上林赋》描述了一个空前广大的空间系统，赋家多方铺

---

1 《文选》卷三四，第 479 页。

2 《史记》卷一一七《司马相如列传》，第 3016—3017 页。

展，“其土则”“其石则”“其东则”“其南则”“其上则”“其下则”，又以若干“于是乎”分别领起不同的物类和活动。由于列举尽可能多同类事物及其状貌，在词语的不断叠加中，固然造成了目不暇接的丰盛感，但物态、声貌的刻画，大多只限于同一层次上的各种局部，如山石之高峻不平、林木之枝条扶疏，平行铺陈中又缺乏连续性和内在衔接，所以尽管描绘精工、形容繁复，却并不容易造就一幅整体性的山水图景。从结构上来说，一些段落之间相对的平行性，使得这些构成单位实际上可以随时拆分、重新组合。这些单元的组合与其说是为了表现客观真实，结合《西京杂记》中相如那句著名的说法，“赋家之心，苞括宇宙，总览人物”，不如说，相当程度上是借助作者纵恣的想象力，充分运用其广博的知识，通过辞藻的排比，精心配搭成一个琳琅满目、匠心巧具的积木式世界，展示令人亢奋的物质繁盛、生活华美景象。正是这种集合式的“巨丽”效果，使它显现出超乎实存的梦幻感。

与之不同，同样出自司马相如之手的《哀二世赋》，则具有一种源自真实场景的现场感：“登陂阤之长阪兮，坌入曾宫之嵯峨。临曲江之隑州兮，望南山之参差。岩岩深山之谾谾兮，通谷𧮪兮谽𧯋。汩淢噏习以永逝兮，注平皋之广衍。观众树之塕薆兮，览竹林之榛榛。东驰土山兮，北揭石濑。弥节容与兮，历吊二世。”[1]这是作者亲见秦二世陵墓之后的触景生情之作，他跟从汉武帝至长杨宫狩猎，“还过宜春宫，相如奏赋以哀二世行失也”。赋中再现式地具体描述了秦二世陵所在的宜春苑附近的山川景象，虽然玮字的使用多少造成了语言的陌生化，使得对文意的理解不那么直接，但赋家写实性的描绘还是历历可见。不过总体来说，“在西汉时代，人们艺术经验的积累还不很丰富，尤其是描绘事物情状的作品还并不多”[2]。

就作品与生活现实的关系而言，那些名声显赫的大赋，如《子虚赋》《上林赋》《甘泉赋》《两都赋》《二京赋》等，重在表达普遍性的经验和观

---

1 《史记》卷一一七《司马相如列传》，第 3055 页。

2 《汉魏六朝辞赋》，第 52 页。

念，写出通常如此的或人们以为应当如此的状态[1]。大赋侈陈名物、组合物类，由于其常见方法是将若干事物罗列在一起，这使它难以再有针对性地一一进行具体描绘，所以只有以概括性的一般描述，以具有普遍通行性的笼统写法，才可能对同一类别下这些不同事物的性状同时予以满足。而另有一些赋作，偏重于表达作者的个人生活和情绪，它们往往由赋家刻骨铭心的亲身经历所激发，为目睹的周边事物和当前景象所触动，穿插着此时此地的真实体验。对于秩级有限，并不免自觉失意、潦倒的文人来说，那些给予他们深切创痛的所历所感，既攀附不上皇帝、天下的宏大堂皇，也几乎难以赋予什么观念价值的尊崇高尚；通过具体的、个性化的描述，表现出唯其本人所具有的独特性，乃是他们在历史中所可能留下的最鲜明印记。当他们把呈现个体特有的经历和感受作为赋作重心的时候，写实性的增加就在所难免了。

班彪《北征赋》自述其在两汉之际社会动乱中的一段行旅经历："余遭世之颠覆兮，罹填塞之厄灾。旧室灭以丘墟兮，曾不得乎少留。遂奋袂以北征兮，超绝迹而远游。""纷吾去此旧都兮，騑迟迟以历兹。遂舒节以远逝兮，指安定以为期。涉长路之绵绵兮，远纡回以樛流。过泥阳而太息兮，悲祖庙之不修。释余马于彭阳兮，且弭节而自思。"[2]虽然仍旧明显地模仿和化用《楚辞》的语句，但赋家也努力贴合本人身世，并嵌入一些自铸的新词，以尽可能呈现其具体行程和个人性的感慨。基于个体真实的具体化，汉代文学的这一新趋势在赋，特别是述行赋中发展明显，康达维对此有详细述论："《北征赋》清楚地表现了到西汉末期为止，'赋'作为一种表达个人情绪的重要工具的发展程度。叙述真实的旅途而不是幻想的旅途，这一点是这个时期的赋更加个人化的明显反映。这个时期的赋也表现出在时间、地点和表达个人意见方面的进一步具体化。"[3]

1 宇文所安在论陆机《文赋》时注意到了诗、赋不同的文体属性："诗和赋在处理事物的方式上刚好相反，诗表现事物处在某一特定条件下的样子，而赋描写事物一般'是'什么样子或'应该是'什么样子。"（《中国文论：英译与评论》，第78页。）

2 《文选》卷九，第142、143页。

3 《康达维自选集：汉代宫廷文学与文化之探微》，第172页。作为对比，康达维继续写道："在更早期的赋中，即使是那些'贤人失志之赋'或'骚赋'也不会把叙述具体化到某一事件和地点。即使他心中真有其事，他的立场在赋篇中也是表现得十分客观（他经常作为一个不偏不倚的外部观察者来记录他自己的行动），体现不出他个人的意见。"

在以述行、序志为题材的赋作中，文人通常“感今思古”，借用丰富的史事、故实，把对古往今来政治兴衰、人物成败的慨叹，与自我境遇的写实性描述糅合为一体。即便如此，一些作品，至少是其中的若干片段，其自传性写作的态度业已清晰可辨。崔篆“临终作赋以自悼，名曰《慰志》”：“愍余生之不造兮，丁汉氏之中微”；“嗟三事之我负兮，乃迫余以天威”；“乃称疾而屡复兮，历三祀而见许”；“皇再命而绍恤兮，乃云眷乎建武”;“辟四门以博延兮，彼幽牧之我举”[1]，这些语句乃是作者对其个人生平和社会时势的真实概括和写照。“衍不得志，退而作赋”，冯衍的《显志赋》同样是基于个人身世经历的内心独白：“陟雍畤而消摇兮，超略阳而不反。念人生之不再兮，悲六亲之日远。陟九嵕而临嶻嶭兮，听泾渭之波声。顾鸿门而歔欷兮，哀吾孤之早零。何天命之不纯兮，信吾罪之所生；伤诚善之无辜兮，赍此恨而入冥。嗟我思之不远兮，岂败事之可悔？”地点、行程的具体化，家庭变故的真实性，然而冯衍似乎还嫌自我曝露得不够显豁，意犹未足地又附加了一篇“自论”以为说明：“常务道德之实，而不求当世之名，阔略杪小之礼，荡佚人间之事。正身直行，恬然肆志。顾尝好俶傥之策，时莫能听用其谋，喟然长叹，自伤不遭。久栖迟于小官，不得舒其所怀。抑心折节，意凄情悲。……况历位食禄二十余年，而财产益狭，居处益贫。惟夫君子之仕，行其道也。虑时务者不能兴其德，为身求者不能成其功。去而归家，复羁旅于州郡，身愈据职，家弥穷困，卒离饥寒之灾，有丧元子之祸。……乃作赋自厉，命其篇曰《显志》。显志者，言光明风化之情，昭章玄妙之思也。”[2]《显志赋论》作为汉代少有的长篇赋序，详细叙述此赋的写作因由，把“年衰岁暮，悼无成功”的个人不得志，毫不掩饰地披露出来。对于冯衍来说，赋的写作、自我的表述，显然是人生中重要并快意的行为，他愿意表达，他也愿意被表达，他甚至唯恐赋本身不一定能叙述得清楚明白，所以会再配合序文进一步予以补充说明。

赋序显示了赋家对作品态度的郑重。蔡邕《述行赋序》也自述写作的背景、缘起：“延熹二年秋，霖雨逾月。是时梁冀新诛，而徐璜、左悺等

1 《后汉书》卷五二《崔骃列传》，第1705—1706页。

2 《后汉书》卷二八下《冯衍传》，第989、985—987页。

五侯擅贵于其处。又起显阳苑于城西。人徒冻饿，不得其命者甚众。白马令李云以直言死，鸿胪陈君以救云抵罪。璜以余能鼓琴，白朝廷，敕陈留太守发遣余。到偃师，病不前，得归。心愤此事，遂托所过，述而成赋。”[1]对作品的产生前后予以说明，这意味着，在作者看来，与作品的写作相关联的遭遇、人物、事由，也构成了作品完整性的一部分，要准确理解作品，就不能止于文本本身，而应当扩展到作品产生的前因和背景，甚至作者的整个生活。这是对读者阅读态度的一种提醒：即使是当代作品，也需要更为全面的理解维度和阅读的严肃性。

汉代辞赋虽然有显而易见的因循、模拟风习，但赋家们，尤其是那些声名卓著的赋家，还是努力避开与前代作品的重复，设法写出一些独有的面貌。真实的描写往往会产生一种直率的透辟感，当文人的内心感受越深重，他就越不可能在应景式的物象罗列和陈陈相因的文字中获得满足，被刺痛的人生意志会激发起作者的原创力，将内心积郁外发于文，采用更个性化的语汇，自主地写出独特的人生，如此，文学就成为真正切己的。刘歆《遂初赋》在“垂意乎边都”之下，展开对五原地区荒寒景象的连续性描绘：“野萧条以寥廓兮，陵谷错以盘纡。飘寂寥以荒昒兮，沙埃起而杳冥。回风育其飘忽兮，回飐飐之泠泠。薄涸冻之凝滞兮，茀溪谷之清凉。漂积雪之皑皑兮，涉凝露之隆霜。扬雹霰之复陆兮，慨原泉之凌阴。激流澌之漻泪兮，窥九渊之潜淋。飒凄怆以惨怛兮，慽风漻以冽寒。兽望浪以穴窜兮，鸟胁翼之浚浚。山萧瑟以鹍鸣兮，树木坏而哇吟。”[2]作者力图完整地刻画他所亲见、亲历的北方的严寒和萧条，除了李陵《答苏武书》中对塞外深秋景象的简短描述，可以说，这是文学中迄今为止相对陌生的内容。为此，刘歆不得不捕捉、提炼新的物象，组织、结撰新的词语，发挥个人的语言表现力，以生动地再现他因“排摈”而被迫遭遇的这段刻骨铭心的经历，并寄寓其生命感受，“叹征事而寄己意”。唯有详细写出这种前所未见的严酷景象及环境气氛，他个人的遭际和痛苦才是真实可信的，他方才觉得不辜负所承受的苦难和不公正。

东汉初马第伯的《封禅仪记》是篇相当出色、独特的叙事性文章。这

1 《全汉赋校注》，第911—912页。

2 《全汉赋校注》，第318页。

篇“寂寥千载”之作[1]，记述了建武三十二年光武帝前往泰山封禅一事，作为活动的参加者，马第伯详细记录了这一重要仪典的具体过程，可惜已非全帙。但由见存的部分，仍然能领略作者令人赞赏的叙事艺术，他以写实、自然的笔调，把自己的一些亲身经历描述得真实、新奇，同时又不失分寸感。文中写到作者与同僚一起，要预先验视祭祀设施，他们一早开始登泰山：

> 是朝上山骑行，往往道峻峭，下骑，步牵马，乍步乍骑，且相半，至中观留马。去平地二十里，南向极望无不睹。仰望天关，如从谷底仰观抗峰。其为高也，如视浮云。其峻也，石壁窅窱，如无道径。遥望其人，端如行朽兀，或为白石或雪，久之白者移过树，乃知是人也。殊不可上，四布僵卧石上，有顷复苏。亦赖赍酒脯，处处有泉水，目辄为之明。复勉强相将行，到天关，自以已至也，问道中人，言尚十余里。其道旁山胁，大者广八九尺，狭者五六尺。仰视岩石松树，郁郁苍苍，若在云中。俯视溪谷，碌碌不可见丈尺。遂至天门之下。仰视天门，窔辽如从穴中视天。直上七里，赖其羊肠逶迤，名曰环道，往往有绠索，可得而登也。两从者扶挟，前人相牵，后人见前人履底，前人见后人顶，如画重累人矣，所谓磨胸捍石，扪天之难也。初上此道，行十余步一休，稍疲，咽唇燋，五六步一休。牒牒据顿，地不避湿暗，前有燥地，目视而两脚不随。早食上，晡后到天门。……日入下去，行数环。日暮时颇雨，不见其道，一人居其前，先知蹈有人，乃举足随之。比至天门下，夜人定矣。[2]

这部分很像一篇泰山游记。这一难得的特殊经历，一定使作者大为震撼，马第伯结合以比喻，极力写出他本人在山中的所见、所感、所经受，在一再摹绘、形容山之高峻险要的同时，重点记述了他们一行人攀登的艰困不堪。文章以简洁、明净的语言风格，写实性刻画出这些宫廷官宦人物一路

---

1 《管锥编》(三)，第 1577 页。

2 《后汉书》志第七《祭祀上》注，第 3167—3168 页。又见应劭《汉官仪》《汉官六种》，第 175—181 页；《全后汉文》卷二九，《全上古三代秦汉三国六朝文》，第 632—634 页。

的疲累窘迫，无论僵卧瘫软、咽干唇焦，还是登攀者前后若相叠累，有如扪天之难，种种狼狈都惟妙惟肖，唤起读者如临其境之感。这是汉代少有的描述细致真实、绘声绘色的文章，在历史的罅隙中，总是会有一些意想不到的突破，展现出人们不被题材和文体的既定模式所框限的可能。

就作品的亲历感和现场感而言，汉末王延寿的《鲁灵光殿赋》可以说是另一个范例。整篇作品无疑是基于作者的实地观看经验，谢承《后汉书》也说此赋起于王延寿遵父命“往录其状”[1]。在“瞻彼灵光之为状”的总述之后，赋家便循着观看顺序依次描述：“于是乎乃历夫太阶，以造其堂。俯仰顾眄，东西周章”，“遂排金扉而北入”，“于是详察其栋宇，观其结构”，“尔乃悬栋结阿，天窗绮疏”，“于是乎连阁承宫，驰道周环”[2]，由外入内，由南而北，在每一单元、段落中又逐一细写其局部，结构清晰，提顿分明，叙述层次有秩序。这种带有作者视角的写生性描述，虽然不像述行、序志赋一样多用“余”“我”“吾”的人称代词，却也依然显示了作者的在场。

“到蔡邕的时代，赋和整个中国文学在时间、地点和个人观点表达上都有具体化趋势。”[3]蔡邕《述行赋》不仅行程的写实性和具体性增加，而且作为赋中抒情主人公又兼具作者身份的“余”，其形象性和存在感都明显增强了。“余有行于京洛兮，遘淫雨之经时。涂屯邅其蹇连兮，潦污滞而为灾。乘马蹯而不进兮，心郁伊而愤思。聊弘虑以存古兮，宣幽情而属词。夕宿余于大梁兮，诮无忌之称神。哀晋鄙之无辜兮，忽朱亥之篡军。”赋的开头即表现出浓郁的抒情气息，秋雨阴曀的天气，艰难辛苦的旅程，幽愤抑郁的心情，沿途城邑曾经发生过的令人哀戚伤痛的古史旧闻，所有这些方面都具有情绪上的一致性。作者以路途所经为结构线索，将各地的史事、人物连缀起来，并以自己的感情为尺度，来选取典故及切入角度。这些史事故实的叙述，每句的首字大都用动词拎起，还常常采用了“哀”“忿”“憎”“悼”等带有明显感情色彩的动词。历史的陈迹与故典，

1 谢承《后汉书》卷五：“父逸欲作《鲁灵光殿赋》，令延寿往录其状。延寿因韵之，以简其父。父曰：‘吾无以加也。’”［《八家后汉书辑注》（修订本），第167—168页。］

2 《文选》卷一一，第169—171页。

3 《康达维自选集：汉代宫廷文学与文化之探微》，第182页。

眼前的景物与气候，作者的行旅与感慨，几方面不断交错描述，与作品中内在的人物形象紧紧绞合在一起，在回旋往复中，形成几股线索交织、感情基调集中的立体结构。“玄云黯以凝结兮，集零雨之溱溱。路阻败而无轨兮，涂泞溺而难遵。率陵阿以登降兮，赴偃师而释勤。壮田横之奉首兮，义二士之侠坟。伫淹留以候霁兮，感忧心之殷殷。并日夜而遥思兮，宵不寐以极晨。”[1] 作者不断描写行进途中的气象、风景，使作品在获得写实感的同时，还以赋体文学中难得的感性意味，增加了抒情性和亲近感。

就汉代文学来说，两汉之际，特别是东汉后期以来逐渐增加的写实性，并非表示诗赋文章通篇逼真地摹写自然景象等客观事物，而是意味着，从作者日常的观察和感受出发，依照自然的法则，描绘眼睛所见到的特定状态下的事物，表现当下具体的自我和自我的感受；而不是，或不主要是依据传统的模式和套路，从想象或知识出发，叙述一般性的存在状态或者事物应当有的样子。朱穆《郁金赋》：“岁朱明之首月兮，步南园以迴眺。览草木之纷葩兮，美斯华之英妙。布绿叶而挺心，吐芳荣而发曜。众华烂以俱发，郁金邈其无双。比光荣于秋菊，齐英茂乎春松。远而望之，粲若罗星出云垂。近而观之，晔若丹桂曜湘涯。”[2] 在夏季四月南园繁茂的花草中，赋家远望、近观，对郁金详加描写、形容，只是这些描写和形容未免流于浮泛、笼统，更像是概念中的完美存在。

到了汉末建安时期，文人在诗赋中所呈现的风物景象，具有更鲜明的自然写实色彩。曹丕《登城赋》：“孟春之月，惟岁权舆。和风初畅，有穆其舒。驾言东道，陟彼城楼。逍遥远望，乃欣以娱。平原博敞，中田辟除。嘉麦被垄，缘路带衢。流茎散叶，列倚相扶。”[3] 初春天气和美，广阔的平原上，长势良好的麦子覆盖了田野陇亩。要写出令自己欢欣不已的这一派美好景象，作者就必须寻找到贴切的语言来传达眼前特有的真实，如实地描写、有个性地形容成为文人努力的方向。同时，由于精练短小的赋作内容上的简要、单一，就消除了散体大赋先前描述容易流于一般性、普遍性的写法。王粲《登楼赋》以相关的历史地理知识来配合他亲眼看到的

1 《全汉赋校注》，第 912、913 页。

2 《全汉赋校注》，第 839 页。

3 《曹丕全集：汇校汇注汇评》，第 13 页。

实景："登兹楼以四望兮，聊暇日以销忧。览斯宇之所处兮，实显敞而寡仇。挟清漳之通浦兮，倚曲沮之长洲；背坟衍之广陆兮，临皋隰之沃流。北弥陶牧，西接昭丘。华实蔽野，黍稷盈畴。虽信美而非吾土兮，曾何足以少留。"[1] 其《从军诗》之三："从军征遐路，讨彼东南夷。方舟顺广川，薄暮未安坻。白日半西山，桑梓有余晖。蟋蟀夹岸鸣，孤鸟翩翩飞。征夫心多怀，恻怆令吾悲。下船登高防，草露沾我衣。回身赴床寝，此愁当告谁？身服干戈事，岂得念所私？即戎有授命，兹理不可违。"[2] 诗人以清新、自然的语言和写实性的态度，描述了随军征战东吴的个人经历，以及他在这一过程中复杂的情感体验，具有浓厚的实地感。"永日行游戏，欢乐犹未央。遗思在玄夜，相与复翱翔。"刘桢这首《公讌诗》接下来描述欢乐华美的娱游景象，园中夜月下的树木、川流、花鸟、馆阁，给予他强烈的感官冲击，"生平未始闻，歌之安能详？投翰长叹息，绮丽不可忘"[3]。既然前所未见的美好情景已经令以往的文学经验失效，诗人只能竭力组撰新词汇，来描绘这不一般的美景[4]。

如果文人们习惯了用自己的眼睛来观看事物，他们自然也想要尽可能用文字表达出这种独特的观察。虽然在不少诗赋中还常常存在着常规性的物象描写，一些耳熟能详的前代套语和当世流行的习语不绝于文，但是越来越多的作者已经开始自觉尝试，从实地观察和切身体验中提炼出新鲜、恰当的语言，写出具有个人色彩的观感和经验，并曝露平日里掩藏在普遍性之下的特殊时刻，那使人猛然间意识到自我的时刻。

十、诗歌成为重要的自我表达方式

汉代文学总的说来不以个体抒情见长。在民间或者通行于皇室贵胄的娱乐性文字之外，士人的写作一向以章表奏议之类政治文书为大宗，以诗赋为代表的美文，长期以来以政教化为公开的价值标榜和导向。韦孟《讽

---

1 《文选》卷一一，第162页。

2 《建安七子集》，第90页。

3 《文选》卷二十，第283页。

4 蓝旭论汉末咏物赋与东汉初中叶之不同，其中一点便是前者"倾心于对物象之美的欣赏和细腻描绘"。（《东汉士风与文学》，第257页。）这一特点其实不限于咏物赋。

谏诗》，韦玄成《自劾诗》《戒子孙诗》，傅毅《迪志诗》，这些为数有限的四言之作，不只形式上模仿《诗经》，更在言志、讽谕的诗歌立意上自觉实践明德、兼济的价值主张。“季夏既望，暑往凉还。逍遥讽诵，遂历东园。周旋览观，憩乎南藩。睹兹茂蓼，结葩吐荣。猗那随风，绿叶紫茎。爰有蠕虫，厥状似螟。群聚其间，食之以生。于是悟物托事，推况乎人。”[1] 与司马相如差不多同时的孔臧，他在这篇《蓼虫赋》中所展示的日常生活，或许与后来文人的没有什么实质性不同，无非是休闲式的“逍遥讽诵”，在园中“周旋览观”。他观察到，也概括地描写了园中植物的茂盛、美好，但是不止于此，孔臧显然还要赋予这篇小赋更深刻的道德揭示，正是这一道德寓意才有资格成为赋作的核心。于是他托物况人，以蠕虫为喻，告诫膏粱子弟切勿安逸骄纵，“逸必致骄，骄必致亡”。对于道德主题的看重，使得作者甚至不在意作品前后两部分因此而来的明显差异感。

汉代四百年间当然有一些作品是“发愤抒情”的，但是经世致用、有益于政治教化，对文章功用这种富于社会价值感的公开宣扬，使得陈政、美刺，具有凌驾于文人自我表达之上的观念权利和现实动力。对于文人自身来说，服从、服务于政治权力和意识形态权威，既合乎社会文化规范，也与他们的现实利益相一致。而且，当他们的共同体还没能充分发育并活跃起来的时候，如果不曾得到皇帝或其他权势人物垂青，他们纯粹个体的声音难以在社会中发出回响。《答客难》《解嘲》，或者《遂初赋》《北征赋》《显志赋》这类自我慰藉、辩解的述志抒情之作，即使其作者足够著名，基本上也只能局限在有限的范围内，断续地发生影响。与大赋所张扬的恢宏气势、煊赫声威相比，失意之士的个人悲愁和哀叹，单薄、微弱到似乎不足为时代所在意。

但是文人文学的发展必然意味着，他们在诗赋文章中发出的声音，终将成为超乎他们自身的社会存在。东汉晚期，文人越来越活跃，他们不仅直率地表现自我，而且文学社会传播效力的持续增强，使得即便全然私人生活领域的诗文，也很容易流传于世，从而事实上就放大了他们的声

1 《孔丛子校释》卷七《连丛子上》，第450页。

音，扩大了他们的影响。秦嘉赠诗给妻子，感叹“忧艰常早至，欢会常苦晚”[1]。郦炎在《见志诗》中表达年轻、豪迈的生命志气：“大道夷且长，窘路狭且促。修翼无卑栖，远趾不步局。舒吾陵霄羽，奋此千里足。超迈绝尘驱，倏忽谁能逐。”[2]《古诗十九首》更是无顾忌地释放情感，显示了强烈的自我表现性。赋的抒情性也明显增强。赵壹“恃才倨傲，为乡党所摈，乃作《解摈》。后屡抵罪，几至死，友人救得免。壹乃贻书谢恩”，并“为《穷鸟赋》一篇”；“又作《刺世疾邪赋》，以舒其怨愤”[3]。即使如赵壹自言“余畏禁，不敢班班显言”，《穷鸟赋》仍然令人印象深刻地表现了“内独怖急，乍冰乍火”的个人身世之感，其篇幅简短、主题凝练，与诗歌的抒情效果相当接近。甚至蔡邕篇幅较长的《述行赋》，其感怀方式和抒情气质，也显现出汉末文学整体上向诗歌趋近的倾向。[4]

诗歌中的人生情调与先前明显不同了。在政治权威丧失、意识形态涣散的局面下，尤其是在汉末国家凋敝、战乱不息、天灾人祸连年、民众流离丧亡的直接刺激下，多年来按部就班的安身立命流程和社会出路都紊乱、失效而令人无所适从，体仁达义行道的人生进取和积极有为，仿佛沦为过时的话语系统，生活中的一切看起来虚幻而不可靠，人们对于现世存在所曾抱有的毋庸置疑态度不能不发生动摇。“欢乐”原是汉代社会中的常用语词，“欢乐无极”“长乐未央”，但是《古诗十九首》中的“欢乐”已经变了基调。“斗酒相娱乐，聊厚不为薄”“不如饮美酒，被服纨与素”“为乐当及时，何能待来兹？”这是诗人们在察觉了生命的脆弱、前途的渺茫之后的苦中作乐，反映了一种既定的、不证自明的秩序瓦解时，常常会出现的幻灭感和虚无情绪。生命短暂、易逝的真实经验既悲痛又无奈，在不断叠加的这种感同身受中，以今日、现时为关注点，他们敏锐、细腻地捕捉到了人生的变动不居及其在巨大时空中的渺小。“人生天

1 《玉台新咏笺注》，第 30 页。

2 《后汉书》卷八十下《文苑列传》，第 2647—2648 页。

3 《后汉书》卷八十下《文苑列传》，第 2628—2630 页。

4 钱穆在《读〈文选〉》中谈到与京都等大赋不同，纪行、游览赋“文心之由外转内”的时候说：“此两类题材，主要在以作者自我入文中，并以自我作中心，而尤必以作者自我当境之心情作中心。于外面铺陈之中，而兼内心之抒写。若以前四类为赋体之正，则此二类乃赋体之变。循此以往，终于转落诗境。”[《中国学术思想史论丛》(三)，第 128 页。]

地间，忽如远行客”“人生寄一世，奄忽若飙尘”“所遇无故物，焉得不速老”“浩浩阴阳移，年命如朝露。人生忽如寄，寿无金石固”，这些生命体验和感悟既具体又抽象，既感性又理智。眼前风物的变化带来季节、时序的推移之感，时光流逝的单纯感受，在离乱、黯淡的时代里，使他们格外强烈地体味着绝望、不安。先秦、西汉时期，就整体社会经验来说，时间大都表现为永恒绵延的稳定流动，它是不曾令人疑问的，人们普遍期望长寿安康。但是现在，“生存多所虑，长寝万事毕”[1]，文人们看到了生命的美好，也哀叹着生命的艰辛、苦难和转瞬即逝，事实上，这两种情绪是内外表里、彼此强化的。“昼短夜苦长，何不秉烛游？”如此聚焦于人自身，聚焦于人现世的存在本身，短暂与永恒、死亡与享乐，就成了诗歌的主题。

与文人集群、文人文学的成形同步，文人特有的艺术气质和敏感性愈来愈鲜明。从热闹、忙碌的官场，从紧张、复杂的社会政治关系和局势中后退，以淡静的人生追求、闲逸的生活情趣为所好的士人们，自然容易形成一种清雅的生活和审美趣味。同时，文人对事物的兴趣和感受世界的方式、角度也逐渐在调整，从中滋生出文人化的诗意、诗情。《诗大序》宣称诗歌是人受到外部环境的激发而产生，而且这外部环境主要是时代的社会政治表现，但汉末，激发起诗人情绪的已经不限于“治世”“乱世”的社会形势，他们看起来很容易被耳目所及的平常事物、景象所触动，自然风景、物候成为更直接地感发诗情的客观因素。刘桢《赠五官中郎将》：“秋日多悲怀，感慨以长叹。终夜不遑寐，叙意于濡翰。”[2]阮瑀《七哀诗》：“临川多悲风，秋日苦清凉。客子易为戚，感此用哀伤。”[3]王粲《从军诗》：“悠悠涉荒路，靡靡我心愁。四望无烟火，但见林与丘。城郭生榛棘，蹊径无所由。萑蒲竟广泽，葭苇夹长流。日夕凉风发，翩翩漂吾舟。寒蝉在树鸣，鹳鹄摩天游。客子多悲伤，泪下不可收。”[4]诗人灵感的生发或者说诗情的外溢，既自然又自动，面对秋日景色，他们不仅能够熟练地唤起自己的情感，而且可以迅速地使之与外界自然物象建立起恰当的对应。在

---

1 孔融《临终诗》，《建安七子集》，第 3 页。

2 《建安七子集》，第 189 页。

3 《建安七子集》，第 160 页。

4 《建安七子集》，第 91 页。

表达细腻、敏锐的内在体验时，大量采用自然景物，以促发当下之感，这是文人与自然之间关系亲和的结果。作为人生活、生产的场所和背景，很长一段时期里，人对自然的感受是不经意，甚至消极的。现在，当文人们不再视其为困苦、险阻之地，仔细观赏，甚至亲近它，愿意在其中居停栖息，他们便会把自己投射在景物中，使后者成为自我观感的一部分，成为诗人情感的寄托与对象物。

与之前诗赋中常见的直接抒情、说理，以及按照设想中应该有的状态来刻画景物不同，对生活环境中目之所见的真实景象的描写，不仅扩大了诗歌题材，而且使诗人的情感在与自然的融渗中，获得了有机的外延，从而拓宽了诗境，丰富了情感表现的维度和方法。王粲《七哀诗》其二抒写久滞难归的客游者的忧伤，诗中的情感形象呈现出明显的整体性和相较工细的写意效果。

荆蛮非我乡，何为久滞淫？
方舟溯大江，日暮愁我心。
山冈有余映，岩阿增重阴。
狐狸驰赴穴，飞鸟翔故林。
流波激清响，猴猿临岸吟。
迅风拂裳袂，白露霑衣衿。
独夜不能寐，摄衣起抚琴。
丝桐感人情，为我发悲音。
羁旅无终极，忧思壮难任。[1]

此时此地的一切，诗人情不能已地被触动。方舟、大江、日暮、山冈、余映、岩阿、重阴等，对于乱世中寄居他乡久不能归的游子，触目所及，仿佛都在展现、提醒、加剧着他的离情。诗中写到的景象，是诗人眼睛摄取，又在心灵过滤之后所留下的情绪见证，贴合他的目见与心历。对这些悲凉意象的选取，当然伴随着他以往的经验和知识的作用。后半段集中描

1 《建安七子集》，第 87 页。

述羁旅中孤独的诗人形象，拂裳袂、濡衣衿，以及夜寐、摄衣、抚琴，尽管忧思中诗人的举动是轻微、有限的，甚至因为化用了之前和当时社会中流行的语句而不免有因袭感，诗人生命情绪与客观物象的融合尚算不得浑融天成，但整首诗依然不容忽视的鲜明、有力。结尾四句，感情、悲音、羁旅、忧思，把全诗的情绪都申明，并缩结在了一起，同时与开头的“日暮愁我心”相呼应。综之，在《七哀诗》中，诗人以人生和情感的亲身历验为组织线索，将本来分散、不相干的物象统合成一体，最终创化为客游者悲秋的情境和形象。

文人文学一方面在增加写实性因素，表现由眼前之目见所促发的当下之思，直接从生活环境、自然景象中触类兴感；另一方面又趋向建构凝练、含蓄的诗歌意境，以超离平凡浅近的日用世俗。夫妻、情侣、朋友间的别离，社会生活中的失意，对人生或者当前时光的伤感，这些内省式的抒情本来大都发生在特定时空中的特定人物身上，不过随着情感表现内在化程度的加深，诗歌以其日趋文人化的语言方式和情境塑造，又在消解着指向的具体明确。徐干《情诗》表现闺中女子孤寂、哀怨的相思。

高殿郁崇崇，广厦凄泠泠。
微风起闺闼，落日照阶庭。
峙嵋云屋下，啸歌倚华楹。
君行殊不返，我饰为谁荣。
炉薰阖不用，镜匣上尘生。
绮罗失常色，金翠暗无精。
嘉肴既忘御，旨酒亦常停。
顾瞻空寂寂，惟闻燕雀声。
忧思连相嘱，中心如宿酲。[1]

在古老的《诗经》中，思妇哀愁的表达是单纯、率直的，《王风·君子于役》：“鸡栖于埘，日之夕矣，羊牛下来。君子于役，如之何勿思！”这些

1 《建安七子集》，第144—145页。

歌唱从乡土气息浓厚的质朴生活和实际经验出发，植根于早期农业文明固有的生活条件和自然环境，朴素而明豁。徐干的《情诗》虽然也以思妇的情绪为重点，但比较而言，它的表现却并非那么直接。虽以“我”自称，不过整首诗更像来自旁观者的刻画；其对别离情绪的抒写，主要依靠对生活场景的呈现。借助于想象、设拟，各种物象被密集地描绘在一起——经过汉赋，这种罗陈式的物质描绘早已被接受为普遍习用的写作方式，从而构造起一个华奢的独立诗歌情境，用来表现主题，烘托气氛，并暗示主人公的性别和大致身份，进而引发读者的各种联想。

具体来说，在“高殿”“广厦”“闺闼”“阶庭”“云屋”“华楹”这些高大、富丽的建筑元素之后，诗人以“君行殊不返，我饰为谁荣”两句直白式抒情，将场景由室外转至室内，转向更加贴近人物的一连串身边日常细物。“炉薰”“镜匣”“绮罗”“金翠”，以及“嘉肴”“旨酒”，它们的闲置和被忽视，见出了人物在华贵生活中的无聊赖。由实写物象而暗示了动作，由展示场景而映衬了情绪，以华美、寂寞的室内景象传达出女子幽隐的哀怨。诗的出发点已经不是对远行者的牵挂。在文人张大其辞的描写、抒情中，整个基调已经失去了家的温暖和生活气息，而更像是被遗弃者清冷、孤独中的自我哀怜。以此为例，文人诗文开始表现出对清幽、孤寂气氛的偏好，清雅的风格后来演化为典型的文人审美趣味之一，这种远离喧嚷、热闹的世俗生活，非大众化的审美格调，只会进一步彰显士阶层本身的独特性。

以日后稳定的诗歌评价标准而论，单就情与景的内在和洽，《情诗》意境的营造显然是不够圆融的，各种元素在情绪、性别的统一性上尤显驳杂。“啸歌”一词很可能借用自《诗经·小雅·白华》“啸歌伤怀，念彼硕人”，暗寓怀人之意。不过,“啸歌”“倚楹”就其通常的含义来说[1]，似乎更适于男性角色；“嘉肴”“旨酒”对于清寂、幽怨的女性形象来说，未免显得过于欢快、粗犷；“高殿”“广厦”这样尺度的建筑，与温婉精致的闺中气质也不大凑泊。文人们终将建构起不仅合乎自身生活趣味、审美理想，并具有内在谐调、流畅性的诗歌意象世界，不妨认为，汉末这些参差错杂

1 《诗经·召南·江有汜》“其啸也歌”，郑玄笺云：“啸，蹙口而出声。”（毛亨传，郑玄笺，陆德明音义：《毛诗传笺》，孔祥军点校，中华书局，2018 年，第 29 页。）

的现象，不过是文人诗歌在探索过程中必然的痕迹。

《情诗》中的“我”不是一个被指实了的形象，“我饰为谁荣”仿佛一句流行的套语，更像是对前面“君行殊不返”的本能回应和平衡。“所谓伊人，于焉逍遥。”“生刍一束，其人如玉。”与《诗经》中这类舒朗、松缓的语句不同，整体而言，汉末文人五言诗在注重写实性描绘的同时，又开始有所虚化，以建构有待意会的诗歌境界：大量采撷物象、描写景物、锤炼典故，使所表达的情绪意象化、形象化；力求语言精练、紧凑，搭配灵活，少用或不用指示代词、量词、介词、语气词等，使词语的组合更具跳跃性和不确定性。林庚谈到诗歌语言的发展时说：“语言的诗化，具体地表现在诗歌从一般语言的基础上，形成了它自己的特殊语言；这突出地表现在散文中必不可缺的虚字上。如‘之’‘乎’‘者’‘也’‘矣’‘焉’‘哉’等，在齐梁以来的五言诗中已经可以一律省略。这绝不是一件简单的事情。……而某些字的能否省掉不过是测量语言的精练性和灵活性的一个见证而已。”[1] 毫无疑问，诗歌的特殊语言方式正在开始形成，诗人们已不自觉地趋向对空灵、含蓄、言外之意的美学理想的追求。要理解这种超越日常语言的诗歌，需要依赖一定的阅读经验和对文学语言的熟悉。换言之，阅读、欣赏本身也是需要经验和训练的。随着文人文学的逐渐成熟，在文言文这一社会单一的书面语言系统之内，更加精美的诗歌语言也处于相对分化中，它与士人日常的实用写作，与行政文书和学术著作所使用的一般语言都有所不同，不仅有其偏好的语汇、风格和修辞手段，还带着其特有的感受事物、呈现情貌的方式。正如后世文论家所总结的：“是以诗人感物，联类不穷。流连万象之际，沈吟视听之区；写气图貌，既随物以宛转；属采附声，亦与心而徘徊。故‘灼灼’状桃花之鲜，‘依依’尽杨柳之貌，‘杲杲’为出日之容，‘瀌瀌’拟雨雪之状，‘喈喈’逐黄鸟之声，‘喓喓’学草虫之韵。‘皎日’‘嘒星’，一言穷理；‘参差’‘沃若’，两字穷形。并以少总多，情貌无遗矣。虽复思经千载，将何易夺。”[2] 虽然刘勰纯以《诗经》举例，但文人文学，尤以诗歌为显著，自东汉晚期开始，在相应的语汇之外，还逐渐尝试形成一套特有的审美感知和反应机制。文人

1　林庚《唐诗的语言》，《唐诗综论》，商务印书馆，2011 年，第 90 页。

2　《文心雕龙注释·物色》，第 493 页。标点有所调整。

们试图以此建立起属于他们自己的文学世界。

凭借着思想文化的经典地位，几百年来，“诗”“诗人”几乎成为专属于《诗经》的名词。在长期的诵读、引用中，这一部经典以士人熟稔的无数成词、句式、意象，早已构成一个诗化的语言系统，并产生了带有一定约制效用的语言秩序，即使汉末建安诗人们已经可以纯熟地写作五言诗了，他们在选用四言的时候，基本上还是会自然而然地被辖制到《诗经》特有的语言、风格系统中去。然而，与当初强调汉赋与古典四言诗的前后流变关系不同，新兴的五言诗不被要求接续《诗经》的余绪，它未被及时纳入正统诗歌体系当中，甚至可以说，它是既有的政治文化秩序之外的产物。以五言这一种新诗体为代表，诗歌重新找回其言志抒情述怀的普遍性权力，人们可以不受拘束地用诗来表达生活中平常的欢乐和悲哀。要之，人们终于从经典的笼罩和规范下解放出来，不仅以写诗为立身扬名的方式，而且可以在其中自由地、自主地表现自我。

作为新的文学样式，五言诗缺乏足够直接的写作范本和现成规则。然而，与诗教系统相疏离的在野地位，同时也给予了文人相当程度的自由，任由他们在题材、旨趣、语言、修辞，以及功能等各个方面，自主地尝试、发挥、创造。为了尽可能真实、贴切地呈现自己所遭遇、所耳闻目睹的现实生活，他们即时提取、锤炼适用的语言和意象，大量采用具有个人性和时代色彩的新鲜语汇。文人们终于在文学中获得了解放，从经典性的《诗经》《楚辞》，以及汉大赋所累积起来的传统文学模式中摆脱出来。原先在“诗教”精神的支配下，诗、赋这两种最先被认可的文学性文类，曾经屡屡表现出美刺意识和政教要求，现在则不得不进行调整。换言之，五言诗的兴起意味着，不仅五言诗，整个文学都有必要脱出“诗”的谱系，不再作为《诗经》的衍生物而存在，不再被视作“古诗之流”，也毋庸在“古之诗人”与“今之辞人”之间平衡、挣扎，从而作为独立的文体，不受或少受“诗教”的藩篱。新兴的五言诗在汉末尚有一系列未确立规范之处，距离其稳定、成熟还有一段距离，但即使文人们的文学意识仍有待进一步廓清，我们也将发现，以诗文为主体的中国文学面貌和格局已经基本确立。

第七章　“文人”集群的成型与特点

以个体形式存在的文人，如屈原，特别是宋玉、司马相如，早已出现。但是就文学范围广泛、基础稳固的演进来说，一个具有规模的写作者群体，其产生并获得社会认可，既是必不可少的前提条件，也是重要表征之一。

在文学持续发展的基础上，“文人”作为一个人物类别，在汉末表现出明显的群体特性，即具有清晰辨识度的社会形象特征。文人的集群特性不仅与他们的作品相关，更直接来自于对这些人的行为、品性、学养等特点的认知。良可注意的是，因为擅长写作而获得声誉的文人，他们的整体社会评价较为负面，在德行、政治功业方面尤其容易受到诋诃。文学内在的特性愈来愈显化，而与此同时，对文人的评价却长期受制于士阶层的综合性价值原则，这两方面的不对应，不能不说是中国古代文学传统中一个意味深长的矛盾。

一、东汉写作者及作品增多

汉朝的写作者及其作品数量逐步增多。仅就两汉之际而论，举其荦荦大者，除了著述丰厚的刘向、扬雄，据史书各本传，桓谭在《新论》外，“所著赋、诔、书、奏，凡二十六篇”[1]。冯衍，“所著赋、诔、铭、说、《问交》、《德诰》、《慎情》、书记说、自序、官录说、策五十篇”[2]。班氏父子除了撰述《汉书》，班彪“所著赋、论、书、记、奏事合九篇”[3]；“固所著

1 《后汉书》卷二八上《桓谭传》，第 961 页。

2 《后汉书》卷二八下《冯衍传》，第 1003 页。

3 《后汉书》卷四十上《班彪列传》，第 1329 页。

《典引》、《宾戏》、《应讥》、诗、赋、铭、诔、颂、书、文、记、论、议、六言，在者凡四十一篇”[1]。此外如杜笃、傅毅、贾逵、崔骃等人的文章著述也都相当可观。汉代写作之盛的局面令王充颇为感奋，他在《论衡》中一再说道:“汉作书者多。”[2]“汉家极笔墨之林，书论之造，汉家尤多。”[3]“文章之人，滋茂汉朝者，乃夫汉家炽盛之瑞也。……方今文人并出见者，乃夫汉朝明明之验也。”[4]

“汉作书者多”的趋势日益显著。以和、安帝为大致分界，东汉后期，不仅写作者、作品数量明显增加，文体形式和内容题材相应丰富，而且写作者的社会分布较前广泛，不少名士大夫或高官显宦参与其事。据《后汉书·胡广列传》:“初，杨雄以《虞箴》作《十二州二十五官箴》，其九箴亡阙，后涿郡崔骃及子瑗又临邑侯刘騊駼增补十六篇，广复继作四篇，文甚典美。乃悉撰次首目，为之解释，名曰《百官箴》，凡四十八篇。其余所著诗、赋、铭、颂、箴、吊及诸解诂，凡二十二篇。”[5]《李固传》:“固所著章、表、奏、议、教令、对策、记、铭凡十一篇。”[6]《朱穆传》:“所著论、策、奏、教、书、诗、记、嘲，凡二十篇。”李贤注引《袁山松书》曰:“穆著论甚美，蔡邕尝至其家自写之。”[7]《延笃传》:延笃“能著文章”，“所著诗、论、铭、书、应讯、表、教令，凡二十篇云”[8]。《皇甫规传》:“所著赋、铭、碑、赞、悼文、吊、章表、教令、书、檄、笺记，凡二十七篇。”[9]《张奂传》:“所著铭、颂、书、教、诫述、志、对策、章表二十四篇。”[10]《刘陶传》:为《尚书》《春秋》训诂，撰《中文尚书》，“陶著书数十万言，又作《七曜论》、《匡老子》、《反韩非》、《复孟轲》，及上书言当世便事、条教、赋、奏、书、记、辩疑，凡百余篇”。[11]这些“能著文章”者

1 《后汉书》卷四十下《班固传》，第1386页。
2 《论衡校释·案书》，第1170页。
3 《论衡校释·对作》，第1182页。
4 《论衡校释·超奇》，第616页。
5 《后汉书》卷四四《胡广列传》，第1511页。
6 《后汉书》卷六三《李固传》，第2089页。
7 《后汉书》卷四三《朱穆传》，第1473页。
8 《后汉书》卷六四《延笃传》，第2103、2108页。
9 《后汉书》卷六五《皇甫规传》，第2137页。
10 《后汉书》卷六五《张奂传》，第2144页。
11 《后汉书》卷五七《刘陶传》，第1849、1851页。

都是当世名臣，往往连在公卿大位，其中胡广三十年间历事六帝，“一履司空，再作司徒，三登太尉，又为太傅”；李固为郡守、大司农、太尉；延笃为京兆尹；皇甫规、张奂都曾任度辽将军、郡守；宗室刘陶虽然官职没有那么尊显，但自为太学生始就在社会政治舞台上积极活跃。总之，这些上层士大夫都是具有实际影响力的政治人物，参与朝廷的重要决策，负责机构或辖区的军政管理。他们不仅文章数量多，而且作品颇受赞誉，在社会中传播较广，这表明，写作已经普遍化为士人常见的技能，甚至公卿大臣政务之余也把它作为值得表现于外的修养和才能。这不能不对文章写作的名声和作品的进一步兴盛推波助澜。

至于东汉后期的著名文人，他们的社会知名度很大程度上似乎来自其综合性的才学和多方面的著作能力。张衡通五经，贯六艺，“善机巧，尤致思于天文、阴阳、历筭”，“作浑天仪，著《灵宪》、《筭罔论》”，“复造候风地动仪”，“所著诗、赋、铭、七言、《灵宪》、《应间》、《七辩》、《训诰》、《悬图》凡三十二篇”，又在汉史撰作上有补缀之能[1]。马融“善鼓琴，好吹笛”，为世通儒，“著《三传异同说》。注《孝经》、《论语》、《诗》、《易》、《三礼》、《尚书》、《列女传》、《老子》、《淮南子》、《离骚》，所著赋、颂、碑、诔、书、记、表、奏、七言、琴歌、对策、遗令，凡二十一篇”[2]。蔡邕“好辞章、数术、天文，妙操音律”，“其撰集汉事，未见录以继后史。适作《灵纪》及十意，又补诸列传四十二篇，因李傕之乱，湮没多不存。所著诗、赋、碑、诔、铭、赞、连珠、箴、吊、论议、《独断》、《劝学》、《释诲》、《叙乐》、《女训》、《篆执》、祝文、章表、书记，凡百四篇，传于世”[3]。

西汉前期就有父子俱擅文章者[4]，后来写作也像经术一样扩大为家族性风习。涿郡崔篆明经、有文章，其孙崔骃“年十三能通《诗》、《易》、《春秋》，博学有伟才，尽通古今训诂百家之言，善属文”，“所著诗、赋、铭、

1 《后汉书》卷五九《张衡列传》，第 1897—1898、1909、1940 页。

2 《后汉书》卷六十上《马融列传》，第 1972 页。

3 《后汉书》卷六十下《蔡邕列传》，第 1980、2007 页。

4 《诗薮·外编·周汉》：“汉词人父子相继者，枚、刘、班、马，世所共知。然庄忌子庄葱奇，又助为忌侄，此三庄者，世所罕悉。又张子侨张丰父子，并有著述，见汉《艺文志》中。”（《诗薮》，第 127 页。）

颂、书、记、表、《七依》、《婚礼结言》、《达旨》、《酒警》合二十一篇”[1]。崔骃子崔瑗“高于文辞，尤善为书、记、箴、铭，所著赋、碑、铭、箴、颂、《七苏》、《南阳文学官志》、《叹辞》、《移社文》、《悔祈》、《草书执》、七言，凡五十七篇。其《南阳文学官志》称于后世，诸能为文者皆自以弗及”。崔瑗子崔寔著有《政论》一书，又曾著作东观，“所著碑、论、箴、铭、答、七言、祠、文、表、记、书凡十五篇”。崔寔从兄崔烈也“有文才”[2]。崔瑗之同宗崔琦“以文章博通称”，“所著赋、颂、铭、诔、箴、吊、论、《九咨》、《七言》，凡十五篇”[3]。《后汉书·崔骃列传》论曰：“崔氏世有美才，兼以沉沦典籍，遂为儒家文林。”[4]涿郡崔氏无疑是经学与文学的双重世家，所谓世家，须得同质的学养、才能、成就持续几代并若干年以上，崔篆母“能通经学、百家之言”，崔寔母“博览书传”，这部分表明了其家族内部风气浸淫之深。汝南应氏的写作偏好不同，其著述成果十分丰硕。应奉“著《汉书后序》，多所述载”。李贤注引《袁山松书》曰：“奉又删《史记》、《汉书》及《汉记》三百六十余年，自汉兴至其时，凡十七卷，名曰《汉事》。”及党事起，应奉“追愍屈原，因以自伤，著《感骚》三十篇，数万言”[5]。应奉子应劭笃学博览，“删定律令为《汉仪》”，“撰具《律本章句》、《尚书旧事》、《廷尉板令》、《决事比例》、《司徒都目》、《五曹诏书》及《春秋断狱》凡二百五十篇。……又集驳议三十篇，以类相从，凡八十二事”；著《汉官礼仪故事》《状人纪》《中汉辑序》《风俗通》等，“凡所著述百三十六篇。又集解《汉书》”。应劭侄子应玚、应璩，也“并以文才称”[6]。

虽然为文人立传早已有之[7]，但如《后汉书》——甚或更早些时候的其

1 《后汉书》卷五二《崔骃列传》，第 1708、1722 页。

2 《后汉书》卷五二《崔骃列传》，第 1724、1731、1732 页。

3 《后汉书》卷八十上《文苑列传》，第 2619、2623 页。

4 《后汉书》卷五二《崔骃列传》，第 1732 页。

5 《后汉书》卷四八《应奉传》，第 1607—1608、1609 页。

6 《后汉书》卷四八《应劭传》，第 1612—1614、1615 页。

7 《梁书》卷四九《文学列传上》序曰：“昔司马迁、班固书，并为《司马相如传》，相如不预汉廷大事，盖取其文章尤著也。固又为《贾邹枚路传》，亦取其能文传焉。”（姚思廉：《梁书》，中华书局，1973 年，第 685 页。）

他东汉史书——以“文苑传”的形式[1]，有意识地集合若干文人及其作品，对于直观地了解东汉写作的整体情况，十分有帮助：杜笃“所著赋、诔、吊、书、赞、《七言》、《女诫》及杂文，凡十八篇。又著《明世论》十五篇”；王隆“能文章，所著诗、赋、铭、书凡二十六篇”；史岑“著颂、诔、《复神》、《说疾》凡四篇”；夏恭“善为文，著赋、颂、诗、《励学》凡二十篇”；其子夏牙“著赋、颂、赞、诔凡四十篇”；傅毅“著诗、赋、诔、颂、祝文、《七激》、连珠凡二十八篇”；顺次还有黄香、刘毅、李尤、李胜、苏顺、曹众、曹朔、刘珍、葛龚、王逸、王延寿、崔琦、边韶、张升、赵壹、刘梁、刘桢、边让、郦炎、侯瑾、高彪、张超、祢衡。与前述那些声名显赫的文人和富于文才的公卿大臣不同，这些文苑之士虽然文章知名，但因才干、学养、个性、机遇、社会关系、家庭背景等各种各样的原因，大都难以获得更多、更大的政治发展和擢升机会。他们其实也是当时和以后时代里最普遍的文人类型。他们的作品数量虽然不少，却主要集中在诗、赋、颂、诔、书等若干种，东汉后期碑文的写作亦见增多；在文体的具体分布上，与公卿大夫式文人有所差异，章、表、奏、议、教令这类政治实用性文章明显不是他们的重点。可以想见，由于为官任职，尤其是官居要职的机会少，对政治的参与度较低，他们的写作通常以言志叙事和社交性为主。

二、文人交流的增盛

写作的发展激发了对作品阅读的兴趣，在此基础上，对作者及其写作的评议逐渐兴起，并在传播中不断扩大舆论影响。桓谭不遗余力地一再称赞扬雄及其著述：“今扬子之书文义至深，而论不诡于圣人，若使遭遇时君，更阅贤知，为所称善，则必度越诸子矣。”“桓谭以为绝伦”[2]。在《新论》中，桓谭更把扬雄作为焦点人物，多处记叙其言行，效仿其辞赋，尊

1 周天游考述，范晔《后汉书》中若干传目可能仿谢承《后汉书》而设，“并非范晔所独创”。清人洪饴孙《史目表》列谢承书传目有“文苑传”，汪文台《七家后汉书》辑本亦同，周氏据此认为：“虽皆据范《书》传目推演而成，然从佚文内容分析，亦不无道理。”参看《八家后汉书辑注》（修订本），《前言》第5—6页以及第15、787页。

2 《汉书》卷八七下《扬雄传》，第3585、3583页。

崇其写作，“才智开通，能入圣道，卓绝于众，汉兴以来未有此人也”[1]，甚至直接称之为当代的“孔子”[2]。在整体褒扬写作的基础上，王充在《论衡》中空前广泛而频繁地赞赏写作者，司马相如、扬雄“文丽而务巨”，“文如锦绣”[3]；班固、傅毅等人“赋颂记奏，文辞斐炳”[4]；“著文者，历世希然。近世刘子政父子、杨子云、桓君山，其犹文、武、周公并出一时也”[5]，他几乎称赞了此前汉代所有重要的文人。

尽管司马相如等人在当世就已经建立起赋家的典范地位，但总的说来，在对写作者的评价中，人们很容易持贵古贱今的态度。桓谭回应时人对扬雄著述的质询曰：“凡人贱近而贵远，亲见扬子云禄位容貌不能动人，故轻其书。”[6]王充也说：“夫俗好珍古不贵今，谓今之文不如古书。”[7]“俗好高古而称所闻……长生家在会稽，生在今世，文章虽奇，论者犹谓稚于前人。”[8]不过，在汉代的大多数时期，即使在对当世文人的接受中，人们的评价通常也并非以作品的审美特性为出发点和公开的理由，这不仅指武帝之于枚皋、司马相如赋作，宣帝之于王褒等人作品的喜爱，还包括司马迁、班固对相如等人赋作的那些著名看法，即对“风谏”“风谕之义”之有无的肯定或批评。梁竦“著书数篇，名曰《七序》。班固见而称曰：‘孔子著《春秋》而乱臣贼子惧，梁竦作《七序》而窃位素餐者惭’”[9]。人们常常越过或者根本无视文体的区别，从不同的写作物中，试图得出类似或一体化的阅读结论和看法。就赋而言，尽管阅读效果一定是经由作品的文字艺术而实现，尽管阅读者的感受很大程度上受作品的文字艺术水准所影响，但读者的赞美或批评，几乎都落实或首先落实于作品在政教等方面的现实有用性上。

偏重于社会功用的文学外部批评，其中也不乏有可能触发文学史的朦

1 《新辑本桓谭新论·正经》，第41页。
2 《新辑本桓谭新论·闵友》，第62页。
3 《论衡校释·定贤》，第1117页。
4 《论衡校释·案书》，第1174页。
5 《论衡校释·超奇》，第606页。
6 《汉书》卷八七下《扬雄传》，第3585页。
7 《论衡校释·案书》，第1173页。
8 《论衡校释·超奇》，第615页。
9 《后汉书》卷三四《梁竦传》，第1171页。

胧意识。《后汉书·班固传》:“固又作《典引篇》，叙述汉德。以为相如《封禅》，靡而不典，杨雄《美新》，典而不实，盖自谓得其致焉。”[1]对于班固来说，司马相如《封禅文》、扬雄《剧秦美新》,“皆游扬后世，垂为旧式”[2]，都是前代的传世经典。因此，基于内容、风格、价值倾向对文章及其作者进行评议，并对标这些名作进行新创，有意在纠偏的前提下成就最完善的作品，作为史家的班固在此表现出了强烈的自我意识和清晰的历史定位。不啻此，班彪、班固父子对司马迁与《史记》的褒贬，他们自身的修史实践，以及前后相继的汉史撰著者对各种体例、形式的尝试和修订，还有扬雄、班固对《诗经》《楚辞》以下辞人之赋的批评，都显示出对文人写作进程的历时性认识。可以说，在先秦时代的经典之后，汉人心目中事实上已经形成了以辞赋为主要体现的文学历史的大致线索。

东汉后期士人的社交生活越来越发达，在同乡、同学、同僚、门生故吏、志尚爱好等常见的关系纽带之外，文才也成为相互倾慕、结交的因素。窦章“有文章，与马融、崔瑗同好，更相推荐”[3]；因出身而为乡人所贱的王符，“与马融、窦章、张衡、崔瑗等友善”，这位隐居著书的不仕之士，为同乡的名将皇甫规深相接纳[4]。涿郡崔瑗“与扶风马融、南阳张衡特相友好”[5]；张衡致信崔瑗，与之讨论扬雄的《太玄》[6]；崔瑗撰写《河间相张平子碑》，盛赞张衡“道德漫流，文章云浮。数术穷天地，制作侔造化。瑰辞丽说，奇技伟艺”[7]。一时之富有才情的文人，无论身份、名声、地缘的差异而相结为友，他们互相援引、推重，谈论学理、欣赏文章，并致书作文，表达彼此的倾慕、赞美。《三国志·吴书·张纮传》“纮著诗赋铭诔十余篇”句下，注引《吴书》曰：“纮见楠榴枕，爱其文，为作赋。陈琳在北见之，以示人曰:‘此吾乡里张子纲所作也。’后纮见陈琳作《武库赋》、《应机论》，与琳书深叹美之。琳答曰：‘自仆在河北，与天下隔，此间率少于文章，

---

1 《后汉书》卷四十下，第 1375 页。
2 《文选》卷四八《典引序》，第 682 页。
3 《后汉书》卷二三《窦章传》，第 821 页。
4 《后汉书》卷四九《王符传》，第 1630、1643 页。
5 《后汉书》卷五二《崔瑗传》，第 1722 页。
6 《后汉书》卷五九《张衡传》及注，第 1897—1898 页。
7 《全后汉文》卷四五,《全上古三代秦汉三国六朝文》，第 719 页。

易为雄伯，故使仆受此过差之谭，非其实也。今景兴在此，足下与子布在彼，所谓小巫见大巫，神气尽矣。’纮既好文学，又善楷篆，与孔融书，自书。融遗纮书曰：‘前劳手笔，多篆书。每举篇见字，欣然独笑，如复睹其人也。’”[1] 陈琳对同乡张纮赋作的宣传；张纮对陈琳文章的叹美；陈琳自谦文名，同时又称赞王朗、张纮、张昭的文才；张纮与孔融之间书信的往还，以及彼此在其中倾注的情感，这一段叙述，记载了文人们在南北相隔之间发生的一连串交往、交流。各地文人联系密切，在社会动荡、混乱的汉末时代背景上，发达的人际交往显得格外醒目。《三国志 · 吴书 · 虞翻传》记载：“翻与少府孔融书，并示以所著《易注》。融答书曰：‘闻延陵之理乐，睹吾子之治《易》，乃知东南之美者，非徒会稽之竹箭也。又观象云物，察应寒温，原其祸福，与神合契，可谓探赜穷通者也。’会稽东部都尉张纮又与融书曰：‘虞仲翔前颇为论者所侵，美宝为质，雕摩益光，不足以损。’”[2] 会稽人虞翻把著作送给汉献帝朝廷的大臣孔融，孔融复信热情赞美；在会稽任职的文人张纮也致信孔融，为虞翻此前所遭受的舆论侵诬进行辩护。这种相互交流和沟通，不仅有助于文人结成集群，及时分享写作成果，而且煽炽风气，鼓噪舆论，进一步推动了作品在社会中的传播。评论的社会文化土壤初步形成。

文人已不是孤立的个体。在士人社会交往的关系网络中，来自著名文人的认可、荐拔具有举足轻重的分量；反过来，文人的集聚和呼应又赋予了他以文坛领袖式的社会影响，进一步加强了他的声望。王粲“以文才知名”[3]，“左中郎将蔡邕见而奇之。时邕才学显著，贵重朝廷，常车骑填巷，宾客盈坐。闻粲在门，倒屣迎之。粲至，年既幼弱，容状短小，一坐尽惊。邕曰：‘此王公孙也，有异才，吾不如也。吾家书籍文章，尽当与之。’”[4]“才学显著”的蔡邕不拘年纪、容貌地接纳文学人才，他对文章、著作具有独到的眼光，善于发现，并发自内心地赞赏。王延寿“少游鲁国，作《灵光殿赋》。后蔡邕亦造此赋，未成，及见延寿所为，甚奇之，

---

1 《三国志》卷五三《吴书 · 张纮传》注引《吴书》，第 1246—1247 页。
2 《三国志》卷五七《吴书 · 虞翻传》，第 1320 页。
3 《后汉书》卷五六《王畅传》，第 1826 页。
4 《三国志》卷二一《王粲传》，第 597 页。

遂辍翰而已”[1]。朱穆“著论甚美，蔡邕尝至其家自写之”[2]。王充《论衡》，“中土未有传者，蔡邕入吴始得之，恒秘玩以为谈助”[3]。会稽人赵晔“著《吴越春秋》、《诗细历神渊》。蔡邕至会稽，读《诗细》而叹息，以为长于《论衡》。邕还京师，传之，学者咸诵习焉”[4]。无论辍翰不为、自抄副本，还是引为谈助、推介传播，蔡邕对当世的文章著述，包括一些不甚知名的作者及其作品所表现出的热情，固然源自他本人对写作真诚、强烈的热爱，但借由他非同一般的社会政治、文化影响，无疑就使得那些私人性的写作，或者囿于偏远地域、籍籍无名的著作，增加了在较大范围内广泛流传的可能，它们原本不一定有机会顺利进入公众阅读视野的。

三、政权势力对文人和文学的奖助

在文学作品的社会公共传播渠道和机会十分有限的情况下，来自当权者的赏识，始终是文人及其写作获取社会名声的重要凭靠。当初，汉武帝“方好文词”，也好“文辞士”，“武帝自为太子闻乘名，及即位，乘年老，乃以安车蒲轮征乘”[5]；枚乘之子枚皋，“上得之大喜，召入见待诏，皋因赋殿中。诏使赋平乐馆，善之。拜为郎”[6]；“上读《子虚赋》而善之”[7]，遂将作者司马相如征召至朝廷，一时间，朝廷“辩知闳达，溢于文辞”之士众多[8]。汉武帝的个人爱好，借助于权力的推动，又与经学意识形态彬彬儒雅的气氛相应和[9]，遂使从汉初开始不断孕育的新兴文学潮流顺势而起。“时武帝方好艺文……初，安入朝，献所作《内篇》，新出，上爱秘之。使为《离骚传》，旦受诏，日食时上。又献《颂德》及《长安都国颂》。每宴见，

1 《后汉书》卷八十上《文苑列传·王逸传》，第2618页。
2 《后汉书》卷四三《朱穆传》注引《袁山松书》，第1473页。
3 《后汉书》卷四九《王充传》注引《袁山松书》，第1629页。
4 《后汉书》卷六九下《儒林列传》，第2575页。
5 《汉书》卷五一《枚乘传》，第2365页。
6 《汉书》卷五一《枚皋传》，第2366页。
7 《史记》卷一一七《司马相如列传》，第3002页。
8 《汉书》卷六五《东方朔传》，第2863页。
9 刘勰评价汉武帝的诏策写作：“武帝崇儒，选言弘奥。策封三王，文同训典；劝戒渊雅，垂范后代。”（《文心雕龙注释·诏策》，第215页。）

谈说得失及方技赋颂，昏莫然后罢。”[1]宫廷里与文学有关的活动很多，辞赋、赋颂的谈论和写作十分常见，司马相如、枚皋、严助、王褒和张子侨等赋作者先后活跃于武帝、宣帝身边，“上有所感，辄使赋之”，“有奇异，辄使为文”，“第其高下，以差赐帛”，皇帝的欣赏和奖励不仅扩大了赋家的影响，也直接促进了赋这种文体的流行。

整体说来，东汉皇帝对文人的奖赏、礼遇比西汉要普遍，并且与政权之间的契合也更紧密。“会大司马吴汉薨，光武诏诸儒诔之，笃于狱中为诔，辞最高，帝美之，赐帛免刑。”[2]杜笃以文章才能得光武帝称赞，因而免罪、获赏。冯衍被明帝“废于家”，而肃宗“甚重其文”[3]。被史家誉为“左右艺文，斟酌律礼”的肃宗汉章帝，是东汉前期与文人关系最为融洽的一位皇帝，双方的互动积极活跃。《后汉书·班固传》：“及肃宗雅好文章，固愈得幸，数入读书禁中，或连日继夜。每行巡狩，辄献上赋颂，朝廷有大义，使难问公卿，辩论于前，赏赐恩宠甚渥。”[4]《后汉书·傅毅传》：“建初中，肃宗博召文学之士，以毅为兰台令史，拜郎中，与班固、贾逵共典校书。毅追美孝明皇帝功德最盛，而庙颂未立，乃依《清庙》作《显宗颂》十篇奏之，由是文雅显于朝廷。”[5]“与班固、傅毅同时齐名”的崔骃，其作品也为章帝所喜爱。元和中，崔骃上《四巡颂》以称汉德，辞甚典美，“帝雅好文章，自见骃颂后，常嗟叹之，谓侍中窦宪曰：‘卿宁知崔骃乎？’对曰：‘班固数为臣说之，然未见也。’帝曰：‘公爱班固而忽崔骃，此叶公之好龙也。试请见之。’骃由此候宪。宪屣履迎门，笑谓骃曰：‘亭伯，吾受诏交公，公何得薄哉？’遂揖入为上客。居无几何，帝幸宪第，时骃适在宪所，帝闻而欲召见之。宪谏，以为不宜与白衣会。帝悟曰：‘吾能令骃朝夕在傍，何必于此！’”[6]“雅好文章”的汉章帝对文人表现出由衷的兴趣和持续的关注。

章帝没能来得及授任崔骃官职。和帝即位，窦宪以重戚出纳诏命，他

1 《汉书》卷四四《淮南王传》，第 2145 页。
2 《后汉书》卷八十上《文苑列传·杜笃传》，第 2595 页。
3 《后汉书》卷二八下《冯衍传》，第 1003 页。
4 《后汉书》卷四十下《班固传》，第 1373 页。
5 《后汉书》卷八十上《文苑列传·傅毅传》，第 2613 页。
6 《后汉书》卷五二《崔骃列传》，第 1718—1719 页。

在执掌权柄的同时，把章帝曾经看重的文人几乎都招聚到自己幕府中。“永元元年，车骑将军窦宪复请毅为主记室，崔骃为主簿。及宪迁大将军，复以毅为司马，班固为中护军。宪府文章之盛，冠于当世。”[1]“永元初，大将军窦宪出征匈奴，以固为中护军，与参议。”[2]班固随军出征，为大败北匈奴的窦宪写了《封燕然山铭》，刻石勒功[3]。傅毅、崔骃、班固等人在窦宪幕府中的基本职任还是掌管文书，参与谋划论议，从事纪功颂德性的写作，这也是汉代文人在朝廷、官署中最有可能担负的政治职事。“宪既平匈奴，威名大盛，以耿夔、任尚等为爪牙，邓迭、郭璜为心腹。班固、傅毅之徒，皆置幕府，以典文章。”[4]照史家的叙述，这些著名文人所典管的文章，不过是幕府衙署运行系统中一个常规性的组成部分而已，充其量是与政治得力人物和帮手并置的概念。文人们固然从权势人物的欣赏与任用中获得了现世的利益和社会名声，但也因此承担了政治风险和后果。崔骃因谏劝而被疏远，“宪擅权骄恣，骃数谏之。及出击匈奴，道路愈多不法，骃为主簿，前后奏记数十，指切长短。宪不能容，稍疏之”[5]。班固则因窦宪政争失败受到牵连，死于狱中[6]。由此来说，文人与权臣之间合作，比效力于皇帝似乎更多难料之虞。

朝廷对文人、文章的嘉赏，官僚的士大夫化，带动了公卿大臣对文人普遍的礼遇。还在东汉初，“车骑将军马防，外戚尊重，请（傅）毅为军司马，待以师友之礼”[7]。东汉后期，太山太守李固“美（崔）瑗文雅，奉书礼致殷勤”[8]。崔琦“以文章博通称”,“河南尹梁冀闻其才，请与交”[9]。东汉末年，公卿竞相结交文人，即使后者个性张扬、放恣，他们也尽可能涵容、善待，与此同时，各级政府机构极力延聘、招纳。《后汉书·文苑列传》所载赵壹、边让、高彪、祢衡这些恃才傲物者的经历，非常有时代说

1 《后汉书》卷八十上《文苑列传·傅毅传》，第 2613 页。
2 《后汉书》卷四十下《班固传》，第 1385 页。
3 《后汉书》卷二三《窦宪传》，第 814 页。
4 《后汉书》卷二三《窦宪传》，第 819 页。
5 《后汉书》卷五二《崔骃列传》，第 1721—1722 页。
6 《后汉书》卷四十下《班固传》，第 1385—1386 页。
7 《后汉书》卷八十上《文苑列传·傅毅传》，第 2613 页。
8 《后汉书》卷五二《崔瑗传》，第 1724 页。
9 《后汉书》卷八十上《文苑列传·崔琦传》，第 2619 页。

明性。司徒袁逢、河南尹羊陟对赵壹优容、称荐，弘农太守皇甫规追书道歉，“州郡争致礼命，十辟公府”；大将军何进处心积虑地征召边让，“府掾孔融、王朗并修刺候焉”，“议郎蔡邕深敬之，以为让宜处高任”；马融称疾不见高彪，及省书羞惭，追谢竟不能令之还顾；祢衡尤为任性疏狂，其以一介年轻的布衣处士，孔融与之结为忘年交，曹操“怀忿，而以其才名，不欲杀之”，刘表及荆州士大夫、江夏太守黄祖父子也都甚服其才情，宾礼有加[1]。文学发展最根本的动力，并不在人们对文人、文章的评价积极、崇高，但由此体现出的时代风气，无疑能对文学的兴盛至少产生一时的推助。

在文学艺术发展迅速的东汉晚期，尽管写作者普遍获得敬待和声誉，文人却多不得善终，除了郦炎，崔琦、张升、边让、祢衡，还有大名鼎鼎的蔡邕、孔融、杨修，几乎都因为触怒了权势人物而被诛杀。强梁、专横的政治固然可以随意裁决文人的生死，但文人任情狂傲个性的蔓延以及因此而与当权者不断发生的冲突，未始不意味着文人自我尊重的主体意识的发展，至少，他们无须像三百年前的辞赋家那样，在对君主的言语侍奉中，委屈得感觉如同俳倡、弄臣一般缺乏自主性可言。与后世相比，汉代文人在士大夫政治中还缺乏贵重的地位，没能产生出具有强大号召力的鼎力之臣和牢稳、深固的社会力量，政治势力的外部扶持，仍然是提升文学、文人的现实影响不可或缺的因素，因此，曹氏兄弟这类权势者而兼文人的主导性参与，就有着空前积极的作用。

被史家评为“天资文藻，下笔成章”的世子曹丕[2]，不仅发自内心地喜爱文学，积极投身于写作，而且与文人们长期保持了相对平等的亲密关系。《三国志·文帝纪》曰：“初，帝好文学，以著述为务，自所勒成垂百篇。”注引《魏书》曰：“帝初在东宫，疫疠大起，时人雕伤，帝深感叹，与素所敬者大理王朗书曰：‘生有七尺之形，死唯一棺之土，唯立德扬名，可以不朽，其次莫如著篇籍。疫疠数起，士人雕落，余独何人，能

---

1 《后汉书》卷八十下《文苑列传》，第2632—2635、2645—2646、2649—2650、2653—2657页。

2 《三国志》卷二《魏书·文帝纪》，第89页。

全其寿？’故论撰所著《典论》、诗赋，盖百余篇。”[1] 曹丕在面对死亡阴影时的人生感喟和选择，与缺乏政治资源和凭借的文人，看起来相当同调。建安年间，疾疫流行，“瑀以十七年卒。干、琳、玚、桢二十二年卒”[2]。曹丕在《与吴质书》中回想起从前的“南皮之游”，感慨“物是人非”；在《又与吴质书》中，再次追忆与遽然病逝的文人朋友相交相处的无比快乐：“昔年疾疫，亲故多离其灾，徐陈应刘，一时俱逝，痛可言邪！昔日游处，行则连舆，止则接席，何曾须臾相失！每至觞酌流行，丝竹并奏，酒酣耳热，仰而赋诗。当此之时，忽然不自知乐也。谓百年己分，可长共相保，何图数年之间，零落略尽，言之伤心。顷撰其遗文，都为一集。观其姓名，已为鬼录，追思昔游，犹在心目，而此诸子，化为粪壤，可复道哉！”[3] 他是如此在意这些相继离世的文人，阮瑀建安十七年病亡后，曹丕为之作文，同时召集众文人参与写作。《寡妇赋序》：“陈留阮元瑜，与余有旧，薄命早亡。每感存其遗孤，未尝不怆然伤心，故作斯赋，以叙其妻子悲苦之情。命王粲等并作之。”[4] 纪念性写作的角度不能说不有点儿奇特，对文人朋友的怀念，借着对其遗孀孤子的悲伤的感同身受辗转地传达出来。但是不管以什么角度，曹丕知道，把已逝者写进文章里，是一种更具有持续性的铭记。为了缅怀故友，也为了以适当的方式呈现并保存在他看来足以令生命不朽的才能和成就，这位新太子甚至编撰了他们的文集。与文人之间这种既类似同道又实属君臣的文学——政治关系，使曹丕与之前单纯作为文学的赏玩者、赞助者而高高在上的政治人物，譬如西汉武、宣二帝，有了实质性的区别。

在曹氏父子、兄弟这些势要人物的招揽下，汉末文人的集聚性十分明显。时人或后世史家常常串联式地称述人物，“始文帝为五官将，及平原侯植皆好文学。粲与北海徐干字伟长、广陵陈琳字孔璋、陈留阮瑀字元瑜、汝南应玚字德琏、东平刘桢字公干并见友善”[5]。曹植致书杨修谈到“今世作者”：“昔仲宣独步于汉南，孔璋鹰扬于河朔，伟长擅名于青土，公干

1 《三国志》卷二《魏书 · 文帝纪》，第 88 页。

2 《三国志》卷二一《魏书 · 徐干陈琳阮瑀应玚刘桢传》，第 602 页。

3 《文选》卷四二，第 591 页。

4 《曹丕全集：汇校汇注汇评》，第 21 页。

5 《三国志》卷二一《魏书 · 王粲传》，第 599 页。

振藻于海隅，德琏发迹于大魏，足下高视于上京。当此之时，人人自谓握灵蛇之珠，家家自谓抱荆山之玉也。吾王于是设天网以该之，顿八纮以掩之，今尽集兹国矣。”[1]《三国志》在王粲等前述文人之后又补充说：“自颍川邯郸淳、繁钦、陈留路粹、沛国丁仪、丁廙、弘农杨修、河内荀纬等，亦有文采，而不在此七人之例。”[2] 文人之间、文人与贵公子曹氏兄弟之间，密切的人际交往常常与有意识并且有一定组织的文学活动结合在一起。热爱又擅长文学的曹丕、曹植，经常发起写作，并召集、倡导周围的人一同参与，从而直接推动、造就了文学的活跃局面。曹植、王粲、杨修、应玚、刘桢及繁钦等人，以《暑赋》或《大暑赋》同题共作[3]。曹丕《玛瑙勒赋序》：“余有斯勒，美而赋之，命陈琳、王粲并作。”[4] 曹氏兄弟与建安文人的同题诗赋相当多，无论是征伐、狩猎这样的国之大事，还是伤悼知交、吟咏槐柳等人生感怀，主题广泛、多样，举凡生活现实中发生的一切，都可能被用作共同写作的题目。如此积极的尝试，使文学仿佛享有可以表达一切的权利和能力，并且在众人的共同参与中，事实上就设定了，任何题材的写作都可以不止于单一的风格、面貌[5]。

汉代文人的同题写作由来已久，大多是由皇帝、诸侯等权贵人物所召集，除了巡狩、庆典、游观、射猎等朝廷、宫苑活动，还常因嘉瑞之类特殊事件而引发，诸如王褒、张子侨等人“所幸宫馆，辄为歌颂，第其高下，以差赐帛”[6]，或者“永平中，神雀群集，孝明诏上《神爵颂》。百官颂上，文皆比瓦石，唯班固、贾逵、傅毅、杨终、侯讽五颂金玉”[7]。这种欢娱、欢庆场合的文章制作，既满足了皇帝对个人愉悦、朝廷宣传的文雅需求，又显示了权势和操纵力。而对于写作者来说，在确保政治正确、符合

---

1 《三国志》卷一九《魏书·陈思王植传》注引《曲略》，第 558—559 页。

2 《三国志》卷二一《魏书·王卫二刘傅传》，第 602 页。在此卷最后，评曰：“昔文帝、陈王以公子之尊，博好文采，同声相应，才士并出，惟粲等六人最见名目。”（《三国志》，第 629 页。）

3 说见《建安七子集·王粲集》俞绍初考按，第 96 页注 [一]。

4 《曹丕全集：汇校汇注汇评》，第 29 页。

5 《建安七子集》第 105 页注 [一] 引挚虞《文章流别论》曰：“建安中，魏文帝从武帝出猎赋，命陈琳、王粲、应玚、刘桢并作。琳为《武猎》，粲为《羽猎》，玚为《西狩》，桢为《大阅》，凡此各有所长，粲其最也。”

6 《汉书》卷六四下《王褒传》，第 2829 页。

7 《论衡校释·佚文》，第 864 页。

规制的前提下，奉诏之作在得以展示才华、取悦君心的同时，无疑为个人提供了扩大名声、谋取仕途晋升的绝佳时机。至于建安文人的受命并作，虽然仍带有政治性、宫廷化色彩，文人们也难免做着在随侍应制中仕途升迁的打算，不过与之前“上有所感，辄使赋之”这种尊卑等级明显的言语供奉已经不同，写作的参与者与组织者尽管身份高下有别，但在共同活动中，他们更像是关系亲近的团体成员。应玚《侍五官中郎将建章台集诗》称颂曹丕：“和颜既以畅，乃肯顾细微。赠诗见存慰，小子非所宜。”[1]刘桢《赠五官中郎将诗四首》其二：“所亲一何笃，步趾慰我身。清谈同日夕，情眄叙忧勤。……追问何时会？要我以阳春。望慕结不解，贻尔新诗文。”[2]曹丕与文人之间相处欢欣、和洽，他们互赠诗篇以表达情谊，在诗中倾诉，用诗来交际。因此，即使受命同题并作仍难以被看作文人纯粹自主、自由的写作，但在合乎其小团体的审美主张的基础上，他们之间至少可以就诗赋写作本身进行基本平等的交流、切磋、竞技，并不乏个性发挥的余地。

曹氏兄弟与文人朋友之间经常互相评阅诗文赋颂，曹植《与吴季重书》：“其诸贤所著文章，想还所治，复申咏之也，可令熹事小吏，讽而诵之。夫文章之难，非独今也。古之君子，犹亦病诸。”[3]陈琳《答东阿王笺》：“昨加恩辱命，并示《龟赋》，披览粲然。”称赞曹植的赋作“音义既远，清辞妙句，焱绝焕炳”[4]。曹植著名的《与杨德祖书》，从中尤可见汉末文章品鉴、批评的普遍成风：“以孔璋之才，不闲于辞赋，而多自谓能与司马长卿同风，譬画虎不成，反为狗也。前书嘲之，反作论盛道仆赞其文。……世人之著述，不能无病。仆常好人讥弹其文，有不善者，应时改定。昔丁敬礼常作小文，使仆润饰之，仆自以才不过若人，辞不为也。敬礼谓仆：‘卿何所疑难！文之佳恶，吾自得之。后世谁相知定吾文者邪？’吾常叹此达言，以为美谈。……刘季绪才不能逮于作者，而好诋诃文章，掎摭利病。”[5]信中曹植对陈琳辞赋的讥嘲，陈琳对作品的自矜；

1 《建安七子集》，第 172 页。
2 《建安七子集》，第 189 页。
3 《文选》卷四二，第 595 页。
4 《文选》卷四十，第 565 页。
5 《文选》卷四二，第 593 页。

丁廙请曹植改定其文，后者的推辞；刘修喜欢挑剔别人的作品；以及“赞其文”“讥弹其文”“改定不善”“使润饰之”“诋诃文章”等种种说法，都表现出写作者对文章批评多方面的兴趣[1]。风气之下，自称“少小好为文章，迄至于今，二十有五年”的曹植，也随信将自己“少小所著辞赋一通相与”杨修，“教使刊定”[2]。主动请人进行润饰、指正、评议，这既反映了对自己作品的信心，希望尽可能扩大社会影响；同时也表现出精益求精的写作态度，期望能借此磨炼并不断提高文章技巧。很显然，汉末文人对诗文辞赋最首要、直接的关注，已不在其社会政治功效，而是以“清辞妙句”“文之佳丽”为体现的文字艺术及由此显示出的写作才能。

不仅写作能力值得赞美，对作品的艺术性鉴赏也正悄然成为一种被看重的才能。这是文学发展的一个新阶段，只有当文学进展到一定程度，不仅充分显示了自身的特点，而且在不断累积中，使得其内在生命方式和逻辑有轨迹可寻，文学欣赏、批评才有成为现实的可能。反过来，活跃的文学欣赏、批评，又将强化文学的自省、自觉意识，为其进一步循序生长，提供更适宜的社会文化土壤。在《又与吴质书》《典论·论文》中，曹丕对汉末建安文人的写作发表了态度明确的褒贬：“间者历观诸子之文，对之抆泪，既痛逝者，行自念也。孔璋章表殊健，微为繁富。公干有逸气，但未遒耳，其五言诗之善者，妙绝时人。元瑜书记翩翩，致足乐也。仲宣续自善于辞赋，惜其体弱，不足起其文，至于所善，古人无以远过。”[3]“王粲长于辞赋。徐干时有齐气，然粲之匹也。如粲之《初征》、《登楼》、《槐赋》、《征思》，干之《玄猿》、《漏卮》、《圆扇》、《橘赋》，虽张、蔡不过也，然于他文，未能称是。琳、瑀之章表书记，今之隽也。应玚和而不壮；刘桢壮而不密。孔融体气高妙，有过人者，然不能持论，理不胜词，以至乎

---

1 ［日］青木正儿：“从这里可以看到，在他们中间常讨论作者的长处和短处，以至于玩味字句的细密。并且在曹丕的《与吴质书》里曾对邺下七子中的六人有过短评，在曹植给吴质的书信和吴质的复信中，他们之间也曾互相称赞过文辞之美。像这样在书信往来中，连别人的文章都引起兴趣和注意的情况下，可以推想他们在平生的谈论中，也必然推动文章评论向前发展，所以在这个阶段里好像看到文章的威望显著地提高了。”（《中国文学思想史》，第40页。）

2 《文选》卷四〇《答临淄侯笺》，第564页。

3 《文选》卷四二《又与吴质书》，第591—592页。

杂以嘲戏；及其所善，杨、班俦也。”[1] 与现世文人的知交，对他们作品的熟悉，对当代写作状况的全面了解，使得曹丕有资格做出这样确定的文章评论。不仅由于政治地位尊崇，文学写作的热爱和才情，对文人的感召力，再加上鉴赏、批评的眼光，借助于曹丕，“文人”和“文学”终于被各自归结为集合式的概念，被明确认可为具有共同特性的统一体。

四、“文人”这一人物集群的成型

以司马相如、王褒、扬雄为代表的“文人”，这些善于辞赋、讲究文字艺术的写作者，当世就已经得到关注和肯定，东汉以来，更一再被归类在一起。如前所述，《论衡·定贤》以相如、扬雄等“敏于赋颂，为弘丽之文者”为二十种人物类型之一；《汉书·公孙弘卜式倪宽传赞》类举武帝朝“文章则司马迁、相如”，宣帝朝“刘向、王褒以文章显”。王充、班固的归纳，表明文章写作者已经被认可自成一个人物类别。不过，直到东汉前期，对文人的认识还基本停留在其作品所显示的面貌，文人的特点主要取决于作品的特点，他们自身的形象则常常是模糊的。也就是说，写作者的创作物很大程度上替代、遮掩了写作者本身。

在文学拓展较为迅速的东汉后期，随着人们文学爱好的持续增强，写作者尽情发挥诗文辞赋的才情，原先以少数个体单独存在着的文人，此时较多地出现。与此同时，在相较通脱自由的时代气氛中，尤其是士人放达任性、“不拘儒者之节”的时代背景上，文人自身相对独特的一些行为特点表现得愈来愈醒目，从而使士阶层内部这个已经被王充、班固视作自成一体的人物类别，其总的形象特征愈发鲜明。总之，随着写作的繁荣和写作者数量在东汉后期的快速增加，文学在生活中的影响逐步扩大，在此基础上，文人身上的一些共同特性被认识到。不仅如此，他们的社会活跃和群体集结，使得这些共同特性在汇聚、叠加中程度不断加强，愈来愈显化。文人不再是抽象的概念、干巴巴的存在，一定数量的作品和相关的文学活动，以及为人、个性、学养、经历、逸事等活生生的细节，这些具体

1 《文选》卷五二《典论·论文》，第 720 页。

现象既是文人存在的直接证明，又从丰富的个案中，自动凝聚、归纳出这个群体的主要特性。曹丕的多次使用表明，至少在汉末，“文人”的概念已经成立并稳定，“文人”作为一个人物类别的群体特性为世所普遍接受。

作为社会中的一个人物类别，成员之间须有若干类同之处。共有的知识和思想传统，直接奠定了文人及其作品的思维和精神取向，是文人在汉代得以成长为一个集群所必需的经典文化基础，也是维系他们持久的同一性的文化要素。这其中，首先是对周朝王官文化典籍的传承，以《诗经》《尚书》为代表的古代先王经典，经过春秋战国时期不分国别的一代代继承，成为几乎所有文化创造最重要的共同基因[1]。其次是战国时期区域性产生的诸子著述和史书撰作，也包括屈原、宋玉等人的楚辞作品。随着这些后起的文化创造物比较迅速地全中国化，它们所提供的思想和文学世界，包括文章、诗赋的主题、形式、修辞，以及屈原个性化的感情方式[2]，对后来的写作者予以直接的启示和模铸。至此，汉代文人共同的经典文本全部出现。此外，汉代文人的当代知识教育具有明显的统一性：以文言为标志的单一文字语言系统；基本一致的教育科目和进程；逐步统一的儒学经典文本和对经典的解释；由司马迁、班氏父子构建起的正统文明脉络和历史观，以帝王、天子等政治人物为中心，以纪传为层级的历史叙述方式。教育内容和社会意识形态，规范了受教育者思想、知识上的一致性，社会政治制度又进一步维护着这种文化上的一致性。不过，这个以古典人文知识为主的教育背景，与其说是“文人”，不如说是自汉代以来，整个“士”阶层所共有的。文人和其他士人享有相同的知识、教育系统，这是他们隶属于这个社会精英阶层最切实的文化保障和标识；有赖于此，文人的写作才不仅能够形成其特有的方式、内容和审美趣味，并且可以通行于士阶层。

文人文学的性质基于文字艺术，因此，倘若从较为狭义的文学角度来理解，则自然可以视“文人”为善于艺术性地使用文字的士人；同时，他们还必然以较多的精力投入于此，这是他们区别于一般具有文章写作才能

---

1 Mark Edward Lewis（陆威仪）. *Writing and Authority in Early China*（《早期中国的写作与权威》）. State University of New York Press, Albany, 1999, pp. 158-159.

2 参见 *Writing and Authority in Early China*, pp. 193。

的士大夫的重要因素。在现实的社会实践和生活中，文人与其他士人区隔并不分明，由于带有“士”这个阶层的一般特质和基本属性，他们始终与其他类型的士人具有一致性。尽管如此，随着“文人”成长为一个单独的人物类别，整体上可以从“士”中分离出来，在擅长写作之外，他们还被不断概括出一些具有类别辨识度的群体表征，既体现着他们自身的社会形象特点，也反映了社会对他们的认识和评价。

五、“文人”特性：德行、事功之少有树立

“文人”的整体社会形象看起来较为负面，其中最易受诟病的莫过于道德行检。尽管文人们在“自序”“自纪”之类自传性文章或“答客难”一类自辩式作品中，总是宣称务于修身、正道直行，并且为人清净淡泊、不苟求仕进，但社会舆论并不嘉许之为道德君子。曹丕在《典论·论文》里总括性地论定：“文人相轻，自古而然。”[1]《又与吴质书》表达得更清楚：“观古今文人，类不护细行，鲜能以名节自立。”[2]汉代文人确实基本算不上是品行修整谨饬的道德实践者，事实上，他们很少能在这一方面对社会发生影响。

偏好写作之士常常表现得行为率意，不拘小节，并因此影响个人声誉。司马迁《报任安书》自称“长无乡曲之誉”[3]，或许出自刀锯之余的愤世嫉俗；但陈汤“博达善属文。家贫丐贷无节，不为州里所称”[4]，却是史传明载的细节。东方朔高自称誉、好作弄人，刘向“为人简易无威仪”[5]，都表明他们在个人容止和行为上随意、放达。扬雄坦承自己待人接物上洒脱任性，不讲究礼节、细节，“为人简易佚荡……不修廉隅以徼名当世”[6]，这种不拘束的个性和为人，即使在重视修身立德的社会风气之下，其《自序》也并不讳避，叙述中甚至还流露着几分自矜。与扬雄有深交的桓谭，“性

1 《文选》卷五二，第 720 页。
2 《文选》卷四二，第 591 页。
3 《汉书》卷六二《司马迁传》，第 2729 页。
4 《汉书》卷七十《陈汤传》，第 3007 页。
5 《汉书》卷三六《刘向传》，第 1963 页。
6 《汉书》卷八七上《扬雄传》，第 3514 页。

嗜倡乐，简易不修威仪，而喜非毁俗儒，由是多见排抵"[1]。合传的冯衍，当时就被认为是聪慧、有奇才，然而节行有亏缺的文士。范晔在传论中借用史家华峤之言，概论两位传主之有才无德曰："才士负能而遗行，其大略然也。二子不其然乎！"[2]关于才能与德行两者之未能兼行，冯衍在《显志赋》自论中曾如是自我辩解："常务道德之实，而不求当世之名，阔略杪小之礼，荡佚人间之事。正身直行，恬然肆志。顾尝好俶傥之策，时莫能听用其谋，喟然长叹，自伤不遭。"[3]才大志高而不愿为俗世见解所限制，行为放恣而不屑为清规戒律所羁縻，因为难以被理解和接受而与世俗庸常之间必然抵触、冲突，这几乎是自许才情卓荦之士最常见的自辩理由。"无与俗同""论于大体，不守小节"，冯衍这些说法在体现了鲜明个性的同时，现实中却难免因行检不修而命途多舛。汉代以修身行德作为对士大夫的基本选用标准之一，东汉政权更进一步表彰恭谨、周慎的笃行君子，这使得因才学而自信但不拘小节的文人们，很容易成为社会舆论批评的对象，并影响到仕途的升迁，所谓"体兼上才，荣微下秩"[4]。杜笃"少博学，不修小节，不为乡人所礼"[5]。贾逵博学能文，"性恺悌，多智思，俶傥有大节"，"然不修小节，当世以此颇讥焉，故不至大官"[6]。文人小节多疵、"类不护细行"，这是与古典时代那些被圣贤化的"诗人"不同的形象，但这也才是文学真实的生态。

东汉后期，随着传统道德的约束力颓弛，文章之士在好学博通、才艺富赡之外，显现出愈来愈浪漫而放纵的气质，任性适情的个性色彩十分突出。《后汉书·马融传》："融才高博洽，为世通儒……善鼓琴，好吹笛，达生任性，不拘儒者之节。"一代文章、学术宗主马融奢乐恣性：他教养诸生千数，"居宇器服，多存侈饰。常坐高堂，施绛纱帐，前授生徒，后列女乐，弟子以次相传，鲜有入其室者"[7]。著书数十万言、凡百余篇的刘

---

1 《后汉书》卷二八上《桓谭传》，第955页。
2 《后汉书》卷二八下《桓谭冯衍列传》，第1005页。
3 《后汉书》卷二八下《冯衍传》，第985页。
4 《后汉书》卷二八下《桓谭冯衍列传》，第1005页。
5 《后汉书》卷八十上《文苑列传·杜笃传》，第2595页。
6 《后汉书》卷三六《贾逵传》，第1240页。
7 《后汉书》卷六十上《马融传》，第1972页。

陶，“为人居简，不修小节。所与交友，必也同志。好尚或殊，富贵不求合；情趣苟同，贫贱不易意”[1]。仲长统“性倜傥，敢直言，不矜小节，默语无常，时人或谓之狂生”[2]。这些当世有名的文人，富于才情而言行放任，不甚自我检束。《后汉书·文苑列传》中的传主，大多为东汉中后期人物，狂放不羁几乎成为他们普遍的性格特征。张升“少好学，多关览，而任情不羁”；赵壹“恃才倨傲，为乡党所摈”；祢衡“尚气刚傲，好矫时慢物”；高彪傲岸；边让恃才轻侮；等等。汉末士人多放恣，戴良“少诞节”，“良才既高达，而论议尚奇，多骇流俗”[3]。在这种普遍的时代风气中，文人恃才傲物的狂放表现格外醒目。赵壹、祢衡一再对长官傲慢不逊，是其中尤著者；孔融对曹操“多侮慢之辞”“发辞偏宕，多致乖忤”[4]。在那个非常时代里，文人们任性使气，听凭内心的驱遣，有意无意地以夸诞、放浪的方式，将自己不加拘束的情绪表达得淋漓尽致。

对文人的道德批评，几乎与对这一种人物类型的总结性认识相伴生。曹丕之后，鱼豢说到建安文人王粲、繁钦等的政治际遇：“余又窃怪其不甚见用，以问大鸿胪卿韦仲将。仲将云：‘仲宣伤于肥戆，休伯都无格检，元瑜病于体弱，孔璋实自粗疏，文蔚性颇忿鸷，如是彼为，非徒以脂烛自煎糜也，其不高蹈，盖有由矣。’”[5]“杨遵彦作《文德论》，以为古今辞人皆负才遗行，浇薄险忌”[6]。《文心雕龙·程器》列举汉代以来多位文人的德行瑕疵：“略观文士之疵：相如窃妻而受金，扬雄嗜酒而少算，敬通之不循廉隅，杜笃之请求无厌，班固谄窦以作威，马融党梁而黩货，文举傲诞以速诛，正平狂憨以致戮，仲宣轻脆以躁竞，孔璋偬恫以粗疏，丁仪贪婪以乞货，路粹餔啜而无耻……诸有此类，并文士之瑕累。”[7]《颜氏家训·文章》则将名单进一步扩大：“然而自古文人，多陷轻薄：屈原露才扬己，显暴君过；宋玉体貌容冶，见遇俳优；东方曼倩，滑稽不雅；司马长卿，

1 《后汉书》卷五七《刘陶传》，第 1842 页。
2 《后汉书》卷四九《仲长统传》，第 1644 页。
3 《后汉书》卷八三《逸民列传》，第 2773 页。
4 《后汉书》卷七十《孔融传》，第 2272 页。
5 《三国志》卷二一《魏书·徐干陈琳阮瑀应玚刘桢传》注引，第 604 页。
6 魏收：《魏书》卷八五《文苑·温子升传》，中华书局，1974 年，第 1876 页。
7 《文心雕龙注释》，第 525 页。

窃赀无操；王褒过章《僮约》；扬雄德败《美新》；李陵降辱夷虏；刘歆反覆莽世；傅毅党附权门；班固盗窃父史；赵元叔抗竦过度；冯敬通浮华摈压；马季长佞媚获诮；蔡伯喈同恶受诛；吴质诋忤乡里；曹植悖慢犯法；杜笃乞假无厌；路粹隘狭已甚；陈琳实号粗疏；繁钦性无检格；刘桢屈强输作；王粲率躁见嫌；孔融、祢衡，诞傲致殒；杨修、丁廙，扇动取毙；……凡此诸人，皆其翘秀者，不能悉记，大较如此。”[1] 如此说来，汉代文人“有盛名而免过患者”几希矣！这种系列性的罗陈，不免有牵强、周纳之处，也很难说不基于“将相以位隆特达，文士以职卑多诮”[2] 的世态人情之见。一般来说，史家据德、功、言为人立传，文人因道德行品有缺陷易受指摘，但是与之不同，政能、德行之士即使不能匹配以文章才情，通常也不会因此遭受后世的讥评。这种不对等，自然是缘于德、功、言三者在价值上有高下、重轻之分，单就立言来说，美文丽辞的写作又尤其容易被看轻。

政能匮乏、事功难成的指摘，也是文人常常要面对的社会批评。王充曾再三引述相关说法:“辅倾宁危，非著作之人所能为也。”[3] “职在文书，无典民之用，不可施设。是以兰台之史，班固、贾逵、杨终、傅毅之徒，名香文美，委积不继，(无)大用于世。”[4] “不见大道体要，故立功者希。安危之际，文人不与，无能建功之验，徒能笔说之效也。”[5] 由《后汉书·文苑列传》，可以对东汉文人为官任职的一般情况进行集中观察：若干人有在东观、兰台校书或著作的经历；若就职朝廷，除了任议郎、郎中等郎官，则或者在尚书台负责诏策文书，通显者任尚书令，或者担任掌论议的谏议大夫、太中大夫等闲职[6]；任职地方，在县令、诸侯相之外，偶有任郡守者；其余则不外是在各级官曹、郡县中任掾史之类吏员，如赵壹的“仕不过郡吏”。永元年间，尚书令黄香被委任为东郡太守，他上书辞让说：“臣闻

1 《颜氏家训集解》，第 221—222 页。
2 《文心雕龙注释·程器》，第 526 页。
3 《论衡校释·书解》，第 1155 页。
4 《论衡校释·别通》，第 604 页。
5 《论衡校释·超奇》，第 611 页。
6 《后汉书》卷七十《孔融传》：孔融“复拜太中大夫。……及退闲职”，李贤注曰：“太中大夫职在言议，故云闲职。”(《后汉书》，第 2277—2278 页。)

量能授官，则职无废事；因劳施爵，则贤愚得宜。臣香小丑，少为诸生，典郡从政，固非所堪。”[1]在汉代文人中，黄香已经是少有的“祇勤物务”，被皇帝视为“干用”的官员了。整体来说，这些在《文苑列传》中被称作“有文才”“善属文”“能文章”“以文才知名”“以文章称”“以文章显”者，也就是具有一定知名度的东汉文人，不要说与宦成名立的公卿二千石相比，即使以常规的政治事功来衡量，他们的仕历也未免太单薄了。或者说，就是因为事功方面乏善可陈，他们写作的成就和名声在人生中才更为凸显，并决定了他们的历史定位。东汉末，社会中钦敬才能之士，名士大夫往往不加区别地把各种才华视作政治人才任用的当然条件，蔡邕以经术学问之“天授逸才”推荐边让；孔融上疏荐祢衡，盛称其“飞辩骋辞”的才情[2]。边让才名既盛，“让后以高才擢进，屡迁，出为九江太守，不以为能也”[3]；孔融本人也难免于“负其高气，志在靖难，而才疏意广，迄无成功”的史家讥评[4]。后来葛洪一言以蔽之曰：“孔融、边让文学邈俗，而并不达治务，所在败绩。”[5]总之，汉代文人不仅行政实才比较有限，也普遍缺乏可表彰的政治功业建树和成就。

“文人”的社会形象特征，以传统的价值主张来衡量，确实明显偏于负面。擅长写作却短于政能、疏于德行，对于这个群体，人们的指摘既持续又集中，尤其在德行方面。道德瑕疵实际上可以在任何人身上寻找到，正如《文心雕龙》所试图辩护的：“诸有此类，并文士之瑕累。文既有之，武亦宜然。古之将相，疵咎实多……岂曰文士，必其玷欤！”[6]这真是一个值得深究的现象！文人确实没能在道德上有所建树，但是当他们被认为以价值相对轻薄的文字艺术获取了较大的社会名声，他们的道德缺陷势必会因为那看起来似乎不费力得来的声誉而变得格外刺眼。与此同时，由于诗赋普遍采用的修辞、美饰效果，以及情感效应，很容易给人以“文过其

1 《后汉书》卷八十上《文苑列传·黄香传》，第 2614 页。
2 《后汉书》卷八十下《文苑列传·祢衡传》，第 2653—2654 页。
3 《后汉书》卷八十下《文苑列传·边让传》，第 2647 页。
4 《后汉书》卷七十《孔融传》，第 2264 页。
5 杨明照：《抱朴子外篇校笺·清鉴》（上），中华书局，1991 年，第 509 页。
6 《文心雕龙注释·程器》，第 525—526 页。

实”的印象[1]，并进而反作用于对文人自身的衡量和评价，使得他们身上不合正统的行为、不加拘束的作风被“放大”了。

当然也可以换一个角度来思考。年轻的祢衡“恃才傲逸”，既为人简慢，又无事功、官职可言，并且“人皆憎之”“众人皆切齿”[2]，但仍然以其主要由文章才情所显示出来的个人能力而获得盛名和士大夫的接纳。一个在道德人格、政治功业这些人生最重要的成就方面，几乎都乏善可陈的群体，以其所擅长的才能和创作物，在社会中立足并获取名声，这足以表明写作本身有在立德、立功之外独立存在的价值和意义，表明文人可以主要依靠自身的能力为世所认可。扬雄《答刘歆书》：“少而不以行立于乡里，长而不以功显于县官，著训于帝籍，但言词博览，翰墨为事，诚欲崇而就之，不可以遗，不可以怠。”[3]此虽就撰作《方言》而发，却不妨扩而观之，视为对文章著述的整体态度。与德行、功业相较，写作，尤其是文学性写作的地位还有限，文人们深知自己人生取舍的这种短长利害，但对语言艺术的热爱，使他们无怨无悔地致力于其中。文章与德行终将会被等量齐观的，“且文章之与德行，犹十尺之与一丈。谓之余事，未之前闻”。或者更持平地说，“文章虽为德行之弟，未可呼为余事也”[4]。若此，文人们的不懈作为，未始不是对立德、立功、立言这三位一体的传统价值格局的新拓展。

六、“文人”特性：知识的博通

在官方的扶持、鼓励之下，武帝以来，汉代经术兴盛，“讫于元始，百有余年，传业者浸盛，支叶蕃滋，一经说至百余万言，大师众至千余人，盖禄利之路然也”[5]。在工具化和形式主义的作用下，经义解说越来越繁复，“说五字之文，至于二三万言”[6]，“秦近君能说《尧典》，篇目两字之说，

1 《后汉书》卷二八下《冯衍列传》：“显宗即位，又多短衍以文过其实，遂废于家。”（《后汉书》，第1002页。）

2 《三国志》卷十《荀彧传》注引《平原祢衡传》，第311页。

3 《扬雄集校注》，第265页。

4 《抱朴子外篇校笺·尚博》（下），第113页。前一句又重出于该书《文行》，第446页。

5 《汉书》卷八八《儒林传》，第3620页。

6 《汉书》卷三十《艺文志》，第1723页。

至十余万言，但说‘曰若稽古’二三万言”[1]。“故使学者劳思虑而不知道，费日月而无成功”[2]，这种耗费精神，繁缛、保守的治学方式固然令一般的读书人生厌，但在一定程度上，却也意味着经学早已发展为专门之学。

作为专门学问，长期以来，经学积累了丰富的命题、训解和阐论，不仅牵涉的内容众多、广泛，学者需要掌握的知识量越来越大，而且其内部的分类也愈发细密，研究的深度、广度、难度都相应地增加。张衡“著《周官训诂》，崔瑗以为不能有异于诸儒”[3]。马融“尝欲训《左氏春秋》，及见贾逵、郑众注”，叹服之下，只得放弃[4]。要之，经术学问自有其规范、方法等内在要求，有其所需要的才能和相匹配的造诣，只有经过持久学习、潜心研究方才有可能全面掌握并有所创获。《后汉书·曹褒传》：曹褒“博物识古，为儒者宗”，“尤好礼事。常感朝廷制度未备，慕叔孙通为汉礼仪，昼夜研精，沈吟专思，寝则怀抱笔札，行则诵习文书，当其念至，忘所之适”。后受命为朝廷著汉礼，“乃次序礼事，依准旧典，杂以《五经》谶记之文，撰次天子至于庶人冠婚吉凶终始制度，以为百五十篇”。此外，“作《通义》十二篇，演经杂论百二十篇，又传《礼记》四十九篇，教授诸生千余人”[5]。《后汉书·贾逵传》：“逵悉传父业，弱冠能诵《左氏传》及《五经》本文，以《大夏侯尚书》教授，虽为古学，兼通五家《穀梁》之说。自为儿童，常在太学，不通人间事。”“逵所著经传义诂及论难百余万言……学者宗之，后世称为通儒。”[6]何休不乐仕宦，“而雅有心思，精研《六经》，世儒无及者”。因党祸遭废锢，“乃作《春秋公羊解诂》，覃思不窥门，十有七年。又注训《孝经》、《论语》、风角七分，皆经纬典谟，不与守文同说。又以《春秋》驳汉事六百余条，妙得《公羊》本意。休善历筭，与其师博士羊弼，追述李育意以难二传，作《公羊墨守》、《左氏膏肓》、《谷梁废疾》”[7]。郑玄“日夜寻诵，未尝怠倦”，好学精进，著述更是蔚为大观。

1 《新辑本桓谭新论·正经》，第38页。
2 《中论·治学》，《建安七子集》，第263页。
3 《后汉书》卷五九《张衡列传》，第1939页。
4 《后汉书》卷六十上《马融列传》，第1972页。
5 《后汉书》卷三五《曹褒传》，第1201—1202、1203、1205页。
6 《后汉书》卷三六《贾逵传》，第1235、1240页。
7 《后汉书》卷七九下《儒林列传·何休传》，第2582—2583页。

《后汉书·郑玄传》："玄质于辞训，通人颇讥其繁。至于经传洽孰，称为纯儒。""凡玄所注《周易》、《尚书》、《毛诗》、《仪礼》、《礼记》、《论语》、《孝经》、《尚书大传》、《中候》、《乾象历》，又著《天文七政论》、《鲁礼禘祫义》、《六艺论》、《毛诗谱》、《驳许慎五经异义》、《答临孝存周礼难》，凡百余万言。"[1]研究成果如此丰硕的学者的产生，标志着学术专业水准的高度。东汉以来，成就空前的大学者相继出现，充分显示出这种专门化的稳定性。

经学既已经专门化到需要人专力从事，经术学者的研究性工作与大多数士人对儒家经典一般性的学习就不能不有所区分。换言之，文人与学者至此已经明显分化，《后汉书》分"儒林""文苑"为二传，确乎是对当时士阶层内部不同人物类型的恰当归纳。

文人大都不以专治某一经、专精某一学见长，其知识结构与求知方式在汉代经术社会中相对自成一体。贾山"所言涉猎书记，不能为醇儒"，颜师古注"涉猎"曰："言历览之不专精也。"[2]广泛阅读而不求专门性的精深、精熟，这正是文章之士常见的学风。终军"少好学，以辩博能属文闻于郡中"[3]。严君平"博览亡不通，依老子、严周之指著书十余万言"[4]。冯商"能属文，博通强记"[5]。桓宽"博通善属文"[6]。陈汤"少好书，博达善属文"[7]。张竦善写章奏，"博学通达"[8]，"竦者博通士"[9]。博览、博通、博达，种种说法都旨在形容在大量阅读的基础上，力求知识广博通达却不必专精的所为。西汉末以降，这种知识风气在文人中益发多见。扬雄"少而好学，不为章句，训诂通而已，博览无所不见"[10]。桓谭"博学多通，遍习《五经》，

---

1 《后汉书》卷三五，第1212页。李贤注曰："案：《谢承书》载玄所注与此略同，不言注《孝经》，唯此书独有也。"阮元《研经室二集》卷七《金承安重刻唐万岁通天史承节撰后汉大司农郑公碑跋》：比核范书《郑玄传》，史承节碑文重要不同有三，其中之一便是郑玄所注，碑多《周官》，无《论语》。（《研经室集》，第539—540页。）

2 《汉书》卷五一《贾山传》，第2327页。

3 《汉书》卷六四下《终军传》，第2814页。

4 《汉书》卷七二《王贡两龚鲍传》，第3056页。

5 《汉书》卷五九《张延寿传》颜师古注，第2657页。

6 《汉书》卷六六《公孙刘田王杨蔡陈郑传赞》，第2903页。

7 《汉书》卷七十《陈汤传》，第3007页。

8 《汉书》卷九二《游侠传·陈遵传》，第3709页。

9 《汉书》卷九九上《王莽传》，第4053页。

10 《汉书》卷八七上《扬雄传》，第3514页。

皆诂训大义，不为章句”[1]。冯衍“幼有奇才，年九岁，能诵《诗》，至二十而博通群书”[2]。王充“好博览而不守章句。……遂博通众流百家之言”[3]。梁鸿“博览无不通，而不为章句”[4]。班固“年九岁，能属文诵诗赋，及长，遂博贯载籍，九流百家之言，无不穷究。所学无常师，不为章句，举大义而已”[5]。崔骃“年十三能通《诗》、《易》、《春秋》，博学有伟才，尽通古今训诂百家之言，善属文”[6]。崔琦“以文章博通称”[7]。延笃“博通经传及百家之言，能著文章，有名京师”[8]。孔融“性好学，博涉多该览”[9]。仲长统“少好学，博涉书记，赡于文辞”[10]。与其相对疏阔、放达的个性和人生作风相一致，这些好学而又多才情的文人，修习儒经往往以不守章句、通训诂、举大义为特征，与经生儒士专力于一经或几经、精习某一家法的求学路径明显不同。具体地说，文人们不拘泥烦琐的章句之学，也不愿守信经文传释，随旧述故地人云亦云，更不肯致力于对“家世传业”的所谓师法、学派的专门研习，总之，他们不肯将自己固定在某一具体的文本和相关解释中，宁愿在广泛涉猎和不加限制的阅读中获得尽可能博雅的知识，并在开阔的视野中使之相互融通。

能文章者多博览、博通之士，一些文人对知识的追求，已远远超出了社会主流教育的常规范围，经术之外，他们“博通群书”“博通众流百家之言”“博贯载籍，九流百家之言，无不穷究”，在既有文化成果中最大限度地汲取学识。张衡在《应间》中表示：“耻智之不博”“耻一物之不知”[11]。崔瑗《河间相张平子碑》称赞他“焉所不学，亦何不师”[12]。“能说一经者为

1 《后汉书》卷二八上《桓谭传》，第 955 页。
2 《后汉书》卷二八上《冯衍传》，第 962 页。
3 《后汉书》卷四九《王充传》，第 1629 页。
4 《后汉书》卷八三《逸民列传》，第 2765 页。
5 《后汉书》卷四十上《班固传》，第 1330 页。
6 《后汉书》卷五二《崔骃传》，第 1708 页。
7 《后汉书》卷八十上《文苑列传》，第 2619 页。
8 《后汉书》卷六四《延笃传》，第 2103 页。
9 《后汉书》卷七十《孔融传》，第 2262 页。
10 《后汉书》卷四九《仲长统传》，第 1643 页。
11 《后汉书》卷五九《张衡列传》，第 1901、1903 页。
12 《全后汉文》卷四五，《全上古三代秦汉三国六朝文》，第 719 页。

儒生，博览古今者为通人”[1]，而“儒生不如通人”[2]，王充在《论衡》中一再申说“博通”“博览”的意义和价值。就像日光的照耀，知识愈多，获得的光明就愈多，他以通俗的比喻对“博览”的必要性加以说明：“夫一经之说，犹日明也；助以传书，犹窗牖也。百家之言，令人晓明，非徒窗牖之开，日光之照也。是故日光照室内，道术明胸中。开户内光，坐高堂之上，眇升楼台，窥四邻之庭，人之所愿也。闭户幽坐，向冥冥之内，穿圹穴卧，造黄泉之际，人之所恶也。夫闭心塞意，不高瞻览者，死人之徒也哉。”[3] 无论是兼治数经或兼摄今、古文，在经术内部寻求博通的“通儒”，还是不为经术本身所规范和拘束的“通人”，他们所体现出的学风变化，都与东汉后期渐次兴起的社会文化思潮和生活新变相互关联[4]。

士人生活方式的逐步变化，对知识的更新无疑产生了催化之功。人际交往的活跃，谈论、言辩的兴起，任性狂放行为和个性的蔓延，新的人生习尚不能不对陈旧僵化的思想观念有所偏离，并冲击着传统经术和知识系统，进而促使士人们寻找新的精神滋养和学问的满足。太尉黄琼的葬礼上，“四方名豪会帐下者六七千人，互相谈论”[5]。李膺听符融言论，“谈辞如云”[6]。谢甄与边让共候也善谈论的郭林宗，“未尝不连日达夜”[7]。戴良“才既高达，而论议尚奇，多骇流俗”[8]。范冉“好违时绝俗，为激诡之行”，曾“与弟共辩论于路”[9]。蔡邕得王充《论衡》，“恒秘玩以为谈助”；王朗也得益于《论衡》，“时人称其才进”[10]。有“狂生”之称的仲长统作诗见志，以“拔俗”之“达士”自任，宣称“六合之内，恣心所欲”，“叛散《五经》，灭弃《风》、《雅》。百家杂碎，请用从火”[11]。无论创获新说，还是丰富谈资；

---

1 《论衡校释·超奇》，第 607 页。
2 《论衡校释·别通》，第 590 页。
3 《论衡校释·别通》，第 593 页。
4 有关“通儒”“通人”与社会文化的关系，参见于迎春：《汉代文人与文学观念的演进》，东方出版社，1997 年，第 178—184 页。
5 《后汉书》卷五三《申屠蟠传》，第 1752 页。
6 《后汉书》卷六八《符融传》，第 2232 页。
7 《后汉书》卷六八《郭太传》，第 2230 页。
8 《后汉书》卷八三《逸民列传》，第 2773 页。
9 《后汉书》卷八一《独行列传》，第 2688—2689 页。
10 《后汉书》卷四九《王充传》注引《袁山松书》，第 1629 页。
11 《后汉书》卷四九《仲长统传》，第 1645—1646 页。

无论是为了高谈阔论中的辩才无碍，还是只为语惊四座的骇人之说，这些看起来别出心裁、不那么正统的言论，在满足张扬、不受约制的个性的同时，无疑需要借助于新知识、新见解、新思路的支持。即使是经术学问，也因新的时代质询而面临对于常规成说的挑战。蔡邕称赞边让，“初涉诸经，见本知义，授者不能对其问，章句不能逮其意。心通性达，口辩辞长”[1]。袁绍大会宾客，邀郑玄，“绍客多豪俊，并有才说，见玄儒者，未以通人许之，竞设异端，百家互起。玄依方辩对，咸出问表，皆得所未闻，莫不嗟服”[2]。在汉末社会失序的形势下，“异端”“百家”的竞相兴起和交锋，意味着士人们在日益增强的相互交流和发达的社交生活中，加剧了知识的扩充和更新，对经术作为社会意识形态和正统学问的垄断性、保守性，予以进一步打破和消解。

以知识博通为所好，这并不表示汉代文人们轻视经术学问，恰恰相反，经学乃是他们必备的教育素养。作为汉代选官的基本标准之一，经术明习对于士人的现实成功来说，具有先决性意义；即使无意仕进，这种普遍性学养也是文人与社会对话的知识前提。“时天子好儒雅，宣经术又浅，上亦轻焉。”[3]不仅“达于从政”的公卿大臣学问不深厚会被汉成帝看轻，枚皋、东方朔这些言语侍奉者因“不通经术”“不根持论”在武帝朝也明显遭轻视。即使到了经术衰颓的东汉末，在士大夫对鸿都学士的诋毁性评价中，明经仍然被视作文人社会身份的重要根基之一。事实上，在与学者逐步分化的过程中，始终有一些文人与学者身份一身二兼。夏恭明经授徒，又“善为文，著赋、颂、诗、《励学》凡二十篇”[4]。贾逵“所著经传义诂及论难百余万言，又作诗、颂、诔、书、连珠、酒令凡九篇，学者宗之，后世称为通儒”[5]。马融“才高博洽，为世通儒”。深湛的学问水准和学术成就甚至模糊了他们的文人身份。马融“教养诸生，常有千数”[6]；边韶

1 《后汉书》卷八十下《文苑列传》，第 2646 页。
2 《后汉书》卷三五《郑玄传》，第 1211 页。
3 《汉书》卷八三《薛宣传》，第 3393 页。
4 《后汉书》卷八十上《文苑列传·夏恭传》，第 2610 页。
5 《后汉书》卷三六《贾逵传》，第 1240 页。
6 《后汉书》卷六十上《马融列传》，第 1972 页。

"以文章知名，教授数百人"[1]；蔡邕"才学显著"，其同郡后辈阮瑀、路粹"少受学于蔡邕"[2]；蔡邕等人称赞桓彬有过人者四，其二曰"学优文丽，至通也"[3]。饱学的文人常常授徒教学，或者以学问获得赞誉。

刘师培在谈到"东汉文人与儒林分列"时，认为"此由学士未必工作文，而文人亦非真识字"[4]。更概括地说，文人与学者的分流异向，一方面固然表现为经学的专门化程度愈来愈高，以至难以再凭业余的态度和方式来成就；另一方面则在于学者大多不擅文学性写作。就后一方面而言，在东汉初期王充的描述中，文人通常有经学知识，与之并不对等，儒生却大都不具备文章写作才能。虽然总体说来，文学与学术各自的特点越来越明显，文人与学者的分化也因此难免呈扩大之势，但其走向并非表现为单一性的持续加剧。随着教育的发展和士阶层文人化的演进，社会整体的写作水准在发生变化，就像文人始终要习经问学一样，一些学者也有了文学兴趣和能力。两汉之际，儒士苏竟"潜乐道术，作《记诲篇》及文章传于世"[5]。据《后汉书·儒林列传》，东汉初，研习古文经的卫宏除作《毛诗序》《古文尚书训旨》，还"作《汉旧仪》四篇，以载西京杂事；又著赋、颂、诔七首，皆传于世"。汉末学者服虔"有雅才，善著文论，作《春秋左氏传解》"等，"所著赋、碑、诔、书记、《连珠》、《九愤》，凡十余篇"[6]。而照王符的说法，东汉后期学士的写作，其内容、风格往往相当文学化："今学问之士，好语虚无之事，争著雕丽之文，以求见异于世。"[7]审美性文章与研究性学术需要不同的知识积累、技能训练，诉诸不同的思维方式和写作体例，甚或所适合的个性也有所分别，但是在公开的社会生活中，文章与子史，文章与经术，其间的门类区别往往被有意无意地淡化。在王充《论衡》中，经传章句、子史著作、文书类的记奏、美文丽辞的赋颂，这

1 《后汉书》卷八十上《文苑列传·边韶传》，第 2623 页。

2 《三国志》卷二七《魏书·徐干陈琳阮瑀应瑒刘桢传》，第 600 页。《后汉书》卷七十《孔融传》注引《典略》，第 2278 页。

3 《后汉书》卷三七《桓彬传》，第 1261 页。

4 《论文杂记》之九，第 117 页。

5 《后汉书》卷三十上《苏竟传》，第 1047 页。

6 《后汉书》卷七九下《儒林列传》，第 2576、2583 页。

7 《潜夫论笺校正·务本》，第 19 页。

些在后世看来差别极大的文体，常常被习惯性地杂然并举[1]。除了文体的意识不够明晰、成熟，一些文体的性质和界限模糊，文学的概念和范畴长期难以确认，这一切无疑加剧了文学与学术交织的复杂状态，但很难说就是此一现象的决定性因素。兰台、东观长期麇集着若干学者、文人，或者有经、史学养和文才的士大夫，从事经传、诸子等图书校定，以及汉史的撰作著述。对照现代学科分类标准，这种文人与学者混合参用的做法，最直观地体现出古代社会在经学、史传、诸子著论、诗赋文章几方面虽有所分别，但并不严格区隔的综合性文化意识。

虽然汉代文章与以经术为代表的学术早已分途，东汉文人与学者也已分列，不过，两者在现实中却不一定容易判然区别，这不仅指文人与学者的身份时常兼于一身，而且从根本上说来，文人普遍推崇学力深厚的人生修养，天然地欣赏学养古雅渊博的文学格调，文章写作与知识学问密不可分。对于隶属于士阶层的文人来说，即便文人这一种人物类型的特性越来越鲜明，并被社会所接受，诗赋文章的写作也难以提供全面、充分的人生满足。汉代著名的文人，很少有人仅以诗赋这类单一性作品自立于世，在政治参与的履历和实践之外，他们几乎无不综合了赋颂、章奏、论说，甚至经史等著作的写作，来成就文人的丰富性。将各种学养和能力集于一身，文章才能之外，博学多识、社会责任意识和政治才干，这个复合性的士大夫模式，有助于建树更丰满的社会形象，为文人典范提供有影响力的背书。

七、文人与文学标准的矛盾性

中国古代文学中有一个根深蒂固的观念，认为诗歌乃是人内在世界和精神运动自然呈现出来的语言形式，“诗言志”“在心为志，发言为诗”，《尚书》《毛诗序》中这些经典陈述都是基于这样的意识。如第一章所论，在中国文化传统中，“文”一向被视作事物的内质具有形式感地自然转化于外，由事物存在的这一普遍规律推衍，“诗言志”的诗歌观念乃是顺乎其

1　如《论衡校释·案书》，第1173—1174页。

然的结果。孔子援引古书的“言以足志，文以足言”，杜预注曰：“足，犹成也。”[1]还有孟子著名的“不以文害辞，不以辞害志”[2]，都体现了这种内外一体的文化逻辑。志—言辞—文三者之间是充分对应的，由表里如一、内省不疚的君子人格修养出发，人们相信，文辞不仅应当，而且可以将人的内心如实呈现出来，不虚假，也不变形走样。相对于庄子“可以言论者，物之粗也”的语言认识及其“得意而忘言”的主张，儒家这种简明但未免过于乐观的语言态度，在汉代一再发出回响。《法言·君子》：“或问：‘君子言则成文，动则成德，何以也？’曰：‘以其弸中而彪外也。’”李轨注曰：“弸，满也；彪，文也。积行内满，文辞外发。”[3]扬雄认为，士君子充实饱满的内心美好，会如动物皮毛的美丽花纹一样，文采鲜明地自然显现出来，内在德行与外化文辞两者相符契。王充在《论衡》中也强调语言表达不外是自我的如实显现：“何以观心？必以言。有善心，则有善言。以言而察行，有善言则有善行矣。”[4]所有文字写成物都应当是内在现实的真实表露，它甚至就等同于人的内心，“实诚在胸臆，文墨著竹帛，外内表里，自相副称。意奋而笔纵，故文见而实露也”。“岂谓文非华叶之生，根核推之也？心思为谋，集扎为文，情见于辞，意验于言。”[5]对于语言表达与人思想、情感的直接对应与一致性，王充给予了极大肯定。

既然以诗歌为代表的文学，被看作是人较为自觉的意识和情感自然、优美地表达于外的语言形式，内在心志与外在语言表现一向又被认为是相应、一致的，这就不能不意味着，诗文作品与作者基本是等同的，作品就是作者[6]，对作品的肯定就等于对作者本人的肯定。司马迁曾经深情地写道：“余读孔氏书，想见其为人。”[7]由作品可以了解作者，在此基础上，读者会

---

1 杜预：《春秋经传集解·第十七》，上海古籍出版社，1978 年，第 1038 页。

2 《孟子正义·万章上》，第 638 页。

3 《法言义疏》，第 496 页。

4 《论衡校释·定贤》，第 1119 页。

5 《论衡校释·超奇》，第 609、610 页。

6 宇文所安在讨论“诗言志”时，通过词源学的解释，对比了中西诗学理论中的不同观念：西语中的“poem”即“制作”，它是制作者的意志对象，诗是诗人“制作”的东西，诗人对其 poem 具有控制权；但按照中国古代文论的说法，“诗”是人内心的东西，“‘诗’不是其作者的‘客体’，它就是作者，是内在之外在显现”。（《中国文论：英译与评论》，第 26—27 页。）

7 《史记》卷四七《孔子世家》，第 1947 页。

进而以作品去量度、评判作者本人，“故言，心声也；书，心画也。声画形，君子小人见矣”[1]。语言文字作品被视为作者人格的直接对应物，它们是真实无伪、内外相应的，没有主观的欺瞒和掩饰，也不存在无意造成的变形和损耗，从中足以辨识、查验出作者的品格优劣、知识多寡、趣味高下等内在素质。可以想见，对语言自我显现的真实性如此信奉、信任的文学观念，是不会给虚构性以地位的[2]。“人有心，所以有语言，语言是‘情’的那个‘外在’者，‘文’是‘理’的外在者，这是《原道》篇所建立的立场。一切内在的东西都要走向外在显现，内与外是完全相符的。这是中国文学思想的一个信条，中国文学思想的主流就是在这个基本原则上发展起来的。”[3]宇文所安针对《文心雕龙》而发的这段话，可以扩展为对中国古代文学思想整体性的认识。

前述扬雄、王充的说法，无论“弸中彪外”，还是“外内表里，自相副称”，饱满的由内而外，完美的表里一致，归根结底只是理想的状态。“显宗即位，又多短衍以文过其实，遂废于家。”[4]冯衍为明帝以文所废的遭遇，固然印证了用文衡人的实际发生，显示出将文章风格等同于作者品性的社会意识的影响。但不久以后的“肃宗甚重其文”[5]，前后相继的两任皇帝对同一批文本、同一个文人所表示的不同态度，除了可以解释为文学爱好和趣味的主观性，还表明作品与作者之间的评价及其连带关系，实际上并不是那么确定、通贯的。循着对“文”的定义，如果说文学作品是文人内质的外在显现、表露的话，相较内在之“质”，这个外在之“文”似乎越来越具有了相对独立性，可以不依赖内质，甚至撇开其作者而单独存在，也就是具有不可忽视的独立表现能力。冯衍在生前已毫无争议地成为道德批评的靶子，明帝因此废而不予起用；章帝的珍视，很大程度上是在时过境迁、人事皆非之后，缘自其作品本身的艺术吸引力。无独有偶，汉代末年，对于父亲曹操因嫌忌而处死的孔融之作，曹丕表现出强烈的喜好：“魏

1 《法言义疏·问神》，第 160 页。

2 宇文所安：中国古代的文学观念传统，“它不是虚构论而是一种奇特的‘内在经验论’，从这里发展出来一种更丰富更有趣的字面之真的观念”。(《中国文论：英译与评论》，第 92 页。)

3 《中国文论：英译与评论》，第 217 页。

4 《后汉书》卷二八下《冯衍传》，第 1002 页。

5 《后汉书》卷二八下《冯衍传》，第 1003 页。

文帝深好融文辞，每叹曰：‘杨、班俦也。’募天下有上融文章者，辄赏以金帛。”[1]

对文人与其作品之内外同一性的强调，在一个注重文学的道德价值的文化传统里，必然导致对作者本人的德行要求。汉末以来，由于对文人道德瑕疵的指责比较多，在对同一关系链条上的作者与作品的评价中，无形中就形成了一种方枘圆凿。在曹丕，特别是刘勰、颜之推对汉代文人道德批评的长名单之后，将如何理解当时和后世读者对这些文人作品的欣赏和接受？“言为心声”“文如其人”，照此逻辑，既然现实中的文人一再被指责为“不护细行”“多疵”“轻薄”，那么，他们的那些不可能不显现作者自身道德瑕疵的文章，其价值何在？假设文人有朝一日成为品性完善、行为持重的道德君子，人们对文学最完美的期望将会因此实现吗？或者说，人们究竟想在文学中读到什么？获得什么？在社会行为评价中对文人进行普遍的道德指责，但同时在个人阅读中又欣赏其作品，对文人写作才情予以肯定，这两方面的评价错位，究竟反映了什么样的文学社会意识？

随着文学广泛、持续的发展，人们对作品的关注更首要，对文人也相对宽容，但对文人的道德要求、指控一直具有理论和价值上的正当性。文学批评当然要基于对文学特性的认识，谈到历史上文人之所以“有盛名而免过患”者少、“损败居多”时，颜之推推究原因说：“每尝思之，原其所积，文章之体，标举兴会，发引性灵，使人矜伐，故忽于持操，果于进取。”[2]既然文学的灵感和兴致有可能随时被触发，并且容易导致比较强烈的情绪波动，使人忘乎所以，文人们所普遍表现出的从心任情、放纵不拘的个性，实际上就是与文学的特质密切关联的。换言之，文人特性中的“瑕疵”，虽然使他们在道德人格的树立上不具备建设性意义，却无疑适于强调自由、个性化抒写的文学内在要求。

文人重知识的博通，在个人行操和政治事功上大都少有成就和建树，文章写作的才情有时候看起来，甚至就像是与德行、政事两相妨碍的，这种从汉代开始显化的偏于负面的文人社会形象影响深远。值得注意的是，在历史现实中，对文人德行的指摘，其实并不影响对其作品的欣赏和喜

1 《后汉书》卷七十《孔融传》，第2279页。
2 《颜氏家训集解·文章》，第222页。

爱，这种指责与其说带有文学属性，不如说更应当算作士阶层内部的道德批评。在士阶层的价值集合中，道德人格属于首要的、基础性的层级，所谓人以德为先，有德者必有言，而文人一般说来，并不甘心单只成为一个写作者，他希望入仕从政、理事治民，能够承担起德政教化以及其他重要的社会责任。因此，甘愿成为复合性社会角色的文人，不可避免地面临着社会多重的价值预期和评判。梁简文帝萧纲在《诫当阳公大心书》中，把文人和文学所面临标准的双重性说得很清楚："立身之道，与文章异：立身先须谨重，文章且须放荡。"[1]社会一方面欣赏率意、纵放的诗文，另一方面又批评写作这些诗文的文人德行上不够检束、谨重，文人行为与文学特性相适配的任性不拘成为他们被批评的口实。

说到底，文学的特性并不足以成为为文人特性辩护的理由。作为士阶层中独特的一类，文人时常不被从其特异之处加以衡论，而是从"士"整体出发予以要求，才学之外，德行、政能同样成为施诸文人的价值标准。社会执着地以士大夫的综合价值来衡量文人，作为文人的母体，士阶层的价值属性是如此强大，士人的共同价值原则常常压倒了文人的独特性，文人的特性始终没能成长到可以超越士阶层的基本属性。

1 《全梁文》卷十一，《全上古三代秦汉三国六朝文》，第3010页。

第八章　文学的概念、范畴与矛盾性

我们现在使用的“文学”，虽然表面看来是古代早有的成词，但其内涵其实是经过日本传输进来的近代西方的观念。这一观念以诗歌、戏剧、小说为文学范畴，以虚构性为文学的基本特性。韦勒克、沃伦的《文学理论》——一部在西方具有广泛、长期影响的文艺学著作——强调：“虚构性”（fictionality）、“创造性”（invention）、“想象性”（imagination）是文学的突出特征，“文学的核心性质——虚构性”，“文学的本质最清楚地显现于文学所涉猎的范畴中。文学艺术的中心显然是在抒情诗、史诗和戏剧等传统的文学类型上。它们处理的都是一个虚构的世界、想象的世界”[1]。不过即使在西方，这种文学观念也是相对后起的，按照韦勒克的说法，偏重想象、虚构和审美的文学概念，是十八世纪末，特别是十九世纪以来的产物。此前，“文学”（literature）的较早含义，指的是知识、学问，以及对古典文献的研究，尤其是以拉丁文为学术语言的古典研究[2]。

中国古代并没有产生与当今的文学理论和学科分类术语十分对应的概念。从 literature 翻译过来，受西方影响的现代“文学”概念，强调形象感、虚构和想象性，与中国固有的写作范畴和观念不能完全对接，在用来描述和解释主要以诗文构成的古代作品范围和写作传统时，它不免显现出难以克服的偏差。

---

1 ［美］韦勒克、沃伦：《文学理论》，刘象愚等译，生活・读书・新知三联书店，1984 年，第 14、15、13 页。

2 关于西方文学概念古今不同的历史演变，参见 Rene Wellek（韦勒克）. *Discriminations*. New Haven，1970, pp. 3-6.

一、文学与文章

汉语中固有的“文学”一词，其早期含义与后世十分不同，先秦、秦汉时期不断发生语意变化，其演变脉络撮述如下[1]。《论语·先进》记述孔门四科，其中“文学：子游、子夏”，邢昺《论语注疏》谓之为“文章博学”[2]，即包括写作与学术。对于“述而不作”的孔子说来，作为设教科目之一的“文学”，理当更偏重于对先王典籍的传解、学习，正如皇侃《论语义疏》引范宁云：“文学，谓善先王典文。”[3]因此，“文学”在孔子那里主要是指以古代典籍为基本对象的学问。战国时期，“文学”仍偏重于书籍、学问，“宣王喜文学游说之士，自如驺衍、淳于髡、田骈、接予、慎到、环渊之徒七十六人……是以齐稷下学士复盛，且数百千人”[4]。《韩非子·显学》：“藏书策，习谈论，聚徒役，服文学而议说，世主必从而礼之……而上之所养，学士也。”[5]不过与此同时，它也常被用来指称尤好古代文化的儒者之学，并与“礼义”“仁义”的礼乐教化、道德行为规范多相并举，如《荀子·大略》：“子赣、季路，故鄙人也，被文学，服礼义，为天下列士。”[6]《韩非子·五蠹》“莫如修行义而习文学”[7]。

秦及汉初，“文学”的内涵仍以泛称学术、学问为主，并不固定于某一具体学派。李斯上书中提到，“诸有文学《诗》《书》百家语者”[8]。叔孙通儒服，“秦时以文学征，待诏博士”[9]。秦七十名博士中“不尽经术之士”，具

1 关于“文学”在先秦至西汉演变的具体情况，详参《汉代文人与文学观念的演进》，第17—19页。

2 《论语注疏》卷一一，《十三经注疏》，第2498页。

3 《论语集释》，第744页。

4 《史记》卷四六《田敬仲完世家》，第1895页。

5 《韩非子集解·显学》，第459页。

6 《荀子集解·大略篇》，第508页。

7 王先慎注此句曰：“‘行’当作‘仁’。上文云‘行仁义，工文学’，此云‘修仁义，习文学’，‘仁义’、‘文学’篇内对举，明‘行’为‘仁’之误。”（《韩非子集解·五蠹》，第450页。）

8 《史记》卷八七《李斯列传》，第2546页。

9 《史记》卷九九《叔孙通列传》，第2720—2721页。

体来说，“殆诸子诗赋术数方伎皆立博士，非徒六艺而已”[1]。若此，“文学”作为征召名目，自当与其范围和品类相适配。良可注意的是，与任刑重法的当代政治文化相表里，这一时期律令文法知识显重于世，条文繁多，法意精微，足以成专门之学，与学术、学问这一基本内涵相应，“文学”也不免用以含括律令文法的相关知识。《史记·蒙恬列传》：“恬尝书狱典文学。”司马贞《索隐》曰：“谓恬尝学狱法，遂作狱官，典文学。”[2]《史记·晁错列传》：“学申商刑名”的晁错，“以文学为太常掌故”[3]。综之，直至汉初，“文学”一词的用法都比较宽泛，除了学术或专门之学，有时还指包括礼仪、章程、掌故等在内的文献知识，有时又近乎古雅的修养，甚或与质行相对的浮辞、夸饰。

经过汉武帝，“文学”的含义愈来愈聚焦于儒学，并在这个核心意谓上迅速增衍，除了作为经术学问的专称外，还常用来指士人以经术而被诏举的选拔科目及被举者，亦指与经术有关的官办学校和经学教官[4]。“为文学”“文学经术”“文学经书”“文学儒者”“文学之士”广见于汉史，“文学”专指儒学经术，并扩及相关的科目、机构、人物等，这成了它在汉代及此后长期行用的义项。

儒学的观念主张和倾向，使得“文学”这个概念还隐约透露出值得注意的其他迹象。汉初，周勃“为人木强敦厚”“勃不好文学”[5]。万石君石奋“无文学，恭谨无与比”，“建元二年，郎中令王臧以文学获罪。皇太后以为儒者文多质少，今万石君家不言而躬行”[6]。与“不好文学”“无文学”者的质木、重躬行形成对照，“文学”这一词语很容易使人在多言、善言、浮辞巧辩之类行为和才性方面发生联想，这几乎可以说是其属性中天然具有的，《韩非子·难言》所谓“殊释文学，以质性言，则见以为鄙”，正是

---

1 王国维《汉魏博士考》，《观堂集林》(一)，中华书局，1959年，第175页。

2 《史记》卷八八《蒙恬列传》，第2565页。

3 《史记》卷一〇一《晁错列传》，第2745页。

4 陈梦家《武威汉简补述·关于“文学弟子”的考述》：“汉代所谓‘文学’，乃指经学而言。它同时又是一种资历和学官的称谓。”具体来说，后者包括郡国应诏选举的文学之士；经考试或选举为中央所任命有官秩的郡国文学之官；郡国所自辟除的文学教官。(《汉简缀述》，第286—290页。)

5 《史记》卷五七《绛侯周勃世家》，第2071页。

6 《史记》卷一〇三《万石张叔列传》，第2763、2765页。

由此而发。淮南王、衡山王因谋反之罪被诛杀，汉武帝诏曰：“日者淮南、衡山修文学，流货赂，两国接壤，怵于邪说，而造篡弑，此朕之不德。”[1] 对于“独尊儒术”的武帝来说，这通指控性诏书中的“文学”，很难设想会确指儒学，很可能仍只是泛称学问、学说。刘安知识广博，对道家学说尤有兴趣，个人心性偏好读书、音乐、文章写作，《汉书》本传称其“好书，鼓琴”，又“辩博善为文辞”[2]，其名下作品众多。《盐铁论》也说道：“日者，淮南、衡山修文学，招四方游士，山东儒、墨咸聚于江、淮之间，讲议集论，著书数十篇。”[3] 因此，在对有文学艺术爱好的淮南王刘安的叙述中，“文学”与文辞、文章写作的含义相互映带。综合论之，汉代“文学”一词在以经术为核心内涵的同时，有时会带有文辩、文采、文辞的意义色彩或产生相关的暗示性。由于“修文学”“好文学”者往往善文辞，表现出较高水准的口头言辩或书面写作才能，所以“文学”在实际使用中，常与语言表达水平、文章写作能力具有语意上的连带关系，从而使“文学”这个词语在意义上发生微妙的变化。

汉初，曹参推重黄老治术，他选任丞相史，“择郡国吏木诎于文辞，重厚长者”[4]。与其他思想学术相比较，儒家是格外尚文的[5]，孔门既赞赏文质均衡的“彬彬”之貌，亦表示“文犹质也，质犹文也”。前述窦太后有关“儒者文多质少”的说法，是战国以来相沿不替的普遍社会印象。在描述武帝时期的儒学兴盛时，司马迁将富于修饰性的语言文字与之联系在一起：“自孔子卒，京师莫崇庠序，唯建元元狩之间，文辞粲如也。作《儒林列传》。”[6] 盐铁会议上，文学儒士一再被讥刺语言华美繁缛而不切实用：“文繁如春华，无效如抱风，饰虚言以乱实，道古以害今。”[7] 由重实行的事

1 《汉书》卷六《武帝纪》，第 174 页。

2 《汉书》卷四四《淮南厉王刘长传》，第 2145 页。

3 《盐铁论校注·晁错》（定本），第 113 页。

4 《史记》卷五四《曹相国世家》，第 2029 页。

5 《文心雕龙·征圣》：“夫子文章，可得而闻，则圣人之情，见乎文辞矣。先王圣化，布在方册；夫子风采，溢于格言。是以远称唐世，则焕乎为盛；近褒周代，则郁哉可从。此政化贵文之征也。郑伯入陈，以文辞为功；宋置折俎，以多文举礼。此事迹贵文之征也。褒美子产，则云‘言以足志，文以足言’；泛论君子，则云‘情欲信，辞欲巧’。此修身贵文之征也。”（《文心雕龙注释》，第 11 页。）

6 《史记》卷一三〇《太史公自序》，第 3318 页。

7 《盐铁论校注·遵道》（定本），第 291 页。

功之士的批评，反衬出“文学之士”言语中相对较多的修辞效果及其疏于现实实用的特点。“好文辞”与“好儒术”常并俪，这在一些上层人物身上表现明显。申公以“多言”却不能“力行”批评武帝施政，史家叙述曰：“是时上方好文辞。”[1]班彪谈到汉宣帝的太子教育：“及至中宗，亦令刘向、王褒、萧望之、周堪之徒，以文章儒学保训东宫以下。”[2]太子即位为元帝，“上好儒术文辞，颇改宣帝之政”[3]。对经术“好乐无厌”的成帝，“性宽而好文辞”[4]。儒家一向被认为偏好礼仪、生活和语言文字中的修饰性，这不仅源自儒学对“文”的重视，也与“文”这一语词本身基于美饰的根本特性而不断滋生出来的多义项相匹配。

在经术作为全社会教育的普遍背景上，随着文人的增多和士大夫写作能力的发展，“文学”概念在不脱离经术这一社会意识形态和人文学术基本制约的前提下，其与文字艺术的相关性渐次增强。两汉之际，“嚣宾客、掾史多文学生，每所上事，当世士大夫皆讽诵之”[5]。割据西部的隗嚣人称“尊师章句，宾友处士”[6]，他所招聚的“文学生”，显然是一些饶具文章之才、善写章奏的儒生，与王充批评的只能胜任经书诵读和传习的章句之儒不同。“建初中，肃宗博召文学之士，以毅为兰台令史，拜郎中，与班固、贾逵共典校书。毅追美孝明皇帝功德最盛，而庙颂未立，乃依《清庙》作《显宗颂》十篇奏之，由是文雅显于朝廷。”[7]写《迪志诗》表示要“契阔夙夜，庶不懈忒”的傅毅固然博学，其作为“文学”被征召，显示了东汉初文人在经术上一定的学者化，但傅毅、班固等人在朝廷的活跃，不能不说使通常以经术见长的“文学之士”，看起来实际上更近于文章之士。“文学”变化最显著的无过于汉灵帝开设的鸿都门学。尚书令阳球指斥鸿都文学乐松、江览等人无德无能无学，要求“奏罢鸿都文学”，认为它不足以像太学、东观一样“宣明圣化”[8]。尽管“文学”仍是察举系统中的人才选目

1 《汉书》卷八八《儒林传》，第 3608 页。
2 《后汉书》卷四十上《班彪列传》，第 1328 页。
3 《汉书》卷八一《匡衡传》，第 3338 页。
4 《汉书》卷八五《谷永传》，第 3465 页。
5 《后汉书》卷一三《隗嚣传》，第 526 页。
6 《后汉书》卷一三《公孙述传》，第 539 页。
7 《后汉书》卷八十上《文苑列传 · 傅毅传》，第 2613 页。
8 《后汉书》卷七七《酷吏列传 · 阳球传》，第 2499 页。

之一，鸿都文学所擅长的却主要是“能为尺牍辞赋及工书鸟篆”，与长期以来重在经术学问的选拔标准明显发生了偏离。不过这种偏离并不出诸主政者的有意设计，灵帝“因引诸生能为文赋者。本颇以经学相招，后诸为尺牍及工书鸟篆者，皆加引召”[1]。换言之，在“文学”这一科目下所选拔的政治人才或者专门学术官员，不知不觉间，其内在质地发生了变易。

鸿都门学因带有偶发性，或许不足以代表“文学”这一概念的一般状态，但诗文写作越来越活跃、广泛，不能不对社会文化的其他领域有所融渗、影响。汉末，爱好写作、“留思文章”的曹氏兄弟与一班文人交往频密，“始文帝为五官将，及平原侯植皆好文学。……干为司空军谋祭酒掾属，五官将文学”。“玚转为平原侯庶子，后为五官将文学”[2]。邯郸淳，“博学有才章，又善《苍》、《雅》、虫、篆、许氏字指。……时五官将博延英儒，亦宿闻淳名，因启淳欲使在文学官属中”[3]。有才学而擅著述的徐干、应玚、邯郸淳等文人，都曾经或几乎成为曹丕的文学掾属，而且他与这些属从的关系常常表现出融洽的私人性和令人欢悦的娱乐意味。“桢辞旨巧妙皆如是，由是特为诸公子所亲爱。其后太子尝请诸文学，酒酣坐欢，命夫人甄氏出拜。坐中众人咸伏，而桢独平视。”[4]曹丕《与吴质书》曾经描述：“时驾而游，北遵河曲，从者鸣笳以启路，文学托乘于后车。”[5]“文学”这个经术含义十分清晰的术语变得含混起来，与文章才能和经传学问似乎都很难不有所牵涉。《三国志・文帝纪》：“初，帝好文学，以著述为务，自所勒成垂百篇。又使诸儒撰集经传，随类相从，凡千余篇，号曰《皇览》。”[6]尽管在当时和此后的相当一段时期中，“文学”这个名词无论用作官职，还是指代学科术业，儒学的性质都依然保持[7]，但其混合着文才的成

1 《后汉书》卷六十下《蔡邕列传》，第 1992 页。
2 《三国志》卷二一《魏书・徐干陈琳阮瑀应玚刘桢传》，第 599、601 页。
3 《三国志》卷二一《魏书・徐干陈琳阮瑀应玚刘桢传》注引《魏略》，第 603 页。
4 《三国志》卷二一《魏书・徐干陈琳阮瑀应玚刘桢传》注引《典略》，第 601—602 页。
5 《文选》卷四二，第 591 页。
6 《三国志》卷二《魏书・文帝纪》，第 88 页。
7 《三国志》卷十六《魏书・仓慈传》：汉末建安年间，令狐邵为弘农太守，“是时，郡无知经者，乃历问诸吏，有欲远行就师，辄假遣，令诣河东就乐详学经，粗明乃还，因设文学。由是弘农学业转兴”。(《三国志》，第 514 页。)《三国志》卷十一《魏书・袁涣传》注引《晋诸公赞》曰：袁粲“文学博识，累为儒官，至尚书”。(《三国志》，第 336 页。)

分、文采的气息，至少比汉代大多数时期都更加浓郁。

与诗文赋颂等作品关系更直接的概念是“文章”。“文章”古亦作“彣彰”，含有明显的美饰意味[1]。《考工记》：“青与赤谓之文，赤与白谓之章。”[2]“文”与“章”在早期文献中就已经连文并称，用来表示色彩配合，《荀子·非相》“美于黼黻、文章”[3]，杨倞注曰：“黼黻文章，皆色之美者。”“文章”一词或指彩色、花纹，或指车服旌旗、礼文仪节，甚或礼乐法度、威仪文辞[4]，后者如《论语》中著名的说法：“焕乎，其有文章！”[5]“夫子之文章，可得而闻也。”[6]可以说，与“文”的部分含义十分接近。“文章”的这些义项在汉代仍然具有生命力，“有文章采镂黼黻之饰”[7]，“杂五色使有文章”[8]，“号令文章，焕焉可述”[9]，“考文章，正法度，非礼不言”[10]，类似说法屡见汉史。

“文章”在汉代逐渐用来指称文字缀合或写成物。“臣谨案诏书律令下者，明天人分际，通古今之义，文章尔雅，训辞深厚。”[11]“方今律令百有余篇，文章繁，罪名重。”[12]在一般性地指代书面文本的同时，这个词语显示出对出于自觉的写作意识、用心撰制而成的作品的偏重，既指具体的单篇，也用作写作物的统称。“于是退作《春秋》……是以百王尊之，志士法焉，诵其文章，传今不绝。”[13]“然其俊桀指世陈政，言成文章，质之先圣

---

1 《说文解字》九篇上：“彣，䛐也。”段玉裁注曰：“有部曰：‘䛐，有彣彰也。’是则有彣彰谓之彣，彣与文义别，凡言文章皆当作彣彰，作文章者，省也。”又注“从彡文”曰：“以毛饰画而成彣彰。”（《说文解字注》，第425页。）《说文解字》“彡”字曰：“彡，毛饰画文也。”（《说文解字注》，第424页）。胡小石据此而论：“从彡之字，多含有美意。如‘修’字，从彡，引申为修美。”（胡小石：《中国文学史讲稿》，天津人民出版社，2022年，第7页。）

2 《周礼正义》卷七九《冬官·画缋》，第3306页。

3 《荀子集解》，第84页。

4 详参《汉代文人与文学观念的演进》，第17页。

5 朱熹注曰：“焕，光明之貌。文章，礼乐法度也。”（《四书章句集注·论语·泰伯》，第107页。）

6 朱熹注曰：“文章，德之见乎外者，威仪文辞皆是也。”（《四书章句集注·论语·公冶长》，第79页。）

7 《汉书》卷二五下《郊祀志》，第1256页。

8 《汉书》卷六四下《严安传》，第2809页。

9 《汉书》卷六《武帝纪》，第212页。

10 《汉书》卷八十《东平思王刘宇传》，第3324页。

11 《史记》卷一二一《儒林列传》，第3119页。

12 《盐铁论校注·刑德》（定本），第566页。

13 《说苑校证·贵德》，第95—96页。

而不缪，施之当世合时务。”[1]“上《长杨赋》，聊因笔墨之成文章。”[2]王充称赞周长生“文章奇”[3]，又称赞“汉世文章之徒，陆贾、司马迁、刘子政、杨子云”[4]。班固论西汉赋的创作繁荣，“而后大汉之文章，炳焉与三代同风”[5]。由此可见，“文章”在西汉和东汉前期还是一个比较粗略的概念，其范围宽泛、笼统，几乎覆盖了包括诗赋章奏、史传诸子在内的常见书面作品，对文体样式缺乏清晰的区分和选择意识。不过，讲究文字艺术的成篇之作在文章中地位突出、面貌引人注意，“文章则司马迁、相如”“刘向、王褒以文章显”[6]，“及司马相如游宦京师诸侯，以文辞显于世，乡党慕循其迹。后有王褒、严遵、扬雄之徒，文章冠天下”[7]。在文章认识的构成过程中，司马相如、王褒、扬雄以修饰性文辞见长的作品，影响作用尤为显著。

东汉时期，好文章、能文章、有文章、以文章名、以文章显者多有。王充诘问“夫文人文章，岂徒调墨弄笔，为美丽之观哉？”[8]对“文人文章”的特别意识，有可能使文章的涵盖范围收缩，在有所限制中，使其特性更容易界定、含义更有凝聚性，从而成为经不断反省而来的自觉产物。汉末文章被看重，曹植称赏“诸贤所著文章”，认为“文章之难，非独今也，古之君子，犹亦病诸”[9]；在对“今世作者”充分肯定的前提下，表示“然此数子，犹复不能飞轩绝迹，一举千里”[10]。这种挑剔式的批评和对写作难度的申明，固然表现了“文章绝伦”的曹植所悬标准之高，但也体现出其对于文章的郑重：文章写作并非容易的事情，更不是轻率可为的儿戏或小道，需要非凡的才华、丰富的经验和持久的努力。在司马相如有关“赋之迹”和“赋家之心”的夸张说法之后，曹植从容、平和的态度对于改变世人的文章轻视和简慢，乃是更为有效的，反映了汉代文学历经几百年所取得的

1 《汉书》卷六七《梅福传》，第2920页。
2 《汉书》卷八七下《扬雄传》，第3557页。
3 《论衡校释·超奇》，第615页。
4 《论衡校释·书解》，第1151页。
5 班固《两都赋序》，《文选》卷一，第21页。
6 《汉书》卷五八《公孙弘卜式倪宽传》，第2634页。
7 《汉书》卷二八下《地理志》，第1645页。
8 《论衡校释·佚文》，第868页。
9 《与吴季重书》，《文选》卷四二，第595页。
10 《与杨德祖书》，《文选》卷四二，第593页。

扎实进展和自信。曹丕“盖文章，经国之大业，不朽之盛事”[1]，如此高调的称扬，标志着“文章”获得了明确的尊重，进入在社会中被普遍瞩目的发展阶段。

二、“文”：文体的集合

较早得到肯定的文学性文体是诗、赋。刘向父子和班固在《七略》《汉志》中，将图书分为六艺、诸子、诗赋、兵书、术数、方技六大类。诗赋之所以能别为一类，不仅说明这类作品多、写作成熟，而且表明，西汉末以来的学者们已经清晰地意识到，诗、赋是与其他文字写成物不同的品类，其独特性使之可以与经、子、方术等并立而单成一个类别。可以说，在中国古代，诗、赋这两种文类是最为人熟知、最先成熟并鲜明地体现着文学特质的。

汉代前期，人们有关文学的范畴意识还是十分粗疏、原始的，“文”不加区别地指由字句章节构造起来的各种书面作品。作为最早得到承认的与六艺经传、诸子等分立的写作物类目，诗赋没能进一步获得更普遍的分类认可，这两种文类虽然长期处于中国文学的重心，却不能说它们就等于“文学”。随着不同写作形式的丰富和成熟，诗赋这两种具体的写作样式，作为一个类别概念，显然缺乏将众多其他文体，特别是实用性文章，总括起来的足够涵盖力[2]。简言之，诗赋不足以成为一个具有充分概括性的集合概念。语言文字之有多种不同的表达形态，经常会有一些叙述不经意地涉及此一现象。《诗经·定之方中》“卜云其吉，终然允臧”句下《毛传》曰：“故建邦能命龟，田能施命，作器能铭，使能造命，升高能赋，师旅能誓，山川能说，丧纪能诔，祭祀能语，君子能此九者，可谓有德音，可以为大夫。”[3]与刘氏父子分六类校订图书几乎同时，扬雄“以为经莫大于《易》，故作《太玄》；传莫大于《论语》，作《法言》；史篇莫善于《仓颉》，作

1 《典论·论文》，《文选》卷五二，第720页。

2 胡应麟《诗薮·杂编卷二》：“西汉前无集名，文人或为史，或为子，或为经，或诗赋，各专所业终身。至东汉而铭颂疏记之类，文章流派渐广，四者不足概之，故集之名始著。”（《诗薮》，第251页。）所论虽为别集，但涉及的是类似现象。

3 《毛诗正义》，《十三经注疏》，第316页。

《训纂》；箴莫善于《虞箴》，作《州箴》；赋莫深于《离骚》，反而广之；辞莫丽于相如，作四赋”[1]，其间隐含了扬雄对不同写作类型的区分，尽管这种区分还只是基于其个人写作实践而来的直观感受。东汉时期，一方面人们还是喜欢或者习惯于以具体的文体名称来叙述，同时也逐渐开始采用一些更具集合性的说法。王充在《论衡》中常常列举书论、奏记、赋颂等具体文体，但也使用带有一定概括性的语汇，“文必丽以好，言必辩以巧。言了于耳，则事味于心；文察于目，则篇留于手”[2]，以“文”来统称富于辞采的书面作品，多少显示了从个别的文体名称，向集合性名词不自觉演化的过程。

写作和阅读的活跃、繁荣有助于促使文体成熟，同时加强人们对体式规范的确认和接受。一些文章，尤其是章表奏议这类文书写作，作为官僚政治的一部分，在汉代政权中得到了充分发育和系统性规定，这些士大夫常用文章体例的确立，无疑给了其他文体的写作者以启示。他们的文体类别意识逐步增强，并在写作上进行了一定程度的类型化，对于不同的题材内容，考虑其各自的用途，选择相适宜的文章形式和修辞手段、表现方法。换言之，特定的文章样式之间有了越来越自觉的分工和区隔[3]。与此同时，随着阅读经验的不断积累，通过作品印象的一再重复和叠加，读者不仅对一些习见语汇和修辞、类似情境和意象耳熟能详，还逐渐对相应的文体面貌和特点有所认识，并习惯了文体间的分工。

东汉后期，文章体裁在逐渐丰富的同时，几乎各自形成了其相对稳定的体制特点，有了较为纯熟的写作者和具有代表性的作品。文体的增多和成熟，必然要求着一个更具概括力和综合性的文学概念。《典论·论文》以“文”来综括不同文体：

> 夫文本同而末异，盖奏议宜雅，书论宜理，铭诔尚实，诗赋欲丽。此四科不同，故能之者偏也，唯通才能备其体。[4]

---

1 《汉书》卷八七下《扬雄传》，第 3583 页。

2 《论衡校释·自纪》，第 1199 页。

3 徐师曾《文体明辨序》：“盖自秦汉而下，文愈盛；文愈盛，故类愈增；类愈增，故体愈众；体愈众，故辩当愈严。”（徐师曾：《文体明辨叙说》，人民文学出版社，1962 年，第 78 页。）

4 《文选》卷五二，第 720 页。

在曹丕的概括中，除了最能够显示文学审美特征的诗赋，“文”还包括其他实用性文章体裁。奏议、书论、铭诔、诗赋，士人公私生活中常用的这四科、八体，构成了当时文学的基本范畴，“文”具有指称诗赋、奏议等各体作品的集合性意义，这一概念内涵由此得以明确。曹丕和其他人也在这一层面上使用“文章”一词。从此角度而言，“文”或者“文章”，乃是最具中国文学学科分类意义的基本概念。

八体中文章为大宗，其中，将章表奏议这类士大夫的政治性写作纳入文学之列，形成了此后长期以来中国古代文体分类的一个固有传统。行政文书本是士大夫在现实政治生活中主要的写作文类，这些旨在表达政见、参议政事的实用性文体，被看作文人人生中重要的文章成就，是其复合性的社会身份在文学中的自然映射。这在表明文人与政治事务密切相关的同时，也意味着文人、文学与政治关系的常规化。曹丕盛称的“文章，经国之大业，不朽之盛事”，其“经国”之说，也需主要向这一部分作品上去落实。

曹丕《典论·论文》的文体认识，就现存文本来说，还只是在相互对比的基础上，对不同类别的风格特点予以笼统的概述，既未曾涉及每一文体内部的多样性，更不可能对其在命名、历史，以及行文的形式、技艺、规则等方面进行细致、深入的总结。尽管对文体的认识还是粗浅、简括的，但曹丕所代表的“文”或“文章”观念，乃是中国文学史上一个划时代的进展，他的分类和概括，成为后来文论家对文学进行具体讨论的出发点[1]。

三、文学，以富于修饰性的书面语写成的短篇诗文

汉代关心文学进展的人，在自觉不自觉地完成着两个不同方向上的认识：一是对文体区别、分化的意识，即认识到不同体式的写作物有其相应的特有形态和各自适合的题材、写法、功用；一是对这些彼此差异的文体所内在具有的共同特征和性质的意识，即认识到文学的共有特性。两者分

1　钱穆《读〈文选〉》：“文章观念既渐臻独立，斯必进而注意文章之独特体性与其独特技巧，此亦在魏文帝《典论·论文》始发其旨。”［《中国学术思想史论丛》(三)，第103页。］

别对应了《典论·论文》“文本同而末异”的“末异”与“本同”。

曹丕所认可的“文”，从政治实用性的章表奏议，到言志抒情的审美性诗赋，这些表达内容、写作手法、结构形式差别显著，功能和适用场合各不相同的文体，将它们涵盖在一起的质素是什么？它们的共通性在哪里？换言之，“文”之所以为文的根本何在？“文”的性质究竟是什么？总的说来，曹丕以及同时代人的“文”或“文章”观念，就外部形态而言，大致有如下两个共同点：独立成篇；篇幅短小。也就是说，所谓文学性作品，基本是以独立成文的短篇作品为立足点。不过更重要的，即曹丕在《典论·论文》中所提到的“文”之“本同”之处，那将奏议、诗赋等各种差异极大的作品集合在一起的共同性质，也就是各种不同文体间内在的共通之处，在相当程度上被视作文字表达上的艺术性，具体地说，即作品在构思上的精巧，遣词、造句的典雅优美，以及对骈偶、排比、用典、比兴、句式整齐等植根于汉语本身的修辞手段的巧妙运用。

对文辞修饰性的强调有着深厚的文化传统基础。随着文学表达和传播的方式逐渐由音声趋向文字，文人文学成为主要是运用文字的一种行为，与一般的写作不同，人们常常将优美华丽的辞藻与文学写作联系在一起，在强调书面化的同时，又显现出对语言修饰性的偏重。文学明显地向“文字”和“文采”的意义上归结，文学被集中地看作是，一种富有技巧地使用了修饰性文字的写作成品或写作行为。与之相应，长期以来，对别人文辞或文字能力的赞美，成为肯定其文章成就最普遍的表示。《论衡》中相关谈论很多，由于王充一向反对“调文饰辞”的写作风气，所以他在书中所涉及、流露的意见，就格外有社会说明性。“人主好文，佞人辞丽。”[1]在世人通常的意识里，文章、文学都往往与丽辞直接联系在一起。“夫文人文章，岂徒调墨弄笔，为美丽之观哉？”[2]王充的驳议，恰恰反映了在时人的普遍看法中，文人文章是以文辞美丽为常态。“文必丽以好，言必辩以巧。言了于耳，则事味于心；文察于目，则篇留于手。故辩言无不听，丽文无不写。”[3]即使王充这样文风质实的写作者，谈到文章之为人喜闻乐见，

---

1 《论衡校释·答佞》，第 523 页。
2 《论衡校释·佚文》，第 868 页。
3 《论衡校释·自纪》，第 1199 页。

也还是会落实在文辞之美上，尤其是司马相如、扬雄一类“敏于赋颂，为弘丽之文”的汉赋名家，其赋作固然“文丽而务巨”“文如锦绣”[1]，就连实用性的政治文书，也每每“为丽美之文于笔札”[2]，以“繁文丽辞”而“上书陈便宜，奏记荐吏士”[3]。班固、傅毅等人“赋颂记奏，文辞斐炳，赋象屈原、贾生，奏象唐林、谷永，并比以观好，其美一也”[4]。正是因为“文辞斐炳”所造就的语言文字上的美感，使得赋颂与记奏这些差异明显的文体具有了审美上的一致性。建安年间，应劭“博采古今瑰玮之士，文章焕炳，德义可观”[5]。以文才得名的繁钦“既长于书记，又善为诗赋。其所与太子书，记喉转意，率皆巧丽”[6]。对于兼擅书记与诗赋的文人来说，表意恰切之外，结构精巧、文字美丽，类似的写作技艺可以在上述文体中并行，是诸体文章共有的基本特点。与赋颂记奏这些短篇作品中文字艺术效果相对集中的体现不同，子史著作虽以载述、说理为主，但在王充看来，也绝非与美文丽辞无涉：“文王之文在孔子，孔子之文在仲舒，仲舒既死，岂在长生之徒与？何言之卓殊，文之美丽也！”[7]汉末，文人对文字修辞性的重视更加自觉、广泛，曹植《七启序》曰：“昔枚乘作《七发》，傅毅作《七激》，张衡作《七辩》，崔骃作《七依》，辞各美丽，余有慕之焉！”[8]

沿着曹丕的思路，梁昭明太子萧统在《文选序》中把“文”的标准表达得更为明确。他先是将经、子、史排除在“文”的范畴之外，值得注意的是，说到周孔经典不预文章之列，“岂可重以芟夷，加之剪截”，他表示不能对这些圣人制作删节剪裁，在尊重经书的崇高地位时，实际上也落实了文章形制乃是相对独立的短篇这一基本设定。萧统认为，经子史是与“篇章”“篇翰”“篇什”不同的：经书，“孝敬之准式，人伦之师友”；诸子，“盖以立意为宗，不以能文为本”；贤人忠臣、谋夫辩士的言论，“概见坟籍，旁出子史。若斯之流，又亦繁博。虽传之简牍，而事异篇章”；

1 《论衡校释·定贤》，第1117页。
2 《论衡校释·书解》，第1152页。
3 《论衡校释·佚文》，第867页。
4 《论衡校释·案书》，第1174页。
5 《后汉书》卷四八《应劭传》，第1613页。
6 《三国志》卷二一《魏书·徐干陈琳阮瑀应玚刘桢传》注引《典略》，第603页。
7 《论衡校释·超奇》，第614页。
8 《曹植集校注》，第8页。

史籍，“所以褒贬是非，纪别异同，方之篇翰，亦已不同”。这些说明，可以大体理解为是中国文化传统语境中的所谓“文学”，与“哲学”“历史”等著作的门类区别之所在，并与经史子集的图书四部分类大致呼应。在摒去儒经、诸子、史书等专门著作的同时，萧统又特意解释了将史书中的赞论序述辑选入文章之列的原因：“若其赞论之综缉辞采，序述之错比文华，事出于沈思，义归乎翰藻，故与夫篇什，杂而集之。”[1]史书中的论赞多文采，这并非萧统一人之见[2]，范晔称述荀悦《申鉴》的论辩，又赞扬其奉诏所作的《汉纪》“辞约事详，论辩多美”[3]。在萧统看来，虽然就其来源而言，这些赞论序述是非文学的，但是，富于文采的精心撰作，使之获得了充分的文学性；同时，其在史传中相对的独立性，使之不妨单独成篇。很显然，由“综缉辞采，错比文华”“事出于沈思，义归乎翰藻”所明确的选录标准，乃是构成“文”的关键所在；辞藻精美、声律和谐、对偶工整、用事切当这些艺术技巧的运用，是所谓“能文”之“本”的具体体现。对于公元6世纪的萧统来说，文章之美基于一定的视听感知效果，在罗列“诏诰教令之流，表奏笺记之列，书誓符檄之品，吊祭悲哀之作”等若干文体之后，萧统《文选序》有两句譬喻式的总括说法，“譬陶匏异器，并为入耳之娱；黼黻不同，俱为悦目之玩”，传达出文字艺术所带来的感官娱悦体验。这其实是“文”这一概念内在具有的审美特质，如第一章所论，其作为花纹、纹理的初始义所天然具备的视觉意味，隐含而深刻地，奠定了“文”的美感基础。

正因为把文字修饰性艺术视为基础的标准，所以，即使章奏、书记一类应用性文章，因作者运用才思，使其措辞巧妙、辞采斐然，进入文学

1 《文选》，第2页。

2 范晔《狱中与诸甥侄书》对其《后汉书》的论、序、赞颇有自矜之意：“吾杂传论，皆有精意深旨，既有裁味，故约其词句。至于《循吏》以下及《六夷》诸序论，笔势纵放，实天下之奇作。……赞自是吾文之杰思，殆无一字空设，奇变不穷，同合异体，乃自不知所以称之。”（沈约：《宋书》卷六九《范晔传》，中华书局，1974年，第1830—1931页。）刘勰曾特意称赞《汉书》之“赞序弘丽”。（《文心雕龙注释·史传》，第170页。）刘知幾《史通·论赞》则对汉以降的史论颇多诋诃：“此皆私徇笔端，苟炫文彩，佳辞美句，寄诸简册。”“大抵皆华多于实，理少于文，鼓起雄辞，夸其俪事。”（《史通通释》卷四，第76页。）是从相反的角度，表明史书中论赞之重文采。

3 《后汉书》卷六二《荀悦传》，第2058、2062页。

之列也便顺理成章[1]。淮南王刘安"辩博善为文辞","方好艺文"的汉武帝"甚尊重之。每为报书及赐,常召司马相如等视草乃遣"[2]。年轻气盛的武帝或许有不甘示弱、向叔父显示才能的心思,但他在答复来文及赐书时如此精心结撰,甚至还要经过著名文人审阅草稿,不能不说对于这些诏诰文书的写作颇有期待,视为足以驰骋才华的方式。无独有偶,东汉初,盘踞一方的隗嚣与新即位的光武帝之间多有书疏往来,他们的写作都相当尽心,"嚣宾客、掾史多文学生,每所上事,当世士大夫皆讽诵之,故帝有所辞答,尤加意焉。"[3]这些关乎时事政治的文章,其所具有的可传诵性,在言事论理的和洽、允当之外,一定还来自文辞的精美、讲究,其在当时、当地所具有的公开性,无疑使得双方对相关的写作都投入精力,不敢掉以轻心。皇帝们对文书写作的认真对待,一方面表明类似文章在社会生活中的重要,另一方面也提高了相关文体的水平和声誉,并以其垂范效应对士大夫的写作产生激励。文人在各体文章中驱遣文辞的写作才能,受到普遍称赞。祢衡先在刘表,后在黄祖手下,"文章言议,非衡不定";祢衡为草章奏,"须臾立成,辞义可观";"衡为作书记,轻重疏密,各得体宜"[4],尽管他矫时慢物,但善写文章的才名都使他备受礼遇。就近些年出土的简牍文献可知,汉代现实生活中实际运用的文书种类繁多[5],尽管它们如刘勰所云乃"政事之先务",广泛应用于政府的行政管理事务,如律令、符券、簿籍等,但因其本身的功用和性质,不采用修饰性的文字撰写,也就没有优美可观的文辞效果可言,所以这些名目纷杂的文字写成物,不曾在文论家那里获得进入"文"之行列的资格[6]。质言之,曹丕的文章范畴乃是有自觉

1 曹道衡《从文学角度看〈文选〉所收齐梁应用文》:"古代人论文,常常以辞令之妙作为文章的一大优点。"具体到应用文,又说:"他们对这种文字的要求,似乎主要是强调其措辞的技巧。"(郑州大学古籍所编《中外学者文选学论集》,中华书局,1998年,第519页。)

2 《汉书》卷四四《淮南厉王刘长传》,第2145页。

3 《后汉书》卷一三《隗嚣传》,第526页。

4 《后汉书》卷八十下《文苑列传》,第2657页。

5 李均明"按简牍文书自身的特征及功能之差异",将出土秦汉简牍文书大致分为六大类:书檄类、律令类、案录类、符券类、簿籍类、检楬类,每类中又分若干细目。(《简牍文书学》,第172—173页。)

6 如刘勰所列举的名称、用途繁杂的这些笔札之文:"是以总领黎庶,则有谱籍簿录;医历星筮,则有方术占式;申宪述兵,则有律令法制;朝市征信,则有符契券疏;百官询事,则有关刺解牒;万民达志,则有状列辞谚:并述理于心,著言于翰,虽艺文之末品,而政事之先务也。"(《文心雕龙注释·书记》,第278页。)

的选择意识和鲜明去取标准的，这使它确保了四科八体之内在的同一性。

文体的多样性加剧了对文学特性进行界定的复杂程度，从言志抒情、体物图貌的诗赋，到纪念性的铭诔，到通问、明理的书论，到政治公文的奏议，内容、体式、风格、功能不能说相差不大，其写作动机、运思方式、施用范围、预期的阅读效果等，彼此间区别明显。如此集合起来的文章观念，很容易导致其衡量标准的武断或游移。正是由于“文”的概念集合了若干差异较大的文体，所以在“雅”“理”“实”“丽”这些风格的一般概括之外，若要提取出其内在具有的共通质素，就只能向最基本的文字构成层面，也就是修饰性的文字艺术上去探寻。这个以各种诗文为基础的文学范畴，虽然也有人从情思、想象的角度予以探讨，却往往以之为某种文体的特点或创作方法，甚至归为题材类别[1]。总之，文学的本质或者说根本，也就是曹丕《典论·论文》的“本同”之处，显然聚焦在文字的修辞性、艺术性上，即萧统《文选序》所谓之“以能文为本”。“文”由线之交错、色之配合的原初义，逐步推衍出了层次高低有别的丰富含义，中国古代文学可以扩大、升华到文德、文教等崇高的社会价值层次上，但从根本上来说，它须得归结、落实在修饰性的文字这一个含有技术意味的层面上。这是隶属于“文”或“文章”的所有文体共通的，同时也是最基础的特性[2]。

汉代文人文学不仅确立了以书面文学为主流的格局，从东汉晚期开始，也逐步明确了文人正统文学的重心。“文”或者“文章”，乃是以富于修饰性的书面语、富于匠心的精巧结构写成的短篇诗文。这一概念范畴奠定了中国传统中固有文学观念的基石。

四、著作是比文章更高的写作范畴

“论”被《典论·论文》列为八种文体之一，自此，论说文无争议地被纳入文学范畴。值得推究的是，在明确主张“论”为文章一体的同时，

1　如陆机《文赋》以“缘情”为诗这一文体的特点；而《文选》在依题材为赋体分目时，将“情”与京都、纪行、宫殿、鸟兽等内容并列。至于创作过程中想象的运用，可参见《文赋》和《文心雕龙》的有关论述。

2　郭绍虞《中国文学批评史》：时至两汉，“以美而动人的文辞，称之为‘文’或‘文章’”。（《中国文学批评史》，第 31 页。）

无论曹丕，还是后来的萧统，都并不肯从文学的角度接纳以说理论辩见长、旨在建立思想学说的诸子著作。诸子，尤其是荀况、韩非等战国末期以降的著述者，通常以相较周密的逻辑性和较大的篇幅，比较系统地阐论事理，或者广泛地论议社会政治问题。既然诸子之被摒于文学之外，乃是由于其如萧统所说的"以立意为宗，不以能文为本"；则论说文得预文学之列，自然应当被认为体现了相反的特性。

关于"论"这一文体本身的写作特点，除了曹丕《典论·论文》声称的"书论宜理"，后来如陆机《文赋》的"论精微而朗畅"[1]，李充《翰林论》的"论贵于允理，不求支离"[2]，《文选序》的"论则析理精微"[3]，《文心雕龙·论说》之"义贵圆通，辞忌枝碎"[4]，《文心雕龙·奏启》之"理既切至，辞亦通畅"[5]，表述的都是类似见解。所有这些说法都意味着，"论"乃是议题简约集中、析理精微、表达明畅的单篇说理文章。长期以来，诸子著述以论议广博、内容庞杂为特色，"幼老生死古今，罔不详该"[6]。《淮南鸿烈·要略》开篇即阐述著书立论的宗旨："夫作为书论者，所以纪纲道德，经纬人事，上考之天，下揆之地，中通诸理。"又自述作意曰："故著书二十篇，则天地之理究矣，人间之事接矣，帝王之道备矣。"[7]《文心雕龙·诸子》区别"子"与"论"曰："若夫陆贾新语，贾谊新书，扬雄法言，刘向说苑，王符潜夫，崔寔政论，仲长昌言……虽标论名，归乎诸子。何者？博明万事为子，适辨一理为论，彼皆蔓延杂说，故入诸子之流。"[8]要之，"博明万事"与"适辨一理"，这是"子"与"论"两者的根本不同，因为在短篇散什这一文学的基本前提下，单篇论说文很难展开繁复、驳杂的议题，无法阐述系统的思想。也就是说，文章形制决定了，"论"这种基于"研精一理"，论述单一主旨，不"以立意为宗"，并且也难以"以立意为宗"之

1 《文选》卷一七，李善注曰："论以评议臧否，以当为宗，故精微朗畅。"（《文选》，第241页。）

2 《全晋文》卷五三，《全上古三代秦汉三国六朝文》，第1767页。

3 《文选》，第2页。

4 《文心雕龙注释·论说》，第201页。

5 《文心雕龙注释·奏启》，第252页。

6 《论衡校释·自纪》，第1209页。

7 《淮南鸿烈集解·要略》，第700、707页。

8 《文心雕龙注释·诸子》，第189—190页。

文，应当是一种相对紧凑、精美的说理方式。甚至可以认为，论议精审、不支离蔓延，其条理秩然的辨析、明朗畅达的表述，都并不是为了解决一个复杂的论题，或求得“理胜于辞”的效果。相反，精要的文章内容，短小有限的篇幅，使得精巧的结构、细密的层次、美妙生动的文字等富有匠心的艺术安排，便于浮现出来。在这里，篇幅的长短虽不是绝对的条件，却是不容忽视的。因为，倘若一篇被视为文学作品的“论”，在其既有的水平、风格上继续扩展，成为体量宏重的长篇，或者滋生出类似的多篇文章，集合成书，都可能进入了诸子的范畴，不再属于“文”或“文章”之列。

曹丕多次赞赏子书的著作。建安文人中他对徐干著书格外表示赞许，“唯干著论，成一家言”[1]，徐干“著《中论》二十余篇，成一家之言，辞义典雅，足传于后，此子为不朽矣”；同时又因为应玚著书未成而深感惋惜：“常斐然有述作之意，其才学足以著书，美志不遂，良可痛惜。”[2]曹植曾向朋友坦陈自己对辞赋和著述的不同态度：“辞赋小道，固未足以揄扬大义，彰示来世”；若其治国立功之志不能实现，表示宁肯去从事树立言论、传述事行的子史著述：“岂徒以翰墨为勋绩，辞赋为君子哉！若吾志未果，吾道不行，则将采史官之实录，辩时俗之得失，定仁义之衷，成一家之言。”[3]在子书的撰作之外，汉代文人对著史始终心向往之，《后汉书·班彪列传》：“彪既才高而好述作，遂专心史籍之间。”司马迁《史记》之后，一直有人欲踵继其书，“后好事者颇或缀集时事”，李贤注曰：“好事者谓杨雄、刘歆、阳城衡、褚少孙、史孝山之徒也。”[4]后汉有志修史或先后参与东观撰述汉史者，几乎囊括了当时著名的文人[5]。

与短篇诗文相比，篇幅宏大的著述需要作者调动更丰富的思想、知识资源，而才学、见识，是士人一向看重的素养，《说苑·修文》：“辨然否，通古今之道，谓之士。”[6]在汉代写作物的社会传播中，大致说来，除了《子虚赋》《上林赋》《论都赋》《两都赋》一类得到最高权势人物赏识

1 《文选》卷五二《典论·论文》，第721页。
2 《文选》卷四二《又与吴质书》，第591页。
3 《与杨德祖书》，《曹植集校注》，第227—228页。
4 《后汉书》卷四十上《班彪列传》，第1324—1325页。
5 司马迁之后，汉代文人之撰作两汉史书者，详参《史通通释·古今正史》，第312—317页。
6 《说苑校证》，第479页。

或者应和了时代主题，又体大思精之作外，辞赋诗文等短篇作品尽管受众更多，却几乎难以以篇章为单位获得广泛的赞许。与此同时，那些篇幅较大、内容厚重的子史著作及著作者，往往优先获得社会的肯定，屡被称述。《论衡·书解》曰："汉世文章之徒，陆贾、司马迁、刘子政、杨子云，其材能若奇，其称不由人。"[1]班固《答宾戏》也对这几位西汉作者加以表彰："近者陆子优繇，《新语》以兴；董生下帷，发藻儒林；刘向司籍，辩章旧闻；扬雄覃思，《法言》、《大玄》：皆及时君之门闱，究先圣之壸奥，婆娑虖术艺之场，休息虖篇籍之囿，以全其质而发其文，用纳虖圣听，列炳于后人，斯非其亚与！"[2]都以成规模的著作作为发表赞誉的着眼点。

尽管写作的能力和质量从根本上来说，并不取决于文章长短，但在写作历史的早期阶段，篇幅常常被当作具有一定说明性的衡量因素。"属文"是汉代叙述写作时的常用词，《汉书·贾谊传》"以能诵诗书属文称于郡中"，颜师古注曰："属谓缀辑之也，言其能为文也。"[3]《汉书·楚元王传》"能属文"，师古注曰："属文，谓会缀文辞也。"[4]也就是说，在汉代人心目中，写作被直观地视为将字词连缀、组织在一起的一种行为和技艺，对写作的这一基本理解，潜含了将文字编联、组合，并由少到多地累积成篇这样一种能力的认定。这也正是王充对文章认识的起点，他定义中的"文人"，就是从能够"连句结章"到独立运思地"连结篇章"的人[5]。

"善属文"作为对人才能的一种常见描述，并不必然指向文学性写作，陈事议政的公文，经书的章句传释，特别是子史著作，常常一揽子地为人称赞。《论衡·案书》："案东番邹伯奇、临淮袁太伯、袁文术、会稽吴君高、周长生之辈，位虽不至公卿，诚能知之囊橐，文雅之英雄也。观伯奇之《元思》，太伯之《易章句》，文术之《咸铭》，君高之《越钮录》，长生之《洞历》，刘子政、扬子云不能过也。"[6]对于盛赞文章写作的王充说来，写

1 《论衡校释·书解》，第 1151 页。

2 《汉书》卷一〇〇上《叙传》，第 4231 页。

3 《汉书》卷四八《贾谊传》，第 2221 页。

4 《汉书》卷三六《楚元王传》，第 1926 页。

5 刘知幾《史通·叙事》也有类似说法："夫饰言者为文，编文者为句，句积而章立，章积而篇成。"（《史通通释》卷六，第 161 页。）

6 《论衡校释·案书》，第 1173—1174 页。

作水平和成就当然是有高低之别的。“杼其义旨，损益其文句，而以上书奏记，或兴论立说，结连篇章者，文人、鸿儒也。”“采掇传书以上书奏记者为文人，能精思著文连结篇章者为鸿儒。……鸿儒超文人。”[1]鸿儒——更高品级的文人——之所以优于一般的文人，乃在于文人的写作是有所依傍的，鸿儒则进阶到不仅自立创意、自出妙思，而且写作的篇幅也更大。

对写作才能的大小、水平之高下，王充在《论衡》中进一步细加区分：

> 或能陈得失，奏便宜，言应经传，文如星月。其高第若谷子云、唐子高者，说书于牍奏之上，不能连结篇章。或抽列古今，纪著行事，若司马子长、刘子政之徒，累积篇第，文以万数，其过子云、子高远矣，然而因成纪前，无胸中之造。若夫陆贾、董仲舒论说世事，由意而出，不假取于外，然而浅露易见，观读之者，犹曰传记。阳城子长作《乐经》，杨子云作《太玄经》，造于眇思，极窅冥之深，非庶几之才，不能成也。[2]

按照上述说法，从单独成篇这一基本形态出发，文章著述由低到高依序可分为如下四个层级：1. 依据于经典、传释等古今著述，以章奏上书这种较为短小的单篇文章形式，如谷永、唐林，表达政事得失之见。2. 从古今书籍中选取、排列资料，在因袭现成档案、既有文献的基础上，以连篇结章的史书，如司马迁、刘向，记述人物言行、事迹。此类写作的篇幅尽管很大，但往往缺乏内容上充分的独创性。3. 论说中有独到的思想见解，但整部著作浅显易知，看起来不免像是对圣人学说的阐释，如陆贾、董仲舒。4. 运用广博的知识进行创造性的思想表达，不仅以多卷帙的论著为其成果形式，而且内容、文字都深邃、精妙，如扬雄所著《太玄》。

以鸿篇巨制地造论立说为最高成就，因此，在王充所设定的写作层次中，创造性的思想表达之外，能否“累积篇第，文以万数”、连篇成书，作为直观的外在要素，就成为文人与鸿儒区别的基本表征。王充多次称赞谷永、唐林“能治章上奏”“章奏百上”“有如唐子高、谷子云之吏，出身

---

1 《论衡校释·超奇》，第 606、607 页。

2 《论衡校释·超奇》，第 607—608 页。

尽思，竭笔牍之力”[1]，肯定其行政文书的写作能力。但因为章奏多为短什，与著作、书籍以篇章为单位、动辄“文以万数”的较长篇幅不同，所以王充对谷永、唐林“不能连结篇章”的写作，在认可中又有所保留。可资比较的是，他赞美周长生为“文士之雄”，后者不仅善于文书上奏，更重要的是还具有史书的长篇撰述能力：“长生之才，非徒锐于牒牍也，作《洞历》十篇，上自黄帝，下至汉朝，锋芒毛发之事，莫不纪载，与太史公《表》、《纪》相似类也。上通下达，故曰《洞历》。然则长生非徒文人，所谓鸿儒者也。”[2]在王充看来，周长生因此便与只擅长写作章奏的谷永、唐林有了实质性区别，更遑论根本未能进入上述讨论范畴的辞赋作者。他在《论衡》另一篇中说道：“广陵陈子回、颜方，今尚书郎班固，兰台令杨终、傅毅之徒，虽无篇章，赋颂记奏，文辞斐炳，赋象屈原、贾生，奏象唐林、谷永，并比以观好，其美一也。”[3]班固此时应当尚未完成《汉书》，属于“无篇章”，因此，赋颂固然文辞美好，但他和傅毅等以单篇辞赋为主的文人，也只好与记奏之类文章作者被归并在一起。武帝、成帝因为司马相如、扬雄的文章能力而对他们欣赏有加，“使长卿、桓君山、子云作吏，书所不能盈牍，文所不能成句，则武帝何贪？成帝何欲？”[4]假设中的所谓不能“盈牍”“成句”，仍旨在强调书写篇幅短小、写作能力低下。王充自称《论衡》“文重”，并自辩说：“盖文多胜寡，财富愈贫。世无一卷，吾有百篇；人无一字，吾有万言，孰者为贤？”[5]质言之，在王充看来，以数万的字数、多篇章的规模撰成可观的著作，不仅是高于赋颂章奏这类短篇散什的写作成就，亦是文人内部区分写作层级之高下的重要条件。

以作品规模作为评判写作水平和能力的直观标准，这在文体意识还不成熟的汉代社会中自然习见，同时，文人士大夫经常要从事不同方面的写作，更使得这种简括的外部评判有了通行于世的合理性。班固“潜精积思二十余年”，撰成《汉书》并后汉部分纪传；又“天子会诸儒讲论五经，

---

1 《论衡校释·超奇》，第 613 页。
2 《论衡校释·超奇》，第 613—614 页。
3 《论衡校释·案书》，第 1174 页。
4 《论衡校释·佚文》，第 864 页。
5 《论衡校释·自纪》，第 1202 页。

作《白虎通德论》，令固撰集其事”；“固所著《典引》、《宾戏》、《应讥》、诗、赋、铭、诔、颂、书、文、记、论、议、六言，在者凡四十一篇”[1]。张衡、崔瑗、马融、蔡邕等著名文人的写作，在题材和体裁上也往往差别明显、跨度很大，内容涉及行政文书、政论、史传、文学、艺术、经学研究等广泛的领域，并几乎覆盖了当时主要的写作样式，以至很难采用具体文体的单一标准对其做出整体评价。在这样的情况下，基于“会缀文辞”的“属文”观念，以写作规模为衡量尺度，也就是王充所说的“文多胜寡”，来对不同属性的文字成品进行广泛、无差别的评判，不考虑其间文体的分化，看起来就既简便易行又具有普适性。作为为皇帝和政府效力的官吏，文人通常希望自己的写作才能可以被政权征用，满足官方的文字需求，这是居位任职者的本分和义务，当然也被看作文人的光荣和出路所在。从根本上来说，朝廷、皇帝需要的是文人综合性的写作能力，所以，文人若想适应这种从连缀成文、属辞成篇出发的写作需求，最好能众体兼备，并匹配相应的经学、政事、百科知识和故事旧闻。

曹丕的文体观念代表了时代发展的高度。他评论“七子”各有长短，表示“文非一体，鲜能备善”，无疑就深入到了文学的内部，充分意识到文章不同体裁之间的特性是不容忽视，也是必须尊重的。但即使文体意识空前清晰的曹丕，仍然会禁不住叹惜长于辞赋的王粲、徐干，“然于他文，未能称是”，希望文人能适应、掌握文体各自不同的特性，从而兼备众体，即如《典论·论文》所说：“此四科不同，故能之者偏也，唯通才能备其体。”[2] 不仅如此，曹丕又称扬徐干因成一家之言而不朽，在各种写作物中，格外推重独创性的思想理论著作。说到底，比起主要给人以审美愉悦、内容有限的短篇诗文，内容宏富、篇幅广大的子、史著作，无疑有着更为厚重的分量和经世致用的现实影响力。对于隶属于“士”阶层、崇尚“三不朽”的人生价值的文人而言，著书不仅有可能比作文更为务本切用，而且更能够显现作者深厚的才学、卓荦的见识、明察的智慧，也更适合寄托修齐治平的怀抱，因而更关人生的大节或根本。即使态度明确地赞赏文章“不朽”“无穷”的曹丕，也仍然以子、史著述为更大的写作成就，甚至将

1 《后汉书》卷四十《班固传》，第 1334、1373、1386 页。

2 《文选》卷五二，第 720 页。

它推崇为文人写作的最高形态[1]。

因此，在写作几乎已经日常化为文人普遍行为的汉末，以富于修饰性的书面语写成的短篇诗文，这一新的文学观念的建立和明确，对这一类写作活动的肯定和赞誉，并非意味着诗文辞赋地位的根本提升。儒学经典姑且毋论，之所以将诸子、史书排除在文章之外，绝不意味着文章优于子、史著作，而主要是基于对文章特性的认识和顺应。文章之自成一个类别，既由于其本身显示出来的特性明显，同时也表明，子、史不仅是“文”所无法含括的范畴，而且实际上是更高的写作形态和范畴。

五、文学的有用与无用

在载述西汉前期地方状况时，班固曾对藩国诸侯间两种不同的文化风习加以比较。据《汉书·河间献王刘德传》，刘德在民间多方募集以儒家经传为主的古旧图书，“献王所得书皆古文先秦旧书，《周官》、《尚书》、《礼》、《礼记》、《孟子》、《老子》之属，皆经传说记，七十子之徒所论。其学举六艺……修礼乐，被服儒术，造次必于儒者。山东诸儒多从而游”。与河间王刘德“修学好古，实事求是”的学术质实气质适成对照，“是时，淮南王安亦好书，所招致率多浮辩”。所谓“浮辩”，颜师古注曰：“言无实用耳。”[2]据《汉书》本传，刘安“招致宾客方术之士数千人，作为《内书》二十一篇，《外书》甚众，又有《中篇》八卷，言神仙黄白之术，亦二十余万言。……初，安入朝，献所作《内篇》，新出，上爱秘之。使为《离骚传》，旦受诏，日食时上。又献《颂德》及《长安都国颂》。每宴见，谈说得失及方技赋颂”[3]。不仅所“招致”的图书、宾客多“浮辩”，这种善于言辞、被认为虚华不实的“浮辩”风气，可谓充斥于淮南王刘安的生活：

1 谈到曹丕等人对文章的评论和赞扬，青木正儿指出：“然而对短篇文章的创作仍感不满，还是想把王充所说的‘选论著说’‘连结篇章’的制作当作上品，同样把自家意见整理、著述成书当作最高理想。他们把这个称作‘一家言’。”（《中国文学思想史》，第40页。）钱穆《读〈文选〉》亦曰：“是魏文心中所追向，亦仍以古人著书成一家言者为其最高之准则。”［《中国学术思想史论丛》(三)，第112页。］

2 《汉书》卷五三《河间献王刘德传》，第2410页。

3 《汉书》卷四四《淮南厉王刘长传》，第2145页。

他“好书，鼓琴，不喜弋猎狗马驰骋”；“辩博善为文辞”；喜谈“方技赋颂”；除了与群臣宾客的各种著述，他本人仅赋作，《汉志》所著录就达八十二篇之多[1]。语言文字艺术的才情，未经儒术社会意识形态塑造的广博知识，因为对官方倡导的政化德教没有什么直接的补益和现实功效，他的这些爱好和擅长遂难免被归结为浮华、不切实用。

“文辞”不仅与“浮辩”发生关联，在史家的叙述中，还与博弈、倡优归并在一起。活动于武、宣之际的广川王刘去，“好文辞、方技、博弈、倡优”[2]。很显然，“好文辞”“善为文辞”，对文字艺术的偏好，在叙述者眼中，与对华奢、享乐性游戏和事物的喜好具有内在的一致性，所以很容易被组织在同一语境和叙述系统中。枚皋被俳优以待，宣帝以倡优博弈比方辞赋，不过是这一思路顺乎其然的表现。由此观念逻辑出发，即使不把文辞看作是对人的道德觉悟具有腐蚀性的事物，至少也需要对它有所警惕和适当的限抑。“文”与“质”相对，“文”时常代表着与质朴相反的华丽浮靡，以及衰败的社会习俗，这一观念思维既古老，又长久以存[3]。

西汉前期，文辩之士不脱游士旧习，与权势人物的关系常不固定，而且游走骋辞，带着不加拘束的自由放恣气息。“吴王濞招致四方游士，阳与吴严忌、枚乘等俱仕吴，皆以文辩著名。”[4]“会景帝不好辞赋，是时梁孝王来朝，从游说之士齐人邹阳、淮阴枚乘、吴严忌夫子之徒，相如见而说之。”[5]文辩与辞赋俱以文辞艺术擅胜场，辩士和赋家两者在汉初的社会现实中多有重合，枚乘、严忌、严助、朱买臣、淮南王群臣等在《汉志》中都著录有辞赋作品。“汉兴，高祖王兄子濞于吴，招致天下之娱游子弟，枚乘、邹阳、严夫子之徒兴于文、景之际。而淮南王安亦都寿春，招宾客著书。而吴有严助、朱买臣，贵显汉朝，文辞并发，故世传《楚辞》。其失巧而少信。”[6]在描述吴、梁、淮南这些诸侯王国一度浓厚的辞赋风气时，

1 《汉书》卷三十《艺文志》，第1747页。

2 《汉书》卷五三《广川王传》，第2428页。

3 如魏之夏侯玄认为，当代社会“世俗弥文”，并具体为“华丽之色”“难得之货”“雕刻之物”，以及“锦绮之饰”“兼采之服”“纤巧之物”，总之，所有与“朴素”相对的事物和表现。（《三国志》卷九《夏侯玄传》，第297—298页。）

4 《汉书》卷五一《邹阳传》，第2338页。

5 《汉书》卷五七上《司马相如传》，第2529页。

6 《汉书》卷二八下《地理志》，第1668页。

史家似乎想要传达其中同时存在着虚浮、夸诞、逸乐的成分，那些以文辞、辞赋著称的有文才者，几乎整体上被看作是些游走于诸侯的轻浮、妄诞之辈。伍被"以材能称，为淮南中郎"，《汉书·伍被传》记载："是时淮南王安好术学，折节下士，招致英隽以百数，被为冠首。"[1]班固明明肯定淮南手下多英隽之士，还长篇载录伍被的说辞，并援引武帝的评价，"天子以伍被雅辞多引汉美"，但淮南群臣宾客仍难逃史家"轻薄""浮辩"的概述。班固明明确认"梁客皆善属辞赋，乘尤高"[2]，但他并不把辞赋的写作当作枚乘主要的人生成就，而是将规劝吴王濞毋反汉廷的两封谏书，选用为传主生平事迹的主体内容。也许在史家看来，善写辞赋不过是枚乘作为梁王宾客的才艺娱乐，相比于这些华而不实的消遣，尽管谏书并未被吴王采纳，未能发挥现实效用，但其中体现的政治勇气和明智，足以作为枚乘最值得称述的人生建树。史家班固又以汉赋作者名世，这种史料选择和安排，因而格外耐人寻味。

在战国口辩横行，尤其是秦朝文吏苛察、深文周纳的政治作风之后，西汉初，在社会情绪的普遍反弹中，人们更愿意接纳厚重质朴的为人。《史记·张释之传》记载的一则事例，很能反映当时重质轻文的社会风气：张释之跟从文帝到上林苑中，因主管官吏无能，啬夫遂代为详尽回答了有关询问。鉴于其"能口对响应无穷"，言语应对机敏、周全，文帝打算提拔他为上林令。但张释之反对，并以老臣绛侯周勃、东阳侯张相如为例："夫绛侯、东阳侯称为长者，此两人言事曾不能出口，岂敩此啬夫谍谍利口捷给哉！"绛侯周勃出了名的"木强敦厚"，是汉初功臣集团中质重少文的代表。"勃不好文学，每召诸生说士，东乡坐而责之：'趣为我语。'其椎少文如此。"[3]所谓"椎少文"，据泷川资言辑存张守节的解释："椎，若椎木无余响，直说其事少文辞。"[4]也就是用朴素、无藻饰的语句径直言事。

张释之不仅力诋多言、善言的"利口捷给"，并进一步将其与秦"以

1 《汉书》卷四五《伍被传》，第 2167 页。
2 《汉书》卷五一《枚乘传》，第 2365 页。
3 《史记》卷五七《周勃世家》，第 2071 页。
4 ［日］泷川资言：《唐张守节史记正义佚存》（上册），小泽贤二录文，袁传璋校点，中华书局，2019 年，第 456 页。

亟疾苛察相高”的刀笔吏联系在一起，指责“其敝徒文具耳，无恻隐之实”；认为啬夫因口才敏捷、善于应对而获提拔，将会使得“天下随风靡靡，争为口辩而无其实”[1]。总之，张释之所表现出的语言态度几乎完全基于对“文”的消极理解。“口辩而无其实”，“文具”而“无实”，他将言语才能所代表的“文”，与仁善忠厚的内在之“实”对立起来，把这两者看成是互相排斥的。照此看法，一个口齿流利、能言善辩的人，是无质朴可言的，他也因此缺失了可贵的仁厚之德，所以他很可能是不可靠、不值得信任的；相反，像周勃、张相如那样不善言辞、不多言，“言事曾不能出口”，则往往是人朴厚、诚实的内在品格的体现，同时意味着他是可信赖的。这种并不合乎逻辑的判断，在当时很有说服力。后来，汉文帝在车上一路“问释之秦之敝。具以质言”，裴骃《集解》引如淳曰：“质，诚也。”[2]此前，张释之曾经在文帝的要求下，“卑之，毋甚高论”地言说秦汉之间事[3]。所谓“具以质言”，“卑之，毋甚高论”，以及周勃所表现出的“椎少文”，统而言之，乃是强调言说不仅要有内在诚恳的态度，还要采用质朴的表达方式，具体来说，不外乎是以浅近易解的日常事例和话语，并且在言语数量和修辞程度上都尽可能有限度。这充分反映了汉初社会文化的基本面貌和风气[4]。

西汉前期还时常可见“空文”一词。“饰虚功执空文以罔主上。”[5]“故作《春秋》，垂空文以断礼义。”[6]“言之非难，行之为难。故贤者处实而效功，亦非徒陈空文而已。”[7]“空文”与语言文字有关，司马迁《报任少卿书》：“退而论书策以舒其愤，思垂空文以自见。”李善注曰：“空文，谓文

1 《史记》卷一〇二《张释之传》，第 2752 页。

2 《史记》卷一〇二《张释之传》，第 2753 页。

3 《史记》卷一〇二《张释之传》，第 2751 页。

4 可对比东汉的史例，以见时代风气的转换。谢承《后汉书》卷七载“郭宏为郡上计吏”的两条：“正月朝觐，宏进殿下，谢祖宗受恩，言辞辩丽。专对移时，天子曰：‘颍川乃有此辩士耶？子贡、晏婴何以加之！’群公属目，卿士叹伏。”“朝廷问宏颍川风俗所尚，土地所出，先贤将相儒林文学之士，宏援经以对，陈事答问，出言如浮，引义如流。”[《八家后汉书辑注》（修订本），第 247 页。]

5 《史记》卷一二七《日者列传》，第 3217 页。

6 《汉书》卷六二《司马迁传》，第 2719 页。

7 《盐铁论校注·非鞅》（定本），第 95 页。

章也。”[1]这一文章代称，大抵伴随有明显的价值判断意味，是在与事功之士的军政实才、实绩相比较之下，被视为空乏、无用之物的结果，其中因立场不同会带有或轻蔑或愤激的语气。类似的意义表达很多。作风质实的儒者针对天下治乱之道的问询，提醒“方好文词”的汉武帝要“力行”而非“多言”[2]。御史在盐铁会议上表示：“士贵成功，不必文辞。”[3]将国家治理与对文辞的喜好对立起来，或者认为语言文字的艺术才能有可能妨害士人现实功业的成就。他如司马迁称相如赋“多虚辞滥说”，宣帝大臣讥议辞赋“淫靡不急”，明帝评价司马相如“但有浮华之词，不周于用”[4]，所有这些有关以赋为代表的美文丽辞虚浮、华靡、非必需、不实用的说法，归根结底，不过是“空文”的思维逻辑的翻版而已，并在不同程度上，成为“烦言饰辞，而无实用”不绝的余音[5]。不过，随着文学的社会扩展、活跃，广见于士人的日常生活，东汉时期，这种对文章笼统性轻视的说法越来越少了。

但是文学之用作为一个有争议的问题，文人们仍然不得不要时时面对。盐铁会议上，文学之士一方面被批评“文繁如春华，无效如抱风，饰虚言以乱实”[6]，另一方面坚持强调：“故无补于用者，君子不为；无益于治者，君子不由。”[7]经世致用作为汉代普适的文化价值原则，乃是文学辩护最重要的立足点，几乎所有热爱写作之士，都会由此出发，设法证明文章是有社会政治用途，有益于政教德化的，因而足以与事功具有同等或类似的价值。文人“无典民之用，不可施设”，文人“未必实才学文相副”，文人“无能建功，徒能笔说”，面对这种种社会流行之见，王充曾经一再予以驳斥，他在《论衡·超奇》中回答：“此不然。周世著书之人，皆权谋

1 《文选》卷四一，第 581 页。

2 《史记》卷一二一《儒林列传》：武帝问治乱之事，《诗经》学者申公对曰：“为治者不在多言，顾力行何如耳。”“是时天子方好文词，见申公对，默然。”（《史记》，第 3121—3122 页。）虽然申公的出发点，主要在空言与实行的关系，但此处所谓之“文词”，仍不妨从书面的理论和文章辞赋作品两者相兼的角度来理解。

3 《盐铁论校注·论儒》（定本），第 150 页。

4 班固《典引序》，《文选》卷四八，第 682 页。

5 《商君书注译·农战》，第 40 页。

6 《盐铁论校注·遵道》（定本），第 291 页。

7 《盐铁论校注·论邹》（定本），第 552 页。

之臣；汉世直言之士，皆通览之吏……心思为谋，集扎为文，情见于辞，意验于言。”在列举商鞅《商君书》、虞卿《虞氏春秋》，以及陆贾、桓谭之后，他继续举例说：“观谷永之陈说，唐林之宜言，刘向之切议，以知为本，笔墨之文，将而送之，岂徒雕文饰辞，苟为华叶之言哉？精诚由中，故其文语感动人深。”优美的语言增加了他们言事论议的感染力、说服力，换言之，写作的技术或艺术对于士大夫社会政治参与的实效，有助成之功。接下来，王充特别以州郡之吏周长生为例，称赞他像唐林、谷永一样，“出身尽思，竭笔牍之力”，通过章奏上书，借助于非同一般的文笔能力，使得“事解忧除，州郡无事”[1]。为文人、文章辩护，王充最终还是落实到能文之士有助于朝廷、官署的实际政治事务。在社会常规的思路之内，力图通过援引同类但相反的证据来说服、辩驳通行的看法，说到底，文章写作的拥护者和批评者采用的其实是相同的文化标准。

班固盛称刘向的著述具有社会有用性：“自孔子后，缀文之士众矣，唯孟轲、孙况、董仲舒、司马迁、刘向、扬雄。此数公者，皆博物洽闻，通达古今，其言有补于世。……刘氏《洪范论》发明《大传》，著天人之应；《七略》剖判艺文，总百家之绪；《三统历谱》考步日月五星之度。有意其推本之也。呜虖！向言山陵之戒，于今察之，哀哉！指明梓柱以推废兴，昭矣！”[2]董仲舒以下这几位著名的西汉缀文之士，经常为东汉的舆论所赞赏，不过史家的赞赏无疑基于一定的选择：善属文的刘向曾经与王褒等人一起，“献赋颂凡数十篇”[3]，这些单篇的美文丽辞式作品，明显不在班固上述的评论范围之内。还有扬雄，当他被表彰“其言有补于世”的时候，他那几篇被批评为“竞为侈丽宏衍之词，没其风谕之义”的大赋，也一定是为班固排摒在外的。

对于文学而言，有用与无用是个带有根本性的矛盾判断，《荀子·解蔽》谓“墨子蔽于用而不知文”，“文”与“用”早就构成对立性关系。庄子曰：“知无用而始可与言用矣。”[4]当文学既不攀附政教，不再有意凭借美

1 《论衡校释·超奇》，第611—613页。
2 《汉书》卷三六《刘向传》，第1972—1973页。
3 《汉书》卷三六《刘向传》，第1928页。
4 《庄子集释·外物》，第936页。

刺讽谕、道德教化来增强其价值的崇高；也不顺从于娱乐，单纯为了消遣而制造调笑戏谑的效果，也就是说，只有当文学坦然地成为自己，充分显现自身独特的品性，正视并接受其擅长和局限，清楚文学之所能为、所宜为，同时也确知文学的边界和力所不及，"无用之为用"才有了展开和兑现的前提。然而，文学之"用"究竟是什么？即使那些被普遍视作浮华、不切用的作品，譬如司马相如的《子虚赋》《上林赋》，曾经先后被扬雄、班固讥讽为"文丽用寡"[1]"文艳用寡"[2]，那些被公认为基本没有什么社会政治用途可言的美丽文辞，无论当时还是以后，人们始终可以从中感受到赏心悦目的艺术快慰。文学内部并不一律，"文士之务，各有所从，或调辞以巧文，或辩伪以实事"[3]。当人们不掩饰从所谓"浮辩"的文字中获得了美好的精神愉悦和慰藉，当被认为不切实用的"空文"供给了人内在充实的能量和满足，或者至少在某一瞬间照亮了人的内心，文学才可能因为充分实现了自身价值而拥有真正的地位和独立存在的依据。

对文学、文人的看法，两者关联密切。东周和汉代的政治、文化舆论，对《诗经》的功用和价值予以极大推崇，普遍视三百篇为"圣贤发愤之所为作"。刘安、刘向，尤其是王逸对《楚辞》的赞美，也不免要推重屈原为人和作品的道德高度。长期以来，人们习惯于把古典时代的文章著述视作伟大文化创造的表现，出自历史上道德高尚的圣贤人物，这使得社会心理愈发"好珍古不贵今，谓今之文不如古书"[4]。扬雄的当代评价是个有说明性的例子。王充说过："作奇论，造新文，不损于前人，好事者肯舍久远之书，而垂意观读之乎？杨子云作《太玄》，造《法言》，张伯松不肯壹观。与之并肩，故贱其言。使子云在伯松前，伯松以为《金匮》矣。"[5]桓谭也认为："凡人贱近而贵远，亲见扬子云禄位容貌不能动人，故轻其书。"不过，对有瑕疵的当世作者的肯定，在汉代正逐渐增多，《汉书·扬雄传》记述："唯刘歆及范逡敬焉，而桓谭以为绝伦。"[6]桓谭毫无保留地赞

---

1 《法言义疏·君子》，第507页。
2 《汉书》卷一百下《叙传》，第4255页。
3 《论衡校释·自纪》，第1201页。
4 《论衡校释·案书》，第1173页。
5 《论衡校释·齐世》，第811页。
6 《汉书》卷八七下《扬雄传》，第3585、3583页。

赏扬雄的著作，相信必能传于后世，并称赞说："才智开通，能入圣道，卓绝于众，汉兴以来未有此人也。"[1]对当代作品接受的程度，并不单纯取决于读者个人的欣赏眼光和判断能力。就汉代社会而言，写作行为的现实普遍程度、作品给予读者的契合与满足感、文人的知名度和影响力等，这些因素对尊古卑今的社会文化习俗，具有消解作用。

就文人而言，曹丕对孔融等"七子"的肯定，恐怕是文学之"用"中最具有积极效果的。此前，陆续有写作者意识到，自古以来富贵者众多，但只有极少数俶傥非常之人名垂千古，诸如"周公制礼乐，名垂而不灭；孔子作《春秋》，闻传而不绝"。对于以"不朽"为人生价值追求的士人来说，如果文章著述可以带着作者的名字流传下去，如王充在《论衡·书解》中所谓之"自用其业，自明于世"，或更简单地说"以业自显"，写作就当真可以成为一项人生事业。扬雄，"其意欲求文章成名于后世"，他也确实因文章而名传后世。"周公、孔子，难以论言。汉世文章之徒，陆贾、司马迁、刘子政、杨子云，其材能若奇，其称不由人。"[2]与周、孔不同，西汉文人，尤其是扬雄，作为身世、地位、经历都十分普通、平淡的写作者，其人生选择和结果给了后来的文人以直接的启示。在对"七子"作品的评价中，曹丕的肯定有更为深刻之处。他不掩饰、不回护这些文人的缺点，他确知他所面对的不是先圣无可逾越的典范之作，或者经过时空检验的近代经典，而是具有弱点和缺陷的当代作者及其作品。在认识到以"七子"为代表的文人在个性、才能、品格方面不可避免的缺失和局限后，仍然推崇文章不朽，事实上就是在声称，写作者足可单单以这一种他们擅长的活动，作为其生命价值战胜时间和死亡的基本手段。

文人的文学才能终于博取到应有的报偿。当年，"疫疠数起，士人雕落"，面对着猝不及防的死亡，新太子感慨良深："生有七尺之形，死唯一棺之土，唯立德扬名，可以不朽，其次莫如著篇籍。"[3]曹丕在《典论·论文》中的表述更正式：

---

1 《新辑本桓谭新论·正经》，第41页。

2 《论衡校释·书解》，第1151、1152页。

3 《三国志》卷二《魏书·文帝纪》注引《魏书》，第88页。

盖文章经国之大业，不朽之盛事。年寿有时而尽，荣乐止乎其身，二者必至之常期，未若文章之无穷。是以古之作者，寄身于翰墨，见意于篇籍，不假良史之辞，不托飞驰之势，而声名自传于后。[1]

无论用世进取还是清高脱俗，无论入仕从政还是疏离于政事，名声不朽都是文人内心最渴望、现实中最孜孜以求的人生目标。不用依靠任何其他途径，不用借助任何其他势力，单是写作的本领和成就就可以使作者青史留名，这一宣称本身已经足够有号召力，由于来自地位尊贵又富于文学才情的曹丕，这个说法格外为人乐道。文人可以单凭写作，在作品中获得永生，这是对文学意义和文人作为的重大肯定。

1 《文选》卷五二，第720页。

主要参考、征引书目

一、古代文献

1. 严可均校辑《全上古三代秦汉三国六朝文》，中华书局，1958年。

2. 逯钦立辑校《先秦汉魏晋南北朝诗》，中华书局，1983年。

3. 阮元校刻《十三经注疏》，中华书局，1980年。

4. 毛亨传，郑玄笺，陆德明音义：《毛诗传笺》，孔祥军点校，中华书局，2018年。

5. 孙星衍：《尚书今古文注疏》，陈抗、盛冬铃点校，中华书局，1986年。

6. 孙诒让：《周礼正义》，中华书局，1987年。

7. 孙希旦：《礼记集解》，中华书局，1989年。

8. 王聘珍：《大戴礼记解诂》，中华书局，1983年。

9. 杜预：《春秋经传集解》，上海古籍出版社，1978年。

10. 杨伯峻：《春秋左传注》（修订本），中华书局，2016年。

11. 钟文烝：《春秋谷梁经传补注》，中华书局，1996年。

12. 上海师范大学古籍整理研究所校点《国语》，上海古籍出版社，1988年。

13. 徐元诰：《国语集解》（修订本），中华书局，2002年。

14. 黄怀信等：《逸周书汇校集注》，上海古籍出版社，1995年。

15. 何建章：《战国策注释》，中华书局，1990年。

16. 司马迁：《史记》，裴骃集解，司马贞索隐，张守节正义，中华书局，1982年。

17. 班固：《汉书》，颜师古注，中华书局，1962年。

18. 王先谦:《汉书补注》，中华书局，1983 年。
19. 范晔:《后汉书》，李贤等注，中华书局，1965 年。
20. 王先谦:《后汉书集解》，中华书局，1984 年。
21. 吴树平:《东观汉记校注》，中华书局，2008 年。
22. 周天游:《八家后汉书辑注》(修订本)，上海古籍出版社，2020 年。
23. 荀悦、袁宏:《两汉纪》，张烈点校，中华书局，2017 年。
24. 孙星衍等辑《汉官六种》，周天游点校，中华书局，1990 年。
25. 陈寿:《三国志》，裴松之注，中华书局，1982 年。
26. 王根林校点《西京杂记》，上海古籍出版社，2012 年。
27. 何清谷:《三辅黄图校注》，三秦出版社，1995 年。
28. 刘琳:《华阳国志校注》，巴蜀书社，1984 年。
29. 房玄龄等:《晋书》，中华书局，1974 年。
30. 沈约:《宋书》，中华书局，1974 年。
31. 姚思廉:《梁书》，中华书局，1973 年。
32. 魏收:《魏书》，中华书局，1974 年。
33. 魏徵等:《隋书》，中华书局，1973 年。
34. 浦起龙:《史通通释》，上海古籍出版社，2009 年。
35. 杜佑:《通典》，王文锦等点校，中华书局，1988 年。
36. 刘宝楠:《论语正义》，中华书局，1990 年。
37. 程树德:《论语集释》，中华书局，1990 年。
38. 朱熹:《四书章句集注》，中华书局，1983 年。
39. 孙诒让:《墨子间诂》,《诸子集成》(第 4 册)，中华书局，1986 年。
40. 焦循:《孟子正义》，中华书局，1987 年。
41. 郭庆藩:《庄子集释》，中华书局，1961 年。
42. 高亨:《商君书注译》，中华书局，1974 年。
43. 王先谦:《荀子集解》，中华书局，1988 年。
44. 王先慎:《韩非子集解》，中华书局，1998 年。
45. 张纯一:《晏子春秋校注》，中华书局，2014 年。
46. 黎翔凤:《管子校注》，中华书局，2004 年。
47. 许维遹:《吕氏春秋集释》，中华书局，2009 年。

48. 王利器：《新语校注》，中华书局，1986 年。

49. 阎振益、钟夏：《新书校注》，中华书局，2000 年。

50. 许维遹：《韩诗外传集释》，中华书局，1980 年。

51. 苏舆：《春秋繁露义证》，中华书局，1992 年。

52. 刘文典：《淮南鸿烈集解》，中华书局，1989 年。

53. 何宁：《淮南子集释》，中华书局，1998 年。

54. 王利器：《盐铁论校注》（定本），中华书局，1992 年。

55. 向宗鲁：《说苑校证》，中华书局，1987 年。

56. 汪荣宝：《法言义疏》，中华书局，1987 年。

57. 朱谦之：《新辑本桓谭新论》，中华书局，2009 年。

58. 黄晖：《论衡校释》，中华书局，1990 年。

59. 陈立：《白虎通疏证》，中华书局，1994 年。

60. 彭铎：《潜夫论笺校正》，中华书局，1985 年。

61. 孙启治：《政论校注》，中华书局，2012 年。

62. 石声汉：《四民月令校注》，中华书局，2013 年。

63. 王利器：《风俗通义校注》，中华书局，2010 年。

64. 孙启治：《昌言校注》，中华书局，2012 年。

65. 刘劭：《人物志》，梁满仓译注，中华书局，2014 年。

66. 傅亚庶：《孔丛子校释》，中华书局，2011 年。

67. 王肃注，太宰纯增注：《孔子家语》，上海古籍出版社，2019 年。

68. 杨明照：《抱朴子外篇校笺》（上），中华书局，1991 年。

69. 杨明照：《抱朴子外篇校笺》（下），中华书局，1997 年。

70. 傅亚庶：《刘子校释》，中华书局，1998 年。

71. 洪兴祖：《楚辞补注》，中华书局，1983 年。

72. 费振刚、仇仲谦、刘南平：《全汉赋校注》，广东教育出版社，2005 年。

73. 龚克昌等：《两汉赋评注》，山东大学出版社，2011 年。

74. 张震泽：《扬雄集校注》，上海古籍出版社，1993 年。

75. 扬雄：《方言》，郭璞注，中华书局，2016 年。

76. 段玉裁：《说文解字注》，上海古籍出版社，1981 年。

77. 朱骏声：《说文通训定声》，中华书局，2016 年。

78. 刘熙：《释名》，中华书局，2016 年。

79. 俞绍初辑校《建安七子集》，中华书局，2005 年。

80. 林久贵、胡涛编著《曹丕全集：汇校汇注汇评》，崇文书局，2021 年。

81. 赵幼文：《曹植集校注》，中华书局，2016 年。

82. 余嘉锡：《世说新语笺疏》，上海古籍出版社，1993 年。

83. 周振甫：《文心雕龙注释》，人民文学出版社，1981 年。

84. 萧统编《文选》，李善注，中华书局，1977 年。

85. 吴兆宜、程琰：《玉台新咏笺注》，中华书局，1985 年。

86. 许逸民：《历代名画记校笺》，中华书局，2021 年。

87. 徐师曾：《文体明辨叙说》，人民文学出版社，1962 年。

88. 胡应麟：《诗薮》，中华书局，1958 年。

89. 王士禛：《带经堂诗话》，人民文学出版社，1982 年。

90. 劳孝舆：《春秋诗话》，商务印书馆，1936 年。

91. 叶瑛：《文史通义校注》，中华书局，2014 年。

92. 阮元：《研经室集》，中华书局，1993 年。

93. 刘熙载：《艺概》，上海古籍出版社，1978 年。

94. 刘师培：《论文杂记》，人民文学出版社，1959 年。

95. 上海古籍出版社编《纬书集成》，上海古籍出版社，1994 年。

96. 上海书画出版社、华东师范大学古籍整理研究室选编校点《历代书法论文选》，上海书画出版社，2014 年。

97. 中国社会科学院考古研究所编《殷周金文集成》，中华书局，2007 年。

98. 睡虎地秦墓竹简整理小组编《睡虎地秦墓竹简》，文物出版社，1990 年。

99. 陈伟主编《里耶秦简牍校释》（第 1 卷），武汉大学出版社，2012 年。

100. 张家山二四七号汉墓竹简整理小组编著《张家山汉墓竹简》（二四七号墓，释文修订本），文物出版社，2006 年。

101. 北京大学出土文献研究所编《北京大学藏西汉竹书》（四），上海古籍出版社，2015 年。

102. 甘肃省文物考古研究所等编《居延新简》，中华书局，1994年。

103. 连云港市博物馆等编《尹湾汉墓简牍》，中华书局，1997年。

104. 胡平生、张德芳：《敦煌悬泉汉简释粹》，上海古籍出版社，2001年。

105. 李均明、何双全编《散见简牍合辑》，文物出版社，1990年。

106. 王纲怀编著《汉镜铭文图集》，中西书局，2016年。

107. 俄罗斯科学院东方研究所圣彼得堡分所、俄罗斯科学出版社东方文学部、上海古籍出版社编《俄藏敦煌文献》（16册），上海古籍出版社、俄罗斯科学出版社东方文学部，2001年。

二、专著

1. ［日］白川静：《中国古代文学：从〈史记〉到陶渊明》，曹珺红、赵霞译，四川人民出版社，2018年。

2. 曹道衡：《汉魏六朝辞赋》，上海古籍出版社，2011年。

3. 陈梦家：《汉简缀述》，中华书局，1980年。

4. 陈梦家：《中国文字学》，中华书局，2006年。

5. 陈槃：《汉晋遗简识小七种》，上海古籍出版社，2009年。

6. 陈昭容：《秦系文字研究：从汉字史的角度考察》，（台湾）中央研究院历史语言研究所专刊之一〇三，2003年。

7. ［日］富谷至：《文书行政的汉帝国》，刘恒武、孔李波译，江苏人民出版社，2013年。

8. 甘阳、侯旭东：《新雅中国史八讲》，生活·读书·新知三联书店，2021年。

9. ［瑞典］高本汉：《中国语与中国文》，张世禄译，山西人民出版社，2015年。

10. 葛晓音：《先秦汉魏六朝诗歌体式研究》，北京大学出版社，2012年。

11. 葛兆光：《七世纪前中国的知识、思想与信仰世界》，复旦大学出版社，1998年。

12. ［日］工藤元男：《睡虎地秦简所见秦代国家与社会》，广濑薰雄、曹峰译，上海古籍出版社，2010年。

13. ［德］顾彬：《中国文人的自然观》，马树德译，上海人民出版社，

1990年。

14. 郭绍虞：《照隅室古典文学论集》（上编），上海古籍出版社，1983年。

15. 郭绍虞：《中国文学批评史》，百花文艺出版社，2008年。

16. 过常宝：《先秦散文研究——早期文体及话语方式的生成》，人民出版社，2009年。

17. ［美］郝大维、安乐哲：《孔子哲学思微》，蒋弋为、李志林译，江苏人民出版社，1996年。

18. 何琳仪：《战国文字通论》（订补），上海古籍出版社，2017年。

19. 侯文学：《汉代都邑与文学》，上海古籍出版社，2019年。

20. 胡小石：《中国文学史讲稿》，天津人民出版社，2022年。

21. 黄惇：《秦汉魏晋南北朝书法史》，江苏凤凰美术出版社，2008年。

22. 季镇淮：《来之文录》，北京大学出版社，1992年。

23. 简宗梧：《汉赋源流与价值之商榷》，（台湾）文史哲出版社，1980年。

24. ［美］康达维：《康达维自选集：汉代宫廷文学与文化之探微》，苏瑞隆译，上海译文出版社，2013年。

25. 蓝旭：《东汉士风与文学》，人民文学出版社，2004年。

26. ［德］雷德侯：《万物：中国艺术中的模件化和规模化生产》，张总等译，党晟校，生活·读书·新知三联书店，2012年。

27. 李均明、刘军：《简牍文书学》，广西教育出版社，1999年。

28. 李均明：《秦汉简牍文书分类辑解》，文物出版社，2009年。

29. 李零：《简帛古书与学术源流》，生活·读书·新知三联书店，2004年。

30. 李学勤：《简帛佚籍与学术史》，江西教育出版社，2001年。

31. 林庚：《唐诗综论》，商务印书馆，2011年。

32. 刘永济：《十四朝文学要略》，黑龙江人民出版社，1984年。

33. 楼劲、刘光华：《中国古代文官制度》（修订本），中华书局，2009年。

34. 鲁迅：《汉文学史纲要》，《鲁迅全集》第9册，人民文学出版社，1981年。

35. Mark Edward Lewis（陆威仪）.*Writing and Authority in Early China.*

State University of New York Press, Albany, 1999.

36. 马积高:《赋史》，上海古籍出版社，1987 年。

37. [德] 马克斯·韦伯:《儒教与道教》，洪天富译，江苏人民出版社，1993 年。

38. 启功:《汉语现象论丛》，中华书局，1997 年。

39. 钱穆:《国史新论》，生活·读书·新知三联书店，2018 年。

40. 钱穆:《中国学术思想史论丛》(三)，生活·读书·新知三联书店，2019 年。

41. 钱锺书:《管锥编》，生活·读书·新知三联书店，2019 年。

42. [日] 青木正儿:《中国文学思想史》，孟庆文译，春风文艺出版社，1985 年。

43. 裘锡圭:《文字学概要》(修订本)，商务印书馆，2013 年。

44. 裘锡圭:《中国出土古文献十讲》，复旦大学出版社，2004 年。

45. 瞿同祖:《中国法律与中国社会》，中华书局，1981 年。

46. 饶宗颐:《饶宗颐史学论著选》，上海古籍出版社，1993 年。

47. 孙力平:《中国古典诗歌句法流变史略》，浙江大学出版社，2011 年。

48. 王国维:《观堂集林》，中华书局，1959 年。

49. 王辉、陈昭容、王伟:《秦文字通论》，中华书局，2016 年。

50. 王宁:《汉字构形学导论》，商务印书馆，2015 年。

51. 王瑶:《中古文学史论》，北京大学出版社，1986 年。

52. Rene Wellek (韦勒克). *Discriminations*. New Haven, 1970.

53. [美] 韦勒克、沃伦:《文学理论》，刘象愚等译，生活·读书·新知三联书店，1984 年。

54. 魏建功:《汉字形体变迁史》，商务印书馆，2013 年。

55. [美] 巫鸿:《武梁祠：中国古代画像艺术的思想性》，柳扬等译，生活·读书·新知三联书店，2015 年。

56. [日] 小尾郊一:《中国文学中所表现的自然与自然观》，邵毅平译，上海古籍出版社，2014 年。

57. 邢义田:《今尘集》，中西书局，2019 年。

58. 邢义田:《治国安邦：法制、行政与军事》，中华书局，2011 年。

59. 阎步克：《士大夫政治演生史稿》，北京大学出版社，1996 年。

60. 杨宽：《西周史》，上海人民出版社，1999 年。

61. 杨树达：《汉书窥管》，上海古籍出版社，1984 年。

62. 于豪亮：《于豪亮学术论集》，上海古籍出版社，2015 年。

63. 于省吾：《泽螺居诗经新证》，中华书局，2003 年。

64. 于迎春：《汉代文人与文学观念的演进》，东方出版社，1997 年。

65. 余嘉锡：《古书通例》，中华书局，2009 年。

66. 余欣：《中古异相：写本时代的学术、信仰与社会》，上海古籍出版社，2015 年。

67. 俞志慧：《古“语”有之——先秦思想的一种背景与资源》，华东师范大学出版社，2010 年。

68. ［美］宇文所安：《中国文论：英译与评论》，王柏华、陶庆梅译，上海社会科学院出版社，2003 年。

69. 张金龙：《秦制研究》，上海古籍出版社，2004 年。

70. 张中行：《文言和白话》，黑龙江人民出版社，1997 年。

71. 赵平安：《隶变研究》（修订版），上海古籍出版社，2020 年。

72. 赵平安：《新出简帛与古文字古文献研究》，商务印书馆，2009 年。

73. 郑州大学古籍所编《中外学者文选学论集》，中华书局，1998 年。

74. 周祖谟：《周祖谟语言学论文集》，商务印书馆，2001 年。

75. 朱自清：《诗言志辨》，朱乔森编《朱自清全集》（第六卷），江苏教育出版社，1996 年。

76. ［日］佐藤一郎：《中国文章论》，赵善嘉译，上海古籍出版社，1996 年。

三、论文

1. 陈侃理：《里耶秦方与“书同文字”》，《文物》2014 年第 9 期。

2. 陈苏镇：《东汉的“殿中”和“禁中”》，《中华文史论丛》2018 年第 1 期。

3. 陈苏镇：《汉未央宫“殿中”考》，《文史》2016 年第 2 辑。

4. 李学勤《新出简帛与楚文化》，湖北省社会科学院历史研究所编

《楚文化新探》，湖北人民出版社，1981 年。

5. 田炜《马王堆汉墓帛书〈阴阳五行甲篇〉抄写者身份和抄写年代补说》，复旦大学出土文献与古文字研究中心编《战国文字研究的回顾与展望》，中西书局，2017 年。

6. 游逸飞《里耶 8-461 号“秦更名方”选释》，魏斌主编《古代长江中游社会研究》，上海古籍出版社，2013 年。

7. 俞绍初：《“南皮之游”与建安诗歌创作——读〈文选〉曹丕〈与朝歌令吴质书〉》，《文学遗产》2007 年第 5 期。

8. 张标：《“书同文”正形说质疑》，《河北师范大学学报》（哲社版）1986 年第 1 期。

9. 张政烺：《〈春秋事语〉解题》，《文物》1977 年第 1 期。

10. Chow Tse-Tsung（周策纵）. *Ancient Chinese Views on Literature, the Tao, and Their Relationship*（《中国古代关于文学、道及其相互关系的观念》）. Chinese Literature: Essays, Articles, Reviews, Volume 1, 1979, University of Wisconsin.

11. 朱维铮：《班昭考》，《中华文史论丛》2006 年第 2 期。

后　记

循例，在此向帮助本书写作、出版的时贤表示感谢。

感谢北京出版集团的吕克农、高立志先生，感谢耐心、细致的陈平女史，他们是《汉代文人的历史》编制成书的直接推动者、实施者。

感谢北京大学中文系的切实支持。

感谢博士研究生宋昕，不厌其烦地多次帮我借还图书。

感谢李百鸣先生题签！这位年轻艺术家题写的书名“汉代文人的历史”，确如出版家高立志所说，“朴拙又文气”。

在过去的二三十年间，谭家健老师、褚斌杰老师、孙玉石老师、袁行霈老师，还有顾彬（Wolfgang Kubin）教授，先后予我以提携，这些难得而又令人不失尊严的掖助，是我命运中不期而来的渥惠。铭感在心，却似乎没能有一个合适的机会当面说出我的感激。以此，感谢并铭记所有遇到的温暖、信任和爱。

于迎春

2024 年 2 月